수메르에서 콘스탄티노플 함락까지

전쟁으로 보는
중동역사

전쟁으로 보는 중동역사

발행일   2021년 3월 31일

지은이   김균량
펴낸이   손형국
펴낸곳   (주)북랩
편집인   선일영   편집   정두철, 윤성아, 배진용, 김현아, 이예지
디자인   이현수, 김민하, 한수희, 김윤주, 허지혜   제작   박기성, 황동현, 구성우, 권태련
마케팅   김회란, 박진관
출판등록 2004. 12. 1(제2012-000051호)
주소   서울특별시 금천구 가산디지털 1로 168, 우림라이온스밸리 B동 B113~114호, C동 B101호
홈페이지 www.book.co.kr
전화번호 (02)2026-5777   팩스   (02)2026-5747

ISBN   979-11-6539-693-0 03900 (종이책)   979-11-6539-694-7 05900 (전자책)

수메르에서 콘스탄티노플 함락까지

전쟁으로 보는 중동역사

김균량 지음

고대 이집트부터 페르시아 제국, 오스만 제국까지
눈부신 역사의 번영 뒤에는 언제나 전쟁이 있었다!

북랩 book Lab

머리말

 학생들에게 세계사 과목을 안 가르친 지도 벌써 3년이 지나가고 있다. 세계사 내용이 양이 많다 보니 수능 공부에 불리하다고 생각해서인지 선택과목으로 선택을 못 받고 있다. 한국사보다 세계사를 가르치는 것을 좋아하는 교사로서는 아쉬운 점이 있다. 한국사와 동아시아사도 중요하지만, 세계화 시대에 고대와 근·현대 인류 역사에 중요한 역할을 한 중동이나 유럽의 역사를 이해하는 것도 중요하다고 생각한다. 그런데 유럽사는 그나마 많은 관심을 가지지만 상대적으로 중동의 역사에는 한국 사람들이 관심을 덜 가지는 듯 보인다. 하지만 중동은 농경이 처음 시작된 곳이며 세계 4대 문명 중 2개 문명이 속해 있고 이슬람교의 발원지이기도 하다. 그리고 현대에도 세계 뉴스에 보면 많은 부분이 중동과 관련된 뉴스이며 석유 수급과 관련된 중동의 분쟁은 우리 생활에도 큰 영향을 끼치곤 한다. 이렇듯 중동은 고대부터 현대에 이르기까지 우리와 관련이 있는 중요한 지역이다.

 전쟁은 수많은 사람이 피 흘리고 죽을 수밖에 없는, 절대 일어나면 안 되는 일이지만 아이러니하게도 인간의 역사는 전쟁을 통해 발전하고 변화하는 과정을 겪었다. 전쟁을 빼고 인간의 역사를 얘기할 수 없으며 역사를 이야기할 때 전쟁은 중요한 주제가 될 수밖에 없다. 마찬가지로 중동의 역사에서도 전쟁은 커다란 역사적 변동을 초래하였기 때문에 전쟁을 통해 중동의 역사를 들여다보고자 한다. 그리고 그 속에서 개인 혹은 집단이 가졌던 당시의 생각과 사상을 이해하고 오늘날 가지고 있는 의미가 무엇인지 설명하고자 했다.

그런데 수천 년의 역사를 쓰다 보니 도시와 지역의 이름이 시대에 따라 바뀌고 민족에 따라 부르는 게 달라 어떤 기준으로 써야 할지 고민이 많이 되었다. 한 예로 그리스 시대 아나톨리아가 로마 시대에는 소아시아로 불리고, 터기의 도시 안타키야는 그리스어, 라틴어(로마), 영어에 따라 안티오케이아, 안티오키아, 안티오크로 다양하게 불린다. 고심 끝에 가능하면 영토와 도시의 명칭을 그 시대에 영토와 도시를 지배했던 민족의 기준으로 기록했다. 그러면 영토와 도시의 이름이 자꾸 바뀌는 단점이 있지만, 최대한 시대를 반영하는 것이 좋을 것 같았다. 그리고 독자분들이 중동의 지리 정보가 부족하더라도 이해하기 쉽도록 지도를 많이 넣어 설명했으니 내용을 이해하는 데 많은 도움이 되었으면 좋겠다.

2019년 『단숨에 읽는 중동전쟁』이라는 책을 출간하고 난 후 중동에 대한 지식이 다소 부족하다는 생각이 들었다. 그러면서 지식적으로 부족한 부분을 공부하고 정리하다 보니 생각보다 큰일이 되면서 또 한 권의 책이 만들어지게 되었다. 하지만 3월 새 학기도 준비해야 하고 그동안 학교 일과 글쓰기를 병행하며 체력도 많이 떨어지고 정신적으로도 지쳐 있어 책을 부랴부랴 마무리하였더니 인제 와서 미흡한 부분이 많지 않을까 걱정스럽기만 하다.

그리고 퇴근 후 아내, 아이들과 잠깐 저녁을 먹은 후 컴퓨터가 있는 방으로 가 늦은 시간까지 틀어박히면서 한동안 가족들과 많은 시간을 보내지 못한 것이 미안하다. 하지만 달리 생각하면 사춘기에 접어든 아이들이 아무 간섭도 하지 않고 잔소리도 하지 않는 나에게 고맙게 생각했을지도 모를 일이다. 어찌 되었든 2019년 이후 또다시 용감하게 중동과 관련된 역사서를 내놓게 되었다. 책과 관련한 개인적인 바람은 책이 딱딱한 전문적인 역사서보다는 가볍게 읽고 싶은 교양서적 정도로 인식되었으면 좋겠다. 그리고 또 하나의 바람은 답답한 마스크를 벗고 맑은 공기를 마시며 수업할 수 있는 날이 빨리 왔으면 하는 것이다.

2021년 2월
봄을 기다리며

차 례

1장

문명의 시작

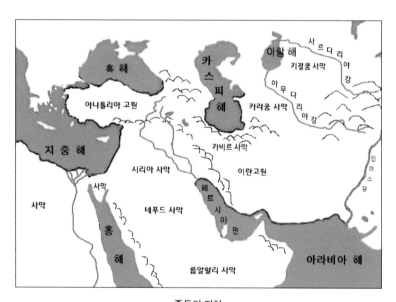

중동의 지형

1.
메소포타미아 문명

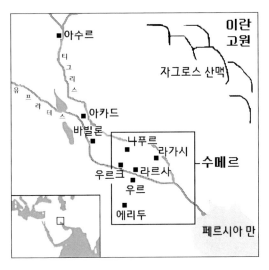

수메르 문명

B.C 3500~3000년경에 북쪽에서 남하한 수메르인이 비옥한 유프라테스와 티그리스강 하류에 정착하고 여러 도시 왕국을 건설하면서 문명이 시작되었다. '두 강 사이에 있다'라는 뜻의 메소포타미아

지역은 두 강이 바다를 향해 나아가는 곳으로, 이곳의 비옥한 토지에서 농경이 시작되었다. 그리고 농경을 위해 대규모 관개시설이 필요했고 홍수를 막고 농경을 위한 관개시설의 건설은 집단적 노동이 필요했으며 집단 노동은 지배자의 출현을 촉진하였다. 또한 구리, 주석 합금의 청동기 발명은 부족 간의 전쟁을 활발하게 하였고 노예와 귀족, 왕이라는 신분제가 탄생했으며 그 결과 도시국가가 형성되었다.

수메르인은 다양한 자연신을 섬기며 문자(상형문자와 설형문자)를 만들어 썼고 처음으로 빵을 만들어 먹었으며 바퀴를 발명했고 농업과 상업을 통해 부유해졌다. 특히 '지우수드라 홍수 신화(노아의 홍수 원형)'를 포함한 그들의 신화는 이후 다른 민족의 종교 신화에 큰 영향을 끼쳤다. 수메르인은 처음으로 바퀴가 달린 전차를 만들었는데 4개의 통나무 바퀴에 4마리의 말이 끄는 전차였다. 하지만 이 전차는 기껏해야 평지만 달릴 수 있었고 속도도 느렸을 뿐 아니라 바퀴의 내구성도 떨어졌다. 하지만 보병으로서는 말과 전차병을 동시에 상대한다는 것은 매우 부담스러운 것이 틀림없었다.

설형문자(쐐기문자)와 수메르 전차

그들은 해안가를 중심으로 우르와 라르사, 라가시, 이신, 나푸르, 우르크 등 10여 개의 도시국가를 건설하여 번영을 누렸으며 지구라트라는 거대한 신전을 만들기도 하였다. 당시에는 바다의 높이가 좀 더 높았기 때문에 도시들은 현재보다 더 해안가에 근접해 있었다. 그러나 기원전 2330년경 마지막 수메르 도시가 수메르 북쪽에 살던 셈족인 아카드인에 의해 정복당하면서 문명은 멸망하였고 수메르인들은 셈족에게 동화되어 소멸되었다.

메소포타미아 지역은 동쪽과 북동쪽을 막고 있는 자그로스산맥을 제외하고는 거의 모든 곳이 탁 트인 평지였기 때문에 주변 민족의 침입이 매우 잦을 수밖에 없었다. 따라서 이 지역은 '현재의 생존'이 매우 중요한 과제였고 따라서 내세(來世)에 대한 관심이 이집트만큼 강하지 않았다. 그들은 현세적 복을 구하는 데 더 관심이 많았으며 자연의 신에게 제사를 지냈다.

아카드의 사르곤 1세(B.C 2350~2295년 재위)는 전차를 개량하여 수메르 문명을 정복하였다. 아카드 시대의 전차는 6개의 살로 만든 두 개의 바퀴를 달아 매우 가벼웠으며 두 마리의 말이 끌어 기동성과 민첩성이 매우 뛰어나 거친 땅에서도 전투가 가능했다. 전차에는 마부 외에 창병과 궁수가 탑승하

사르곤 왕의 전차

여 수메르의 거대하고 느러터진 전차를 격파하였다. 또한, 전차의 속도가 개선되면서 장거리 원정도 가능해졌다. 사르곤 1세는 아카드를 수도로 삼고, 수메르 문명을 흡수하였다. 사르곤 1세는 거침

없이 메소포타미아 전 지역을 통일하였으며 더 나아가 지중해까지 진출함으로써 일명 '비옥한 초승달'[1] 지역이라고 하는 곳을 거의 정복하는 유례없는 대제국을 건설하였다. 그리고 그의 손자인 나람신(B.C 2270~2220년 재위) 때 자그로스산맥의 산악부족을 정복하여 최대 영토를 확보하였다. 그러나 그가 죽은 후 이란고원으로부터 내려온 야만족인 구티인의 침입을 받으면서 기원전 2150년경 아카드 왕조는 허무하게 망해 버렸다. 아카드 왕조는 존속기간이 불과 200년 정도 유지된 길지 않은 왕조였으나 그들의 언어는 이후 메소포타미아 지역의 공용어로서 오랫동안 사용되었다.

아카드 왕조 이후 메소포타미아 지역은 우르 제3왕조(B.C 2100~2004년)가 통일한 약 100여 년을 제외하고 400년간 극심한 혼란에 빠져들었다. 그리고 이러한 혼란을 종식시킨 이가 함무라비 대왕이었다. 함무라비 대왕(B.C 1792~1750년 재위)은 메소포타미아 지역을 정복하고 '눈에는 눈, 이에는 이'라는 복수법에 기초하는 엄격한 함무라비 법전을 편찬하여 국가의 기강을 잡고 효율적으로 지배했다. 수도 바빌론은 여러 민족이 모여드는 거대한 국제도시로 발전하였다. 공용어는 아카드어였지만 수메르어는 사라지지 않고 종교의식에서 계속 사용되었다. 그러나 함무라비 대왕이 강대국으로 발전시킨 바빌로니아 왕국은 기원전 1595년 북서쪽에서 내려온 호전적인 산악부족 히타이트인에게 바빌론이 무참히 파괴되면서 멸망하였다.

---

1) 메소포타미아 지역과 시리아 북부 지중해 연안 지역을 지칭한다. 강가와 해안 지역이었던 이곳을 연결한 모습이 '초승달' 모양 같다 하여 붙여진 이름이다. 이 외 지역은 사막이나 산악지형으로 사람이 살기 적합하지 않았다.

2.
이집트 문명

고대 이집트 지도

수메르 문명이 일어나는 시기에 이집트에서도 문명이 나타나기 시작하였다. 이집트 나일강 유역은 나일강의 주기적인 범람으로 토양이 비옥하였다. 하지만 강을 벗어나서 조금만 걸어 나가면 황량한 사막과 황무지가 눈앞에 펼쳐졌다. 나일강은 6월부터 초가을까지 범람하였다. 하지만 홍수는 점진적이고 예측 가능하였다. 따라서 이집트인은 강의 범람을 축복과 구원으로 받아들였고 범람하는 시기에 축제를 열기도 했다.

이집트는 지형적으로 폐쇄적인 성격을 가지고 있었다. 나일강의 하류인 삼각주의 동쪽과 서쪽은 사막이며, 북쪽의 해안은 배가 접근할 수 있는 마땅한 자연적 항구가 없었고, 남쪽은 험준한 산맥과 큰 폭포가 6개나 있었기 때문에 남쪽에서의 접근도 쉽지 않았다. 그나마 동쪽에서 해안선을 따라 걸어 들어오는 길이 이집트로 접근할 수 있는 거의 유일한 길이었다. 이러한 지리적 특성 때문에 메소포타미아 문명과 달리 이집트는 이민족의 침입이 적었고 이집트인의 현실에서의 삶은 안정적이고 풍요로웠다. 그들은 죽어서도 풍족한 삶이 이어지길 바랐고 자연히 내세(來世)에 관한 관심이 높아졌다.

이집트의 역사는 기원전 3200년경 시작된다. 이집트의 기원전 역사에 해당하는 3천 년의 긴 시간에 총 30개의 왕조가 흥망성쇠를 이루었다. 그리고 이 30개 왕조 중간에 2번의 큰 혼란기가 있었는데 이 혼란 시기를 제1중간기와 제2중간기라고 분류한다. 그리고 두 개의 중간기를 기준으로 고왕국, 중왕국, 신왕국으로 구분하는데 이 기준은 기원전 3세기 프톨레마이오스 왕조 때 살았던 역사학자 마네토의 구분에 기초한다.

문화적·경제적으로 이집트는 크게 두 지역으로 나뉘는데 나일강 상류인 상(上)이집트와 나일강 하류인 하(下)이집트이다(지도상으로는 상이집트가 아래쪽이고 하이집트가 위쪽이다). 상이집트는 농경이 중심이었으며 외부와의 접촉이 쉽지 않았기 때문에 보수적이었다. 이곳은 테베를 중심으로 정치가 이루어졌다. 하이집트는 넓은 삼각주에서 강의 정기적인 범람으로 인해 상류에서부터 쓸려온 비옥한 검은 흙이 널려 있어 농경뿐 아니라 넓은 초원을 중심으로 양과 염소가 방목되었다. 덕분에 이곳은 많은 도시가 생겨났지만, 오히려 수많은 도시 간의 반목으로 갈등과 폭력은 끊임없이 일어났다.

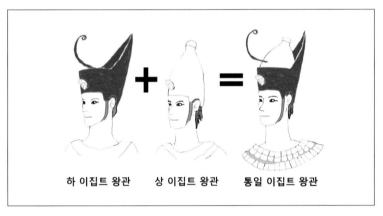

하 이집트 왕관   상 이집트 왕관   통일 이집트 왕관

이집트 왕관

이러한 두 이집트를 통일한 최초의 왕은 메네스였다. 메네스는 테베의 왕이었다. 기원전 3150년[2] 메네스 왕은 정예화된 테베의 군대

---

[2] 이집트 역사에서 서기(西紀)로 환산한 연대는 계산 방법에 따라 학자들 간 차이가 발생하고 있다.

를 이끌고 사분오열된 하이집트군을 격파하고 멤피스를 수도로 하는 최초의 통일 이집트 왕조를 세웠다. 메네스는 이젠 왕이 아닌 파라오라고 불리기 시작했다. 파라오라는 이름은 메네스의 아들이 멤피스에 궁전을 세우면서 '위대한 거처'라는 뜻의 '페르-오'라는 이름을 붙였는데, 점차 왕을 지칭하는 용어로 굳어졌다. 그리고 '페르-오'라는 발음이 고대 그리스와 로마로 전해지며 오늘날과 비슷한 '파라오'로 변했다.

고왕국 시대 왕권이 안정화되고 신격화되면서 조세르 왕은 당시 재상이면서 태양신 '라'를 모시던 헬리오폴리스 제사장이었던 임호테프를 시켜서 왕의 무덤인 피라미드를 만들게 하였다. 임호테프는 돌항아리를 만들던 장인 출신이었는데 능력을 인정받아 승진을 거듭해 재상까지 오른 입지전적인 인물이었다. 임호테프가 만든 피라미드는 이후 피라미드 제작의 모범이 되었다.

피라미드는 나일강의 서쪽에 건설하였는데 동쪽에서 해가 뜨고 서쪽으로 해가 지는 것에 착안해 이집트인은 서쪽을 죽음의 세계로 인식하였기 때문이다. 이후 쿠푸왕 이래로 멤피스 북쪽 기자에는 엄청난 크기의 피라미드가 건설되기 시작했으며 지금도 그 규모에 놀라곤 한다. 보통 피라미드는 노예에 의해 지어졌다고 알려졌지만 사실상 대부분 피라미드는 공공사업을 위해 징발된 자유민에 의해 지어졌다. 이집트 파피루스에는 일을 끝낸 노동자의 저녁 시간을 다음과 같이 묘사하고 있다.

"기분 좋게 집으로 돌아가 신께 드리는 제사 때처럼

빵을 배부르도록 먹고 맥주를 마셨다."

고왕국 제5왕조에 들어서면서 파라오의 권위는 차츰 약해지고 지방에 대한 통제력이 약해지며 지방 제후들은 반(牛) 독립적인 세력이 되었다. 또한, 이상 기후로 홍수가 나고 모래바람이 곡창지대를 덮치면서 대기근이 발생하였다. 결국, 제6왕조 페피 2세(B.C 2246~2152년 재위) 이후 이집트의 통일왕국은 붕괴하였고 각 지역은 봉건 제후들에 의해 분할되었으며 각지에서 민중들이 반란을 일으켰다. 당시 기록에는 다음과 같이 쓰여 있다.

"보아라. 이전에 없던 일이 벌어지고 있다. 파라오는 악한 무리에게 축출당하고, 악한 무리는 (땅에) 묻힌 파라오를 관에서 꺼내 내팽개치고 있다. 그들은 숨겨진 재산을 파헤치고 있다. 보아라! 정치를 알지 못하는 무리가 나라를 빼앗았다. 그들은 이집트의 평화를 지키는 왕의 권위를 거역하고 있다. 도시는 순식간에 쓸모없는 산으로 변해 버렸다."

혼란은 250여 년간 지속하였다(제1중간기). 제1중간기에 파라오는 수없이 교체되었으며 힘만 있으면 차지할 수 있는 별 볼 일 없는 자리가 되면서 파라오의 권위는 땅에 떨어졌다. 그 결과 평등사상이 퍼지며 파라오만이 누리던 신적 특권이 일반 백성들한테까지 확대되어 피라미드에나 새겨지던 기도문이 백성들의 관에도 쓰이기 시작했다.

세누스레트 1세(B.C 1917~1872년 재위)는 250여 년간의 혼란을 끝내고 상·하 이집트를 재통일하면서 중왕국 시대를 열었다. 그는 흑인들의 거주지인 남쪽의 누비아와 수단까지 영역을 넓혔으며 서쪽에서 침입한 리비아인을 격퇴하였다. 그는 동쪽 지역인 가나안, 시리아 등과 무역을 통하여 이집트를 부유하게 했다. 이집트의 번영은 세누스레트 2, 3세[3]를 거치면서 계속 이어졌다.

그러나 중왕국은 이집트 역사상 처음으로 외부 침입자인 셈족들에 의해 무너져 버렸다. 가나안과 시리아 지역에 살던 셈족들은 이미 제1중간기 초기부터 기근으로 인해 이집트로 흘러 들어오고 있었다. 처음에는 평화롭게 이주하던 셈족들은 점차 군사적 방법으로 이집트를 침범하더니 결국 나일강 삼각주 동쪽 아바리스에 강력한 성채를 구축하고 이집트를 공격하기 시작하였다. 후대 학자들은 이들을 '힉소스[4]'라고 부른다. 침입자들은 이전에 이집트인이 경험해보지 못한 '말이 끄는 전차'를 사용하여 공격해 들어왔다. 이집트군은 속수무책으로 밀렸으며 멤피스를 버리고 남쪽의 테베로 도망갈 수밖에 없었다. 하이집트를 점령한 힉소스인은 시나이반도와 가나안에 걸치는 제국을 건설하였다. 상이집트의 테베 정권은 힉소스 왕에게 조공을 바치며 가까스로 왕조를 유지했고 힉소스는 누비아와 동맹을 맺고

---

3) 파라오 뒤의 '~세'는 후대의 학자들이 동일한 이름을 가진 파라오를 구분하기 위해 인위적으로 붙인 호칭이다.

4) 당대의 이집트인은 이들의 족장들을 '외국 땅의 왕자들'이라는 뜻의 '히카우 카슈트(Hikaw khasut)'라고 불렀는데 기원전 3세기에 살았던 이집트 역사가 마네토가 '목자의 우두머리들'이라는 뜻의 힉소스로 오역하였다. '힉소스'는 하나의 종족을 지칭하는 것이 아닌 다양한 출신으로 구성된 침입자들 전체를 지칭하는 용어였다.

남쪽의 상이집트를 견제하였다. 힉소스인은 침입자였지만 이집트 문화를 존중했으며 헬리오폴리스의 태양신 '라'도 성실하게 숭배하여 다수의 이집트 주민과의 갈등을 피하고 150여 년 동안 하이집트를 지배할 수 있었다(제2중간기).

이 기간에 남쪽의 테베인들은 힉소스에게 '말이 끄는 전차' 전술을 배울 수 있게 되었고 반격의 기회를 엿보고 있었다. 기원전 1539년 테베의 아흐모세 1세는 전차가 포함된 대군을 이끌고 하이집트로 진격해 들어갔으며 결국에는 힉소스의 수도 아바리스를 함락시키면서 힉소스 지배하에 있던 하이집트를 해방시켰다. 그는 내친김에 힉소스의 본래 근거지인 가나안까지 진격하여 셈족의 반격 의지를 완전히 꺾었다. 아흐모세 1세는 남쪽으로도 영토를 넓혀 나일강 제2폭포까지 밀고 내려가 수단의 쿠시 왕국을 압박하였다. 아흐모세 1세는 남북으로 넓어진 광활한 영토를 통치하며 과거와 같은 파라오의 절대 권력을 다시 확립했으며 이집트 18왕조의 창시자가 되었다. 동시에 이집트 역사에서 신왕국 시대가 시작된다.

18왕조의 세 번째 파라오인 투트모세 1세(B.C 1493~1481년 재위)는 정치적 혼란기마다 약탈당하고 파괴되는 피라미드에 자신이 묻히기를 원하지 않았다.[5] 그는 자신의 무덤을 은밀한 곳에 숨기고 싶어 했다. 그래서 그의 무덤은 나일강 서부의 황량한 사막 한가운데

---

5)   거대한 피라미드는 도굴꾼에게는 손쉽게 접근할 수 있는 거대한 보물선처럼 보였다. 피라미드의 건설과 동시에 파라오의 무덤을 도굴하면서 생계를 이어가는 마을이 생겼다. 도굴 마을 주민은 아이러니하게도 피라미드를 건설하기 위해 이주한 건축가, 기술자들의 후손인 경우가 많았다. 그들은 조상들에게서 피라미드의 침입 방법을 손쉽게 배울 수 있었다.

있는 계곡 안에 땅을 파고 들어가 지하 통로와 묘실을 만들었는데 뒤이은 신왕국 왕들도 같은 방식으로 묻히면서 이 계곡은 '왕들의 계곡'이라고 불리게 된다. 무덤 작업자들은 비밀을 유지하기 위해 소수를 유지했고 철저히 통제되었으며 계곡을 침입하는 자에게는 저주가 내릴 것이라는 소문을 퍼트렸다. 하지만 여전히 보물이 넘쳐나는 '왕들의 계곡'도 도굴꾼의 손에서 벗어날 수는 없었다.

투트모세 3세(B.C 1479~1425년 재위)가 어린 나이에 파라오가 되자 투트모세 3세의 계모이면서 투트모세 1세의 딸이었던 하트셉수트가 섭정하였다. 20년간 하트셉수트는 사실상의 파라오로서 권력을 휘둘렀으며 여성 특유의 섬세함으로 이집트의 내치에 집중하여 국력을 축적했다.

그녀가 죽고 드디어 성인이 된 투트모세 3세가 권력을 잡자 그는 하트셉수트가 이룩한 정치적 안정과 경제적 토대를 기반으로 국력을 외부로 분출시켰다. 그는 무려 17차례의 해외 원정을 단행했다. 투트모세 3세는 우선 군대를 이끌고 시리아로 달려 나갔다. 그는 게발(그리스어로는 비블로스), 시돈 등 아무르 지방을 이집트 영향권에 편입시켰으며 카데시를 공격하여 항복을 받아냈다. 그는 여기에 만족하지 않고 북동쪽의 후리족이 세운 미탄니 왕국의 중요 도시인 유프라테스강에 있던 카르카므쉬를 공격하여 이집트에 복종시켰다. 이집트의 어떤 파라오도 그가 나타나기 전까지 유프라테스강을 밟아 본 적이 없었다. 이 위대한 정복 군주는 매번 원정 시마다 엄청난 양의 전리품과 포로를 데리고 테베로 귀환하였다. 그는 남쪽으로도 누비아를 공격하여 승리하였고 제4폭포의 상류까지

영토를 확장하였다. 누비아는 이집트의 식민지가 되었으며 파라오
는 이집트 왕가의 자식들을 보내 직접 통치하였다.

투트모세 3세는 정복한 땅의 왕의 자식들을 이집트 테베로 보내
게 하여 이집트 교육을 받게 하고 왕이 될 때 돌려보냈다. 이렇게
함으로써 정복지를 이집트 문화에 동화시킬 수 있었다. 이집트의
상류층은 정복지에서 들어오는 밀, 가축, 황금 등 엄청난 세금과
조공품에 풍족한 생활을 누릴 수 있었다. 투트모세 3세가 죽었을
때 한 신하는 다음과 같이 그를 기렸다.

> "파라오께서는 무용이 뛰어나고, 지력이 넘치며, 빛나는 승리를
> 통해 위대한 삶을 사셨다."

투트모세 3세가 죽고 80여 년이 흐른 후 이크나톤6)(B.C 1344~
1328년 재위)이라는 파라오는 종교개혁을 단행하였다. 파라오는 기
존 기득권층인 사제계급에 반감을 품고 있었다. 그는 수도를 테베
에서 아케트 아톤7)으로 옮긴 후 태양신인 '아톤'신을 유일신으로
하는 종교개혁을 단행하였다. 그러나 이집트 기득권층은 강하게
반발했고 이크나톤은 사제계급과 귀족의 저항으로 종교개혁을 완
수하지 못하고 죽었다. 이크나톤이 일찍 죽으면서 이제 갓 10살밖

---

6) 원래 이름은 아멘호텝 4세였으나 종교개혁으로 '아톤의 광휘'라는 뜻의 이크나톤으로 스스로
이름을 고쳤다.
7) '아톤의 지평선'이라는 뜻이다. 현재 '텔 엘 아마르나'로 불리는 유적지이며 거의 폐허로 남아
있다.

에 안 된 그의 아들인 투탕카멘이 파라오로 즉위하였다. 어린 왕은 아버지의 개혁에 반대했던 기존 사제계급의 기세에 눌려 왕궁에서 편할 날이 없었고 아톤 신앙의 본거지인 아케트 아톤을 떠나 다시 기득권층의 근거지인 아몬 신전이 있는 테베로 수도를 옮겨야 했다. 가엾은 어린 왕은 주변의 시달림을 견디지 못하고 18세의 나이에 자식도 없이 죽었다.

투탕카멘이 자식이 없이 죽었기 때문에 다음 왕위를 누가 계승할지 혼란스러워졌다. 그런데 왕위 계승에 있어 투탕카멘의 과부 안케센나멘 왕비와 결혼하는 자는 파라오의 자리를 차지할 수 있었기 때문에 그녀는 권력투쟁의 중심에 서게 되었다. 이에 난처한 처지에 놓인 안케센나멘 왕비는 당시 강대국 미탄니 왕국을 멸망시키고 이집트 북쪽 국경마저 잠식하고 있던 히타이트 왕 수필룰리우마에게 편지를 보내 그와의 결혼동맹을 시도했다. 하지만 파라오 자리를 노리고 있던 내부세력의 반발로 그녀의 시도는 실패하게 된다.

결국, 안케센나멘 왕비는 자신의 할아버지이며 신관이었던 '아이(Ay)'와 결혼하였고 아이(Ay)는 새로운 파라오로 등극하였다. 하지만 이미 등극할 당시 나이가 많았던 아이는 곧바로 죽었고 그의 뒤를 이어 군대에서 명망 있던 호렘헴이라는 장군이 파라오 자리에 올랐다. 그런데 그도 얼마 살지 못하고 자식도 없이 죽으면서 왕위를 그의 충직한 부하였으며 재상이었던 파람세스가 차지하게 되었고 람세스 1세가 되었다. 그러나 파람세스 역시 파라오가 되었을 때 이미 50이 넘은 나이였기 때문에 1년 반 만에 쇠약해져 죽었다.

다행히 그는 죽기 전에 자기 아들에게 파라오 자리를 성공적으로 물려주었고 이후 람세스 집안에서 안정적으로 파라오 세습이 이루어지면서 제19왕조가 시작된다.

람세스 1세의 아들 세티 1세(B.C 1294~1279년)는 투탕카멘 사후 이집트가 혼란에 빠졌을 때 히타이트가 탈취했던 아무르 지방과 카데시 성을 적극적인 군사 활동으로 재차 이집트 영향권으로 복속시켰지만, 그것은 오래가지 못했다. 이집트와 히타이트의 국경선에 있었던 아무르 지방의 왕과 카데시 왕은 언제든지 시세에 따라 다시 히타이트 편으로 돌아설 수 있었다.

2장

카데시 전투

- 두 강대국의 충돌과
최초의 평화조약

1.
히타이트의 발견

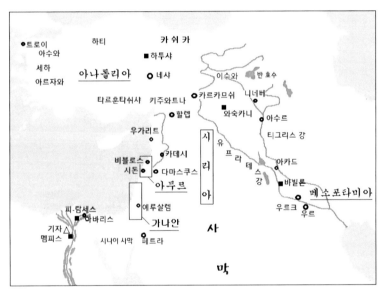

B.C 1700~1200년 시기 중동

히타이트인이 살았던 현재의 소아시아반도는 고대에는 아나톨리
아라고 불렸다. 아나톨리아라는 말은 그리스인이 자신들의 나라 기

준에서 동쪽에 있는 이 지역을 '해 뜨는 곳', '동쪽'이라는 뜻으로 부르면서 시작되었다. 그리고 나중에 로마인이 아나톨리아 지역을 '소아시아'라고 부르면서 현재까지 소아시아로 불리고 있다. 아나톨리아 지역은 풍부한 수자원, 온화한 날씨, 충분한 일조량 등 인류가 정착하기 좋은 조건을 갖추고 있었다. 아나톨리아반도에서 인류가 정착하기 시작한 시기는 기원전 6500년 전까지 거슬러 올라간다.

히타이트제국은 기원전 1700년경 시작되어 1200년경 정체를 알 수 없는 해상민족에게 멸망했는데 너무 철저하게 파괴되는 바람에 후대인들의 기억 속에서도 사라져 버리는 비운을 맞았다. 히타이트가 멸망하고 800년이 지나서 태어난 그리스 역사가 헤로도토스 (B.C 490~425)는 우연히 아나톨리아에서 히타이트의 유물을 봤으나 그것을 이집트가 아나톨리아까지 영역을 확대하면서 만든 이집트의 유물이라고 생각했다. 그렇게 2천 년 넘게 히타이트의 역사는 어둠 속에 묻혔다. 19세기 들어서 서양의 모험가들에 의해 다시 히타이트의 문자와 부조물, 그리고 신전들이 발견되었으나 그들 대부분도 그 유물·유적들을 이집트의 것으로 생각하였다. 그런데 아나톨리아 지역에서 발견된 설형문자 중 이미 해독 가능한 수메르나 아시리아의 설형문자의 기준으로 문자 해독이 불가능한 것이 발견되었다. 학자들은 읽을 수만 있었지, 단어의 뜻을 도저히 알 수가 없었다.

그래서 사람들은 기존에 알려지지 않은 새로운 국가의 존재 가능성을 생각하기 시작했다. 중동의 역사를 연구하는 학자들은 아시리아인이 기록한 '하티'나 이집트인이 적으로 기록한 '헤타'에 주목하기 시작하였고, 구약성경 여러 곳에 나오는 '헷족'[8]에도 관심을 두기 시작하며 이들 모두가 같은 종족일 수 있다고 생각하기 시작했다.

1876년 영국인 헨리 세이스는 구약성경의 헷족을 영어식으로 번역하면서 '히타이트'라는 말을 처음 사용하였다. 하지만 히타이트인은 자신들의 고향 이름을 따서 스스로를 '하티'인이라고 불렀다. 그리고 1887년 이집트에서 350점이 넘는 점토판 서신[9]들이 발견되었는데, 바로 이것이 히타이트의 존재를 밝혀주는 결정적인 단서가 되었다. 서신은 하티의 수필룰리우마 대왕이 이집트의 파라오 아멘호텝 4세(후에 이크나톤)의 즉위를 축하하는 서신이었는데 여기에는 당시 국제공용어로 쓰였던 아카드어가 쓰여 있었고 아카드어는 해독할 수 있었기 때문에 히타이트의 존재가 명확해질 수 있었다.

그리고 중요한 전환점이 된 것은 1911~1912년 터키의 보아즈쾨이[10](히타이트의 수도 '하투샤'를 말한다)라는 곳을 독일 학자들이 발굴하여 무려 1만 개 이상의 점토판을 발굴해내면서부터이다. 새롭게 발굴된 점토판의 설형문자들은 읽을 수 있었기 때문에 단어의 뜻만

---

8) 구약성경에 나오는 '헷족'은 전성기 시절의 히타이트인을 지칭하는 것이 아니라 히타이트제국 몰락 후 간신히 살아남은 히타이트 유민을 지칭한다. 구약의 시대에 일부 히타이트 도시와 전통이 남아 있었기 때문에 후기 히타이트 시대라고도 부른다.

9) 점토판에 글자를 새기는 행위는 수메르에서 시작되었다. 히타이트인은 기록을 위해 나무와 금속에도 글자를 새겼는데 거의 부식되어 사라졌고 1986년 유일하게 점토판이 아닌 청동판에 조각된 조약문이 발견되었다.

10) 현재는 '보아즈칼레'라고 불린다.

찾아내면 되었다. 얼마 지나지 않아 1915년 체코 출신 학자인 베드리히 호로즈니가 해독에 성공했는데 그는 히타이트 문자를 해독하면서 중요한 사실을 알게 되었다. 그들의 언어가 서아시아에 넓게 퍼진 셈족의 셈어가 아닌 인도-유럽어라는 사실이었다.

인도-유럽어를 썼던 히타이트 민족은 원래 아나톨리아의 토착민이 아니었다. 이들이 아나톨리아로 이주했을 때는 이미 '하티' 지역을 중심으로 이 지역에 청동기 문명이 융성하고 있었다. 인도-유럽어를 썼던 이질적인 민족은 점차 선주민의 청동기 문화에 동화되며 정착에 성공했다. 기원전 2300년경 사르곤 왕의 아카드 왕국 사람들은 아나톨리아 지방을 '하티 나라의 땅'으로 불렀는데 이래로 800년간 이곳은 '하티의 땅'으로 불렸고 자연스럽게 히타이트인도 자신들을 '하티 나라의 사람'으로 부르게 되었다. 더불어 인도-유럽어를 썼던 히타이트인이었지만 많은 단어는 선주민인 '하티'인의 단어를 그대로 사용하였다.

히타이트의 성형문자

히타이트의 (루비어) 상형문자

히타이트인은 왕실 내 업무와 관련된 기록은 주로 점토판에 새긴 설형문자를 사용했지만, 후기 히타이트 시대에는 일반 백성도 쉽게 읽을 수 있도록 암벽에 루비어[11] 상형문자를 사용하여 왕실의 권위를 선전하였다.

---

11) 히타이트 언어와 친족 관계에 있는 언어로 아나톨리아 남부에서 사용되었으며 히타이트제국이 멸망한 후 루비어를 쓰는 사람들이 히타이트 문화를 계승하여 후기 히타이트 시대를 열었다.

2.
히타이트의 역사

인도-유럽어를 쓰는 어느 부족이 현재의 아나톨리아 중북부로
흘러들어와 정착하였다. 그들은 처음에는 아나톨리아의 청동기 문
화를 흡수하고 선주민과 평화롭게 어울리며 정착에 성공하였다.
그리고 시간이 흐른 후 히타이트 부족이 외부로 팽창하는 시점에
쿠사라 왕국이 나타났다.

쿠사라 왕국의 피타나 왕과 그의 아들 아니타는 주변의 소국들
을 병합하였고 왕국은 성벽으로 둘러싸인 조그만 성곽 국가를 넘
어 주변 지역을 아우르는 강국이 되었다. 그리고 하투실리 1세(B.C
약 1565~1540년 재위)에 오면 장거리 원정으로 영토를 더 넓혔으며 이
후 그의 계승자인 히타이트 왕들은 그를 히타이트 왕실의 시조로
삼았다. 하투실리 1세는 수도를 네샤(現 퀼테베)에서 하투샤(現 보아
즈칼레)로 옮겼다. 해발고도가 약 1,000m인 고원에 경사진 곳이 많
은 황량한 땅인 하투샤를 수도로 삼은 이유는 이곳이 풍부한 철광
석 산지였기 때문이었다. 히타이트인은 철기를 무기화해 사용하기
시작한 최초의 민족이었다. 하투실리 1세는 남쪽의 후리인을 공격

하여 시리아 북부와 유프라테스강 상류까지 진격하였다. 그는 정복한 지역을 약탈하고 불을 질렀다. 히타이트인은 정복지에 불을 지름으로써 그들이 모시는 최고의 신 풍우신(바람, 비, 번개의 신)에게 그들의 전과를 알렸다. 이런 야만적인 행위는 주변 도시국가들을 공포에 떨게 하였다.

하지만 하투실리 1세는 시리아 북부에 있던 할렙(現 알레포)을 여러 차례 공격하다 실패하였을 뿐만 아니라 심각한 상처까지 입고 말았다. 가까스로 하투샤로 돌아온 그는 죽기 전에 미리 그의 후계자로 정했던 그의 여동생의 아들 즉 조카를 후계자 자리에서 박탈하고 대신 손자를 자신의 후계자로 정했다. 그의 여동생과 조카가 그에게 반기를 들어 그의 마음을 상하게 한 게 원인이었다. 그는 귀족들에게 후계자 교체 이유를 다음과 같이 말했다.

> "이제 누구도 여동생의 아들을 아기처럼 돌봐주지 말아라! 그는 왕인 나의 말을 귀담아듣지 않는다. 뱀 같은 자기 어머니의 말에 귀를 기울인다. 형제들과 자매들이 그에게 나를 모함하는 말을 전한다. 그는 이들의 말을 믿었다. 이제 왕인 내가 알게 되었다. 그래서 나는 그들과 싸움을 시작한다. 이제 그는 나의 아들이 아니다."

아직 후계자를 누구로 할 것인지 정하는 오랜 전통도 법도 없었던 히타이트 왕국은 이후에도 후계 문제가 나라를 위험에 빠뜨렸다.

하투실리 1세의 뒤를 이어 왕이 된 젊고 힘이 넘치는 손자 무르실리 1세(B.C 약 1540~1530년 재위)는 할아버지를 죽게 한 할렙 원정을 다시 단행하였다. 그는 뛰어난 군대 지휘관이었으며 용맹했다. 그의 군대는 시리아 북부의 요충지 할렙을 기어이 정복하였고 그곳을 불로 태워 잿더미로 만들어 버림으로써 할아버지의 복수를 했다.

그는 여세를 몰아 남쪽의 후리인의 땅을 짓밟은 후 메소포타미아 지역에 있던 강대국가 바빌로니아로 진격하였다. 바빌로니아 왕국은 '눈에는 눈, 이에는 이'라는 복수법을 제정한 것으로도 유명한 함무라비 왕이 메소포타미아 전역을 통일하고 세운 강국이었다. 그러나 이 강대국은 북쪽 고원에서 전차를 몰고 무섭게 달려오는 무르실리 1세의 군대를 막아내지 못했다. B.C 1530년경 수도 바빌론이 함락되었다. 히타이트군은 그들의 관습대로 풍우신에게 위대한 정복을 알리는 행위로 도시에 불을 지르고 신전인 지구라트를 약탈하여 찬란한 고대 문명의 중심지를 폐허로 만들었다.

무르실리 1세는 메소포타미아를 점령하면서 아나톨리아와 시리아 북부를 아우르는 거대한 제국을 건설할 기회를 얻었다. 하지만 제국 건설의 꿈은 내부 문제로 좌절되었다. 그의 본국인 하투샤에서 반란의 소식이 들려왔기 때문이었다. 그는 군대를 이끌고 부랴부랴 하투샤로

우르의 지구라트

돌아갔지만 도착하자마자 그의 처남 한틸리에게 암살되고 만다. 반란군 수장 한틸리는 그의 뒤를 이어 왕이 되었지만, 이것은 이후 벌어지는 왕족 간에 죽고 죽이는 비극의 시작에 불과했다. 이러한 왕

실 대혈투는 무르실리 1세가 이뤄 놓은 업적을 모두 날려 버렸다.

한틸리는 사위에 의해 죽임을 당하였고 이후에 아들이 아버지를, 그리고 근위대장이 왕을 죽이고 왕의 누나의 남편(매부)이 왕을 죽였다. 이런 야만적이고 무질서한 왕위 쟁탈전은 히타이트를 급속히 약화시켰다. 히타이트가 자중지란에 빠져 혼돈 속에 허우적거리는 동안 시리아 북부와 유프라테스강 상류는 후리족이 세운 미탄니 왕국의 손에 들어갔고 바빌론은 자그로스산맥 쪽에서 내려온 카시트인이 점령하였다.

매제를 죽이고 왕이 된 '모든 것을 살리는 신'인 텔리피누의 이름을 딴 텔리피누 왕(B.C 1500년경)은 참혹하고 무질서한 왕위 쟁탈전을 영원히 끝내고 싶었다. 그는 다음과 같은 칙령을 발포하여 왕위 승계의 법칙을 만들었다.

> 1. 정실부인에게서 태어난 아들이 왕이 되어야 한다.
> 2. 정실부인에게서 태어난 아들이 없으면 후실에서 태어난 아들이 왕이 된다.
> 3. 왕에게 아들이 없으면, 정실부인에게서 난 딸과 결혼한 사위가 왕위를 물려받는다.

그리고 그는 불합리한 연좌제도 폐지하였다.

"만약 왕자(왕족)가 죄를 범하면 사형으로 벌을 받을 것이다. 그러나 그의 가족인 처, 아이들에게 해를 주어서는 안 된다. 만약 왕자가 죄를 범하여 사형에 처하더라도 왕자의 죄로 인해 그의 재산인 집, 농지, 시종, 소, 염소에 손을 대서는 안 된다."

텔리피누 칙령은 효과를 보기 시작했다. 텔리피누 왕 이후 히타이트 궁정은 질서가 잡혔고 다른 나라와의 갈등도 무력에만 의존하지 않고 외교와 협상을 통해 해결하는 세련된 국가가 되기 시작했다.

텔리피누 왕 이후 80여 년 동안 내부 안정에 힘을 쏟은 히타이트는 다시 한번 급격히 팽창하기 시작하였다. 투탈리야 1세(B.C 1420~1400년 재위)는 히타이트가 왕위 쟁탈전으로 혼란스러울 때 히타이트 세력권에서 벗어난 시리아 북부의 요충지 키주와트나와 할렙을 다시 회복하고자 하였고 이곳은 후리인이 세운 미탄니 왕국의 영향권에 있었다. 투탈리야 1세는 일단 아나톨리아 서쪽의 적대세력들을 제압하면서 아나톨리아 지역을 안정시켰다. 그리고 그의 군대는 시리아와 아나톨리아의 지리적 경계선인 산맥을 넘어서 시리아 북부로 진격하기 시작했다. 히타이트군의 기세에 놀란 토레스산맥 남쪽의 키주와트나는 싸우기도 전에 투탈리야 1세에게 투항해 버렸다. 하지만 할렙만은 히타이트군에게 결사적으로 대항하였다. 투탈리야 1세는 할렙을 함락시키고자 했으나 주변 정세가 그를 도와주지 않았다. 아나톨리아 서쪽의 왕국들과 하투샤 북쪽 산악 지방의 카쉬카족이 투탈리야 1세가 수도를 비운 틈을 타 히타이트 영토를 침범했기 때문이다.

국경 지역의 적대적인 왕국들의 공격이 히타이트를 50여 년 정도 괴롭히다 수필룰리우마 1세(B.C 약 1355~1329년 재위)에 와서야 안정화되었다. 수필룰리우마 1세는 북쪽과 서쪽이 진정되자 남쪽으로 다시 눈을 돌렸다. 미탄니 왕국은 남쪽의 이집트와 결혼동맹을 통하여 남쪽 전선을 안정시키고 히타이트의 침공에 대비하였다. 수필룰리우마는 북시리아의 요충지인 할렙과 카르카므쉬를 공격하였지만 미탄니 왕국은 호락호락하지 않았고 공격은 실패로 끝났다.

이에 수필룰리우마 1세는 정면 공격이 아니라 변칙작전을 쓰기로 했다. 히타이트의 동쪽으로는 이수와라는 독립왕국이 있었고 그 밑으로 미탄니 왕국의 수도 와슉카니가 있었다. 미탄니는 히타이트와의 최전방인 할렙과 카르카므쉬에 병력을 집중시키고 있었고 이수와 소왕국과 접하는 국경 지역은 경계를 소홀히 하고 있었다. 수필룰리우마는 카르카므쉬를 북쪽으로 크게 우회하여 유프라테스강을 건너 이수와 왕국을 단숨에 무너트린 후 미탄니 왕국의 수도로 빠르게 진격해 들어갔다. 허를 찔린 미탄니 왕국은 큰 타격을 받았다. 미탄니의 수도 와슉카니는 약탈당하였고 불길에 휩싸였다. 수도가 함락되자 다른 지역의 도시들도 동요하면서 힘없어 무너졌다.

시리아 북부와 중부는 히타이트 군대로 넘쳐나기 시작했다. 난공불락이었던 할렙이 점령되었으며 카르카므쉬도 8일 동안의 포위 공격으로 함락되었다. 카르카므쉬에서는 상당량의 금, 헤아릴 수 없는 청동 도구들이 노획되었으며 3,300여 명의 포로가 잡혔다. 후리족이 세운 미탄니 왕국은 당장 멸망하지는 않았지만 사실상 운을 다하였고 명맥만 유지하다 동쪽에서 일어난 아시리아에 최종 흡수되는 운명을 맞는다. 수필룰리우마는 자신을 '라바르나, 위대한 왕, 하티 땅의 왕, 영웅, 풍우신의 총애를 받는 자'로 부르게 하였다.

시리아 북부와 중부 지역이 히타이트 수중에 떨어지면서 중동 지역의 국제 정세는 팽팽한 긴장 상태에 놓였다. 전통적인 강대국 이집트와 신흥 강대국 히타이트가 직접 국경을 접하게 된 것이다. 히타이트의 위협이 고조되던 시기 이집트는 왕위 계승 문제로 혼란에 빠져 있었다. 종교개혁을 단행한 이크나톤의 아들 투탕카멘이 자식 없이 어린 나이에 죽자 그의 부인이었던 안케센나멘은 왕위를 차지하려는 세력들에 둘러싸여 난처한 처지에 놓였다. 그녀는 정적들과 적대적인 사제들에 둘러싸여 불안한 세월을 보내고 있었다. 안케센나멘은 카르카므쉬 포위 작전을 한참 지휘하고 있던 히타이트 왕 수필룰리우마에게 다음과 같은 편지를 보냈다.

> "제 남편이 죽었습니다. 아들도 없습니다. 당신은 아들이 많다고
> 들었습니다. 당신 아들 중 한 명을 보내주십시오. 그가 내 남편이
> 될 것입니다."

갑작스럽고 황당한 제안에 수필룰리우마는 특사를 보내 그녀의 진짜 의중을 물었다. 이에 안케센나멘은 다음과 같이 답했다.

> "어찌하여 내가 당신을 속인다고 말합니까? 그렇다면 내가 아들이
> 있는데도 외지(外地) 사람에게 편지를 보내 내 고통을 토로한다고
> 생각하는 겁니까? 당신은 나를 의심하고 있군요. 내 남편이 죽었
> 는데 (나는) 아들도 없습니다. 시종하고 결혼해야 하나요? 당신에
> 게만 편지를 보냈습니다. 모든 사람이 당신은 아들이 많다고 말하

고 있습니다. 그러니 아들 중 한 명을 나에게 보내주시면 그 사람이 내 남편이 될 것이고 그가 이집트를 통치할 것입니다."

수필룰리우마는 그녀의 진심을 파악했고 기쁜 마음으로 서둘러 그의 아들을 이집트로 보냈다. 이집트 왕비와 히타이트 왕자의 결혼이 성사된다면 자연스럽게 히타이트와 이집트는 통합의 길을 여는 것이었고 아나톨리아와 시리아 그리고 이집트라는 거대한 제국이 탄생할 것이었다. 하지만 이집트 내 왕위를 노리던 호렘헵 장군이 수필룰리우마의 아들과 그 일행이 이집트로 오는 길에 군대를 매복시켜 놓고 기다리다 습격해서 죽여 버렸기 때문에 그러한 일은 일어나지 않았다.

이집트와 시리아를 공포에 떨게 했던 수필룰리우마는 말년에 전염병이 히타이트제국을 덮치면서 수필룰리우마 자신뿐 아니라 그의 첫째 아들도 목숨을 잃게 된다. 수필룰리우마의 손자 무와탈리스(B.C 약 1290~1272년) 시대에는 전염병이 진정되고 제국의 변방도 안정을 찾아갔다. 미탄니 왕국이 히타이트의 침공으로 약화된 후 유프라테스강 상류에 위치한 앗수르를 중심으로 아시리아 왕국이 세력을 키우고 있었으나 히타이트에게 도전할 정도는 아니었다. 무와탈리스는 히타이트 국내 문제가 안정되자 외부로 눈을 돌려 시리아 전역을 손에 넣고자 하는 야망을 드러냈으며 그것은 이집트와 일전을 벌여야 한다는 의미였다.

3.
카데시 전투

이집트의 파라오 세트 1세(B.C 1290~1279년 재위)가 즉위 5년째 되는 해에 아무르 지방을 히타이트로부터 떼어내고 이집트에 편입시켰다. 아무르 지방은 게발(그리스식 명칭은 비블로스), 시돈, 티레 등 여러 해안 도시로 구성되어 있었으며 도시들은 지중해를 무대로 해양무역을 통해 번영을 누리고 있었다. 후에 페니키아라고 불린 이러한 도시국가들은 경제적 풍요 덕에 많은 공물을 히타이트에 제공하고 있었다. 따라서 히타이트에게는 이곳은 포기할 수 없는 곳이었다.

히타이트 왕 무와탈리스는 이집트와의 전면전이 불가피하다고 생각했다. 그는 아나톨리아 서쪽 지역의 왕들과 동맹을 맺어 군사적 지원을 약속받았다. 또한, 그의 동생 하투실리를 북쪽으로 보내 적대적인 산악부족 카쉬카족을 제압하게 했는데 하투실리는 기대 이상의 성과를 이뤄냈다. 하투실리는 카쉬카족을 군사적으로 제압했을 뿐 아니라 외교력을 발휘하여 카쉬카족과 동맹을 맺고 카쉬카족이 이집트와의 전쟁에 참전하도록 만들었다. 하투실리의 활약으로 북쪽이 안전해지자 무와탈리스는 수도를 하투샤에서 남쪽의 타르훈타쉬샤 지역(도시는 알려지지 않았다)으로 옮겨 남진 정책을 노골적으로 드러냈다. 그는 아무르 지역의 왕들을 설득하고 협박하여 다시 히타이트 쪽으로 돌아서게 하는 데 성공하였다.

히타이트의 철기

역사상 히타이트인이 기원전 14세기경 최초로 철기를 제작하였다고 알려져 있다.[12] 히타이트인은 철제 창과 검을 이용하여 주변 부족이나 국가를 정복할 수 있었다. 그러나 당시 히타이트 내에서도 철기는 보편적이지 않고 매우 귀한 물건이었다. 기록에는 철로 만든 왕의 의자와 단도, 철판 위에 새긴 기록판, 철로 만든 신상(神像)과 동물상이 있었다고 기록되어 있지만 실제로 발견된 것은 제의 행사 때 신에게 바친 철 제품 몇 가지에 불과하다. 물론 철기는 쉽게 부식이 되어 사라지거나 다시 녹여 재사용되면서 남아 있지 않은 경우가 많았다. 당시 철이 은보다 40~50배, 금보다 4~5배 비쌌음을 고려했을 때 1150도 이상의 고열을 내서 철광석을 녹이고 제조하는 기술은 아직 초기 단계였음이 틀림없다.

무와탈리스의 동생이었던 하투실리 3세가 아시리아 왕에게 보낸 다음 편지에서 철 생산이 쉽지 않았음을 알 수 있다.

> "나에게 부탁하신 좋은 품질의 철이 키주와트나에 있는 인장 제조소에 남아 있지 않습니다. 지금은 철을 만드는 적기가 아닙니다. 그곳에서 양질의 철을 만들고 있습니다만, 완성하기가 쉽지 않습니다. 제작이 완료되면 당신에게 바로 보내겠습니다. 오늘은 당신에게 철로 만든 단도를 (선물로) 보냅니다."

히타이트인은 제철기술을 외부로 유출하지 않기 위해 노력했다. 그래서 그들은 철 제품은 수출했지만, 철기 장인이 해외로 이주하는 것은 철저히 금지했다.

이집트에서는 세트 1세가 죽고 그의 아들 람세스 2세(B.C 1279~

1213년 재위)가 파라오에 등극하면서 두 나라 간의 긴장은 더욱 고조되었다. 20대의 젊고 혈기왕성한 파라오는 그의 에너지를 히타이트 정벌에 힘쓰고자 하였다. 그는 이집트의 위대한 정복자 투트모세 3세와 같은 정복자가 되고 싶었다. 그는 수도를 남쪽에 처져 있는 테베에서 델타 지역 중간에 있던 도시인 피-람세스(Pi-Ramesse, '람세스의 집'이라는 뜻)에 대규모 사원과 주택, 군사시설을 지은 후 거처를 그곳으로 옮겨 그의 북진 의지를 공개적으로 천명했다.

이집트와 히타이트는 서로의 수도를 옮겨 가면서 전의를 불태웠다. 두 강대국이 전쟁을 벌이리라는 것은 기정사실이 되었으며 전쟁 시기만이 문제였다.

이집트군

당시 이집트군은 전차병과 보병으로 크게 나뉠 수 있었는데 전차와 전차를 끄는 말은 스스로 마련해야 했기 때문에 경제적 여유가 있는 귀족만이 전차병이 될 수 있었다. 일반 보병들은 대부분 징집병이었으나 직업군인들도 있었고 보수를 받고 군에 복무하는 외국인 용병들도 상당수 존재했다. 보병의 주무기는 창이었고 보조 무기로 도끼와 검을 사용하였다.

병사들은 군공을 세우면 승진을 하거나 경제적 보상을 받을 수 있었으며 특히 전쟁에 승리할 경우 적군에 속해 있던 무기, 의복, 장신구 등 전리품을 두둑이 챙길 수 있었다. 장교와 지휘관들은 군 복무 대가로 토지와 가축, 노예를 할당받는 특권을 누렸다.

---

12) 최근 아나톨리아 남부 카만칼레호육 유적에서는 기원전 2000년경에 쓰였던 철로 만든 단검이 발견되었다. 이것이 사실이라면 인류의 제철 역사는 600년은 더 거슬러 올라가고 히타이트가 최초의 철기사용민족이라는 주장은 바뀔 수 있다.

26살의 람세스 2세는 군대를 동원하여 아무르 지방을 압박하여 다시 이집트의 동맹국으로 만들었고 자신의 군대를 그곳에 남겨두어 페니키아 도시들의 배반을 방지하고 동시에 히타이트의 국경도시인 카데시를 압박했다.

람세스 2세가 히타이트를 도발한 그다음 해인 1275년 히타이트 왕 무와탈리스는 전쟁을 결정하였다. 수많은 동맹국과 속국에 군대를 보내라고 전령을 보내자 20여 개의 도시가 호응하여 군대를 보냈다. 군대는 보병이 3만 5천[13]에 달하였으며 전차는 3천 5백 대에 이르렀다. 무와탈리스는 자신의 동생 하투실리를 총대장으로 삼아 작전을 짜게 하였다. 하투실리는 이미 카쉬카족을 정벌하면서 그의 군사적 능력을 입증하였고 무와탈리스는 그런 동생의 능력을 신뢰했다. 두 형제의 우애는 견고했으며 그럴수록 무와탈리스의 아들이며 후계자인 우르히테슙 왕자는 숙부에 대한 경계심과 증오심을 키워갔다.

---

13) 일부에서는 병력이 1만 6,000명이라고 주장되기도 하지만 20개 이상의 동맹 도시에서 모집된 군대가 이 정도라면 너무 적다. 당시 패권 국가 히타이트가 가진 자체 군대가 이집트와 거의 비슷하다고 본다면 이때 모인 히타이트 연합군의 숫자는 거의 4만에 가깝다고 보는 것이 옳을 것이다.

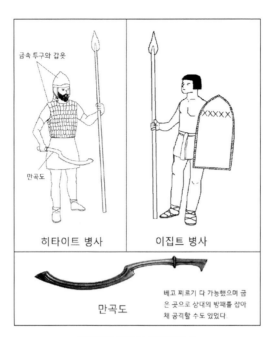

히타이트 병사와 이집트 병사

히타이트 병사는 철제 투구와 갑옷 그리고 위협적인 만곡도로 무장을 하였으나 이집트 병사는 더운 지방 특성상 방어구를 잘 착용하지 않았다. 하지만 귀족 전차병이나 파라오는 가죽으로 만든 흉갑을 착용하였다.

한편 이집트 람세스 2세의 군대는 보병이 2만이 넘었으며 2천 대의 전차로 구성되어 있었다. 누비아와 리비아 출신의 용병들도 섞여 있었지만, 대부분은 자국민 병사로 구성되었다. 람세스 2세는 2만의 군대를 신의 이름을 따 아몬·라·프타·세트 4개 부대로 나눴고 각 부대에 5백 대의 전차를 배치하였다. 파라오 자신은 충성스러운 정예병으로 구성된 친위대를 이끌었다. 그는 군대를 이끌고 이집트를 벗어난 후 최단 거리인 레바논산맥 옆의 평원을 지나 카데시로 진격하였으며 행군은 한 달이나 걸리는 긴 여정이었다. 람세스 2세는 아무르 지방을 지나면서 비블로스 주변을 방어하고 변덕스러운 아무르인을 감시하기 위해 주둔시켰던 네아린 사단 보병 3,000명에게도 해안선을 따라 북으로 이동하여 카데시로 오도록 전령을 보냈다.

그런데 이집트군이 히타이트군의 기습 공격을 경계하면서 카데시로 행군하고 있을 때 군대 앞에서 수상한 남자 2명이 어슬렁거리는 것을 발견하였다. 이집트군 일부가 전속력으로 달려가 두 명의 수상한 인물들을 체포하였는데 놀랍게도 히타이트 병사였다. 포로들은 자신들이 히타이트 군영에서 탈출한 도망병이라고 주장했기 때문에 그들은 람세스 2세 앞으로 끌려가 심문을 받았다. 히타이트 포로는 히타이트군이 카데시가 아닌 할렙에 주력군을 배치해 방어선을 구축하고 있다는 정보를 제공했다.

포로들이 제공한 정보는 의욕 충만한 람세스 2세에게 신속한 결정을 하게 했다. 그는 정보의 사실관계도 파악하지 않았고 주변을 정탐할 정찰병도 보내지 않았다. 람세스 2세는 전군에게 쉬지 말고 당장 카데시로 행군하도록 명령했다. 히타이트군의 주력이 할렙에 있는 이상 재빠르게 진격하여 카데시 성을 포위한 후 히타이트군의 지원병력이 도착하기 전에 성을 함락시킬 생각이었다. 메소포타미아에서 지중해로 이어지는 무역로의 전략적 요충지인 카데시 성을 함락시키는 것만으로도 엄청난 전과가 될 것이었다.

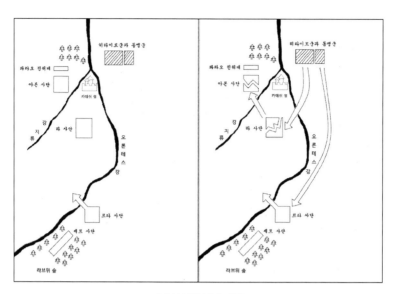

카데시 전투 전개 과정

이집트군은 빠르게 북으로 이동했다. 전방에는 람세스 2세의 친위대와 아몬 사단이 그 뒤로는 라, 프타, 세트 사단이 순서대로 행진했다. 주변 경계와 정찰도 없이 빨리 도착하기 위해 전차병은 인정사정없이 말에 채찍질했으며 보병은 쉬지 않고 뛰었다. 그러나 각 사단 간의 행군 속도를 조절하지 않는 바람에 사단 간의 간격이 벌어져 버렸다. 카데시 성 앞을 흐르는 오론테스강에 먼저 도착한 람세스 2세가 이끄는 친위대와 아몬 사단은 강폭이 좁고 얕은 곳을 찾아 강을 건넜고 카데시 성의 후방을 포위하기 위해 카데시 성의 왼쪽으로 빠르게 이동하였다. 그 뒤로 라 사단이 허겁지겁 쫓아오고 있었고 프타 사단과 세트 사단은 뒤처져 아예 시야에서 보이지도 않는 곳에서 행군하고 있었다. 이집트군의 측면은 완전히 노출되어 있었고 보병들은 앞선 전차의 흙먼지를 뒤집어쓰면서 숨을 헐떡거리며 뒤따라가고 있었다.

이때, 라 사단의 오른쪽 방향인 오론테스강 쪽에서 지축을 흔드는 거대한 소리가 들려왔다. 얼마 후 먼지가 일더니 강 동쪽에서 거대한 전차 무리가 나타났다. 그리고 전차 무리는 물살이 약하고 강폭이 좁은 지역을 전속력으로 지나 라 사단의 측면을 덮쳤다.

히타이트군

히타이트의 전차는 기본적으로 3명이 타는 중전차였다. 히타이트 전차의 바퀴는 나무에 철제를 둘러쌌기 때문에 튼튼했고 3명이 타더라도 큰 문제가 없었다. 1명은 전차를 몰았고 1명은 활과 창을 사용하여 전투를 벌였고 한 명은 방패로 기수와 전투병을 보호하며 상황에 따라 전차에서 내려 전투에도 참여하였다. 전차는 크기가 크고 무거웠으며 거대한 덩치로 돌격해서 상대의 진영을 격파하는 데 큰 효과를 발휘하였다. 하지만 반대로 큰 덩치로 인해 기동성은 크게 떨어져 좁거나 장애물이 있는 지역에서 보병과 전차 간의 혼전이 발생하면 무용지물이 되었다. 반면 이집트의 전차는 2명이 탑승하였고 1명이 기수, 다른 한 명이 활과 창을 이용하여 싸웠다. 히타이트 전차보다 돌격 위력은 약했지만, 상대적으로 가벼운 작은 몸체 때문에 기동성이 좋았고 혼전에서도 쉽게 방향 전환이 가능했다.

엄청난 히타이트 전차들의 돌격에 라 사단은 순식간에 박살이 나 버렸다. 이집트 병사들은 목숨을 건지기 위해 뿔뿔이 흩어져 도망갔다. 라 사단을 격파한 히타이트군은 곧바로 북쪽에 있던 아몬 사단의 후방을 덮쳤다. 뒤의 라 사단이 순식간에 무너지는 것을 본 아몬 사단의 병사들은 공포에 질려 있었고 미처 방어 태세를 갖추기 전에 히타이트의 전차와 보병이 그들을 덮쳤다. 아몬 사단의 병

사들도 목숨을 건지기 위해 히타이트 병사들이 보이지 않는 어느 곳이든 달려 내빼기 시작했다.

람세스 2세는 뭔가 크게 잘못되었음을 그제야 알게 되었다. 그는 정보를 제공한 히타이트 포로 2명을 불러내어 목을 쳤다. 그들은 무와탈리스가 보낸 첩자였고 람세스 2세가 완전히 속은 것이었다. 람세스 2세는 분노에 몸을 떨었다. 이 모든 광경을 히타이트 왕 무와탈리스는 전황이 한눈에 보이는 오론테스강 동쪽 언덕에 올라 지켜보고 있었다. 그의 동생인 하투실리의 작전은 완전 대성공이었다. 전투는 이미 히타이트군의 승리로 보였고 그의 입가에서 만족스러운 웃음이 자연스럽게 나왔다.

하지만 히타이트군은 여러 동맹 도시의 군대로 구성된 연합군이었다. 처음 작전은 하투실리 총대장의 지시에 따라 군대가 일사불란하게 움직였지만, 예상보다 손쉽게 이집트군이 격파되면서 초전에 보였던 조직력은 온데간데없이 사라지고 동맹군은 각자 따르는 왕의 명령에 움직이기 시작했다. 일부는 패잔병을 쫓아 추격했고 일부는 람세스 2세의 친위병을 공격하였다. 또 다른 부대는 이미 전투가 끝난 마냥 전리품을 챙기느라 정신이 없었다.

한편 뒤에서 올라오고 있던 프타, 세트 사단도 히타이트의 공격을 받고 있었다. 프타 사단이 강을 건너는 중에 공격을 받자 뒤에 있던 세트 사단은 좁은 라브위 숲길에서 옴짝달싹 못 하게 되었다. 강을 건너던 프타 사단은 히타이트의 기습 공격에 수많은 병사를 잃었다. 하지만 뒤에서 오는 세트 사단의 병사들이 그 공백을 메움으로써 전열이 무너지지는 않았다. 이들을 공격한 히타이트군은 주로 동맹군으로 구성된 병력이었으므로 일단 공격이 효과를 발휘하지 못하는 시점이 되자 전투 의지는 금방 사라졌다.

람세스 2세의 친위병들은 파라오를 지키기 위해 용감히 싸웠다. 람세스 2세도 주변의 전차병과 보병을 독려하며 전투에 직접 참여했다. 그런데 히타이트 전차들은 좁은 지역에서 아몬 사단의 파괴된 전차와 시체들로 인해 파라오의 친위대에 쉽게 돌격할 수 없었다. 덩치가 큰 전차는 파라오의 부대를 포위 공격하는 데 어떤 역할도 하지 못했다. 반면 이집트 보병 친위대는 강력한 방패방어막을 치고 히타이트 보병을 막고 있었으며 이집트 전차는 땅바닥의 수많은 장애물을 요리조리 피해 이동하면서 히타이트 전차병을 괴롭혔다. 람세스 2세는 먼지와 땀으로 범벅이 된 상태로 히타이트 진영으로 화살을 날렸고 이 젊은 파라오의 분투는 다른 이집트 병사들에게도 전달돼 공격하는 적을 당황스럽게 만들었다. 하지만 시간은 파라오의 편이 아니었다. 결국, 소수의 이집트 친위대는 전멸할 것이 뻔했다.

그런데 히타이트군이 예상하지 못한 부대가 서쪽에서 나타났다. 람세스 2세가 해안선을 따라 카데시로 진격하라고 명령했던 아무르 지역 주둔군 네아린 사단 3,000명이 때마침 도착한 것이다. 그들은 파라오의 친위대를 포위 공격하는 데 정신이 팔려 있던 히타이트군을 덮쳤다. 그와 동시에 정신없이 도망치던 아몬, 라 사단의 병사들이 지원병력이 도착하는 것을 보고 다시 돌아와 추격하던 히타이트군을 공격하기 시작했다. 이집트군은 강력한 복합궁14)을 가지고 있었고 전열을 정비한 이집트군이 일제히 히타이트군에게 화살을 퍼붓자 히타이트 병사들이 통나무 넘어지듯 쓰러지기 시작했다. 예상치 못한 전개에 히타이트군이 순식간에 무너지기 시작했다.

이젠 이집트군이 히타이트군을 오론테스강으로 밀어붙였다. 이 광경을 언덕에서 보고 있던 무와탈리스 왕에게서 순식간에 웃음이 사라졌다. 동맹국의 왕들도 마찬가지였다. 아르자와, 카르카므쉬, 할렙, 카쉬카족 등의 주요 왕들은 무와탈리스에게 퇴각을 요구했다. 남쪽의 프타, 세트 사단도 이미 히타이트 동맹국의 공격을 물리치고 북진하고 있다는 소식이 들려왔다.15) 무와탈리스는 동생 하투실리에게 카데시 성으로 퇴각하도록 명령을 내렸다. 퇴각 나팔 소리를 들은 히타이트와 동맹군 병사들은 오론테스강 지류를 건너 카데시 성으로 도망가기 시작했다. 히타이트 병사들의 많은 수가 도망치다 창이나 화살에 맞아 죽었고 일부 병사들은 급한 나머지 무기를 버리고 무작정 강에 뛰어들었다가 익사하였으며 와중에 히타이트군과 동맹군의 고급장교들도 다수 희생되었다. 그들의 시체

---

14) 나무 이외에 동물의 뼈나 뿔, 힘줄도 같이 이용하여 만든 활. 한 가지 재료로 만든 활에 비해 사정거리가 길고 강력하게 날아갔다. 아카드인이 처음 만들었다고 알려져 있다.

15) 이집트 기록에는 뒤의 2개 사단이 람세스 2세 부대와 합류하는 것이 왜 그렇게 늦었는지 정확한 설명이 없다. 학자들은 단지 행군속도로 간격이 벌어져서 그렇다고 추측을 하는데 그것만으로는 너무 큰 시간적 간격이 있다. 공격하는 입장에서 뒤의 2개 사단을 멀쩡히 놔두고 적의 중간을 공격하는 것은 오히려 공격하는 쪽이 앞뒤로 포위될 수 있었다. 따라서 상식적으로 봤을 때 히타이트군 일부가 뒤쪽 2개 사단도 기습 공격했기 때문에 후방 사단의 행군이 상당히 늦어졌다는 것이 합리적인 설명일 것이다. 크리스티앙 자크의 소설 『람세스』도 이러한 인식하에 전투를 묘사하고 있다.

가 오론테스강을 덮었다.

하지만 이집트군도 그들을 적극적으로 추격할 여력이 없었다. 이미 전투 초기에 심각한 피해를 본 이집트군은 전열을 다시 세우는 것이 더 급선무였다. 람세스 2세는 이제 막 합류한 후방 2개 사단을 포함하여 군대 피해 상황을 파악하고 부대를 재편성하였다. 람세스 2세는 적군 희생자의 숫자를 파악하기 위해 죽은 히타이트군 병사들의 오른 손목을 자르게 하고 그 숫자를 파악하였다. 1만 개 이상의 손목이 수집되었다.

그는 도망갔던 병사들과 장교들을 호되게 질책하였다. 그리고 군대를 카데시 성 앞에 진을 치게 하였다. 하지만 상당수의 히타이트군이 성안에 있는 이상 성을 함락시키는 것은 거의 불가능했다. 다수의 적이 지키고 있는 성의 성벽을 기어오르는 것은 자살 행위나 마찬가지였다. 또한, 람세스 2세는 전쟁의 피비린내 속에서 훼손된 시신과 끔찍한 부상들을 목격하였고 전쟁 의욕을 잃어버렸다. 더군다나 패전 직전까지 갔던 전투를 겪으며 '자신이 질 수 있다'라는 현실 인식도 그를 두렵게 했다. 그는 군대를 돌려 수도 피-람세스로 돌아갔다. 얻은 것은 없었다. 하지만 그는 이집트 백성들에게 자신이 엄청난 승리를 거두었다고 선전할 심산이었다. 그래야지만 자신의 지위가 보장될 수 있었다.

이집트군이 카데시 성 앞에서 철수하자마자 히타이트 군대는 성밖으로 나와 아무르 지방으로 달려갔다. 그리고 아무르 왕 벤테쉬나를 포로로 잡았다. 아무르 지방은 다시 히타이트 영향권으로 들어갔다. 무와탈리스는 기세를 몰아 다마스쿠스 근처까지 약탈하고 돌아갔다. 하지만 거기까지였다. 더 이상의 도발은 무의미했고 무모했다. 무와탈리스도 이집트와의 전쟁에서 이길 수 없다는 것을 알게 되었다. 아무르 지역을 히타이트 영역으로 되돌린 것에 만족하고 아나톨리아로 돌아가는 것이 최선이었다.

4.
카데시 전투 이후

　무와탈리스 왕이 카데시 전투 이후 얼마 안 있어 세상을 떠나자, 무와탈리스의 아들 우르히테슙이 무르실리 3세(B.C 약 1272~1265년 재위)로 등극하였다. 무르실리 3세는 수도를 남진 정책의 기지였던 타르훈타쉬샤 지역에서 원래 수도였던 하투샤로 옮겼다. 무르실리 3세는 하투샤 북쪽변경지역에서 카쉬카족의 지지를 받으며 세력을 넓히고 있는 그의 작은 아버지 하투실리를 두려워하였다. 그는 하투실리의 도시들을 빼앗기 시작하였고 이것이 비극을 가져왔다. 하투실리는 애초에 권력의 정점에 서고자 하는 마음이 추호도 없었다. 하지만 조카가 자신을 위협하고 자신을 제거하려고 하자 방어할 수밖에 없었다. 무와탈리스 왕 이래로 신하들의 존경과 신임을 받고 있던 50대의 숙부는 조카와의 싸움에서 어렵지 않게 승리하고 왕이 되었다. 하투실리는 귀족들에게 다음과 같이 말했다.

　"형님께서 돌아가시고… 그에게 적법한 아들이 없었기 때문에 나는 후처의 아들인 우르히테슙을 왕위에 올렸다. 난 하투샤를 그의 손에 바쳤다. 그는 하티 나라의 왕이 되었다. (중략) 형님을 존경하는 마음 때문에 아무 일도 하지 않고 (우르히테슙의 횡포에) 7년을 참았다. 그는 신의 명령이라는 핑계나 사람들이 나를 음해하는 말을 믿고 나를 없애려고 하였다. 이제 나의 소유로 그나마 남아 있던 2개의 도시도 빼앗아갔다. 더는 참을 수 없었다. 그래서 그와 싸움을 시작했다."

하투실리는 반란을 일으켰고 이것은 명백히 오랫동안 지켜져 온 텔리피누 칙령의 왕위 계승 법칙을 파괴하는 행위였다. 하지만 귀족들은 히타이트제국에서 존경받던 하투실리를 대왕으로 인정하였다. 그는 하투실리 3세(B.C 1265~1240년 재위)가 되었다. 관대한 그는 조카를 죽이지 않고 멀리 추방해 버렸다.

한편 동쪽에서는 아시리아가 신흥강국으로 부상하고 있었다. 그들은 히타이트의 변경을 침입하고 잠식해 들어왔다. 따라서 히타이트는 마냥 이집트와 대결할 수 없었다. 이것은 이집트도 마찬가지였다. 하투실리 3세는 1259년에 즉위 20년째가 된 람세스 2세에게 평화사절을 보냈다. 그리고 이집트와 공식적으로 평화조약을 맺었고 조약문은 양국이 각각 보관하였다. 이 조약의 히타이트본 복사본16)은 현재 뉴욕 UN 사무국의 복도에 걸려 있다. 이전에도 국가 간의 조약이 맺어지기는 했지만, 승자가 패자에게 강요하는 굴욕적인 조약이 대부분이었다. 하지만 히타이트와 이집트 간 맺은 조약은 국가 간에

---

16) 원본은 터키 이스탄불의 고고학박물관에 있다고 한다. 당시 국제어인 아카드어로 기록되었다.

대등한 상태로 맺어진 최초의 평화조약으로서 그 역사적 가치를 인정받고 있다.

평화조약 주요 내용

○ 람세스와 하투실리는 상호 간에 침략하지 않는다.
○ 람세스와 하투실리는 상호 간에 내·외의 적과의 싸움에서 서로를 지원한다.
○ 람세스는 하투실리의 아들이 왕이 되는 것을 보증한다.
○ 람세스와 하투실리는 상호 간에 상대 땅으로 도망간 군인과 관리를 인도한다.
○ 조약을 지키지 않는 자에게는 저주가, 지키는 자에게는 축복이 올 것이다.

이 조약의 핵심은 상호 불가침 조약이다. 하지만 하투실리 입장에서는 또 다른 소득도 있었다. '텔리피누 칙령' 이후 처음으로 정당하지 못하게 대왕의 자리에 오른 하투실리는 자신의 즉위 정당성을 이집트와의 조약을 통해 얻을 수 있었다. 그는 람세스 2세와의 조약을 통해 자신의 후손이 왕이 되는 것을 대외적으로 인정받으면서 정당성을 인정받았다. 그리고 하투실리 3세는 결혼을 매개로 람세스 2세와의 평화를 강화하고자 하였다. 하투실리 3세는 자신의 장녀를 람세스 2세와 결혼시켰고 이 결혼으로 두 나라는 급속히 가까워졌다.

람세스 2세의 입장에서도 강력한 군대를 가지고 있는 히타이트와의 긴장 관계는 좋을 것이 없었다. 또한, 히타이트와 마찬가지로 이집트도 강성해지고 있던 아시리아를 견제할 필요성이 있었다. 의술이 발달한 이집트는 친선의 증표로 히타이트에 많은 의사와 약품을 보내주었고 히타이트는 이집트로부터 많은 양의 곡물을 수입하였다. 두 나라의 우호 관계는 히타이트가 멸망할 때까지 지속하였다.

람세스 2세는 이젠 투트모세 3세와 같은 위대한 정복왕이 되는 것을 포기했다. 대신 그는 내부 결속을 다지고 자신을 위대한 파라오로 만드는 종교활동과 선전활동에 집중하기로 했다. 그는 무려 100km나 떨어진 남쪽 지역에서 거대한 사암을 캐와 테베 북쪽에 있던 아몬 신을 모시는 카르낙 신전을 확장하였다. 테베의 남쪽으로는 룩소르 신전을 건설하였는데 이 역시 신전에서 남쪽으로 160km나 떨어진 아스완에서 화강암을 채굴해 배를 이용하여 이송한 후 만들었다. 그는 더 나아가 남쪽 국경선에 아부 심벨 신전을 거대한 절벽을 뚫어 암벽 자체에다 조각해서 만들었다. 아부 심벨 옆에는 자신의 첫 번째 부인 네파르타리를 위한 신전도 지어 그녀에 대한 애정과 존경심을 표현했다.[17]

나일강 서쪽 '왕들의 계곡' 쪽에는 라메세움이라는 자신의 장례와 제사를 치르는 신전(mortuary temple)을 건축하였다. 람세스 2세는 라메세움뿐만 아니라 카르낙 신전과 아부심벨 신전 등 제국 곳

---

17) 람세스 2세의 부인은 네페르타리만은 아니었다. 정부인이 6명에 첩이 수십 명이었고 여기에는 히타이트, 시리아, 바빌로니아 공주도 포함되었다. 그런데 그의 부인 중에는 누이나 심지어 그의 딸도 있었다. 다소 당황스럽기는 하지만 파라오의 혈통을 유지하기 위한 근친혼은 이집트 왕실에서 흔한 일이었다. 그는 자식을 최소 85명에서 최대 400명까지 두었다고 한다. 참고로 한국사에서 가장 많은 부인을 두었던 고려 태조 왕건은 29명의 부인과 34명의 자식을 두었다. 조선 시대 부인과 자식이 가장 많은 임금은 태종으로 부인 12명에게서 29명의 자식을 두었다.

아부심벨 신전

4개의 상은 모두 람세스 2세를 나타낸다. 저지대에 있던 이 신전은 1959년 아스완댐 공사로 수몰 위기에 몰리자 유네스코에서 기부금을 모아서 신전을 해체해 62m 더 높은 고지대로 이동시키는 대공사를 한 덕분에 살아남을 수 있었다.

곳에 카데시에서의 자신의 영웅적인 전투 모습을 그려 넣게 해서 카데시 전투에서 마치 자신이 일방적으로 승리한 것처럼 묘사했으며 그것을 자신의 최대 치적으로 선전했다. 그리고 룩소르와 카르낙 신전 벽에 히타이트와의 평화조약문을 새겨 넣었다.

그는 90세까지 장수하며 66년간 이집트를 지배하였다. 람세스 2세는 너무 장수하였기 때문에 수많은 그의 자식들을 위한 무덤을 그 스스로 제작하여야 했다. 당시 일반 남성 평균 수명이 30세 전후인 것을 고려하면 그의 수명은 그 자체만으로도 신격화될 수 있는 요소였다.

5.
해양민족의 침입과 혼란

그리스, 이탈리아 해안에서의 불안한 모습은 람세스 2세 때부터 일기 시작했다. 람세스 2세 재위 2년째에 가나안 지역으로 샤르다나(사르데냐섬으로 추정) 해적들이 노략질을 위해 침입했다. 람세스 2세는 이들을 격퇴하고 그들 일부를 사로잡아 군대 용병으로 사용하였다. 람세스 2세는 이들 해적의 출현을 통상적인 해적 활동으로 여겨 큰 의미를 두지 않았지만, 사실은 거대한 민족이동의 시작점이었다.

람세스 2세가 죽고 그의 아들인 메렌푸타가 즉위한 후 5년째 뒤는 1207년 리비아인을 포함하여 발칸과 아나톨리아 서부 지역의 민족들이 이집트의 나일강 델타 서북지역을 침범하였다. 메렌푸타는 이들을 격퇴하였지만, 이집트군의 피해도 막심하였다.

히타이트도 예외일 수 없었다. 수필룰리우마 2세(B.C ?~1190년 재위) 때 갑작스럽게 아나톨리아 서쪽으로부터 대규모 침공이 시작되었다. 물밀 듯이 밀려오는 아이와 여자, 가축까지 동반한 난민과 같은 이 집단에 히타이트제국과 주변 왕국들은 속수무책으로 무너졌다.

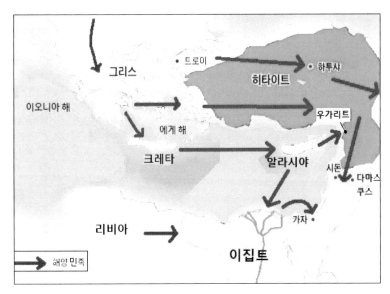

해양민족의 추정 이동로

지중해 동쪽의 섬나라였던 알라시야(키프로스)는 바다 건너 가까운 육상도시인 우가리트에 다급한 구원 요청을 하였다. 우가리트 왕 암무라피는 이에 다음과 같은 절망적인 답장을 썼다.

"(알라시야를) 도와줄 수 없습니다. 적의 배들이 몰려와 마을을 불 지르고 있고 잔악할 일을 나의 나라에서 행하고 있습니다. 내 모 든 병력과 전차들은 하티(히타이트)를 돕기 위해 파견되었고 내 모 든 배도 루카지방을 지키기 위해 나가 있습니다. 나의 나라는 무 방비 상태에 있으며 어제 침공한 일곱 척의 배에서 온 적들이 엄 청난 피해를 끼치고 있습니다."

그러나 이 편지는 우가리트에서 출발도 못 했다. 우가리트는 바로 함락되어 불길에 휩싸였기 때문이다. 구원병을 기다리고 있던 알라시야에서는 주민들이 비밀창고에 귀중품들을 숨겨 놓고 전쟁이 끝나면 다시 찾아가려고 했으나 그러한 희망은 이루어지지 못했다. 숨겨 놓은 사람 중 아무도 이 비밀창고를 다시 방문한 사람은 없었다.

1190년경 필사적으로 사방에 구원 요청을 하던 하투샤도 불에 탔고 철저히 파괴되었으며 주민들은 살해당하거나 포로가 되었다. 500년간 아나톨리아를 지배하면서 메소포타미아와 이집트를 공포에 떨게 했던 히타이트는 이렇게 허무하게 역사에서 사라졌다.

히타이트가 무너지고 투구에 뿔을 달고 새의 깃털로 장식한 바다를 건너온 이 정체불명의 해양세력들은 이집트로 눈을 돌렸다. 이들은 1177년 바다와 육지를 통해서 이집트를 침공해 들어왔다. 당시 이집트는 19왕조가 멸망하고 20왕조의 2번째 파라오인 람세스 3세가-즉, 람세스 3세는 람세스 2세와 혈연관계가 없다-즉위하고 있던 시기였다. 당시 상황은 룩소르의 메디네트 하부 신전 람세스 3세의 장례 사원 벽에 다음과 같이 묘사되고 있다.

"하티 나라에 속한 어떤 왕도 이 침략을 막지 못했다. 키주와트나, 카르카므쉬, 아르자와, 알라시야가 폐허가 되었다. 아무르 사람들도 몰살당하였으며 사람이 살지 않는 황량한 곳이 되었다. 소와 말이 끄는 수레와 배로 진격하는 이 민족들은 가는 곳마다 사람들을 죽였다. 이들 침략자는 (지나가는 도시마다) 불을 지르며 이집트를 향해 쳐들어왔다."

람세스 3세는 적들이 쳐들어온다는 첩보를 입수하고 나일강 하구에 전함들을 포진시켜 놓고 바다에서 들어오는 적들을 기다리고 있었다. 그는 이 해양세력들을 좁은 수로 지역으로 유인한 후 전함으로 촘촘히 해안을 막아 상륙을 방해하였다.

람세스 3세가 해양민족을 격퇴하는 장면
왼쪽에는 해양 민족이 상륙을 시도하고 있고 가운데 람세스 3세는 화살을 쏘고 있다.

침공군은 육지에 최대한 가까이 접근해 상륙을 시도하였으나 이집트군은 육지에서 화살 공격과 투석 공격을 가해 그들에게 심각한 피해를 입혔다. 또한, 파라오는 가나안의 가자 지역을 초토화하고 이집트로 밀고 들어오는 육상침공군도 격퇴하면서 이집트를 지켜낼 수 있었다.

"나(람세스 3세)의 국경에 도달한 적군은 씨도 남기지 못했으며 그들의 마음과 영혼은 영원히 끝났다. 바다로 쳐들어온 적은 그들

앞에 치솟은 불길에 가로막혔다. (해변에 운 좋게 도착한) 이들은 포위되어 죽임을 당했으며 해변에는 시체가 무더기로 쌓였다."

이 전투로 해양민족들은 뿔뿔이 흩어졌고 일부는 가나안 지역에 정착하기도 했다. 모세의 인도하에 이집트를 탈출해서 가나안으로 이주한 히브리인들은 이들을 블레셋인이라 불렀다. 람세스 3세는 해양민족의 침입을 막아내기는 했지만, 이집트의 국력은 크게 약화하였고 가나안과 시리아 지역에 대한 통제력을 상실하였다.

정확한 정체를 알 수 없는 해양민족들의 이동은 당시 기후변화에 의한 가뭄과 역병의 만연이 원인이라고 학자들은 추정하고 있다. 굶주림과 질병으로 더는 자신의 고향에서 버틸 수 없게 되자 부족들은 폭력을 동반한 이주를 시작했고 이것이 연쇄반응을 일으켜 동지중해에 대규모 민족이동을 일으켰다는 것이다.

당시 그리스반도에 있던 상무적이고 호전적인 미케네 문명[18]은 기원전 1200년경 히타이트가 각지의 반란과 아시리아와의 대결로 골머리를 앓고 있을 때 아나톨리아 서쪽 해안가에 있던 트로이[19]

---

[18] 기원전 16세기에서 12세기까지 그리스반도에는 여러 소왕국으로 구성된 청동기 문명이 형성되어 있었는데 에게해의 해상무역을 주도했고 매우 호전적인 성격을 가지고 있었다. 당시 청동기 문명의 중심지였던 크레타섬을 정복하고 파괴하였다. 소왕국 중 가장 강력했던 도시가 미케네였기 때문에 미케네 문명이라 부른다.

[19] 히타이트인은 이곳을 '윌루사'라고 불렀다. 학자들은 기존에는 트로이가 그리스계 인들이 세운 국가로 생각했지만 최근 유적에서 히타이트의 상형문자로 쓰인 인장(도장)이 발견되면서 이들이 히타이트계거나 히타이트 문화권에 속한 도시일 가능성을 열어두고 있다.

로 쳐들어갔다. 하지만 호기롭게 시작된 전쟁은 예상과 달리 장기전이 되었고 '트로이 신화'와 같이 '목마(木馬)'를 이용해 결국에는 성을 함락시켰다는 신화가 있지만, 실제 전쟁 과정은 정확히 알 수는 없고 다만 시기적으로 트로이 전쟁 직후 그리스군이 힘이 빠져 버린 것은 확실해 보인다. 왜냐하면, 때마침 침공하기 시작한 해양민족들(다른 의견으로는 북쪽의 '도리아인'이라는 주장이 있다)은 그리스의 미케네 문명을 손쉽게 파괴하였기 때문이다. 거의 모든 도시가 파괴되었지만, 특히 스파르타가 있던 그리스의 펠로폰네소스반도는 인구의 90%가 살해당하거나 도망가면서 마치 사람이 살지 않는 땅처럼 되었다. 그리스 전체는 400년간 글자와 기록도 존재하지 않는 미지의 암흑시대가 도래하였다.

미케네 문명을 철저하게 파괴한 이 야만인들은 혹은 미케네 문명의 피난민들은 아나톨리아로 건너와 아나톨리아의 일부 소왕국과 연합하여 히타이트를 멸망시킴으로써 중동도 극심한 혼란 상태로 만들어 버렸다.

그런데 대규모 민족이동에 의한 기존 문명의 철저한 파괴로 이젠 모든 해상무역과 육상무역은 중단되었기 때문에 사람들은 청동기의 재료인 구리, 주석을 생산지에서 얻기가 점점 어려워졌다. 대신 역설적으로 히타이트의 멸망은 히타이트가 통제하고 있던 제철기술이 사방으로 퍼지는 결과를 가져왔다. 사람들은 무역의 단절로 구하기 어려운 구리와 주석 대신에 상대적으로 주변에서 쉽게 구할 수 있는 철광석을 이용한 철기를 대량으로 만들기 시작했고 제작 기술이 정교해지면서 청동기 시대의 종말을 가져왔다.

국제관계에서는 해양민족의 침입으로 히타이트가 멸망하고 이집트가 약해지면서 상대적으로 피해가 적었던 아시리아가 중동의 강자로 군림하는 계기가 된다. 그리고 가나안과 아무르, 시리아 지방에서는 힘의 공백이 생겼다. 기원전 11세기부터 8세기까지 지중해 동부 도시들의 재건이 이루어졌고 여러 중·소왕국들이 번영을 누렸다.

우선 모세의 지도하에 이집트에서 탈출한 히브리인(Hebrew, Hebraei)은 가나안 지방에 정착하여 이스라엘 왕국을 세웠다. 이스라엘 왕국은 다윗과 솔로몬 시대를 거치며 크게 번영을 누렸다. 히브리인은 유일신인 '야훼' 하나님을 섬기었는데 이들의 종교는 크리스트교와 이슬람교의 모태가 되었다.

이스라엘 왕국의 북쪽에 있던 게발(비블로스), 시돈, 티레를 중심으로 한 페니키아의 도시들도 강대국의 간섭없이 해상무역으로 번영을 누렸다. 해상무역에는 반드시 배가 필요했는데 이들 도시가 있던 현재의 레바논 지역은 질 좋은 삼나무가 풍부했고 이 삼나무를 통해 튼튼한 배를 만드는 게 가능했다. 페니키아인은 스페인, 북아프리카 등 지중해 전역에 식민도시를 건설하였는데 그중에 로마와 지중해를 놓고 세 번이나 전쟁을 벌인 카르타고도 있었다. 특히 이들은 무역의 편의를 위해 문자를 개발하였는데 이들이 개발한 문자가 그리스에 전해지고 약간의 변형을 거치면서 알파벳의 기원이 되었다.

시리아와 유프라테스강 상류 유역에는 유목민이었던 아람인이 여러 도시 왕국을 재건하였고 다마스쿠스를 중심으로 아시리아,

바빌로니아, 페니키아를 연결하며 육로무역으로 번영을 누렸다. 아람인은 사막에서 낙타를 최초로 상업적으로 이용한 민족이라고 한다. 이들의 무역 활동으로 인해 아람어는 중동 지역의 국제어가 되었으며 기존의 국제어였던 아카드어는 점차 소멸하게 된다. 기원전 8세기 아람 왕국이 아시리아에 의해 멸망했지만, 아랍어로 통일되는 기원후 7세기까지 천년 가까이 중동 지역의 국제어로서 아람어는 그 기능을 하였으며 히브리인이었던 예수도 아람어를 모국어로 사용했다.

3장

가우가멜라 전투

- 헬레니즘 시대의 시작

1.
아시리아의 성립과 멸망

아시리아는 신의 이름에서 기원한다. 티그리스강 상류에 살던 한 부족이 섬기는 신들 중 최고의 신이 아수르였는데 주변 민족들은 아수르 신을 모시는 부족이 모여 사는 도시를 아수르라고 불렀고 아수르를 모시는 사람들을 아시리아인이라고 불렀다. 아시리아인 은 기원전 수천 년 전부터 티그리스강 상류에 거주하였고 아수르 를 중심으로 도시 왕국을 세운 다음 상업활동을 위하여 카파도키 아 지방(아나톨리아 동남 지역)까지 왕래하였다. 이들이 세운 대표적 인 상업 도시가 아나톨리아의 네샤(現 퀼테베)이고 이 도시에서 히 타이트제국이 출발할 수 있었다. 역사적으로 아시리아인은 처음에 는 상업민족으로 두각을 나타냈다.

하지만 아시리아는 기원전 18세기 함무라비 왕이 이끄는 강력한 바빌로니아 군대에 의해 점령되어 속국이 되었다가 기원전 16세기 바빌로니아 왕국이 히타이트에게 무너지자 뒤이어 일어난 후리인 이 세운 미탄니 왕국에 예속되었다. 기원전 14세기 미탄니 왕국이 히타이트의 공격에 쇠약해지자 아시리아는 히타이트와 동맹을 맺고 미탄니에 반기를 들었다. 반란은 성공했고 히타이트와 아시리아에게 상당수의 도시를 잃은 미탄니 왕국은 가까스로 왕조만 유지하는 약소국으로 전락하였다. 반면 아시리아는 점점 세력을 확대하더니 당시 강대국이었던 히타이트, 이집트와 어깨를 마주할 정도로 강국으로 성장하였다.

그런데 기원전 12세기 소위 해양민족의 침입은 중동에서 유지되고 있던 삼국 간의 힘의 균형을 깨 버렸다. 해양민족들의 무자비한 공격에 히타이트제국이 아예 멸망해 버렸고 이집트는 이들을 막느라 국력을 소모해 버렸다. 아시리아는 이 기회를 놓치지 않았고 곧장 무주공산이 된 시리아와 지중해 동안 그리고 아나톨리아 동부 지역까지 진격하여 점령하였다. 하지만 영광은 오래가지 못하였다. 시리아에 살던 유목민인 아람인과 각지의 피지배 부족이 아시리아의 통치에 반기를 든 것이다. 결국, 정복한 지역을 모두 잃고 원래 근거지였던 티그리스강 유역까지 밀린 아시리아는 오랫동안 그들의 도시 안에서 조용히 지내야 했다.

이후 약 300여 년 동안 시리아와 동지중해 지역에는 어떤 패권 국가도 등장하지 못하면서 셈족 계통의 민족이 세운 소왕국들인 이스라엘과 페니키아[20] 그리고 아람 왕국이 번영을 누리게 되었다. 아나톨리아 지역은 히타이트 멸망 후 그리스계 왕국인 리디아와 프리기아가 세워져 번영을 누리고 있었다. 그리고 일부 히타이트

---

20) 페니키아라는 말은 그리스어인 붉은색인 'phoinos'에서 유래하였는데 페니키아인이 지중해산 조개(뮤렉스 조개)에서 붉은색 염료를 추출해 그리스에 팔았기 때문에 그리스인이 이들 상인을 붉은색과 연관해 부르면서 페니키아 상인이라고 불렸다.

전쟁으로 보는 중동역사

유민들도 일부 도시를 재건하여 살거나 다른 민족과 뒤섞여 살며 히타이트 문화를 유지하며 살았다(후기 히타이트 시대).

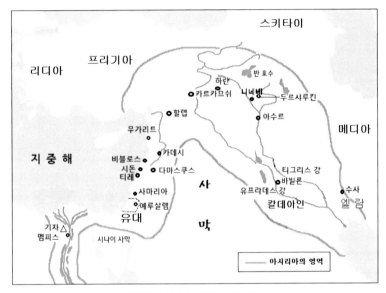

신(新) 아시리아 제국의 최대 영역

기원전 10세기 국력을 회복한 아시리아는 다시 팽창하기 시작했는데 아슈르나시르팔 2세(B.C 883~859년 재위)는 시리아 북부의 아람 왕국의 도시들을 거침없이 점령하기 시작했고 그에게 저항하는 자는 무자비하게 처단했다.

"나(아슈르나시르팔)는 도시 앞에 기둥을 세우고 나에게 대항해 반란을 일으켰던 모든 우두머리의 가죽을 벗겨 그 가죽을 기둥에 널어놓았다. (우두머리 중) 일부는 기둥 안에 매장했고, 일부는 기둥 위에 있는 말뚝에 박았으며, 또 일부는 기둥 주위에 있는 말뚝에 박았다. 내 나라 안에 있는 (저항했던) 많은 이의 가죽을 벗겨 가죽을 성벽에 널어놓았다."

이 시기부터 학자들은 신(新) 아시리아 제국이라고 부른다. 기원전 734년에는 히브리인이 세운 북이스라엘이 아시리아군에 의해 수도 사마리아가 함락되면서 멸망하였고 732년에는 아시리아군이 아람의 도시 중 가장 크고 사실상 수도였던 다메섹(다마쿠스)을 점령하였다. 그리고 720년에는 서쪽 도시 하마와 주변 아람인의 도시들을 제압하면서 한때 시리아 지역의 대부분을 장악하며 기세를 올렸던 아람 왕국은 최종적으로 멸망하였다. 히브리인이 세운, 아직 버티고 있던 남쪽의 유다 왕국은 북이스라엘이 멸망한 후 저항을 단념하고 아시리아에 협조하면서 멸망은 피할 수 있었다.

아시리아군은 왜 이리 강했을까?

첫 번째는 병참 부대의 창설이다. 병참 부대는 전투부대에 식량과 무기를 공급해주는 전문 부대였다. 병참 부대가 없을 때는 병사들은 스스로 많은 식량과 여분의 칼, 창 등 무거운 짐을 소지하고 행군해야 했기 때문에 행군 속도도 느렸고 피로도도 높아 군대의 전투력이 떨어질 수밖에 없었다. 거기에 상당량의 식량과 거주용 막사, 취사도구, 공성 무기 등을 말이나 당나귀가 끄는 수레와 함께 행군하였기 때문에 이동은 혼란스러웠고 그런 무질서 속에서 기습 공격을 받는다면 전투 대형을 짜기도 쉽지 않았다. 하지만 병참 부대가 창설되면서 병사는 전투에 필요한 무기만 휴대하고 전투에만 집중할 수 있게 되었다. 또한, 병참 부대의 지원으로 원정군은 더 멀리까지 가서 오랫동안 싸울 수 있었다.

두 번째는 기마(騎馬) 전술을 쓴 것이다. 이전까지 귀족들은 말이 끄는 전차에 올라타서 상대에게 화살을 날리고 창을 던지거나 찌르면서 전투를 하였는데 이젠 직접 말에 올라타서 상대를 공격하기 시작한 것이다. 물론 말을 타는 행위 자체는 훨씬 오래되었지만, 기마대가 전장에 투입되는 것은 이 시기부터였다. 때마침 북쪽 초원지대에서는 말의 개량이 이뤄지면서 기존의 작았던 말에서 크고 힘이 센 말이 나올 수 있었고 덩치와 힘이 세진 말은 충분히 사람을 태울 수 있었다. 하지만 말을 타는 능력은 많은 훈련이 필요했고 더구나 말 위에서 활과 창으로 적군을 공격하는 것은 매우 어려운 일이었다. 하지만 이러한 기술을 일단 습득한 기마병은 말과 혼연일체가 되면서 전투력이 몇 배나 강해졌다.

특히 무겁고 거추장스러운 마차가 달려 있지 않은 말은 속도가 매우 빨랐고 방향 전환이 쉬웠기 때문에 상대를 기습 공격하고 대열이 무너진 적을 치거나 도망가는 적을 추격해 섬멸하는 데 매우 유용했다. 물론 여전히 전차부대가 전투의 승패를 결정하는 중요한 역할을 하였으나 새롭게 출현한 기마병은 상대에게 또 다른 공포 대상이 되었다.
그리고 기존 전차도 개량을 통해 더 강력해졌다. 아시리아의 전차는 4마리의 말이 끄는 커다란 전차였으며 전투병은 4명까지도 탑승할 수 있었다. 덩치가 커진 덕분에 돌격에 의한 위력은 배가 되었다. 나무로 된 바퀴는 금속으로 덧씌워서 튼튼하면서도 속도를 높일 수 있었다. 더불어 철제갑옷과 군화도 아시리아군이 처음 착용했다고 한다.

세 번째는 성(成)을 함락시키기 위해 새로운 병기를 만들었다. 아시리아군 기술자들은 이동식 공성(攻城)탑과 파성추를 발명했다. 공성탑은 높이를 성과 비슷하거나 높게 만들어서 상대를 공격하였다. 파성추도 앞쪽에 커다란 쇳덩어리를 매달아 놓고 성벽을 강하게 때려 파괴하는 무기였다. 두 무기는 상대의 불화살이나 돌멩이 공격을 견디기 위해 몸체에 철판이나 소가죽 같은 가죽을 덧대 강화하였다. 이 병기의 출현은 방어군이 성벽 위에 있어도 더는 공격하는 병사들보다 유리한 위치에 있지 않다는 것을 의미했다. 특히 공성탑은 이후 그리스에서 계속 개량이 이루어져 공성전의 필수 무기로 자리 잡았다. 그래서 이동식 공성탑을 그리스어로 헤레폴리스(Helepolis)라 부르곤 한다.

시리아와 가나안 지역을 제패한 아시리아는 이젠 이집트에 눈을 돌렸다. 이집트는 리비아 출신의 파라오가 세운 제22왕조가 내분에 휩싸여 있을 때 누비아의 북쪽 지역에 있던 쿠시 왕국의 피예

(B.C 747~716년 재위)가 혼란을 틈타 이집트를 침공하였다. 그는 혼란에 빠져 있던 테베를 별다른 저항 없이 접수하였고 얼마 후 군대를 이끌고 북진하여 맹렬히 저항하던 멤피스마저 점령하면서 상·하이집트를 지배하는 최초의 흑인 파라오가 되었다.

이집트인은 비록 파라오가 흑인이었지만 정복자들과 이질감을 느끼지 못했다. 북(北) 누비아는 오래전부터 이집트의 영향권에 있었기 때문에 쿠시 왕국은 이집트의 종교와 전통, 문화를 가지고 있었다. 오히려 나일 삼각주에 비해 외세의 풍파를 덜 받았기 때문에 더 '이집트적'이었다. 따라서 현지 이집트인의 지지를 받고 있던 흑인 왕조는 군사적으로 결코 약체가 아니었다. 이집트는 아시리아와 가나안 지역을 놓고 수십 년간 군사적으로 충돌하였고 비록 큰 승리를 거두지는 못했지만 그렇다고 밀리지도 않았다.

아시리아의 센나케리브(B.C 704~681년 재위) 왕은 수도를 두르샤루킨(現 코르샤바드)에서 니네베(現 모술)[21]로 옮기면서 자신만의 거대하고 화려한 궁전을 지어 제국으로서의 위상을 뽐냈다.

---

[21] 아시리아는 수도를 자주 옮겼기 때문에 정확히 어디가 수도라고 단정하기는 힘들다. 하지만 최후의 수도는 니네베였다.

니네베 공사 현장 모습
센나케리브 시절 감독관이 정복지에서 강제로 끌려온 노동자들을 때리며 일을 시키고 있다.

그리고 그의 손자인 아슈르바니팔(B.C 668-627년 재위)이 즉위하자 이집트와의 힘의 균형이 깨졌다. 아슈르바니팔이 이끄는 군대는 강력했다. 아시리아군은 쿠시 왕국의 이집트군을 격파하고 단 하루 만에 하이집트의 수도 멤피스를 점령하더니 기원전 656년 상이집트의 수도 테베마저 점령하면서 이집트에서 흑인 파라오 시대를 끝냈다. 아슈르바니팔 시대에 아시리아는 메소포타미아, 시리아, 카파도키아, 이집트를 아우르는 최대의 영토를 가지게 되었고 역사상 최초로 메소포타미아와 이집트 문명을 통합하는 통일왕조가 되었다.

말을 타고 사냥하는 아슈르바니팔

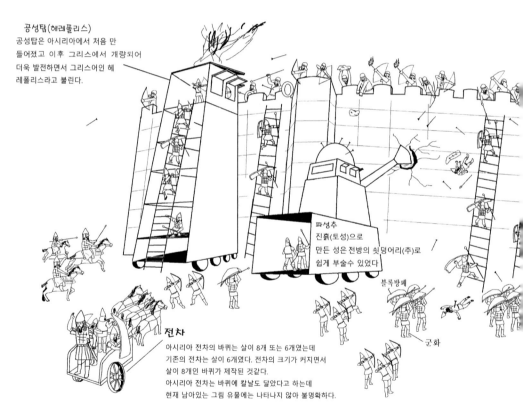

공성탑(헤레폴리스)
공성탑은 아시리아에서 처음 만
들어졌고 이후 그리스에서 개량되어
더욱 발전하면서 그리스어인 헤
레폴리스라고 불린다.

파성추
진흙(토성)으로
만든 성은 전방의 쇠덩어리(추)로
쉽게 부술수 있었다

블록방패

군화

전차
아시리아 전차의 바퀴는 살이 8개 또는 6개였는데
기존의 전차는 살이 6개였다. 전차의 크기가 커지면서
살이 8개인 바퀴가 제작된 것같다.
아시리아 전차는 바퀴에 칼날도 달았다고 하는데
현재 남아있는 그림 유물에는 나타나지 않아 불명확하다.

아시리아군의 공성

하지만 아슈르바니팔이 사망하자 아시리아 제국은 빠르게 분열되었다. 아슈르바니팔 아들 간에 후계 문제로 내전이 발생한 것이다. 내전으로 아시리아가 혼돈에 빠지자 곧 이집트는 아시리아로부터 독립하였으며 아시리아인의 강압적 통치로 증오에 차 있던 유프라테스강 하류에 거주하던 셈족인 칼데아인도 반란을 일으켜 바빌론을 점령하고 메소포타미아 남부를 차지하였다.

아시리아는 정복 과정 중에 정복지의 주민을 잔인하게 죽였으며 어린아이도 예외는 아니었다. 그들은 정복지의 주민을 원 거주지에서 떨어진 아시리아 변방 여러 곳으로 강제 이주시키고, 이주로 생긴 빈 땅은 다른 부족으로 채워 피정복민을 섞어 놓음으로써 피정복민의 단결을 방지하여 반란을 막고자 하였다. 그리고 정복지의 일부 주민은 수도로 끌고 와 가혹한 노동을 시켰다. 만약 반란을 일으키면 주모자들의 살가죽을 벗기고 눈을 빼는 등 잔인한 처벌도 서슴지 않았다. 더욱이 정복지에는 무거운 세금을 부과하여 피정복민의 증오심을 키웠다.

기원전 612년 메디아, 스키타이, 칼데아인이 내전으로 쇠약해진 아시리아를 연합해서 공격하였고 결국 수도 니네베가 함락되면서 아시리아는 멸망하였다. 아시리아의 수도는 그동안 아시리아인에게 당한 앙갚음인지 철저히 파괴되어 모래 속에 묻혔고 아시리아 민족은 중동역사에서 더는 주인공이 되지 못했다. 현재는 인구 400만 정도의 네스토리우스파 기독교를 믿는 소수민족으로 이라크, 시리아 등에 걸쳐 살고 있다.

이후 메소포타미아 지역과 시리아는 칼데아인이 세운 신바빌로니아가 차지하였고 메디아는 지금의 이란과 티그리스·유프라테스 강 상류, 아나톨리아 동부를 차지하였다. 아나톨리아 서쪽은 그리스계인 리디아가 프리기아 왕국을 정복하고 동쪽으로부터 밀고 들어오는 메디아를 막아서며 대립하였다.

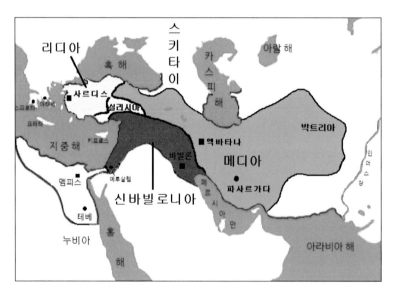

아시리아 멸망 후 국가들

2.
페르시아의 발전과 그리스와의 전쟁

　기원전 1000년 무렵 중앙아시아 초원지대에서 인도-유럽어를 쓰는 아리안족[22]이 이란고원지대로 이주하기 시작했다. 이들 중 일부인 메디아인은 선주민인 엘람인을 몰아내고 기원전 8세기 엑바타나(지금의 하마단)를 수도로 메디아를 세웠다. 메디아는 처음에는 아시리아에 굴복하고 공물을 바쳤으며 북방 스키타이의 공격으로 심각한 타격을 받기도 했지만 결국에는 아시리아를 멸망시키고 강대국으로 거듭났다.

　한편 메디아가 중동의 강국으로 성장하고 있었던 기원전 7세기 중반 또 다른 아리안족의 일파인 아케메네스 부족장이 이끌던 파르수아 부족이 중앙아시아에서 이란 남부(現 파사르가다에 주변)로 내려와 정착했다. 이들은 메디아 왕에게 충성하는 조건으로 그곳에 정착할 수 있었다. 이후 파르수아 부족이 사는 지역을 부족의

---

22) 기원전 4세기 알렉산드로스 대왕의 동방원정에 참여한 한 그리스인은 이란 고원에 사는 사람들은 스스로를 아리아인이라 부르며 이란 고원을 아리아나라고 불렀다고 기록하고 있다. 현재의 이란 국명은 '아리아인의 땅'이라는 뜻이다.

이름을 따서 '파르샤'라고 불렀고, 그리스인들은 '페르시스'라고 불렀다. 나중에 이들이 제국을 건설하자 지역 명칭이 나라 이름이 되었고 라틴어 형태인 '페르시아'라고 부르게 되었다. 역사가들은 후대에 성립된 또 다른 페르시아 제국과 구별하기 위해 이 제국을 아케메네스 왕조 페르시아라고 부른다. 페르시아인은 현재의 이란인이다.

메디아가 아시리아를 멸망시키고 서쪽으로 아나톨리아 동쪽 카파도키아까지 진출하면서 리디아와의 군사적 충돌이 빈번히 발생했다. 그리고 메디아는 리디아와 잠시 휴전을 하였지만, 메디아의 군사력과 외교력은 리디아와의 국경선에 집중될 수밖에 없었다. 그런데 예상치 못하게 수도 남쪽에 있던 속국 페르시아가 메디아에 대항해 반란을 일으켰다. 당시 페르시아의 왕은 30대 중반의 아케메네스 가문의 키루스 2세(B.C 559~529년 재위)였다. 키루스 2세의 반란은 성공했고 기원전 549년 엑바타나를 함락하면서 메디아를 멸망시켰다. 키루스 2세는 메디아를 멸망시켰으나 메디아 왕국의 조직이나 지배체제를 그대로 계승하였으며 메디아인을 고위관직에 대거 임명하였다. 실질적으로 페르시아인은 메디아인과 같은 아리안족이고 언어·풍습도 비슷했기 때문에 이질감이 없었다. 키루스 2세는 페르시아의 근거지인 파르스 지방에 새로운 수도인 파사르가다를 건설하기 시작했다.

한편 강력한 적국이었던 메디아가 어이없이 망하는 것을 본 리디아의 크로이소스 왕은 이제 막 떠오른 신생국가 페르시아를 선제공격하는 것이 최선이라고 생각했다. 크로이소스는 군대를 일으키기 전 델포이에 있는 아폴로 신전에 가서 신탁을 받았다. '피티아'라는 여사제가 정신이 몽롱한 상태로 다음과 같이 말했다.

"크로이소스가 페르시아를 공격한다면 대국(大國)이 무너진다."

이 말을 들은 크로이소스는 자신 있게 군대를 일으켰다. 그리고 그녀의 말대로 대국(大國)이 무너졌다. 하지만 그 대국은 페르시아가 아니라 리디아였다. 기원전 546년 리디아의 수도 사르디스가 함락되었다.[23] 서아시아의 강국 메디아와 리디아 두 나라가 3년 사이에 모두 멸망하였다.

서아시아의 강국 세 나라 중 유일하게 남은 신바빌로니아는 공포에 질려 버렸다. 신바빌로니아 왕 나보니두스(B.C 556~539년 재위)는 이집트와 동맹을 맺고 이집트 지원군과 함께 키루스 2세의 군대에 맞섰다. 하지만 두 나라의 동맹도 바빌론이 함락되는 것을 막을 수 없었다. 기원전 539년 신바빌로니아도 멸망했다. 그와 함께 아카드 왕조 이래로 1,800년간 중동의 패권을 쥐었던 셈족의 시대는 끝났다. 셈족은 이젠 1,000년이 지난 후 태어나는 무함마드를 기다려야 했다.

키루스 2세는 아시리아의 교훈을 알고 있었다. 그는 피정복민에 대하여 관대한 정책을 취했다. 대표적인 일이 유다 왕국이 신바빌

---

23) 영어 'Delphic'은 '수수께끼 같은 말을 한다'라는 뜻으로 그 어원은 델포이(Delphoi) 신전에서 나왔다. 델포이에서 나오는 예언이 얼마나 애매했는지 알 수 있다.

로니아 왕국에 멸망한 후 바빌론에 이주·억류되어 있던 유대인을 고향인 가나안으로 돌아가도록 허락한 것이다. 키루스 2세는 예루살렘 신전에서 신바빌로니아군이 약탈한 금·은 제기(제사용 도구)들을 돌려주었고 그들이 예루살렘에 신전을 짓는 것도 허락하였을 뿐만 아니라 재정적 지원도 해주었다. 물론 이러한 정책은 유대인에 한정된 것은 아니었다. 키루스 2세 때는 피정복민의 강제 이주도 없었고 각 부족이 가지고 있던 종교와 문화를 말살하지도 않았다. 페르시아인의 종교는 조로아스터(B.C 630~553년 생몰 추정)가 창시한 조로아스터교[24]였지만 페르시아인은 조로아스터교를 피정복민에게 강요하진 않았다.

그리고 그는 노예제도 금지했으며 궁궐을 짓는 일꾼들에게 급여를 지급하였다. 그의 관용정책과 인권정책은 페르시아 내부에서도 큰 호응과 충성을 끌어냈을 뿐만 아니라 적국이었던 그리스인 역사가 크세노폰(B.C 430~355년 생몰 추정)[25]과 헤로도토스(B.C 484~425년 생몰 추정)[26]마저도 그에 대한 찬양의 글을 쓰게 하였다. 그러나 대왕이라 불렸던 키루스 2세는 박트리아 지방에 있던 스키타이계 유

---

[24] 조로아스터교는 일신교였다. 신은 아후라 마즈다였으며 세상은 선과 악의 대결의 장이라고 보았다. 그리고 창시자 조로아스터(자라투스트라)가 죽고 3,000년 후에 '최후의 심판'이 온다고 믿었다. 이들은 불 앞에서 의식을 치렀기 때문에 중국에서는 배화(拜火)교라고 불렀다. 유대교, 기독교, 이슬람교의 교리에 큰 영향을 끼쳤다.

[25] 소크라테스의 제자였고 군인이면서 역사가이다. 그는 아테네 출신이면서도 아테네의 적국인 페르시아와 스파르타의 용병으로서 활약했기 때문에 아테네에서 추방되어 코린토스에서 사망했다. 저서로는 『소크라테스 회상』, 『페르시아 원정기』, 『헬레니카』, 『키루스의 교육』 등이 있다.

[26] 이오니아 지방의 할리카르나소스에서 태어났고 아테네에서 성장하였다. 그는 스키타이, 페르시아, 이탈리아, 이집트 등 장거리 여행을 하며 많은 자료를 수집했고 그걸 기반으로 페르시아 전쟁사를 다룬 『역사』를 썼다.

목민인 마사케타이를 공격하다 매복에 걸려 전장에서 전사하였다.

키루스 2세가 전사하자 그의 첫째 아들 캄비세스 2세(B.C 529~522년 재위)가 왕의 자리에 올랐다. 캄비세스 2세는 여전히 페르시아에 저항하고 있던 중동지역 통일의 마지막 퍼즐인 이집트를 침공하여 점령하였다. 그는 이집트 점령 후 군대를 셋으로 나누어 이집트 서쪽의 카르타고와 오아시스 지역 그리고 남쪽의 누비아 왕국을 공격했으나 성과가 없었다. 이 실패 때문인지 낙담한 그는 본국으로 돌아가는 길에 병이 들어 죽었다.

캄비세스 2세가 재위 8년 만에 죽으면서 왕위 계승에 혼란이 발생했다. 곧바로 페르시아 궁정에서 권력투쟁이 시작되었고 투쟁의 승자인 다리우스 1세(B.C 522~486년 재위)가 즉위하였다. 하지만 다리우스 1세는 상당 기간 각지에서 일어난 반란을 진압하는 데 힘을 써야 했다. 키루스 대왕에 의한 정복은 매우 빠른 시기에 이루어졌기 때문에 아직 내부적으로 동질감이 약했고 페르시아 왕실 내부의 혼란은 정복된 지 얼마 안 된 피지배 민족에게 독립의 기회처럼 보였다. 다리우스 1세는 즉위 후 2년 동안 무려 19번의 전투를 벌였고 9명의 반란군 왕들을 제압해야 했다. 그는 각지의 반란을 진압 후 수도를 파사르가다에서 수사로 옮겼다. 그는 뛰어난 정복왕은 아니었지만 뛰어난 행정 군주로서 능력을 발휘하여 강력한 중앙집권체제를 확립하며 제국을 안정적으로 통치할 수 있는 기반을 닦았다.

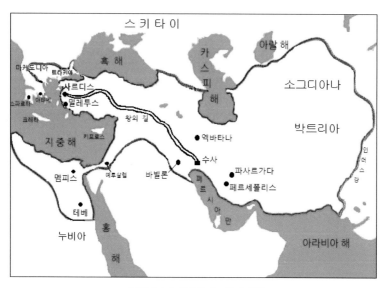

다리우스 1세 시절의 페르시아 제국

　다리우스 1세는 거대한 제국을 총 20개 주로 나누었고 각 주에는
총독을 파견하여 자신의 통치력이 제국 곳곳에 스며들게 하였다.
그리고 각 주에는 '왕의 귀', '왕의 눈'이라 불렸던 감찰관들을 파견하
여 총독을 감시하고 지방의 동향을 보고하도록 하였다. 또한, 수도
인 수사에서 출발하여 리디아의 수도였던 사르디스까지 총 2,400㎞
에 이르는 도로를 만들고 도로 중간에 11개의 역참을 세웠다. 군대
이동과 정보 전달의 고속도로가 된 이 길을 '왕의 길'이라 하였는데
그리스 역사가인 헤로도토스는 다음과 같이 설명하고 있다.

　"중간중간에 말을 바꿔 달릴 수 있는 역참이 여러 곳에 설치돼 목
　적지에 빨리 도달할 수 있었다. 낙타를 타고 석 달 걸리는 거리도

페르시아의 기수가 중요한 문서를 전달하기 위해 전속력으로 역참을 통과하며 말을 달리면 일주일이면 도달할 수 있다. 기수들은 눈·비나 불볕더위, 한밤중에도 자기가 맡은 구간을 전속력으로 질주했다."

다리우스 1세는 화폐와 도량형도 통일함으로써 경제적 통일과 경제 활성화를 도모하였다. 또한, 그는 수사와는 별개로 페르세폴리스('페르시아의 도시'라는 뜻의 그리스식 명칭이다)라고 하는 도시를 수도 동남쪽 황무지에 만들고 화려한 궁전을 건설하기 시작했다. 이어서 후대의 왕들도 이곳에 추가로 궁전이나 건물을 지었기 때문에 도시의 규모가 갈수록 커졌다. 그 웅장한 건축 유적으로 인해 현재의 많은 사람이 페르세폴리스를 아케메네스 왕조 페르시아의 수도로 잘못 알고 있을 정도이다.

기원전 513년 다리우스 1세는 원정을 결심한다. 그의 목표는 북쪽 변경에서 페르시아를 위협하고 있던 유목국가 스키타이였다. 그는 스키타이의 정면을 치지 않고 우회하여 공격하기로 맘을 먹고 대군을 이끌고 아나톨리아를 지나 현재의 보스포루스 해협을 건너 트라키아 지방을 점령하였다. 이에 놀란 마케도니아 왕은 다리우스 1세에게 스스로 와 항복하였다. 이후 다리우스 왕은 흑해 서안을 따라 진격하여 스키타이의 측면을 공격해 들어갔으나 스키타이 기병대의 강력한 저항에 아무런 성과도 없이 가까스로 페르시아로 돌아왔다.

얼마 후 그리스인의 반란이 발생했다. 페르시아는 아나톨리아 서쪽 해안지역, 즉 이오니아 지방의 그리스 도시들에 자치권을 주면서 그리스인 참주(당시에는 '왕'이라는 의미였으나 나중에 '독재자'를 지칭하는 용어로 쓰인다)에게 도시를 통치하도록 했다. 그런데 밀레투스의 참주 아리스타고라스가 주변의 이오니아 도시와 동맹을 맺고 페르시아에 반기를 든 것이다. 반란을 일으킨 아리스타고라스는 그리스 본토에 지원 요청을 했다. 스파르타는 이 지원요청을 거절했으나 아테네와 에우보이아섬의 에레트리아가 호응했다. 아테네는 군함 20척을 보냈고 에레트리아는 5척의 군함을 보냈다. 초반에는 밀레투스군을 중심으로 한 그리스 연합군이 육전과 해전에서 승리하면서 승기를 잡았고 사르디스를 포위 공격하기도 했다. 하지만 그리스 연합군은 시간이 흐르면서 수적으로 우세한 페르시아군에게 밀리더니 기원전 494년 반란의 중심도시 밀레투스를 잃었고 다음 해에는 이오니아 지방의 나머지 도시들이 함락되면서 반란은 실패로 끝났다.

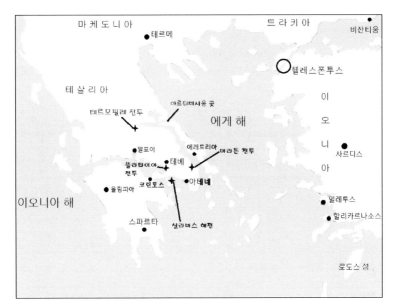

페르시아 전쟁 시 그리스

이오니아 지방이 평정되자 다리우스 1세는 이 반란에 깊숙이 개입한 아테네와 에레트리아를 응징하고자 했다. 기원전 490년 봄, 10만의 페르시아 병력이 600척의 함대에 나눠 탄 후 에게해를 횡단하여 에레트리아로 향했다. 페르시아군은 압도적인 군사력으로 손쉽게 에레트리아를 제압하고 아테네 북동쪽 해안에 상륙했다. 그리스 도시들은 공포에 질려 아무도 싸우려 하지 않았고 아테네를 도우려 하지도 않았다. 그나마 스파르타가 지원병을 약속했으나 내부 문제로 군대의 출발 날짜가 하염없이 뒤로 미뤄졌다. 결국, 외롭게 밀티아데스가 이끄는 아테네군 1만과 유일하게 지원병력을 보낸 작은 도시국가인 플라타이아군 1,000명만이 마라톤 평원에서 페르시아 대군과 맞서 싸워야 했다. 하지만 전투는 모두의 예상과 달리 밀티아데스가 이끄는 그리스 중장보병(Hoplites)[27]이 페르시아 대군을 격파하였다. 아테네군 사망자는 192명이고 페르시아군 사망자는 6,400명이었다. 이 전투가 그 유명한 '마라톤 전투'[28]이다. 스파르타군은 전투가 끝나고 하루가 지나서야 마라톤에 도착했다.

4년 후인 기원전 486년 다리우스 1세가 그리스 원정 실패의 '한(恨)'을 품고 죽자 그의 아들 크세르크세스(B.C 486~465년 재위)가 아버지 다리우스 1세의 복수를 하기로 마음을 먹었다. 하지만 그는 그리스에 가기 전 먼저 이집트에서 일어난 반란을 진압해야만 했다. 기원전 480년 이집트의 반란을 진압한 그는 대군을 이끌고 헬레스폰투스(現 다르다넬스 해협)를 건넜다. 페르시아 각지에서 소집 명령을 받은 속주의 군대들은 트라키아에 집결한 후 마케도니아의 테르메(現 테살로니키)로 이동하기 시작했다.

전쟁 기간 중 어린아이에 불과했던 그리스 역사가 헤로도토스에 따르면 페르시아군은 보병이 170만, 기병이 8만, 낙타부대와 전차부대 2만이었다고 한다. 여기에 기록되지 않은 비전투부대인 보급부대와 시종들을 더하면 그 수가 어마어마하겠지만 헤로도토스의 이 기록을 믿는 사람은 아무도 없다. 헤로도토스는 전쟁의 극적인 요소를 위해 과장되게 기록했을 것이다. 그러나 보수적으로 잡아 병력 규모를 10~20만으로 추정하더라도 이것도 당시엔 엄청난 대

---

27) 중장보병(Hoplites)이란 말은 '청동방패(Hoplon)를 든 병사'라는 뜻이다.

28) 전투의 승리를 기념하여 올림픽 스포츠인 마라톤이 탄생했는데 전투의 패배자인 페르시아인, 즉 지금의 이란인은 당연하게도 올림픽에서 마라톤 종목에 참여하지 않는다.

군이었다. 페르시아 함대는 총 1,207척으로 구성되었는데 여기에는 페니키아, 이집트, 키프로스, 킬리키아, 이오니아, 아이올리스 등의 함선과 병사들이 동원되었다.

이에 대항하여 아테네의 집정관이었던 테미스토클레스(B.C 528~462년 생몰)는 크세르크세스의 군대가 그리스 침공을 위해 사르디스에 도착했다는 소식을 듣고 각지에 전령을 보내 그리스 세계의 지도자들을 코린토스로 모이게 했다. 그리고 그곳에서 그리스 도시의 지도자들은 페르시아의 침공에 공동으로 대응하기로 결의하였다(코린토스 동맹).

기원전 480년 테르메에 집결한 페르시아군은 육군과 해군이 동시에 남하하면서 상호 간에 지원하기로 했다. 이에 맞서 그리스 진영은 스파르타를 중심으로 한 육군 7,000명이 좁은 협곡인 테르모필레에서 페르시아 육군을 맞아 싸우기로 했고 아테네를 중심으로 한 250척의 해군은 테르모필레 옆의 좁은 바다인 아르테미시움 곶에서 페르시아 해군을 저지하기로 했다.

한편 그리스 육군이 테르모필레를 선택한 이유는 그곳이 해안과 맞닿아 있는 좁은 협곡이었기 때문이었다. 적이 아무리 대군이라도 좁은 길로 들어서면 전투할 수 있는 인원은 제한적일 수밖에 없었다. 페르시아군은 그리스 육군 맨 앞에서 용감하게 싸우는 레오니다스 왕이 이끄는 스파르타군 300명(그들을 따르는 노예 시종을 포함한다면 사실상 300명 이상이었다)의 방어벽을 이틀 동안 뚫지 못했다. 하지만 그리스 내부의 변절자가 크세르크세스 왕에게 테르모필레 협곡을 우회하여 지나갈 수 있는 샛길을 알려주면서 전투의 상황은 180도 바뀌었다. 페르시아군이 샛길로 우회하여 그리스군을 포위하려 하자 그리스 육군은 퇴각을 결정했다. 그러나 스파르타군 300명과 테베군 400명 그리고 테르모필레 근처에 자신들의 도시가 있던 테스피아군 700명은 끝까지 남아서 퇴각을 위한 시간을 벌기로 했다. 하지만 테베군은 싸움이 시작되자 곧바로 항복해 버렸다. 반면 스파르타군과 테스피아군은 끝까지 싸웠으며 결국에는 모두 전멸하였지만, 레오니다스 왕이 이끈 스파르타군의 용맹성과 장렬한 최후는 그리스인들에 큰 감명을 주었다.

그런데 테르모필레 전투에서 모든 스파르타 병사들이 죽은 것은 아니었다. 전투를 위해 스파르타에서 출발했던 병사 중 2명의 스파르타인은 살아서 고향으로 돌아갈 수 있었다. 한 명은 전투 중 한쪽 눈을 잃은 아리스토데모스라는 스파르타 병사였는데 그가 한쪽 눈을 잃자 레오니다스 왕은 그가 더는 싸울 수 없다고 판단하여 그를 스파르타로 돌려보냈다. 왕의 배려는 아리스토데모스에게 엄청난 고통을 안겨주었다. 아리스토데모스는 애꾸눈으로 고향으로 돌아갔지만 환영받지 못했다. 살아 돌아왔기 때문이다. 스파르타인들은 그에게 말을 걸지도 않았고 불(스파르타는 불을 공동으로 관리했다)을 주지도 않았다. 그는 다음 해에 벌어지는 플라타이아 전투에서 그의 명예를 회복해야만 했다.

또 한 명은 사절로 다른 그리스의 도시로 파견되었다가 테르모필레에 늦게 도착하는 바람에 전투에 참여하지 못하고 동료들의 시체만 발견한 병사였다. 스파르타인들은 그가 일부러 천천히 이동하여 전투에 참여하지 않았다는 비난을 했고 그는 겁쟁이 취급을 받자 자살하였다. 스파르타의 어머니들은 전장에 나가는 아들에게 방패를 건네며 다음과 같이 말했다고 한다.

"집으로 돌아올 때는 (승리하여) 방패를 들고 오고, 그렇지 못하면 방패 위에 누워서 오거라."

전투에 패하였음에도 홀로 살아 돌아온 병사가 스파르타 사회에서 어떤 취급을 받았을지 짐작할 수 있다. 스파르타는 왕이 전사했지만 그나마 다행인 것은 스파르타의 정치체제는 두 개의 유력 가문이 한 명씩 왕을 배출해 두 명이 공동통치하는 체제였기 때문에 왕 한 명이 전사했다고 큰 정치적 혼란이 발생하지는 않았다.

육군이 퇴각하자 아테네가 이끄는 해군도 퇴각할 수밖에 없었다. 아테네에서는 이젠 어떻게 할 것인지 격론이 벌어졌다. 아테네의 수장 테미스토클래스는 아테네의 장점인 해전에서 승부를 봐야 한다고 주장했다. 이 말은 곧 아테네를 포기하자는 의미였다. 하지만 일부는 여전히 아테네의 성문을 굳게 닫고 농성을 벌여야 한다고 주장했다. 결론은 안 났고 아테네 시민은 둘로 갈라졌다. 테미스토클래스는 아테네 해군을 이끌고 살라미스섬으로 이동했고 반대하던 이들은 아테네에 남았다. 얼마 후 도착한 페르시아 육군은 아테네를 함락시킨 후 불을 지르고 남아 있던 사람들을 모두 죽였다.

살라미스섬 주변의 좁은 바다로 이동한 테미스토클래스는 초조했다. 여전히 아테네 지도자들 사이에는 불안감과 두려움에 협상하자는 의견부터 배를 버리고 육지에서 스파르타와 합세하자는 의견까지 분분했다. 테미스토클래스는 페르시아군이 빨리 움직여줘야지만 이 혼란을 끝낼 수 있다고 생각했다. 그는 크세르크세스에게 밀사를 보내 다음과 같이 전했다.

> "그리스군은 서로 의견을 통일하지 못해 내분이 일어나고 있습니다. 우리는 페르시아군과 싸울 여유가 없으며, 조만간 페르시아군에 투항하자는 일파와 그것을 반대하는 일파가 (갈등 끝에) 서로 해전을 치르게 될 것이며 지금이야말로 승리할 기회입니다."

이 편지의 유혹에 크세르크세스가 '미끼'를 물었다. 크세르크세스는 해군에 명령해 돌격명령을 내린 것이다. 기원전 480년 9월 23일 새벽 페르시아군이 무서운 기세로 돌격해 오자 그리스 함대는 겁을 먹고 후퇴하기 시작했다. 그런데 얼마 후 좁은 바다에 진입하자 그리스 함대가 갑자기 방향을 틀어 페르시아 함대를 공격하기 시작했다. 페르시아 동맹군의 배는 그리스 배보다 덩치가 더 커서 기동성이 떨어졌다. 더욱이 좁은 바다에서는 더욱 그러했다. 당시 전투에 참여했던 아테네의 극작가인 아이스킬로스(B.C 525~456 생몰 추정)[29]는 『페르시아인』에서 이 상황을 다음과 같이 묘사했다.

---

29) 아테네 출신의 군인이면서 극작가이다. 마라톤 전투와 살라미스 해전에도 참여했다. 그리스 신화와 전쟁을 소재로 작품 활동을 하였다.

"처음에 페르시아 함대는 전열을 간신히 지키고 있었다. 그러나 무수히 많은 군선이 한꺼번에 좁은 곳으로 몰려들었기 때문에 서로 힘을 모으기는커녕 청동으로 만들어진 충각(적의 배를 들이받아 파괴하기 위해 뱃머리에 뾰족하게 설치한 것)으로 같은 편의 배를 들이받고 노를 엉망으로 만들었다."

곧이어 페르시아 함대 뒤쪽에서 숨어 있던 그리스연합 함대의 공격이 뒤따랐다. 아테네 해군의 작전은 대성공이었다. 페르시아 전함이 부서져 허망하게 물속으로 침몰당하는 광경을 육지에서 지켜보던 크세르크세스는 좌절과 분노의 감정이 뒤섞였지만, 그는 페르시아 해군의 패전 소식이 페르시아에 전해지는 것을 더 두려워했다. 자신의 패전 소식은 기회를 노리고 있던 불온한 무리에게 잘못된 판단을 하게 할 수 있었다. 또한, 페르시아 해군이 격파되어 제해권을 잃어버린 이상 배를 이용해 건너야 하는 헬레스폰투스 해협도 그리스 해군에 의해 막힐 수 있었다. 그는 육군의 일부를 그리스에 남겨두고 서둘러 헬레스폰투스를 건너 페르시아로 돌아갔다.

크세르크세스가 남겨두었던 페르시아 육군(이 부대에는 페르시아 진영에서 싸웠던 테베군도 있었다)은 다음 해인 기원전 479년 8월 이글거리는 태양 밑에서 그리스 연합군과 플라타이아 도시 주변에서 일전을 벌였다. 그리고 전투는 스파르타 장군인 파우사니아스가 이끄는 그리스 연합군에게 페르시아군이 패하면서 끝이 났다. 플라타이아 전투에서 테르모필레 전투에 참여했었지만 눈 부상으로 귀환하는 바람에 유일하게 생존해 있던 스파르타인 아리스토데모스는 전투 중 갑자기 팔랑크스에서 뛰쳐나와 페르시아군 진영으로 홀로 돌격해 들어가 싸우다 전사하였다. 스파르타인으로서의 그의 명예는 전투 중 죽음으로써 회복될 수 있었다.

같은 날 남아 있던 페르시아 해군도 그리스 해군에 격파되며 페르시아 침공은 일단락되었다. 이후 30년간 아테네가 주도하는 그리스 동맹군은 반격을 통해 마케도니아와 트라키아 그리고 에게해와 이오니아 지방에서 페르시아군을 몰아낼 수 있었고 칼리아스 조약을 통해 페르시아와 강화를 맺음으로써 전쟁은 그리스의 승리로 귀결되었다.

그런데 그리스 전쟁영웅들의 말로가 좋지 못했다. 아테네인은 기질적으로 영웅을 싫어했다. 영웅은 독재자가 될 수 있기 때문이었고 민주정에 방해가 되었다. 마라톤 전투를 승리로 이끌었던 밀티아데스는 권한 남용 혐의로 감옥에서 죽었고, 살라미스 해전의 영웅 테미스토클레스는 도편추방제로 추방되었을 뿐만 아니라 페르시아와 내통했다는 모함으로 사형선고까지 받자 곧바로 적국이었던 페르시아로 망명하여 그곳에서 쓸쓸히 죽음을 맞이했다. 플라타이아 전투의 지휘관이었던 스파르타인 파우사니아스는 페르시아를 공격해 비잔티움을 함락시키며 승승장구하였으나 개인적 권력욕에 페르시아와 내통하다 걸려 체포 위기에 놓이자 아테나 신전으로 숨어 들어갔다. 이에 신성한 신전에서 살인 행위를 할 수 없었던 그리스인들은 신전의 입구를 벽돌로 막아 버렸고 그는 그곳에서 굶어 죽었다.

페르시아 전쟁의 결과는 잠시나마 그리스의 번영을 이끌었다. 특히 전쟁을 주도했던 아테네는 그리스의 패권 국가가 되었으며 페르시아군에 대한 반격과 침공에 대비한다는 명목으로 그리스의 도시들에 군자금을 내게 하였다. 그런데 아테네는 이 공적자금을 아테네 앞바다에 있는 델로스섬에다가 보관하였는데 아테네는 이 돈을 마치 자신의 돈인 것처럼 마음대로 사용하였고 나중에는 금고를 아테네에 옮겨 버리기까지 했다. 이 돈으로 아테네는 페리클레스의 지도하에 민주정을 완성할 수 있었으나 그것은 아테네만의 번영이었다. 이에 불만을 품은 스파르타와 그 주변의 도시들은 펠로폰네소스 동맹(스파르타가 있는 반도를 '펠로폰네소스반도'라 부른다)을 결성하여 아테네가 주축인 델로스 동맹에 도전한다. 결과적으로 페르시아 전쟁의 승리는 그리스에 번영이 아닌 극심한 분열과 혼란을 일으켰다. '승자의 저주'가 시작된 것이다.

약 30년간 진행된 내전인 펠로폰네소스 전쟁(B.C 431~404년)은 스파르타가 아테네를 물리치고 승리하지만, 스파르타의 강압적인 통치는 또 다른 증오를 유발했고 뒤이어 코린토스, 아테네, 아르고스가 동맹을 맺고 스파르타에 도전하는 코린토스 전쟁(B.C 395~386년)이 일어나면서 그리스는 또다시 혼돈에 빠진다. 이 전쟁에서 페르시아의 지원을 받은 스파르타는 다시 한번 승리를 거두지만 그 대가로 스파르타는 페르시아에 이오니아 지방을 넘겨줘야 했다.

내전은 외부 민족인 페르시아와 싸울 때보다 기간도 길었을 뿐만 아니라 더 잔인했다. 폴리스 서로 간에는 포로와 주민에 대한 학살을 서슴지 않았으며 특히 아테네가 스파르타보다 더 잔학했다.

어떤 폴리스에서는 친스파르타와 친아테네로 시민 간에 갈라져 서로 죽고 죽이는 일도 발생했다. 페르시아는 상황에 따라 스파르타와 아테네를 지원하면서 그리스에서 강력한 통일국가가 탄생하는 것을 방해하는 정책을 취했으며 그리스인들의 극심한 분열을 이용하여 영토적 이득을 취하기도 했다.

여기서 잠깐 - 그리스의 중장보병(Hoplites)과 밀집대형 전술의 탄생

그리스 군대는 숫자도 적고 사실상 궁수병도 기병도 없는 보병만 있는 군대였다. 어떻게 이런 군대에 병사가 훨씬 많았을 뿐만 아니라 기병과 전차가 있는 잘 체계화된 강군인 페르시아군이 졌을까?

그리스는 기원전 12세기 해양민족 혹은 도리아인의 침공으로 청동기 문명인 미케네 문명이 파괴되고 호메로스의 서사시 『일리아스』와 『오디세이아』를 제외하고 아무 기록도 없는 완전히 문명의 초기화가 진행된 400년간의 암흑시대를 맞이한다. 400년이 지난 기원전 8세기에 와서야 역사가 다시 기록되기 시작했는데 이때 그리스 사회는 이미 철기를 기반으로 하는 가족 단위의 자작농 사회를 이루고 있었다.

자작농들은 수백 년간 무정부 상태의 불안한 치안 상태에 놓여 있었다. 따라서 농부들은 외부의 적으로부터 가족과 땅을 보호하기 위해 이웃 간에 단결했고 지도자도 필요했기 때문에 그들 중 대표를 선출하였다. 이런 과정에서 자작농(시민)으로 구성된 방어적 성격의 소규모 도시(polis)들이 생겨나기 시작하였고 그 결과 그리스 내에 무려 1천 개가 넘게 생겼는데 나중에는 소규모의 도시국가들이 모여 큰 도시국가를 형성하기도 했다.

도시국가 간에는 땅에 대한 소유권으로 분쟁이 빈번하게 발생했고 농민들은 자신의 토지를 지키기 위해 개인 돈으로 마련한 창과 방패 그리고 투구와 갑옷-이런 장비들은 지금의 자동차와 비견될 정도로 비쌌다-을 입고 전쟁터에 나가면서 순전히 농민(시민)으로 구성된 중무장한 보병부대가 탄생하였다. 토지가 없는 가난한 사람은 장비를 갖출 수 없었기 때문에 군대에 복무할 수가 없었고 군대는 일종의 중산층 이상의 시민이 누릴 수 있는 특권처럼 되었다. 그리고 자연스럽게 군대 복무자는 정치에도 참여하는 권리를 갖게 되었다.

정치에 참여할 수 있는 시민은 정치 참여 면에서 동등했고 군대 편제에서도 평등했다. 자발적인 자비 부담의 군대에서는 궁수병, 투석병, 창병과 같은 병종을 지정해주거나 강제하는 사람이 없었고 엄청나게 비싼 말과 전차를 운영할 만한 귀족도 없었기 때문에 그리스 군대는 순전히 중무장 보병으로만 구성될 수밖에 없었다. 가끔 크레타섬이나 스키타이에서 고용된 궁수들이 있기는 했지만, 일반적인 것은 아니었다. 시간이 흐르면서 초기에는 제각각이었던 무장의 형태는 무기와 방패, 갑옷 등을 전문 제작하는 기술자가 나오면서 통일을 기할 수 있었다.

문제는 농사를 짓다 달려 나온 자작농들의 개별 전투능력이 형편없었기 때문에 과거 트로이 전쟁 때의 아킬레우스와 헥토르와 같은 전문적인 전사의 전투력을 거의 기대할 수 없었다는 것이다.

그래서 이들이 선택한 것이 전투의 집단화인 밀집대형이었다. 일명 팔랑크스(phalanx)라는 전술은 전장에서 '영웅시대'의 종식을 의미했다.

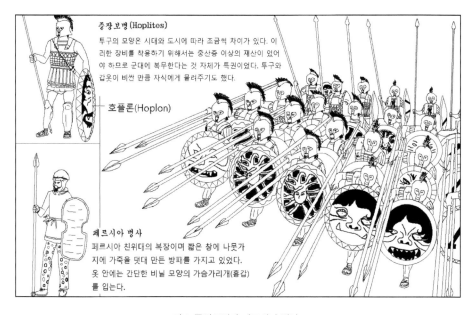

중장보병 (Hoplites)
투구의 모양은 시대와 도시에 따라 조금씩 차이가 있다. 이러한 장비를 착용하기 위해서는 중산층 이상의 재산이 있어야 하므로 군대에 복무한다는 것 자체가 특권이었다. 투구와 갑옷이 비싼 만큼 자식에게 물려주기도 했다.

호플론(Hoplon)

페르시아 병사
페르시아 친위대의 복장이며 짧은 창에 나뭇가지에 가죽을 덧대 만든 방패를 가지고 있었다. 옷 안에는 간단한 비늘 모양의 가슴가리개(흉갑)를 입는다.

그리스 중장보병과 페르시아 병사

이젠 뛰어난 개인의 전투능력은 중요하지 않았다. 일반적으로 팔랑크스는 병사들이 총 8열로 서서 전진했고 맨 앞줄은 전투에 능숙한 선임병들이 이끌었다. 전투가 벌어지면 뒤에 4열이 공간이 비어 있는 앞쪽으로 전진하여 병사 사이의 공간을 메우고 3열까지 창을 앞으로 내밀면서 공격하였다. 그리고 상대의 방진과 부딪치면 커다란 방패로 상대를 밀어내면서 창으로 찔렀다. 그리스 역사가 크세노폰은 밀집대형의 기원을 다음과 같이 말했다.

"농업은 사람들에게 서로 돕는 방법을 가르쳤다. 또한, 적과 싸울 때도 땅에서 일할 때와 마찬가지로 다른 사람의 도움이 필요하게 되었다."

방진에서 가장 중요한 것은 누구 하나라도 대오를 벗어나지 않는 것이다. 만약 누구라도 겁에 질려 대열을 이탈하면 방진은 무너지고 곧바로 패배로 이어졌으며 이 시점이 많은 인명피해가 발생하는 순간이었다. 지휘관 자신도 방진의 제일 오른쪽에 서서 싸웠다. 따라서 그리스인의 전투 방식은 '평등'과 '집단화'가 특징이라고 할 수 있었다.

하지만 이런 밀집대형 전투 방식 때문에 산이나 비탈이 가파른 곳에서는 전투를 할 수 없었다. 그리고 구리나 청동으로 만든 갑옷과 방패(호플론)만 해도 27kg이나 되었고 투구와 창, 검의 무게까지 더한다면 30kg은 훌쩍 넘었기 때문에 전투를 오랫동안 할 수도 없었다. 따라서 그리스군은 평지에서 적을 만나 짧은 시간에 승부를 가르는 방식을 선호했다.

이에 반해 페르시아군은 좀 더 가볍게 무장을 하고 있었고 1.6~2m인 창은 상대적으로 그리스군(2.5m)에 비해 짧았으며 밀집대형도 아닌 엉성한 형태로 줄을 서서 달려 나가 싸우는 형태였다. 가장 중요한 점은 페르시아군의 강점인 기병이나 궁수병, 전차병들이 똘똘 뭉쳐 있는 그리스군의 밀집대형을 와해시키지 못했다는 점이다.

또한, 페르시아군은 강제로 징집된 병사들로 구성됐지만, 그리스 군은 자신의 토지와 가족을 지키기 위해 나선 자발적 시민군이었기 때문에 전투에 임하는 자세에서 확연히 차이가 났다.

3.
가우가멜라 전투

진흙탕 싸움으로 그리스가 몰락해가고 있을 때 새롭게 강자로 등장한 나라는 그리스 북쪽에 있던, 별 볼 일 없는 변방 국가 마케도니아였다. 스파르타가 그리스의 패권을 차지하고 있을 때 마케도니아는 테베에 예속되어 왕자를 인질로 보내야 했다. 마케도니아의 왕자 필리포스는 테베에 인질로 잡혀 있으면서 사선진(일종의 포위전이다)으로 최강의 스파르타군을 무찌르고 그리스의 패권을 차지한 테베에 깊은 감명을 받았다.

재미있는 것은 테베에서 가장 강력했던 부대는 동성 연인으로 구성된 부대였다. 그리스에서는 남성 간의 사랑이 여성과의 사랑보다 더욱 중시되었다. 여성과의 사랑은 순전히 '후손을 낳기 위한 것'으로 치부되었다. 이런 문화적 풍토 속에서 테베 지도층이 고심해서 만든 동성 연인으로 구성된 부대는 자신의 연인을 지키기 위한 '사랑' 때문에 결속력과 용감성은 대단했으며 전투력을 최고로 끌어올렸다. 물론 이런 군대 편성은 그리스에서도 매우 특이한 경우였다.

한편 고국으로 돌아온 필리포스는 원래 왕위계승권자인 형이 전사하면서 기원전 359년 마케도니아의 왕이 되었다. 마케도니아는 그리스의 변방으로 주로 목축업을 하는 가난하고 낙후한 왕정 국가였다. 필리포스 2세(B.C 359~336년 재위)는 마케도니아를 전혀 새로운 나라로 만들었다. 그는 집권하자 그리스의 문화를 적극적으로 수용하였으며 당시 가장 강력했던 테베군의 전술을 마케도니아군이 습득하도록 했다. 필리포스 2세(이하 필리포스)는 그의 후계자인 아들 알렉산드로스에게 플라톤의 제자이며 마케도니아 출신의 위대한 철학자였던 아리스토텔레스를 과외 교사로 초빙해 13세부터 16세까지 가르치게 하였다.

필리포스가 추진한 그리스화 정책으로 일상생활뿐 아니라 군대도 그리스화가 진행되었다. 하지만 마케도니아군은 기존의 그리스군과는 분명한 차이점이 있었다.

첫 번째, 마케도니아 보병이 중산층인 시민으로 구성되어 있지 않았다. 마케도니아군의 중장보병은 월급을 받는 상비군으로서 철저히 왕의 군대였다. 이들은 평소에 자영농으로 살다 전쟁이 벌어지면 자신의 돈으로 무장하고 전투에 나오는 그리스 병사와 달랐다. 마케도니아 병사는 국가로부터 물품을 받았으며 군대 내 역할을 강제로 할당받았고 왕을 위해 싸웠다. 그래서 이들을 '(왕의) 보병 친구들'이라는 뜻의 페제타이로이(Pezetairoi)라고 불렀다.

또한, 이들의 밀집 방진은 기존 그리스군의 8열보다 2배 더 늘어난 가로·세로 16열로 더 거대해졌다. 그리고 방진의 크기만 늘어난 것이 아니었다. 창(사리사라고 불렀다)의 길이도 기존 2.5m에서 2배

이상인 5.5m까지 늘어났고 덕분에 창의 무게도 6.5kg으로 기존 창의 7배까지 늘어나 버리면서 두 손으로 들어야만 했다.[30] 대신에 청동 방패는 좀 더 작아지고 목이나 어깨에 걸게 했으며 방어용 갑옷은 경량화되었고 무릎 보호대는 착용을 안 하기도 했다. 하지만 창의 길이가 길어진 덕분에 앞 5열까지 창을 겨누고 전진할 수 있었다. 이러면서 전면의 공격력은 비약적으로 강해졌다.

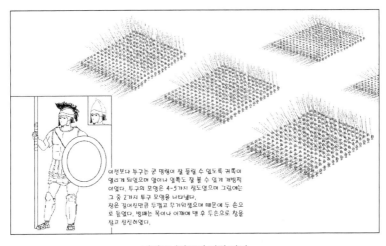

마케도니아군의 밀집 방진

두 번째는 기병 전술이었다. 마케도니아는 페르시아 전쟁 때 페르시아 진영에서 싸웠기 때문에 페르시아군의 기병 운용을 가까이서 지켜볼 수 있었고 기병대의 효용성을 알게 되었다. 그리고 마케

---

30) 방진의 열이 많아지고 창의 길이가 길어진다고 다 좋은 것은 아니다. 방진이 커지면서 기동성은 형편없어졌고 창이 무거워지면서 병사들의 유연성은 떨어졌다. 이러한 단점은 반복된 훈련과 방진 내에 지휘관의 숫자를 늘려서 극복할 수 있었다.

도니아의 지형은 북쪽은 산으로 둘러싸여 있었으나 남쪽은 넓게 펼쳐진 평원이 있어서 말을 기르는 데 적합했다. 기병은 특성상 귀족들로 구성되었고 '왕의 친구들'이라는 뜻의 헤타이로이(Hetairoi)라 불렸다. 이 중기병들은 3.5m 정도의 장창(기병용 '사리사')을 들고 돌격했으며 어릴 때부터 선발되어 말을 타고 훈련하였기 때문에 전투력은 다른 그리스 도시들의 조잡한 기병대보다 훨씬 강력했다.

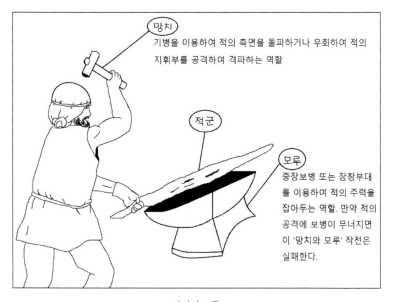

망치
기병을 이용하여 적의 측면을 돌파하거나 우회하여 적의 지휘부를 공격하여 격파하는 역할

적군

모루
중장보병 또는 장창부대를 이용하여 적의 주력을 잡아두는 역할. 만약 적의 공격에 보병이 무너지면 이 '망치와 모루' 작전은 실패한다.

망치와 모루

세 번째는 중장보병과 기병을 활용한 망치와 모루 전술(Hammer and Anvil Tactic)이다. 이 전술은 대장장이의 작업에 비유하여 전투를 설명한 것인데 모루는 제련할 쇳덩어리(적군)를 놓는 곳이고 망치는 쇳덩어리를 내리치는 역할을 한다. 실제 전투에서는 중장보병이 모루 역할로 상대의 주력을 잡아 놓고, 망치 역할인 기병으로 우회하여 적군의 측면이나 후방을 급습하여 무너뜨리는 전술이다. 망치와 모루 전술은 페르시아 전쟁에서의 마라톤 전투나 테베군이 스파르타군에 대항해 사용한 사선진에서 보여준 포위 전술을 기본으로 하고 있다. 필리포스는 기존 전술을 기본으로 해서 기병을 이용한 포위 전술로 변형·발전시켰고 그의 아들 알렉산드로스는 아버지의 전술을 그대로 활용하면서 마케도니아군을 무적의 군대로 만들었다.

네 번째는 다양한 종류의 역할을 가진 부대를 활용하였다. 마케도니아군은 장창부대와 기병 이외에 활을 쏘는 궁수병, 적이 어느 정도 가까이 왔을 때 창이나 돌을 던져 상대를 제압하는 투창병이나 투석병, 중간 길이의 창과 단검으로 무장하고 상황에 따라 상대를 빠르게 기습하는 방패병(지름이 1m 정도의 커다란 방패를 들고 싸웠다) 등이 있어 전투의 전술적 유연성을 극대화하였다.

환골탈태한 마케도니아군은 점차 그리스 도시국가들을 압도하기 시작했고 기원전 338년 필리포스는 카이로네아 전투에서 아테네와 테베가 주축이 된 3만 5천의 그리스 동맹군을 3만의 장창부대와 기병을 이용한 포위 작전으로 격파할 수 있었다. 이 전투에서 필리포스는 이제 막 18세가 된 그의 아들 알렉산드로스에게 기병을 지휘하게 하여 실전 경험을 쌓게 하였다.

카이로네아 전투 승리 후 필리포스는 코린토스에서 그리스 도시의 대표들을 소집하여 강제로 자신이 주도한 헬라스[31] 동맹[신(新)코린토스 동맹이라고도 한다]에 가입시켜 그리스반도에서 패권 국가가 되었다. 이 동맹의 목적은 페르시아 원정이었고 원정군 사령관으로서 필리포스가 임명되었다. 이 동맹에 스파르타는 참여하지 않았는데 당시 스파르타는 오랜 전쟁과 스파르타 사회가 가진 특유의 폐쇄성으로 시민의 숫자가 급격히 감소하여 더는 강대국으로의 위상은 찾아볼 수 없는 농촌 도시로 전락하고 있었다.

필리포스는 당시로서는 매우 큰 키인 1m 80cm[32] 정도로 건장했는데 그러한 신체적 조건을 믿고 적극적으로 전투에 참여하다 여러 곳을 다쳤다. 그는 한쪽 다리를 절뚝거렸을 뿐만 아니라 전투 중 한쪽 눈을 잃어 애꾸눈이 되었는데 그의 이러한 신체적 결함이 그의 성격을 다소 거칠게 만들었다.[33] 필리포스는 부인이 일곱 또는 여덟 명이었는데 그의 후계자[34]인 알렉산드로스를 낳은 4번째 부인인 올림피아스와는 정작 사이가 좋지 못했고 자연스럽게 아들 알렉산드로스와도 거리가 생겼다. 마침 필리포스는 10대의 젊고 아름다운 클레오파트라 유리디스에게 푹 빠지면서 올림피아스와 알렉산드로스를 올림피아스의 고향으로 보내 버린다.

---

31) 그리스인은 스스로 '헬라스 사람(헬레네스)'이라 불렀고 이민족을 '바르바로이(야만인)'로 부르며 구별하였다. 따라서 헬라스 동맹은 '그리스인 동맹'이라는 뜻이다.

32) 1977년 발견된 마케도니아 왕릉에서 뼈가 발굴되었는데 2015년 학자들은 이것이 필리포스 2세의 것이라는 연구 결과를 발표하였다. 이 뼈를 근거로 그의 신체 상황을 기술하였다.

33) 보통 영화나 소설에서 필리포스를 묘사하는 방식이다. 일부 학자는 오히려 그가 온화하고 진중한 사람이었다고 평가하기도 한다.

34) 알렉산드로스는 사실 장남이 아니었다. 그에게는 이복형인 아리다이오스가 있었으나 그는 정신적으로 문제가 있어서 왕위를 계승할 수 없었다.

필리포스는 클레오파트라 사이에서 두 아이를 얻었다. 클레오파트라가 둘째를 낳고 얼마 후 필리포스는 딸의 결혼축하연 자리에서 자신을 지키던 7명의 호위 병사 중 한 명인 파우사니우스에 의해 살해된다. 그의 나이 47세였다. 그런데 암살자 파우사니우스가 도망가다 칼을 맞고 죽는 바람에 암살 배후가 불분명하게 되었다. 여러 추측이 난무하게 되었고 그중 유력한 하나는 필리포스가 공공연하게 페르시아를 침공할 의사를 내비치자 페르시아가 파우사니우스를 매수해 먼저 손을 썼다는 주장이다. 하지만 남편인 필리포스와의 사이가 최악이었던 올림피아스가 그의 아들인 알렉산드로스를 왕위에 올리기 위해 음모를 꾸몄다는 주장도 있다.

아버지가 갑작스럽게 죽으면서 알렉산드로스는 20세의 나이에 왕위를 승계하였다. 바로 알렉산드로스 3세(B.C 336~323년 재위)이다. 그의 어머니인 올림피아스는 얼마 후 아들을 위해 그리고 개인적 복수심에 클레오파트라가 낳은 자식 둘을 죽여 버렸고 클레오파트라는 자살을 하고야 만다.

그런데 알렉산드로스가 20세의 젊은 나이에 급하게 등극하여 그의 통치력을 의심하는 사람이 많았고, 그가 북쪽 산악민족의 반란을 진압하는 중 전사했다는 소문까지 돌자 테베가 반란을 일으켰다. 자신을 우습게 봤다고 생각해 기분이 상한 알렉산드로스는 반란을 진압하고 나서 6,000명의 테베인을 죽였으며 나머지 시민은 노예로 팔아 버렸다. 그리고 테베의 성과 집을 모두 파괴하여 폐허로 만들었다. 한때 그리스의 패권 국가였고 유구한 역사를 가진 도시국가인 테베는 이렇게 파괴되고 사라졌다. 이후 어떤 그리스의 도시도 알렉산드로스에게 대항할 엄두를 못 냈다.

그리스가 안정화되자 알렉산드로스는 과거 '페르시아가 그리스 신전에서 했던 신성 모독 행위에 대한 복수'라는 명분으로 수도인 펠라를 출발해 헬레스폰투스를 건너 페르시아를 침공해 들어갔다. 하지만 정작 마케도니아는 페르시아 전쟁 당시 (자발적이라고는 할 수 없지만) 페르시아 편에 서서 그리스 연합군과 싸웠던 나라였다. 침공의 명분이 정당했는지는 곱씹어볼 필요가 있다.

알렉산드로스 3세

원정군은 용병을 포함하여 그리스 보병 12,500명, 마케도니아 보병 12,000명, 발칸 보병 7,500명, 그리스 기병 2,400명, 마케도니아 기병 1,800명, 발칸 기병 900명 총 37,100명이었다. 또한, 이전 필리포스 시절에 파견된 헬레스폰투스 해협 너머로 만여 명의 전초부대가 있었다. 원정군은 개개인의 병사가 단지 30일분의 식량만 가지고 출발했고 나머지 부족한 것은 현지에서 조달하고자 했다. 만약 페르시아 영토 깊숙한 곳에서 행군이 지체되거나 전투에서 승리하지 못한다면 굶어 죽을 수밖에 없었다.

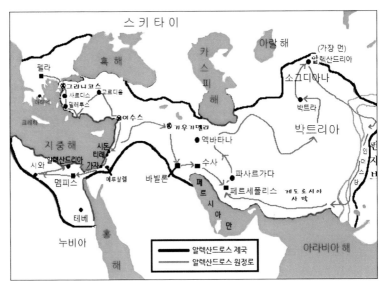

알렉산드로스의 원정로

첫 번째 전투는 기원전 334년 5월 그라니코스(現 코카바스 강) 강
가에서 벌어졌다. 이 지역을 방어하고 있던 페르시아군과 그리스인
멤논 장군이 이끄는 5천 명의 그리스 용병대는 쉽게 무너졌다. 그
라니코스 전투에서 알렉산드로스의 뛰어난 전술은 필요 없었던 듯
하다. 일부 학자는 헬라스 동맹군이 페르시아군보다 숫자가 더 많
았을 거라고 주장하니 말이다. 알렉산드로스가 이끄는 정예기병
헤타이로이와 장창부대는 빠르게 강을 건너 페르시아군의 정중앙
을 집중공격하여 격파하였다. 그리스인인(정확히는 로도스섬 출신) 멤
논 장군을 통해 마케도니아군의 전술을 파악하고 측면에 병력을
집중적으로 배치해 대비하고 있던 페르시아군은 허를 찔렀다. 포
로가 된 2천 명의 그리스인 용병들은 배신자로 낙인찍혀 노예로 마

케도니아에 보내져 중노동을 해야 하는 처지가 되었다. 그리스인 용병 대장 멤논은 가까스로 탈출하여 목숨을 건졌다. 알렉산드로스는 항상 그렇듯 이 전투에서도 전면에 나가 싸우다가 여러 곳에 상처를 입었고 친구였던 클레이토스의 도움으로 죽을 고비를 간신히 넘겼다.

그라니코스 전투에서 승리한 마케도니아군은 파죽지세로 아나톨리아 서쪽의 대도시 사르디스와 밀레투스 등을 점령하면서 항구 도시가 몰려 있는 이오니아 지방을 장악했다. 멤논이 지키고 있던 페르시아 함대의 중요기지인 할리카르나소스도 완강히 저항하였으나 이곳도 얼마 버티지 못하고 함락되었다. 멤논은 도망가 에게해의 섬들에 은거하며 우세한 해군을 이용하여 알렉산드로스의 후방을 괴롭혔으나 갑작스럽게 병으로 죽으면서 그의 전략은 폐기 처분되었다.

해상에서의 게릴라전으로 알렉산드로스를 괴롭히던 멤논이 죽으면서 알렉산드로스의 군대는 마음껏 해안가를 휘젓고 다닌 후 공격 방향을 내륙으로 틀어서 고르디움을 점령하고 겨울을 난다. 일설에 의하면 고르디움에 입성한 알렉산드로스는 고르디움 신전에 전차를 묶어 놓은 복잡한 매듭이 있으며 '(전차에서) 매듭을 푸는 자는 동방의 지배자가 된다.'라는 전설이 있다고 전해 듣는다. 그는 곧바로 고르디움 신전에 가서 매듭을 몇 번 풀어보려 애쓰다 안 되자 갑자기 칼을 빼 들어 매듭을 잘라내어 전차와 매듭을 분리해 버렸다. 알렉산드로스는 매듭을 푸는 대신 잘라 버리는 반칙을 썼지만, 예언은 실현될 예정이었다.

알렉산드로스의 군대는 고르디움에서 겨울을 지내고 다음 해 6월 고르디움을 떠나 동남쪽으로 진군해 칼리키아 관문을 지나 시리아 영토 초입에 도착한다.

무서운 기세로 알렉산드로스의 군대가 아나톨리아를 장악하자 기원전 333년 가을 페르시아 왕인 다리우스 3세(B.C 336~330년 재위)는 직접 나서기로 맘을 먹었다. 다리우스 3세(이하 다리우스)는 왕족이었으나 왕위 계승 서열에서는 한참 뒤였기 때문에 원래는 왕이 될 확률이 거의 없는 인물이었다. 키가 크고 잘생겼다고 알려진 그는 군인으로서 오랜 경력을 쌓았으며 기원전 360년에 일어난 반란을 진압하는 와중에 반란군 대장과 일대일로 싸워 승리하는 용맹성을 보이기도 했다. 그런 그가 황제가 될 수 있었던 이유는 페르시아 황실 내부의 권력투쟁 때문이었다. 당시 페르시아 황실에서 아르타크세르크세스 3세가 환관[35] 바고아스에게 암살되는 일이 발생했다. 바고아스는 아르타크세르크세스 3세의 아들을 왕위에 올렸지만, 그가 바고아스에게 도전하자 곧바로 제거했다.

바고아스는 왕족이면서 전장을 돌아다니느라 궁정에 어떤 권력 기반도 없는 군인 출신인 다리우스를 눈여겨보았고 46세의 노쇠한 그를 다리우스 3세로 등극시켰다. 바고아스는 다리우스를 조정해

---

[35] 페르시아 궁전에서도 중국과 마찬가지로 남성의 생식기를 제거한 환관이 존재했는데 궁전에는 황제에 속한 수많은 여성이 있었고 그들을 관리하면서 아무런 문제가 발생하지 않는 존재가 필요했기 때문이다. 환관은 왕을 밀착해서 수행할 수 있었으며 때문에 권력을 잡는 경우가 허다하였다.

권력을 휘두르려 했으나 다리우스는 그의 뜻대로 움직이지 않았다. 이에 바고아스는 다시 다리우스를 암살하려 계획을 세웠고 연회가 열렸을 때 보석으로 화려하게 장식된 잔에 독을 타서 다리우스에게 건넸다. 하지만 이미 그의 계획을 간파한 다리우스는 그의 시종들에게 명령하여 바고아스를 결박하게 하고 바고아스의 입에 강제로 잔을 들이부었다. 바고아스는 그 자리에서 피를 토하며 죽었다. 이후 다리우스는 바고아스와 그의 일당을 소탕한 후 황제의 권력을 공고히 하고 페르시아 황실을 안정시켰다. 그런데 이 시점에 알렉산드로스가 군대를 이끌고 페르시아를 침공해 온 것이었다.

전투에 익숙한 군인 출신인 다리우스는 십만 명 이상의 대군을 이끌고 의기양양하게 출전했는데 그는 이 전투를 '가족 나들이'로 생각할 정도로 승리할 자신이 있었던 것 같다. 그는 전장(戰場)에 자신의 어머니와 왕비, 그리고 자식들까지 데리고 나와 자신이 승리하는 모습을 가족들에게 보여주고 싶어 했다.

다리우스는 20대 초반의 철없고 무모한 알렉산드로스에게 본때를 보여줄 장소를 물색했다. 그리고 그가 선택한 곳은 아나톨리아에서 시리아로 넘어가는 바다와 산으로 둘러싸인 아마나스 산중의 좁은 평원인 이수스였다. 그는 헬라스 동맹군이 이미 이수스를 지나 해안을 따라 남하하고 있을 때 북쪽의 산맥을 넘어 우회하여 마케도니아군의 배후인 이수스를 장악하였다. 이수스에는 알렉산드로스가 남겨둔 병든 병사와 부상병이 있었는데 다리우스는 이들 상당수를 잔인하게 죽인 후 일부를 알렉산드로스에게 보내 페르시아 군대의 거대함을 말하도록 했다. 알렉산드로스는 예상치 못한

다리우스의 행보에 당황했다. 후방에 페르시아 대군을 놔두고 마냥 진격할 수 없었던 알렉산드로스는 군대를 회군시켜 왔던 길로 돌아 갔다. 북으로 행군하던 헬라스 동맹군은 얼마 후 피로나스 강을 사이에 두고 그리스 용병 1만이 포함된 페르시아 대군과 대치하였다.

결과론적인 이야기지만 다리우스는 알렉산드로스보다 2~3배 많은 군대의 수적 우위를 극대화하기 위해 시리아의 넓은 평원을 전장으로 택했어야 했다. 한쪽은 바다고 한쪽은 산맥으로 둘러싸인 좁은 평야에서 벌인 전투의 결과는 처참했다. 알렉산드로스의 기병대가 급작스럽게 강을 건너 페르시아군의 좌익을 치면서 시작된 전투는 수만 명의 페르시아 병사의 시체가 이수스 평원에 겹겹이 쌓이면서 끝을 맺었다. 이수스 전투에서 헬라스 동맹군은 단지 450명만이 죽었다고 한다. 다리우스는 자신의 어머니와 처자식도 챙기지 못하고 가까스로 전장을 탈출하였고 덕분에 엄청난 금은보화와 함께 다리우스 황제의 가족은 알렉산드로스의 수중에 떨어졌다. 아들 혹은 남편, 아버지의 영광된 모습을 보고자 멀리서 함께 왔던 가족들은 알렉산드로스에게 자신들을 버리고 혼자 도망간 비겁한 대왕의 소식을 듣고 낙담했다.

다리우스는 시리아의 다마스쿠스로 도망갔다가 알렉산드로스 군대가 남하하자 바빌론[36)으로 가 알렉산드로스의 군대와 다시

---

36) 페르시아의 행정적 수도는 전통적으로 수사였으나 페르시아 왕들은 바빌론, 페르세폴리스도 개인 성향과 필요에 따라 장기간 수도처럼 머물렀다.

이수스 전투 묘사도

로마 시대 화산폭발로 사라진 도시인 폼페이 주택가에 이수스 전투가 벽화로 그려져 있다. 왼쪽에 말 타고 돌격하는 인물이 알렉산드로스, 중앙에 전차를 타고 걱정스럽게 알렉산드로스를 쳐다보고 있는 인물이 다리우스 3세이다.

싸울 준비를 했다. 물론 알렉산드로스에게 화해의 편지를 보내는 것도 잊지 않았다. 그는 세 번에 걸쳐 알렉산드로스와 협상을 시도하였는데 그가 제시한 것은 포로가 된 가족의 몸값으로 1만 탈란트를 제공하겠다는 것과 이미 알렉산드로스가 정복한 아나톨리아 지방을 포함한 유프라테스강 서쪽 지역의 지배를 인정하는 것 그리고 알렉산드로스와 자신의 딸과의 결혼이었다. 알렉산드로스의 대답은 다음과 같았다.

"앞으로 그대가 나와 대화하고 싶다면 수신인을 대왕(大王)으로 할 것이며, 나와 동등한 입장으로 편지하지 말라."

"당신의 소유였던 것은 이제 모두 나의 것이니, 당신이 어떤 것을 원한다면 예의를 갖춰라."

다리우스에게 이젠 선택의 여지가 없었다. 혈기왕성하고 타협할 줄 모르는 젊은이와 결판을 벌여야 했다. 그런데 이수스 전투 승리 이후 헬라스 동맹군의 공격 방향이 다리우스가 머무는 메소포타미아 지방이 아니라 페니키아와 가나안 지방이 되었다. 당시 헬라스 동맹군의 배후와 보급로를 위협하는 건 페르시아의 해군이었다. 마케도니아군은 전통적으로 육군 중심의 군대였고 해군은 아테네를 비롯한 그리스 동맹군에 의존해야 했기 때문에 해군이 취약했다. 때문에 알렉산드로스는 바빌론으로 쳐들어가기 전 배후의 안전을 위해서 페르시아 해군기지를 육상에서 공격해서 제압하기로 한 것이다.

당시 페르시아에 함대를 제공하는 곳은 이오니아 지방과 페니키아 도시들 그리고 이집트 해군이었다. 이오니아 지방은 이미 알렉산드로스의 수중에 들어와 있었기 때문에 다음 목표는 전통적인 해양국가인 페니키아 도시였다. 페니키아인은 섬에 세워진 티레(그리스어로는 티로스)성에서 격렬히 저항했다. 해군이 전혀 없었던 알렉산드로스는 바다 위에 있던 성을 점령하는 데 애를 먹었다. 그는 섬과 육지 사이 800m 바다에 흙을 퍼담아 성과 연결되는 인공적인 둑길을 놓아 병사들을 돌격시켰고 배 두 척을 연결하여 그 위에 공성탑을 건설한 후 성안을 공격하였다. 결국, 헬라스 동맹군은 7개월간의 악전고투 끝에 가까스로 성을 함락시켰다. 티레의 남자들은 학살되었으며 여자와 아이들은 모두 노예가 되었다.

알렉산드로스는 도시를 함락하고 종종 병사들에게 약탈과 학살을 허락했다. 잔인한 이야기지만 고향에서 멀리 떨어져 언제 죽을 지 모르는 고된 원정을 하는 병사들에게는 얼마 되지 않는 봉급 이외에 그들이 타지에서 목숨을 걸고 싸우는 또 다른 동기가 필요했다. 부유한 도시를 약탈하게 하고 그 주민을 노예로 만들어 병사들에게 배급하는 것은 고통스러운 행군과 목숨을 내건 전투를 하는 병사들에게 주는 보상이었다. 역사적으로 성공한 정복왕들은 병사들에게 이런 적절한 '보상'을 허락하였다.

　헬라스 동맹군은 이후 가나안의 가자를 함락시키는 데도 2개월이나 걸렸으며 이 도시도 약탈과 방화가 허락되었다. 가자 전투에서 알렉산드로스는 어깨에 중상을 입었다. 알렉산드로스의 군대가 이집트 영토로 진입하자 페니키아와 가자 지역의 지도자와 달리 페르시아의 이집트 총독(사트라프)은 곧바로 항복해 버렸다. 헬라스 동맹군은 이집트인의 열렬한 환영 속에 멤피스에 무혈입성했다. 그리고 알렉산드로스는 일부 군대를 데리고 서쪽으로 더 나아가 사막으로 둘러싸인 아몬신의 성지인 '시와'까지 가서 신탁을 받고 이집트 최고의 신인 아몬신의 아들이 되었다. '신의 아들'이 된 알렉산드로스는 공식적으로 이집트의 파라오가 될 수 있었다. 호메로스의 『일리아스』의 골수팬이었던 알렉산드로스는 자신이 '헤라클레스와 아킬레우스의 후손'이라고 주장했는데 이젠 더 나아가 스스로 신이 된 것이다. 그는 수많은 전투에서 매번 심각한 상처를 입었음에도 죽지 않고 살아남았기 때문에 시간이 흐르면서 스스로 진짜 신(神)이라고 믿기 시작했음이 틀림없다.

　그는 나일 삼각주 서쪽에 알렉산드리아('알렉산드로스의 도시'란 뜻이다)라고 자신의 이름을 딴 거대한 도시를 건설하기 시작했다. 이 도시는 이후 헬레니즘 문화의 중심지로 번성하였으며 현재까지도 그 이름이 온전하게 남아 이집트 제2의 도시로 번창하고 있다. 알렉산드로스는 이집트에 처음 세우기 시작한 '그의 도시'를 다른 정복한 지역에도 건설하였으며 그 숫자가 17개(혹은 70여 개)나 되었다고 한다.

기원전 331년 4월 초, 이집트에서 따뜻한 겨울을 난 알렉산드로스는 나일강의 풍족하고 편안한 삶을 뒤로한 채 이집트를 떠나 4만여 명의 군대를 이끌고 다리우스와의 마지막 대결을 위해 시리아로 출발했다. 하지만 다리우스도 이 순간을 벼르고 있었다. 그는 이수스 전투에서의 패배를 교훈 삼아 수적우세를 최대한 활용하기 위해 티그리스와 유프라테스강 사이에 있는 드넓은 평원인 가우가멜라 평원에서 마케도니아군을 기다렸다. 다리우스는 십만여 명의 보병과 함께 3만 5,000명에 달하는 기병, 200대의 전차 그리고 15마리의 코끼리를 동원하였으며 전차 바퀴에는 날카로운 칼날을 매달았고 전차의 돌격을 극대화하기 위해 가우가멜라 평원의 땅을 고르게 하는 사전 작업까지 했다.

한편, 가우가멜라 평원 앞에 있는 언덕에 진지를 구축하고 페르시아군을 내려다본 마케도니아 장군들은 페르시아군의 군세에 놀라고 두려워했다. 부사령관이었던 백전노장 파르메니오는 알렉산드로스에게 어둠을 이용한 기습 공격을 건의했다. 하지만 알렉산드로스의 대답은 간단했다.

"나는 승리를 훔치러 오지 않았다."

하지만 다리우스는 알렉산드로스의 성향을 몰랐기 때문에 언덕 높은 곳에 있는 알렉산드로스 군대가 기습 공격 할 것을 두려워하여 밤새 병사들을 세워 놓고 언덕을 경계하도록 했다. 다음 날인 기원전 331년 10월 1일, 어둠이 걷히고 날이 밝자 알렉산드로스 군대가 언덕에서 내려오면서 두 진영은 가우가멜라 평원에서 서로 마주 보고 대치하게 되었다. 양쪽 군대는 수 km에 달하는 평원에 군대를 중앙군, 좌군, 우군 세 개로 나누고 서로 마주 보았다. 페르시아군은 전방에는 대규모 전차부대와 낙타부대, 그리고 기병대가 포진하였고 뒤로는 보병과 궁수들이 배치되었다. 중앙보병에는 페르시아군이 자랑하는 이모탈(immortal-불사, 불멸이라는 뜻)[37] 부대와 소수의 그리스 용병들이 있었고 그 뒤로 다리우스 황제가 전차를 타고 군대를 지휘했으며 그의 뒤에는 그를 호위하는 친위대와 각지에서 징집된 병사들이 그를 감싸고 있었다.

알렉산드로스 군대는 팔랑크스 대열을 한 장창부대와 중장보병이 있었으며 알렉산드로스 자신은 직접 기병대를 지휘했다. 알렉산드로스는 가우가멜라 평원에서 '망치와 모루' 작전을 다시 쓸 작정이었다. 하지만 상대의 기병이 3만이 넘을 정도로 너무 많았다. 알

---

[37] 부대는 정확히 1만 명으로 구성되었는데 전투나 질병으로 손실된 병력을 정예병으로 빠르게 다시 채워 넣었고 특히 페르시아 정부가 규격화된 전투복과 무기를 지급하는 유일한 부대였기 때문에 그리스인이 봤을 때는 죽여도 죽여도 그 병력이 온전히 유지되는 것처럼 보였다. 따라서 그리스인 역사가 헤로도토스는 '죽지 않는 부대'라는 뜻의 '아타나토이(Αθάνατοι)'로 표현했다. 이것의 영어식 표현이 이모탈(immortal)이다.

렉산드로스가 보유한 기병은 헤타이로이 기병과 함께 테살리아 지방에서 징집한 기병을 포함해도 7,000명에 지나지 않았다. 기병 간의 정면충돌은 승산이 없었다. 다른 전술이 필요했다.

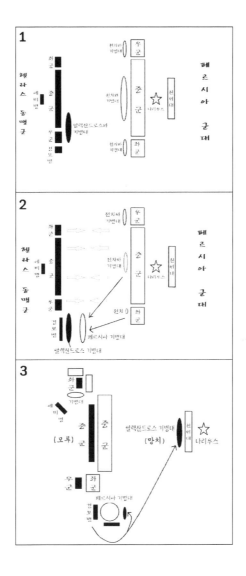

전투가 벌어지자 알렉산드로스는 수천 명의 기병대를 이끌고 전선의 오른쪽으로 달려 나갔다. 오른쪽으로 멀리 우회하여 페르시아의 후방을 공격할 셈이었다. 이수스 전투 때는 페르시아군의 좌익을 격파한 후 페르시아군의 지휘부를 공격했으나 이번만큼은 기병대를 엄청나게 증강시켜 우익과 좌익을 두텁게 쌓아 대비하고 있는 페르시아군 때문에 똑같은 방식을 취할 수가 없었다.

다리우스는 바보가 아니었다. 이미 이수스 전투에서 측면으로부터 침투하는 기병대에 혼쭐이 난 경험이 있었기 때문에 알렉산드로스의 의도를 간파하고 있었다. 그는 오른쪽으로 우회하고 있는 알렉산드로스의 기병대를 무력화시키기 위해 좌익을 담당하고 있던 자신의 사촌이며 박트리아 총독인 베수스에게 정예기병을 끌고 알렉산드로스 기병대를 추격하도록 했다. 페르시아군 중앙군과 좌군에서 기병대가 이탈하여 알렉산드로스의 기병대를 뒤쫓기 시작했다. 두 기병대의 전력은 엇비슷했기 때문에 승부는 예측하기 어려웠으며 비록 알렉산드로스 기병대가 승리한다고 하더라도 많은 시간이 소요될 뿐만 아니라 상당한 전력손실을 감수해야 했다. 이렇게 되면 상대의 지휘부를 공격하기에는 무리였다.

보병전에서는 페르시아군의 공격이 매서웠다. 전차와 낙타부대가 헬라스 동맹군을 매섭게 몰아쳤다. 특히 헬라스 동맹군의 좌측이 심각한 피해를 보았다. 기병대의 상당수가 빠져나간 페르시아군의 중앙과 좌측에 비교하면 우측 페르시아 진영은 기병대가 멀쩡히 남아 있었기 때문에 공격력이 최고의 상태였다.

당시 헬라스 동맹군의 좌측지휘관은 부사령관인 파르메니오 장군이었는데 페르시아군의 주요 공격대상이 되면서 점점 밀리기 시작했다. 페르시아 기병이 좌측을 돌파하자 후방에 있던 그리스 예비대가 다급하게 달려 나와 기병대를 막아내야만 했다. 만약 헬라스 동맹군의 좌측이 무너진다면 수적으로 우세한 페르시아군에 헬라스 동맹군이 포위되는 위험한 상황에 놓이게 된다. 보루 역할을 하는 보병이 무너진다면 망치 역할을 하는 기병대의 성공도 다 부질없는 짓이었다. 파르메니오 장군은 버티는 것에 한계를 느끼기 시작했고 알렉산드로스에게 구원을 요청하는 전령을 보냈다.

한편, 오른쪽으로 우회하던 알렉산드로스에게는 비장의 카드가 있었다. 그는 자신의 기병대를 따라 미리 선발된 건강하고 잘 뛰는 보병들을 따라오게 하였다. 이들은 가볍게 무장하고 페르시아 기병대가 볼 수 없도록 알렉산드로스 기병대의 안쪽에서 달리고 있었다. 어느 시점이 되자 알렉산드로스는 이 보병들에 명령하여 방향을 틀어서 알렉산드로스 기병대의 밖으로 달려 나와 페르시아 기병대를 공격하도록 했다. 일부 기병도 보병을 도울 수 있도록 했다. 페르시아 기병은 갑자기 튀어나온 그리스 경보병들의 공격에 당황했고 이 보병들이 순식간에 기병대를 에워싸자 좁은 지역에 갇힌 페르시아 기병은 전투력을 상실해 버렸다. 페르시아 기병이 그리스 보병에 둘러싸여 혼전을 벌이고 있는 사이 알렉산드로스가 이끄는 기병은 어떠한 저항도 없이 성공적으로 우회하여 페르시아군의 중앙에 있던 다리우스의 지휘부로 돌격할 수 있었다. 완전한 변칙작전이었다. 그는 경보병을 이용하여 페르시아 기병을 묶어두는 기발한 생각을 한 것이다.

알렉산드로스의 기병대가 들이닥치자 다리우스를 보호하고 있던 황제의 친위 병력이 알렉산드로스의 앞을 가로막았고 치열한 전투가 벌어졌다. 자신이 서 있는 전차 주변에서 전투가 벌어지자 다리우스는 이수스 전투 때와 마찬가지로 겁을 집어먹었다. 더욱이 보병전에서도 페르시아 중앙군이 점차 밀리기 시작했다. 그러나 알렉산드로스의 기병대가 용감히 저항하는 친위대의 벽을 아직 돌파하지 못했음에도 다리우스는 전차 운전병에게 명령해 전선에서 이탈하도록 명령했다. 또다시 도망가기로 마음먹은 것이다.

목숨을 걸고 보호하고자 했던 황제가 비겁하게 도망가는 모습을 지켜본 친위대도 전의를 잃고 뿔뿔이 흩어지기 시작했다. 이어서 밀리던 페르시아의 중앙군도 도망가기 시작했다. 알렉산드로스는 다리우스를 추격하여 그를 사로잡으려 했으나 때마침 파르메니오 장군이 보낸 전령이 도착했다. 헬라스 동맹군의 좌측이 매우 위험한 상황에 놓여 있음을 알게 된 알렉산드로스는 별수 없이 기병대를 몰고 전선의 좌측으로 달려가야 했다.

전선이 워낙 길게 전개되어 당시 파르메니오군을 몰아세우던 페르시아 병사들은 다리우스가 도망간 줄도 모르고 싸우고 있었고, 달려온 알렉산드로스의 기병대에 후방을 공격받았지만 물러나지 않고 맞서 싸워 치열한 전투가 벌어졌다. 하지만 결국에는 다리우스가 도망갔다는 소식은 페르시아 병사들에게 알려질 수밖에 없었다. 알렉산드로스의 기병대뿐 아니라 여러 곳에서 그리스군이 몰려 들어왔기 때문이다. 그나마 잘 싸우던 페르시아군 우측 진영도 완전히 무너졌다. 페르시아군이 가지고 있던 코끼리 부대는 전선에 투입되지도 못하고 그대로 포로가 되었다. 페르시아군 4만여 명이 죽었으며 수천 명이 포로로 잡혔다. 페르시아는 또다시 대패했다. 이번에도 다리우스의 도주는 전투의 승패에 큰 영향을 끼쳤다. 찬란한 고대 제국은 가우가멜라 전투를 끝으로 운명을 다하였다.

　알렉산드로스는 부상병들을 본국으로 보내고 군대를 정비한 후 바빌론으로 진격하였다. 그러나 바빌론에는 다리우스가 없었다. 그는 알렉산드로스 군대가 도착하기 전에 엑바타나로 또다시 도주해 버렸다. 바빌론의 유력자들은 알렉산드로스에게 순순히 성문을 열어주었고 '위대한 정복자'를 환영하였다. 얼마 후 그리스 본토에서 증원부대가 도착했고 기세를 몰아 수사와 페르세폴리스 등 페르시아의 주요 도시들을 함락시켰다.

　페르시아의 화려하고 거대한 도시였던 페르세폴리스에 입성한 알렉산드로스는 병사들이 도시를 마음껏 약탈하도록 허락하였다. 그리고 겨울 숙영지로서 4개월 동안 페르세폴리스에 머물렀다. 그는 페르시아에서 가장 화려하고 국제적인 도시였던 페르세폴리스에 감탄했다. 하지만 그가 이곳을 떠날 때 무슨 이유에서인지 페르세폴리스를 파괴하고 불태워 버리라는 명령을 내린다. 페르시아 제국의 번영을 상징하는 이 도시는 정복자의 야만적인 명령에 따라 잿더미로 변했다. 알렉산드로스는 왜 이런 명령을 내렸을까? 한 가지 설은 그의 술 시중을 들던 아테네 출신 타이스라는 여자가 아무 생각 없이 내뱉은 말에 폭음한 알렉산드로스가 그녀의 요청을 받아들여 명령을 내렸다는 것이다. 또 다른 설로는 과거 그리스의 침공에 대한 복수를 위한 것이라는 설도 있지만, 두 가지 가설 모두 선뜻 동의하기 힘들다. 일개 술 시중을 드는 여성의 말에 도시의 아름다운 건축물에 불을 지를 정도로 알렉산드로스가 분별력이 없는 사람이 아니었을 것이고 부하 장수들도 술이 만취한 상태로 내리는 명령을 바로 따르지는 않았을 것이기 때문이다. 또 다른 가설인 과거 그리스 침공에 대한 복수를 위한 것이었다면 처음 점령했을 때 불을 질러 파괴했어야 했는데 4개월간(1월~5월) 잘 머물다 파괴했기 때문에 설득력이 떨어진다. 진실은 정확히 알 수 없지만 확실한 것은 이 시점부터 알렉산드로스가 점점 예측 불가능한 사람으로 변하고 있다는 사실이었다.

한편 도주한 다리우스가 엑바타나에 머물러 있다는 정보가 들어오자 알렉산드로스는 군대를 엑바타나로 향하게 했다. 하지만 다리우스는 저항을 포기하고 먼 동쪽인 박트리아로 또다시 도망갔다. 엑바타나를 손쉽게 점령한 알렉산드로스는 헬라스 동맹군을 해체하고 그리스 출신의 동맹군 병사들을 고향으로 돌려보내기로 했다. 물론 이들 중 상당수는 고향으로 돌아가지 않고 용병으로서 다시 알렉산드로스군에 복무한다. 얼마 후 5만의 군대를 둘로 나누어 노(老) 장군인 파르메니오에게 2만 5천의 군대를 주고 엑바타나를 지키며 후방지원부대 역할을 하게 하였고 나머지 반은 알렉산드로스가 직접 군대를 이끌고 다리우스를 추격하기로 했다.

그런데 알렉산드로스는 점령한 페르시아의 도시와 사람들을 접하면서 페르시아에 대한 그의 생각이 잘못되었음을 알게 되었다.

전쟁 전 그는 페르시아인은 바르바로이(열등자, 야만인)이고 그리스는 문화민족이기 때문에 그들을 정복해 교화해야 한다고 생각했다. 그런데 그가 실제로 본 것은 오히려 그 반대였다. 오랜 역사와 문화를 품고 있는 메소포타미아 문명은 알렉산드로스를 겸손하게 만들었으며 그리스식 습관을 버리게 했다. 알렉산드로스는 지방 총독이나 중요 요직에 피정복민인 페르시아인들을 임명하기 시작했다. 그리고 그는 페르시아풍의 옷을 걸쳤으며 부하들에게 자신을 대할 때 무릎을 꿇어앉아서 키스하는 페르시아식 인사를 하도록 강요하였다. 그런데 그리스인에게 무릎 꿇는 행위는 신에게만 하는 것이었다. 이 인사법은 부하들의 강력한 반발로 실패하였지만, 이후 페르시아인과 그리스인의 결혼을 장려하는 등 지속해서 알렉산드로스가 그리스인의 '페르시아화'를 시도하였기 때문에 그를 따르던 부하들은 점차 불만을 품게 되었다. 그리스인은 '정복자'이지 '피정복민'이 아니었기 때문이다.

그 결과 알렉산드로스와 장군들 간에는 점점 갈등과 긴장이 발생하기 시작했고 알렉산드로스는 대부분 어릴 때부터 같이 자란 친구이면서 동시에 전우인 그의 장군들을 의심하기 시작했다. 먼저 마케도니아군의 자랑인 기병대를 이끌던 대장인 필로타스가 희생양이 되었다. 알렉산드로스는 필로타스가 자신의 암살 음모 정보를 입수하고도 아무런 조치를 취하지 않고 은폐했다고 생각했다. 알렉산드로스는 필로타스가 자신의 결백을 주장했음에도 불구하고 그를 암살 음모의 공모자로 간주해 잔인한 고문을 한 후 돌로 쳐서 죽였다. 그런데 문제는 필로타스가 원정군 부사령관이면서 병사들의 신임이 두터운 파르메니오의 아들이라는 것이 걱정거리였다. 알렉산드로스는 서둘러 엑바타나에 파르메니오의 오랜 친구를 전령으로 보냈다. 친구를 오랜만에 만난 70세의 노(老)장군 파르메니오는 아무 의심 없이 친구와 전령을 환대하였으며 곧바로 영문도 모른 채 암살되었다.

파르메니오는 필리포스 때부터 알렉산드로스 때까지 2대에 걸쳐 충성을 다하였고 그의 인생을 모두 바쳤다. 그에게는 아들 3명이 있었는데 한 명은 할리카르나소스 전투에서 전사하였고, 한 명은 방패부대 지휘관으로 복무하다 박트리아에서 병사했으며 유일하게 살아 있던 필로타스마저 음모에 휘말려 알렉산드로스에게 처형되었다. 자신의 인생과 가족을 다 바쳐 충성한 대가로는 그 보답이 너무 가혹했다.

파르메니오 부자 이외에 여러 명의 측근이 계속 희생되었다. 그라니코스 전투에서 알렉산드로스의 목숨을 구한 클레이토스가 술자리에서 알렉산드로스와 언쟁이 붙었고 술에 취한 알렉산드로스는 그를 창으로 찔러 죽였다. 그리고 아리스토텔레스의 조카이며 제자였고 종군 역사가인 칼리스테네스는 페르시아식 인사법을 강하게 거부하면서 알렉산드로스의 눈 밖에 나 버렸다. 그도 얼마 후에 또 다른 음모 사건에 그의 이름이 올라가면서 죽임을 당했다. 알렉산드로스에게 충성을 바친 많은 이가 그의 손에 죽임을 당했다.

젊은 날에 너무 많은 것을 이루어낸 알렉산드로스는 자신이 성취해낸 업적에 도취하여 세상을 자기중심적으로 보았고 다른 사람의 의견을 듣지 않고 타인의 비판을 참지도 못했다. 그가 전투에서 한

두 번이라도 패배했다면 그의 인생에 큰 도움이 되었겠지만 그렇지 못했고 연전연승은 그의 인격에 독이 되었다. 알렉산드로스는 세상 풍파를 다 겪고 40이 넘어서야 정복 활동을 시작한 로마의 정복왕 카이사르와 달랐고 몽골의 정복왕 칭기즈 칸처럼 굶주림에 허덕이는 밑바닥까지 떨어져 본 적도 없었다. 그것이 그의 문제였다.

한편 도망간 다리우스는 알렉산드로스의 추격을 받다 기원전 330년 산중에서 발견되었다. 자신의 사촌이면서 박트리아의 총독이었던 베수스가 배신을 하고 그를 창으로 찌르고 달아난 것이다. 뒤늦게 도착한 그리스군은 부서진 마차 안에서 죽어가는 다리우스를 발견할 수 있었다. 다리우스는 병사들에게 물을 부탁했고 물을 먹은 후 감사하다는 말과 함께 목숨이 끊어졌다. 한때는 뛰어난 페르시아 장군이었으나 황제가 된 후 갑자기 겁쟁이가 되면서 키루스 대왕이 일으킨 위대한 페르시아를 멸망시키는데 일조한 다리우스 3세는 이렇게 비참하게 죽음을 맞이했다.

다리우스 3세의 죽음 이후 알렉산드로스는 3년에 걸쳐 베수스가 장악하고 있던 박트리아와 소그디아나 그리고 그 주변의 산악지역의 잔당들을 제거하는 데 힘을 쏟아야 했다. 마지막 페르시아 저항군을 제압한 후 알렉산드로스는 그리스 여성이 아닌 박트리아 족장의 딸인 록사나와 결혼을 했다. 알렉산드로스의 첫 번째 부인은 부하들이 우려하던 대로 그리스 여성이 아니었고 몇 년 후 맞이하게 될 두 번째 부인도 마찬가지였다. 학자들은 이것을 알렉산드로스의 동서 융합정책이라고 포장하기도 하지만 엄밀히 이야기하면 페르시아화 정책이 더 정확한 표현이라고 생각된다.

페르시아와의 전쟁은 끝났다. 종군 병사들은 전쟁은 이젠 끝났다고 생각했고 엄청난 전리품을 챙기고 서쪽 고향으로 돌아가 조금 과장을 섞어 자신의 무용담을 자랑할 생각에 신이 났다. 하지만 알렉산드로스는 만족하지 못했다. 그는 말로만 듣던 미지의 국가인 인도를 손에 넣고 싶었다. 병사들은 당황하고 실망했지만, 알렉산드로스는 곤혹스러워하는 병사들을 설득하여 인도 출정을 단행했다.

4.
알렉산드로스의 죽음과 헬레니즘 시대

인도 원정은 우기가 시작되는 시점이었고 덥고 습한 날씨에 정글의 독충, 모기 등이 군대를 괴롭혔다. 심지어 전염병이 돌기도 했다. 그는 인더스강을 건너 인도 펀자브 지방으로 진격하여 그곳의 왕 '포루스'와 일전을 벌여 승리하였다. 알렉산드로스는 이때 처음으로 수백 마리의 코끼리 부대와 마주쳤으며 그 위력에 놀랐다.

전투는 승리했지만, 알렉산드로스 병사들은 현지인들에게 절망스러운 이야기를 들었다. 아직도 동쪽에는 수천 마리의 코끼리를 가진 더 강대한 국가가 있으며 인도는 끝도 없이 넓다는 것이었다. 병사들은 이미 육체적, 정신적으로 지쳐 있었다. 곧 병사들의 항명 사태가 벌어졌다. 노병(老兵) 코이노스는 목숨을 걸고 대표하여 알렉산드로스에게 병사들의 뜻을 전했다. 그의 말을 듣고 불같이 화낼 거라는 모두의 예상과 달리 알렉산드로스는 조용히 뒤로 돌아 막사로 들어가 3일 동안 나오지 않았다. 그리고 그의 침묵에 모두 불안해하며 기다리고 있는데 사흘째 되는 날 알렉산드로스는 조용히 나와 철군을 허락했다. 목숨을 걸고 직언한 노병 코이노스는 철군이 시작되고 얼마 후 병으로 죽었다.

기원전 326년 8월 어느덧 30살이 된 알렉산드로스는 원정을 포기하고 페르시아로 발길을 돌렸다. 돌아오는 길은 더 험난했다. 인도인들은 회군하는 그리스군을 가만히 두지 않고 공격했다. 이 와중에 알렉산드로스는 또다시 치명상을 입었다. 하지만 언제나 그렇듯 그는 불사신처럼 병상에서 벌떡 일어났다. 페르시아로 돌아가는 길은 새로운 길이었다. 배를 건조하여 함대를 만들었고 군대를 셋으로 나눈 후 인더스강을 남하하여 바다와 육상으로 동시에 이동했다. 그런데 육상으로 이동했던 알렉산드로스 휘하의 부대는 60일간 게도로시아 사막을 횡단하면서 수많은 병사가 갈증과 굶주림으로 죽었다. 인도 원정에서 전투 중 죽은 병사보다도 더 많은 병사가 사막에서 희생되었다.

알렉산드로스는 페르세폴리스의 폐허를 지나 수사에 입성했다. 그는 수사에서 1만 명의 그리스인 병사와 페르시아 여성을 결혼시키는 합동결혼식을 성대하게 열었는데 이날 알렉산드로스 자신도 다리우스 3세의 딸과 두 번째 결혼식을 올렸다. 그는 페르시아에 머물며 자신의 다음 원정지로 아라비아를 이야기했고 더 나아가 서쪽의 스파르타와 로마 원정도 이야기했으며 실제로 군대의 출전 날짜까지 잡았다.

하지만 어느 날 알렉산드로스는 바빌론에서 잔치를 벌인 후 평소대로 폭음했는데 이번만큼은 평소와는 다르게 다음 날 일어나지 못했다. 그는 고열에 시달렸고 얼마 후 죽었다. 그의 나이 겨우 33살이었다. 수많은 전투에서 치명적인 부상에도 불구하고 죽지 않고 살아난 알렉산드로스는 자신을 신이라고 믿었지만, 질병 앞에서는 그도 죽음을 피할 수 없었다. 후대의 사람들은 알렉산드로스의 이름 뒤에 대왕[Magnus(라틴어), The great(영어)]이라는 호칭을 붙였다.

그의 시신은 마케도니아가 아닌 이집트에 묻혔다. 그것은 알렉산드로스의 뜻이 아닌 그의 부하들에 의한 시신 쟁탈전의 결과였다. 현대의 의사들은 그가 말라리아에 걸려 죽었다고 생각한다. 문제는 알렉산드로스 자신이 이번에도 침대를 박차고 일어날 수 있다고 믿었고 그래서 자신의 후계자를 정해 놓지 않았다는 것이다. 그의 직계 혈육인 록사나의 아들은 아직 그녀의 배 속에 있었다. 알렉산드로스가 죽은 후 록사나는 다행스럽게도 사내아이를 낳았고 록사나는 아들의 왕위 계승에 방해가 될 수 있는 알렉산드로스의 두 번째 부인인 다리우스의 딸 스타테이라를 죽였다.

하지만 록사나의 희망과 달리 알렉산드로스의 갑작스러운 죽음은 왕위 계승에 극심한 혼란을 일으켰다. 처음에 알렉산드로스의 장군들은 정신적으로 문제가 있는 알렉산드로스의 이복형인 아리다이오스와 록사나의 어린 아들인 알렉산드로스 4세를 공동왕으로 추대하여 받드는 듯했다. 그러나 나중에는 서로 자신이 알렉산드로스의 후계자(디아도코이)라고 주장하며 서로 간에 치열한 싸움을 벌였다. 결국 알렉산드로스 제국은 5개로 쪼개졌고 마케도니아는 안티파트로스가, 트라키아는 리시마코스가, 아나톨리아와 시리아 일부는 안티고노스가, 메소포타미아와 동쪽 아시아는 셀레우코스가, 그리고 이집트는 프톨레마이오스가 차지했다. 그리고 록

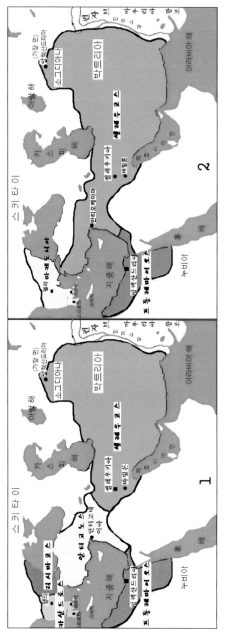

알렉산드로스 사후 여러 헬레니즘 국가들

사나와 그녀의 어린 아들인 알렉산드로스 4세, 알렉산드로스의 어머니인 올림피아스는 마케도니아를 장악한 안티파트로스의 아들 카산드로스에게 죽임을 당했다. 이로써 알렉산드로스의 직계 혈통은 모두 제거되었고 그의 왕가도 사라졌다.

한편, 후계자를 자처하는 이들 중 강렬한 인상의 애꾸눈 안티고노스가 자신의 이름을 딴 새로운 수도로 안티고네이아를 건설하였다. 그리고 그의 군사력이 점차 강해지면서 그리스와 마케도니아 지역을 거의 장악하며 스스로 왕이라 칭하기에 이른다. 안티고노스는 이젠 일개 장군이 아닌 왕이 되었고 한 국가의 통치자임을 대외적으로 선포한 것이다. 곧이어 이집트의 프톨레마이오스도 스스로 왕이라 칭했고 나머지 셀레우코스, 리시마코스, 카산드로스도 왕을 칭하면서 공식적으로 알렉산드로스 제국은 와해되었다.

이후 강력해진 안티고노스가 정복 활동에 나서자 위협을 느낀 나머지 국가들이 연합하여 안티고노스를 입수스 전투(B.C 301년)에서 패배시키고 그의 영토를 나눠 가졌다. 그리고 트라키아의 리시마코스도 기원전 281년 아나톨리아에서 셀레우코스군과 맞붙은 전투 끝에 전사하면서 그의 왕국도 사라졌다. 결국, 최종적으로 3개의 국가만 남게 되었는데 본국인 마케도니아의 안티고노스 왕조[38]와 이집트의 프톨레마이오스 왕조 그리고 대부분의 아시아 영토를 차지한 셀레우코스 왕조였다. 프톨레마이오스는 알렉산드

---

38) 마케도니아는 카산드로스 사후에 안티고노스의 아들인 데메트리오스가 세력을 회복하여 카산드로스 왕족을 멸족시키고 안티고노스 왕가를 극적으로 부활시켰다. 안티고노스 왕정은 로마 장군 폼페이우스에 멸망당할 때까지 존속한다.

로스가 건설한 알렉산드리아를 수도로 삼았으며 셀레우코스는 티그리스 강가에 새롭게 건설한 셀레우키아를 수도로 삼았다. 그리고 얼마 후 그의 후계자는 시리아의 안티고네이아 근처에 새로운 도시 안티오케이아(라틴어로 안티오키아)를 세우고 멸망할 때까지 수도로 삼았다. 이 외에도 나중에 셀레우코스 왕조로부터 독립한 아나톨리아 서쪽 연안의 페르가몬 왕국과 아나톨리아 북쪽의 폰투스 왕국 등 여러 그리스 소왕국이 존재하였다.

역사가들은 알렉산드로스의 정복 전쟁부터 기원전 30년 이집트의 프톨레마이오스 왕조가 로마에 멸망할 때까지의 약 300년간을 헬레니즘 시대라고 부른다. 알렉산드로스의 후계자들은 알렉산드로스 사후 그의 페르시아화 정책을 버리고 그리스 문화를 고집했다. 그럼에도 불구하고 이 시기에는 자연스럽게 그리스 문화와 아시아 문화가 융합되어 독특한 문화가 형성되었다.

헬레니즘의 어원은 그리스인이 스스로 헬라스 사람이라는 뜻의 헬레네스라고 불렀기 때문에 그리스식 문화를 지칭하는 용어였다. 그렇다면 헬라스는 어디서 온 것일까? 헬라스란 뜻은 헬렌(Hellen)의 후손이란 뜻이다. 그리스 신화에 따르면 제우스는 사악한 인간들은 없애고자 대홍수를 일으키려 했는데 인간인 데우칼리온은 이 사실을 미리 알고 자신의 부인인 피라와 함께 커다란 배를 만들어 대비하였다. 결국, 대홍수 때 살아남은 이들 부부는 육지에 상륙해 살며 자식을 여럿 두는데 그중 맏아들이 헬렌이었다. 헬렌은 산의 정령인 오르세이스와 결혼하여 세 아들 아이올로스, 크수토스, 도로스를 낳았다. 이들이 바로 그리스인의 조상이 되는 세 종족인 아이올리스인, 이오니아인, 아카이아인의 시조다. 따라서 헬레네스는 그리스의 모든 종족을 지칭하는 용어였다.

우리가 현재 사용하는 '그리스인'이라는 호칭은 나중에 로마인들이 사용하면서 보편화되었다고 한다.

5.
기병의 위력과 등자

인류 역사에서 승마는 오래전에 시작되었지만 말 위에 올라타는 행위는 순전히 이동을 위한 것이었다. 그런데 지금의 커다란 말과 달리 초기 말은 덩치가 작아 힘과 속도가 떨어졌다. 시간이 흐르면서 기마병이 출현하기는 했지만, 무방비인 적을 기습하거나 이미 승패가 갈려 도망가는 적을 추격하기 위한 정도로 활용도는 극히 제한적이었다. 그러나 점차 개량을 통하여 힘 좋고 덩치가 큰 말이 나오면서 무거운 무장을 한 병사를 가뿐히 태울 수 있게 되었고 그 결과 말을 탄 채로 창을 찌르거나 화살을 날리는 기마병이 출현하였다. 이런 기마 전술은 유목민족인 스키타이에서 시작되었을 것으로 추정되며 아시리아군이 보고 배우면서 중동지역에 퍼지기 시작했다. 기마병을 적극적으로 육성하여 활용한 나라는 페르시아였다. 그리스인은 페르시아의 그리스 침공 때 기병의 위력을 알게 되었다. 특히 페르시아 편에 서서 그리스 동맹군과 싸운 마케도니아는 페르시아의 기병 전술을 가까이서 관찰할 수 있었다. 나중에 알렉산드로스의 아버지 필리포스 2세는 기병을 '망치와 모루' 전술의 핵심으로 사용하는 기발한 전술을 만들어냈다.

그런데 당시 기병대는 얼마나 강력했을까? 기병은 거대한 말과 인간이 혼연일체가 되어 무리를 이루고 돌격했기 때문에 엄청난 돌파력을 발휘하였다. 만약 지축을 흔들면서 자신의 앞쪽으로 달려드는 기병대를 본다면 어떤 병사라도 겁을 집어먹고 달아나는 게 정상이었다. 하지만 이렇게 강력한 기병을 놔두고 여전히 보병전이 고대 전투의 일반적인 방식이었던 것은 무슨 이유였을까?

6세기경의 한반도 가야의 '기마인물형 토기'

등자는 중국에서는 3세기, 우리나라에서는 고구려가 비슷한 시기에 사용했을 것으로 추정되며 나중에 백제와 신라·가야 순으로 등자를 수용했다. 중동과 서양에서는 훨씬 늦은 7~8세기는 돼야 등자를 사용하기 시작했다.

그 이유는 '등자'의 부존재가 가장 큰 이유였다. 등자는 말에 올라타기 위해 발을 집어넣는 곳이면서 동시에 발걸이로서 말 위에서 떨어지지 않도록 안정적으로 몸을 고정하는 역할을 하였다. 등자는 안장에 고정되어 있었는데 안장과 등자는 말 위에 탄 사람을 안정적으로 잡아주면서 기마병이 무거운 갑옷을 입을 수 있도록 해주었고 창을 강하게 찌르고 활을 정확하게 쏠 수 있도록 해주었다.

그런데 알렉산드로스 시대의 기병에게는 등자와 발달한 안장이 없었다. 두꺼운 천을 몇 개 겹겹이 쌓은 안장이 있기는 했으나 여전히 자세는 불안했고 등자가 없으니 말을 탄 사람은 떨어지지 않게 양다리를 말 몸통에 찰싹 붙여 힘을 줘야 했다. 이런 상태로 적을 찌를 때 손으로 창을 꽉 쥐고 있다면 공격자가 도리어 말 밖으로 튕겨 나갈 수 있었다. 따라서 기병은 창을 찌를 때 순간적으로 손에서 창을 놓았기 때문에 창의 관통력은 생각보다 강하지 못했다. 활을 쏠 때도 낙마의 위험과 흔들림 때문에 정확도가 높지 않았다. 따라서 어릴 때부터 말 타는 것에 숙련되지 않으면 안정적으로 전투를 할 수 있는 기병이 될 수 없었다. 그런데 어릴 때부터 말을 탈 수 있는, 즉 비싼 말을 장만할 수 있는 건 귀족계층만이 가능했기 때문에, 자연스럽게 기병은 소수의 정예화된 귀족 출신으로 구성되었다.

이렇듯 당시 기병은 숙련도가 매우 중요했으며 귀족계층에 한정되어 기병을 대규모로 육성하기도 힘들었을 뿐 아니라 기병의 살상력도 생각만큼 좋지 못했다. 하지만 필리포스와 알렉산드로스는 기병이 가진 장점을 분명히 알고 있었다. 그것은 빠른 기동성과 엄청난 돌격력이었다. 기병은 기동성을 활용하여 상대의 뒷면이나 측면을 빠르게 우회하여 기습할 수 있었고 강한 돌격력으로 상대의 진영을 순식간에 무너뜨릴 수 있었다.[39] 특히 적군의 지휘본부를

---

39) 물론 일단 말이 돌격을 멈추면 기병 특유의 돌격력이 사라지기 때문에, 당시 기병은 불안한 말 위에서 싸우는 것보다 땅 위로 내려와 싸우는 것이 다반사이기는 했다.

격파하거나 적군을 포위하여 좁은 지역에 갇히게 하는 데 제격이었다. 알렉산드로스는 전투에서 기병 전술을 줄곧 사용했으며 놀랍게도 평지에서 싸운 대회전에서 그는 한 번도 패배하지 않았다.

시간이 흘러 로마와 카르타고 간에 벌어진 포에니 전쟁 때 카르타고의 명장 한니발이 알렉산드로스의 기병 전술을 적극적으로 연구하였다. 그는 알프스를 넘어 이탈리아반도로 쳐들어갔고 반격하는 로마 정예군을 '칸나에' 평원에서 거의 전멸시키면서 로마인을 공포에 떨게 하였다. 한니발의 방식은 군대 양쪽의 기병을 우회 기동하여 상대의 뒷면을 공격하는 것으로 주로 오른쪽으로 우회 기동한 알렉산드로스와는 전술적 차이가 있었으나 기본 개념은 같았다. 로마군은 한니발의 전술을 그대로 모방하였으며 그 전술로 한니발을 격파했을 뿐 아니라 이후 정복전에서 로마군의 전형적인 전투 방식으로 사용하였다. 이 전술 덕분에 로마는 유럽과 아시아를 석권할 수 있었다. 알렉산드로스의 전술은 고대 전투의 모범이 되었다.

4장

1차 유대전쟁
- 디아스포라(Diaspora)의 확산

1.
로마의 팽창과 헬레니즘 시대의 종말

    분열된 알렉산드로스 제국은 마케도니아의 안티고노스 왕조, 동방의 셀레우코스 왕조, 이집트의 프톨레마이오스 왕조 삼국이 대립과 협력을 반복하면서 싸우고 있었다. 특히 셀레우코스 왕조는 수도를 시리아의 안티오케이아로 옮기면서 이집트 프톨레마이오스 왕조와 가나안 지방을 놓고 극하게 대립하였다.

    한편, 지중해 서쪽에서는 두 나라가 지중해 패권을 놓고 대립하였는데 페니키아인이 북아프리카에 세운 카르타고(현재의 튀니지 지역)와 라틴족이 세운 이탈리아반도의 로마였다. 로마는 이탈리아반도를 통일하더니 바다로 눈을 돌렸다. 당시 지중해 서쪽의 해상권은 카르타고가 쥐고 있었다. 두 나라는 기원전 264년에 이탈리아 남단 시칠리아섬을 놓고 전쟁을 벌이기 시작했는데 이렇게 시작된 전쟁은 세 차례에 걸쳐 벌어졌으며 기원전 146년에 로마의 승리로 끝나기까지 무려 118년이나 지속한 대전쟁이었다. 역사학자들은 이 전쟁을 포에니 전쟁이라고 부른다. 포에니라 부른 이유는 로마인이 카르타고인을 부를 때 페니키아인이라는 의미가 있는 'Poenicus'라고 불렸는데 앞부분 'Poeni'를 따서 전쟁 명칭이 된 것이다.

문제는 지중해 서쪽에서 벌어진 전쟁이 지중해 동쪽에도 영향을 미치기 시작했다는 것이다. 마침 마케도니아는 발칸의 일리리아 지방(마케도니아 서쪽 해안가)을 점령한 로마 공화정에 불만이 있었기 때문에 로마와 한참 전쟁을 벌이고 있는 카르타고와 동맹을 맺고 로마와 적대하였다. 당시 로마는 2차 포에니 전쟁 중이었는데 카르타고의 명장 한니발에 의해서 이탈리아반도가 쑥대밭이 되고 있었다. 로마는 이런 어려운 상황에서도 한니발을 지원할 수 있는 마케도니아를 견제하기 위해 그리스에 군대를 파견했다. 두 나라는 승부가 나지 않는 어정쩡한 공방전 끝에 강화조약을 맺으며 서로 원하는 바를 얻었다. 마케도니아는 일리리아를 얻었고 로마는 마케도니아가 한니발을 지원하는 것을 막을 수 있었다.

로마를 침공한 한니발은 해상이 로마해군에 의해 막혀 있었기 때문에 결국 본국이나 동맹국으로부터 어떠한 원조도 없이 이탈리아반도에 고립되어 버렸다. 이때 로마의 젊은 장수 스키피오 아프리카누스가 기습적으로 한니발의 본국인 카르타고를 치자 한니발은 카르타고를 구원하기 위해 이탈리아에 있던 자신의 정예부대를 뒤로하고 홀로 로마해군을 피해 배를 타고 아프리카로 건너갔다. 기원전 201년 한니발은 본국 카르타고의 군대를 이끌고 로마의 스키피오 아프리카누스가 이끄는 로마군과 자마에서 전투를 벌였다. 하지만 한니발은 오래전부터 자신의 전술을 연구하여 역이용한 스키피오 아프리카누스의 로마군과의 대회전에서 패하였다. 한니발은 목숨을 겨우 건져 시리아에 있던 셀레우코스 왕조로 도망가 복수의 날을 기다렸다. 전쟁 초반에 한니발에 의해 멸망 직전까지 갔던 로마는 무너지지 않고 버티다 한니발과의 최종전에서 승리하였다. 한니발 전쟁이라 불리기도 하는 2차 포에니 전쟁의 승리로 로마는 사실상 서부 지중해를 장악할 수 있었다. 다음에 벌어진 3차 포에니 전쟁은 이미 모든 식민지를 잃고 약소국이 된 카르타고를 지구상에서 없애는 형식적인 전쟁에 불과했다.

이때쯤 아테네를 중심으로 한 그리스가 마케도니아에 반기를 들었다. 아테네는 반란에 로마를 끌어들였다. 기원전 197년 필리포스 5세가 이끄는 마케도니아군과 로마·그리스 연합군은 키노스케팔라이에서 결전을 벌였는데 전투는 로마·그리스 연합군의 대승리로 끝나면서 사실상 마케도니아는 몰락하였다. 마케도니아는 그리스, 트라키아, 에게해 연안의 모든 영토를 잃으면서 마케도니아 본국만 남은 소국으로 전락했으며 1,000탈란트의 전쟁 배상금과 함께 로마의 동맹체제에 강제로 들어가야 했다.

필리포스 5세가 한(恨)을 품은 채 병사(기원전 179년)하고 그의 첫째 아들인 페르세우스가 왕이 되었다. 페르세우스는 로마군을 몰아내고 마케도니아의 옛 영광을 재현하고자 하였다. 하지만 기원전 168년 로마군과 벌인 피드나 전투에서 또다시 패하면서 안티고노스 왕조도 그 운명을 다하였다. 로마는 마케도니아를 쪼개어 4개의 공국으로 만들어 버렸다. 하지만 이것마저도 페르세우스의 아들이라고 자칭한 안드리스쿠스라는 자의 반란이 일어나자 로마는 반란을 진압하고 마케도니아를 직접 지배하는 속주로 만들어 버렸다. 곧이어 남부의 그리스도 로마의 속주가 되었다.

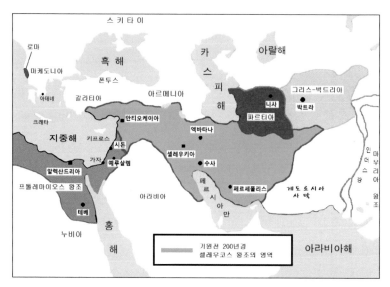

기원전 200년경 헬레니즘 국가들

한편 마케도니아의 필리포스 5세가 로마에 패하며 몰락하고 있을 때 카르타고의 패장인 한니발이 헬레니즘 제국 중 가장 강력했던 셀레우코스 왕조로 망명하였고 이 소식은 로마를 자극하였다. 당시 셀레우코스의 왕이었던 안티오쿠스 3세(B.C 222~187년 재위)는 군사적으로 매우 뛰어난 군주였는데 셀레우코스 왕조에 반기를 든 이란계 파르티아와 그리스-박트리아[40]를 제압하며 동쪽 영토를 회복하였고 서쪽 아나톨리아 지방 대부분도 다시 그의 통치권 안으

---

[40]   박트리아 지방의 그리스인 총독 디오도투스가 기원전 246년 셀레우코스 왕정에 반기를 들고 독립한 나라이다. 인도 북부를 점령하는 등 한때 전성기를 누렸으나 내부분열로 약화되다 기원전 138년 북쪽에서 내려온 유목민 월지(月氏)에 의해 멸망하였다. 중국에는 대하(大夏)로 알려져 있으며 불교 간다라 미술 성립에 큰 영향을 끼쳤다.

로 편입시켰다. 그는 로마에게서 그리스를 해방시킨다는 명분하에 한니발을 앞세워 군대를 이끌고 헬레스폰투스 해협을 건넜다. 로마도 스키피오 아프리카누스가 지휘하는 군대를 그리스에 파견하였다. 두 나라의 군대는 테르모필레에서 격전을 벌였는데 결과는 셀레우코스군의 패배였다. 안티오쿠스 3세는 살아남은 군대를 이끌고 헬레스폰투스를 건너 아나톨리아로 도망쳐야 했다. 로마군은 셀레우코스군을 따라 헬레스폰투스를 건넜는데 이때가 로마인이 처음으로 아시아를 밟은 순간이었다. 로마인은 아나톨리아 지방을 소아시아라고 불렀다.

다급해진 안티오쿠스 3세는 제국의 동원 가능한 병력을 끌어모았고 아나톨리아 서쪽인 마그네시아에서 로마군과 일전을 벌였다. 하지만 셀레우코스군은 이곳에서도 포에니 전쟁을 겪으면서 최강의 군대로 거듭난 로마군에게 대패하였다. 이 전투 이후 로마군은 더는 전진하지 않고 돌아갔지만, 그 조건으로 무려 15,000탈란트의 배상금과 아나톨리아 지방을 로마의 동맹국에 넘겨주어야 했다. 더 큰 문제는 셀레우코스 왕조가 가지고 있던 군사력이 소진되는 것을 본 파르티아가 가만히 있지 않았다는 것이다.

파르티아의 미트라다테스 1세(B.C 171~139년 재위)는 티그리스 강가의 중요 도시 셀레우키아를 정복하는 등 셀레우코스 왕조의 동쪽 영토를 통째로 가져갔으며 가나안 지방의 유대인들도 반란을 일으켜 예루살렘에서 셀레우코스 주둔군을 몰아내고 왕국을 세웠다. 이로써 셀레우코스 왕조는 시리아 지역에 국한된 소국으로 전락하였다. 결국, 기원전 63년 로마 장군 폼페이우스에 의해 셀레우코스 왕조의 수도인 안티오케이아가 함락되면서 셀레우코스 왕조는 멸망하였다.

그렇다면 강국이던 마케도니아와 셀레우코스 왕국은 로마군에 왜 이렇게 허무하게 무너졌을까? 로마와 전쟁을 벌이기 전 헬레니즘 왕국 간에는 전쟁이 격화되어 서로 창의 길이를 늘이는 경쟁이 붙었고 병사의 무장도 더 무거워졌다. 과거 알렉산드로스가 긴 창의 이점을 살려 이민족인 페르시아를 정복했지만, 헬레니즘 군대는 서로 간에 창의 길이가 같아 그 이점이 사라졌기 때문에 그리스인들은 서로 창의 길이를 더 늘이는 방향으로 문제를 해결하고자 했다. 이렇게 되자 무거운 창으로 인해 병사들의 움직임은 더 둔해졌고 병사들은 긴 창의 방어를 위해 갑옷으로 몸을 감싸야 했다. 이렇게 되자 그전에도 팔랑크스의 약점으로 꼽혔던 군대의 기동성과 유연성은 극도로 안 좋아졌으며 측면과 후방 공격에 대한 취약성은 더 나빠졌다.

반면에 로마군은 똑같이 밀집대형 전술을 썼으나 마케도니아군보다 소규모로 대형을 짜면서 각 밀집대형의 기동성과 유연성이 훨씬 좋았다. 또한, 기병 활용이 더 뛰어났으며 투창병을 적극적으로 활용하여 원거리와 중거리 공격도 위협적이었다. 그 결과 로마군은 거대해진 마케도니아군의 밀집대형을 공격할 때 측면과 후방으로 기병대와 중장보병을 투입해 느려 터지고 비효율적인 팔랑크스 부대를 좁은 곳으로 몰아세워 옴짝달싹 못 하게 한 후 항복을 받아낼 수 있었다.

이젠 알렉산드로스의 유산은 이집트에 있던 프톨레마이오스 왕조만 남게 되었다. 프톨레마이오스 왕조 창건자인 프톨레마이오스 1세는 제 수명을 다하고 자신의 침대에서 편안하게 죽은 유일한 디아도코이(후계자)였다. 그는 이집트를 지배하면서 이집트의 전통과 기존 지배층을 존중했고 고위 관직에도 이집트인을 중용하면서 원주민과의 갈등 없이 이집트를 통치하였다.

이집트의 수도 알렉산드리아 앞바다에는 외국에서 오는 수많은 상선과 사절단의 배를 안전하게 안내하기 위해 고대 문명의 7대 불가사의 중 하나로 꼽히는 파로스 등대가 세워졌다. 알렉산드리아의 박물관과 도서관[41]에는 전 세계의 과학자와 학자, 예술가들이 모여들었다. 특히 왕조의 전폭적인 지원을 받은 당시 세계 최대의 도서관에는 수십만 권에 달하는 다양한 분야의 책들이 생산되고 복사되어 보관되어 있었다. 경제적으로도 나일강 주변의 비옥한 토지에서 생산되는 풍요로운 농산물로 인해 알렉산드리아는 지중해 최대의 곡물 수출항이 되었다. 이처럼 알렉산드리아는 동부 지중해의 상업과 문화의 중심지로서 다양한 민족과 인종이 모여 사는 국제적인 도시로 성장하였다.

하지만 이렇게 번영하던 프톨레마이오스 왕조도 로마의 강력한 군사력에는 두려움을 느꼈다. 마케도니아는 멸망했고 셀레우코스 왕조는 멸망이 코앞에 이른 시점인 기원전 65년 프톨레마이오스

---

41) 박물관과 도서관이 있는 곳을 Mouseion(무세이온)이라 불렀으며 이는 영어 Museum(박물관)의 어원이다.

12세는 로마에 6,000탈란트의 금을 주고 '로마인의 동맹자이자 우방'으로 자처하며 왕조를 가까스로 유지할 수 있었다.

로마도 이집트를 적극적으로 정복할 생각은 없었다. 로마는 당시 카이사르(영어로는 '시저') 장군이 지휘하는 군대가 알프스를 넘어 갈리아(지금의 프랑스), 게르마니아(독일), 그리고 브리타니아(영국)를 정복하고 있었기 때문에 그쪽에 온 신경이 가 있었다. 그런데 카이사르가 갈리아와 브리타니아를 정복하고 게르만족을 라인강 밖으로 밀어내면서 로마에서의 그의 인기가 절정으로 치닫자 당시 로마 원로원의 지지를 받던 폼페이우스는 카이사르를 제거하고자 했다. 이 계획을 눈치챈 카이사르는 자신의 군대를 이끌고 알프스를 넘어 루비콘강을 건너면서 '주사위는 던져졌다'라는 말과 함께 수도 로마로 진격하면서 내전이 시작되었다. 내전의 결과 폼페이우스는 카이사르에게 패했는데 하필 이 폼페이우스가 이집트로 도망 온 것이다. 과거 폼페이우스가 프톨레마이오스 12세가 왕권을 회복하는 데 큰 도움을 주었기 때문에 이집트 왕실은 그에게 빚이 있었다.

당시 이집트는 프톨레마이오스 12세가 사망한 후 그의 딸인 18세의 클레오파트라 7세(이하 클레오파트라)와 그녀의 남동생인 10살의 프톨레마이오스 13세가 공동 왕으로 있었는데 이상한 이야기지만 이 남매는 부부였다. 이집트 왕실은 수천 년 동안 파라오의 혈통을 유지하기 위해 근친혼이 성행하였는데 그리스인인 프톨레마이오스 왕가도 이런 전통을 따랐다. 그리고 남매가 결혼한 또 하나의 이유는 여성은 단독으로 나라를 통치하지 못하고 왕족의 남자와 결혼해 공동으로 통치하는 것이 관례였기 때문이었다. 클레오파트라는 어린 남동생과 결혼함으로써 권력을 가질 수 있었다.

두 남매가 공동왕이 된 지 3년 후 프톨레마이오스 13세는 누나이며 부인인 클레오파트라가 자신이 어리다는 이유로 혼자서 권력을 휘두르는 것에 불만을 품게 되었고 측근들의 도움으로 그녀를 제거하고자 했다. 클레오파트라는 가까스로 시리아로 도주해 몸을 숨겼고 어린 파라오는 그의 소망대로 홀로 이집트를 통치하고 있었는데 로마의 장군 폼페이우스가 이집트로 망명하는 돌발 상황이 발생한 것이다.

카이사르는 폼페이우스를 체포하기 위해 부대를 이끌고 이집트로 향했다. 이에 놀란 프톨레마이오스 13세는 폼페이우스의 옛 부하를 사주하여 그를 죽이고 그의 목을 이집트에 도착한 카이사르에게 보냈다. 그런데 카이사르는 어린 왕의 선물을 달가워하지 않았고 오히려 옛 동료의 죽음을 슬퍼하고 이집트 왕의 행동에 불쾌해했다. 외국인 왕이 한때는 자신의 정치적 동지였고 로마의 최고 권력자였던 폼페이우스를 죽였다는 것은 결코 유쾌한 일이 아니었다. 카이사르가 이 어린 왕을 어떻게 처리할지 고민하고 있을 때 누군가 그를 몰래 찾아왔다. 왕의 누나 클레오파트라였다.

클레오파트라는 카이사르가 알렉산드리아에 도착했다는 말을 듣고 카이사르를 만나기 위해 방바닥에 까는 깔개(융단)에 자신의 몸을 돌돌 만 후 뇌물을 먹인 궁정 시종에게 카이사르 처소로 선물인 양 가져가게 했다. 그렇게 잠입에 성공한 21살의 클레오파트라는 젊고 육감적이며 이국적인 외모로 당시 52세의 바람둥이 카이사르를 유혹하는 데 성공했다. 카이사르는 그녀의 희망대로 남

율리우스 카이사르

동생 프톨레마이오스 13세와 함께 이집트를 공동 통치하도록 허락하고 그녀가 왕위에 복귀하도록 명령하였다. 프톨레마이오스 13세는 즉각 반발해 4천 명에 불과한 카이사르 군대를 공격하여 승기를 잡았으나 곧이어 로마 지원군이 도착하면서 패배하였다. 어린 파라오는 정신없이 도망가다 그만 나일강에 빠져 죽었다.

사실 클레오파트라는 지금의 관점으로 봤을 때 눈부시게 아름다운 여성은 아니었다. 그녀의 미라와 당시 동전에 새겨진 그녀의 얼굴을 봤을 때 키는 아담했으며 (오늘날의 관점에서) 미모는 평균이거나 평균을 살짝 상회하는 정도였다. 그러나 그녀에게는 알렉산드리아 도서관을 통해 얻은 풍부한 지식과 여러 외국어를 구사하는 능력으로 남성의 호기심을 자극했으며 더하여 남자가 좋아하는 언변과 육체적 능력이 있었다. 그리스인 역사가 플루타르코스(A.D 46~120년 생몰 추정)는 다음과 같이 기록했다.

"클레오파트라의 용모는 사람들이 빠져들 만큼 미녀는 아니었다. 다만 사람을 끌어들이는 매력이 있었다. 그녀와 이야기를 나누는 동안 (사람들은) 그녀의 용모에 점차 빠져들었다. 목소리는 감미로웠고, 혀는 마치 화려한 연주를 하는 현악기 같았다."

카이사르는 그녀를 왕위[42)]에 앉힌 후 나일강에 배를 띄우고 그녀와 밀회를 즐겼다. 얼마 후 이집트를 떠난 카이사르는 소아시아에서 진행 중인 폰투스 왕국의 반란을 평정한 후 로마로 돌아갔고 클레오파트라는 임신한 사실을 알게 된다. 클레오파트라는 사내아이를 낳았는데 아버지 카이사르의 이름을 따 카이사리온으로 불렸다. 그리고 그녀는 카이사르의 초대로 아들과 함께 수도 로마로 향했다. 그녀는 로마인의 이목과 환심을 사기 위해 대규모의 방문사절단을 꾸려 화려하게 로마 거리를 행진했으며 이집트의 곡물과 기름을 로마시민에게 나눠줬다.

하지만 그녀는 외국인 여왕에 대한 강한 거부감을 가진 로마 지배층과 시민의 마음을 얻지 못했을 뿐만 아니라 카이사르의 마음도 얻지 못했다. 카이사르는 비록 클레오파트라가 자신의 아이를 낳았지만, 그녀를 정식 부인으로 삼지도, 그녀의 아들을 후계자로 지정하지도 않았다. 카이사르는 정치적이고 이성적이었으며 어떤 면에서는 매우 차가운 사람이었다. 그는 한순간의 감정으로 그의 정치적 생명이 흔들리는 것을 원치 않았다. 로마인에게 인정받지 못한 외국 여왕과의 결혼이나 그녀에게서 난 자식을 후계자로 세우는 것은 그의 정치생명을 끝장낼 수 있었다. 클레오파트라는 카이사르에게 자신의 아들을 후계자로 공포해 달라고 끊임없이 요구했지만, 카이사르는 명확한 답변을 거부하였다. 클레오파트라는 카

---

42) 물론 클레오파트라는 또 다른 어린 남동생 프톨레마이오스 14세와 형식적인 부부관계를 다시 맺고 공동왕이 되었으나 사실상 그녀 혼자 이집트를 통치하였다.

이사르에게 실망했고 분노했다. 한편 카이사르의 부하 장수이며 심복이었던 안토니우스라는 장군은 클레오파트라를 보고 첫눈에 반했으나 마음속으로만 그녀를 연모할 수밖에 없었다. 그가 클레오파트라를 얻기 위해서는 몇 년은 더 기다려야 했다.

그런데 카이사르가 로마 원로원 앞에서 암살되는 뜻밖의 사건이 벌어졌다. 폼페이우스가 제거된 후 종신 독재관이 된 카이사르에게는 더 이상의 정적이 없었기 때문에 그가 황제가 되는 것은 시간문제였다. 공화제가 무너지는 것을 두려워한 원로원 의원들 일부가 공모하여 원로원 회의가 끝나고 나오는 그를 둘러싸고 칼을 휘둘렀다. 카이사르는 그 자리에서 즉사했다. 그의 죽음 이후 카이사르가 미리 만들어 놓은 유언장이 공개되었는데 후계자 문제에서 클레오파트라와 그의 유일한 아들인 카이사리온에 관한 내용은 없었다. 오히려 자신과 피 한 방울 안 섞인 18살의 조카 옥타비아누스를 자신의 후계자로 삼는다는 내용이었다. 클레오파트라는 수치심과 분노에 치를 떨며 어린 카이사리온을 데리고 서둘러 이집트로 돌아왔다.

로마는 다시 내전에 휩싸였다. 카이사르를 따르던 자들은 카이사르 암살자들을 전쟁을 통해 제압하였다. 그리고 난 후 세 명이 영토와 권력을 나눠 가졌다. 로마 역사에서는 이 시기를 제2차 삼두정치[43]라고 하는데 카이사르가 죽은 후 5년이 지난 후 한 명(레피두

---

43) 1차 삼두정치는 카이사르, 폼페이우스, 크라수스 세 명이었다. 그런데 크라수스가 파르티아와의 전쟁에서 전사하면서 카이사르, 폼페이우스가 권력을 나눠 가졌다.

스)이 권력에서 밀려나면서 사실상 두 명에 의해서 로마의 권력은 양분되었다.

한 명은 카이사르가 죽기 전에 유언장에 후계자로 기록한 자신의 조카 옥타비아누스였으며 또 한 명은 카이사르의 오른팔이었던 안토니우스 장군이었다. 둘은 로마의 영토를 반으로 나눠 가졌는데 옥타비아누스는 이탈리아 본토를 포함하여 로마의 서쪽을 차지했고 안토니우스는 그리스, 아시아, 이집트를 포함하는 로마의 동쪽을 차지했다. 여전히 28살의 젊고 아름다운 육체를 가지고 있던 클레오파트라는 파르티아 정벌을 위해 시리아 항구에 도착한 안토니우스를 찾아갔다. 이 둘은 이렇게 해서 다시 재회했고 42세의 안토니우스는 클레오파트라에게 푹 빠져 버렸다. 안토니우스는 전형적인 군인이었다. 그는 우직했으며 열정적이었고 정직했다. 문제는 그가 로마시민의 정서를 전혀 고려하지 않고 자신의 사랑에 충실했다는 것이었다.

그는 정략결혼의 산물인 옥타비아누스의 여동생인 옥타비아는 거들떠보지도 않고 알렉산드리아에 있는 클레오파트라의 침실에만 머물렀다. 안토니우스의 이런 행동은 로마인의 비난을 받았고 옥타비아누스와의 평화협정을 파기하는 위험한 행위였음에도 사랑에 빠진 안토니우스는 아랑곳하지 않았다. 더 심각한 것은 안토니우스는 클레오파트라 사이에서 난 쌍둥이를 포함한 자식 세 명에게 로마의 영토를 나눠주기까지 했다는 것이다. 그리고 그녀를 다음과 같이 불렀다.

"모든 왕의 여왕, 왕 중의 여왕"

여성의 관점에서는 이런 남자는 100점짜리였지만 정치인으로서는 좋은 점수를 받을 수 없었다. 로마의 여론은 안토니우스에게 등을 돌렸고 옥타비아누스는 기회를 놓치지 않았다. 옥타비아누스는 로마의 영토를 빼앗은 사악한 클레오파트라를 친다는 명분으로 군대를 모아 그리스로 쳐들어갔다. 안토니우스는 자신의 정예부대와 함께 클레오파트라의 이집트 해군을 이끌고 옥타비아누스군과 아드리아해의 악티움에서 해전을 벌였다. 하지만 한참 전투가 한창일 때 클레오파트라가 이끄는 이집트 함대가 갑자기 방향을 바꿔 도망가는 바람에 전투의 승패가 갈려 버렸다. 이집트 왕실에서 곱게 자란 여왕이 목과 팔이 잘리고 피가 흥건한 아비규환의 전장(戰場)을 보면서 아무렇지도 않다는 것은 이상한 일이었다.

그녀는 이집트로 도주했고 안토니우스는 그녀를 쫓아갔다. 안토니우스는 이집트 해안에 상륙한 후 남은 군대를 모아 이집트로 들어오는 옥타비아누스군에 저항하였으나 다시 한번 패하고 부하들은 뿔뿔이 흩어졌다. 자신의 운명을 한탄하며 안토니우스는 자결하였다. 곧이어 클레오파트라도 코브라에 물려 스스로 목숨을 끊었는데 이때가 기원전 30년이었고 그녀의 나이 38세였다. 그녀의 첫째 아들이며 카이사르의 유일한 아들인 카이사리온은 도망갔다 잘못된 정보로 인해 다시 알렉산드리아로 돌아오는 도중 옥타비아누스의 병사에 잡혀서 죽었다. 안토니우스와 클레오파트라 사이에서 난 두 아들은 행방불명되었으며 딸 셀레나만이 살아남을 수 있었다. 이로써 헬레니즘의 마지막 왕조인 프톨레마이오스 왕조도 멸망하였고 이집트는 로마의 직접 지배를 받는 속주가 되었으며 전쟁에 승리한 카이사르의 유일한 후계자인 옥타비아누스는 황제[44]가 되었다.

---

44) 옥타비아누스는 원로원으로부터 '가장 존엄한 자'라는 뜻의 Augustus라는 칭호를 얻었고 사실 상의 황제가 되었다. 이후 로마에서는 황제를 칭할 때 '카이사르'라는 호칭을 사용하였다.

2.
유대인의 역사

유대인의 역사는 셈족인 아브라함에서 시작된다. 아브라함의 가족은 원래 메소포타미아 도시 우르에 살았는데 그의 아버지 테라(Terah)가 기원전 1900년쯤에 우르에서 유프라테스강의 상류에 위치한 하란으로 옮겨와 살았다. 하란에서 출생하고 성장한 아브라함은 나이가 70이 넘어서 새로운 거주지로 이동을 결심하였고 가족들을 데리고 가나안 지역으로 이동하였다. 이동의 원인은 알려지지 않았으나 아브라함 가족이 당시 메소포타미아 지역의 다신교 신앙과는 달리 유일신 '야훼'를 섬기고 있었기 때문에 이웃 부족과 종교적 갈등이 발생했으며 그로 인해 그가 이동을 결심했을 것으로 추측한다.

한편, 아브라함이 '칼데아의 우르'에서 출발했다는 기록도 있다. 하지만 그의 형제 나홀이 여전히 하란에 살고 있었고 가나안에 정착한 아브라함의 후손들이 하란의 여자와 결혼하는 것이 관습처럼 된 것을 봤을 때 하란이 아브라함의 고향이며 출발지였음이 틀림없다.

"아브라함이 그의 아내 사라(사래)와 조카 롯과 하란에서 모은 모든 소유와 그에게 속한 사람들을 이끌고 하란을 떠나서 마침내 가나안 땅에 들어갔다. 이때 그의 나이 75세였다(창세기 12:4~5)."

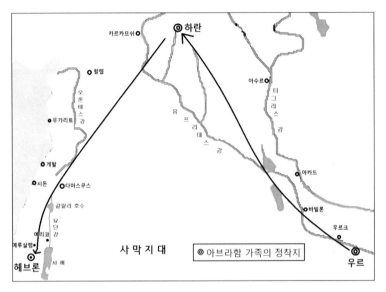

아브라함 가족의 이동

　아브라함이 가나안 땅 헤브론에 정착한 지 10년이 지난 후 그에게 고민이 생겼다. 그의 본부인인 사라와의 사이에서 자식이 없었던 것이다. 그는 사라의 권유와 당시 관습에 따라 이집트인 여종 하갈을 첩으로 맞이하였고 그녀에게서 아들 이스마엘(Ismael)을 얻었다. 이스마엘은 아랍인의 조상으로 여겨진다. 그런데 10여 년의 시간이 흐른 후 놀랍게도 90세의 사라도 아들 이삭을 얻었는데 이때 아브라함의 나이가 100세였다. 생물학적으로 가능한 것인지 모르겠으나 성경에 따르면 그렇다.

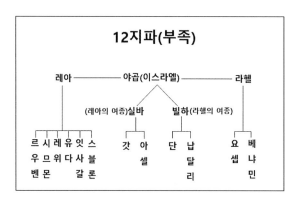

아브라함의 둘째 아들 이삭은 에서와 야곱 두 아들을 낳았는데 둘째 야곱은 형을 대신해 나이 들어 눈이 침침해진 아버지 이삭을 속이고 그에게서 장자의 축복을 받았다. 이 사실을 나중에 안 형 에서는 야곱을 죽이려 했고 야곱은 어머니의 고향인 하란으로 도망갔다. 하란에서 야곱은 외삼촌의 딸 2명과 그녀들의 여종 2명 사이에서 열두 명의 아들을 얻었는데 이들의 후손이 후에 이스라엘 민족을 구성하는 12지파를 형성한다.

가나안을 떠난 지 20년이 지난 후 야곱은 용기를 내어 식구들을 데리고 형 에서가 있는 고향 가나안으로 가기로 맘을 먹었다. 형 에서는 그때까지 그를 용서하지 않고 있었다. 그는 가는 중에 식구들에게 강을 먼저 건너게 한 후 어떤 이를 만나 허벅지 관절이 상할 정도로 밤새 씨름을 하고 이겼다. 야곱은 승리의 대가로 그에게 자신을 축복해 달라고 요구했고 그는 다음과 같이 말했다.

"네 이름을 다시는 야곱이라 부르지 않고 이스라엘이라 부를 것이
니 이는 네가 하나님 및 사람들과 겨루어 이겼음이니라(창세기
32:28)"

이래로 야곱의 후손들은 '이스라엘의 후손'이라고 스스로 불렀다.
야곱은 가나안에 이르러 다행스럽게도 에서 형과 극적으로 화해했
고 가나안에 정착할 수 있었다. 하지만 기쁨도 잠시 가나안에 큰
기근이 들면서 야곱과 그의 부족은 기아에 시달렸다. 그런데 야곱
의 아들 중 한 명인 요셉이 이집트(성경에는 '애굽')에 가서 크게 성공
하자 당시 굶주리고 있던 야곱은 가족들을 데리고 이집트로 이주
했다. 성경에는 이주대상이 가족으로 설명되었지만, 상당수의 셈족
과 아브라함 부족의 이동으로 봐야 할 것이다.

성경에 기록된 야곱 가족과 그 부족의 이동은 당시 시리아와 가
나안 등 중동 지역에 거주하던 셈족이 기근으로 부유한 이집트로
이주하던 현상을 설명하고 있다. 기원전 17세기 이집트는 점차 내
부로 유입되는 셈족 부족이 늘어나기 시작하더니 얼마 후 셈족인
힉소스의 침입으로 나일강 삼각주 즉 하(下)이집트를 뺏기고 만다.
이집트인은 나일강의 상류 테베로 쫓겨났으며 150년간 나일강 삼각
주를 보지 못했다.

기원전 16세기 남쪽의 테베 정권은 군사력을 키워 나일강 삼각주
에서 힉소스와 셈족을 몰아내고 상·하(上·下)이집트를 재차 통일했
다. 통일 와중에 이집트군은 힉소스를 나일 삼각주에서 몰아냈을

뿐만 아니라 힉소스의 근거지였던 가나안까지 진격하여 점령한다. 이 과정에서 많은 셈족과 유대인이 노예 신분으로 전락했을 확률이 높다. 이후 성경에서 유대인은 이집트의 노예로 기록되고 있다.

이집트인은 유대인을 히브리인(Hebrew, Hebraei)이라 불렀고 유대인 스스로도 이 용어를 받아들였다. 히브리(원어는 '이브르')는 '건너다'라는 뜻의 이집트어 '아바르'에 기원한다고 하는데 이들이 외부에서 건너왔기 때문에 이렇게 불렸던 것 같다. 지금도 유대인의 언어는 '유대어'가 아닌 '히브리어'로 부른다.

어쨌거나 히브리인은 노예 생활을 하면서도 이집트의 종교에 동화되지 않고 그들 고유의 유일신 사상을 보존하고 있었다. 그러나 노예 생활은 비참했으며 새로운 돌파구가 필요했다. 이때 히브리인을 구원한 자가 나타났는데 그가 모세[45]였다. 모세는 노예들을 선동하여 폭동을 일으키고 공사 중인 식량 저장창고에 불을 질렀다. 그의 게릴라식 공격이 효과가 있었는지 파라오는 그들이 떠날 수 있도록 허락한다. 모세가 이집트를 탈출한 시기에 대해 여러 의견이 있으나 일반적으로 기원전 13세기로 추정하며 당시 파라오는 람세스 2세 또는 그의 아들이었던 메렌푸타였다. 람세스 2세와 그의 아들 때 이집트가 겉으로는 번성하였지만, 내부적으로는 그리 평온하지 못했음을 추측할 수 있다. 모세가 이끄는 노예집단은 성공적으로 이집트 추격군을 따돌렸지만, 그들이 가고자 하는 곳 가나

---

[45] 모세와 관련해서는 유일하게 성경에만 기록되어 있고 이집트인이 남긴 기록이나 기타 다른 기록물이 전혀 없으며 고고학적 증거도 발견되지 않고 있다. 따라서 일부 학자는 '모세 이야기'는 이스라엘의 건국 신화이면서 동시에 허구라고 주장하기도 한다.

안으로 바로 가지 않고 시나이 사막과 황무지를 무려 40년 동안 떠
돌아다녔다.

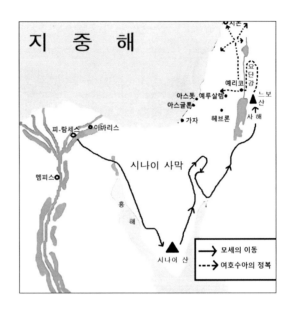

그런데 모세가 이끌던 노예들은 히브리인이 주를 이루었지만 다
른 지역 출신도 많았다. 그들은 언어적으로도 통하지 않았을 뿐만
아니라[46] 규범이나 심지어 종교도 달랐다. 내부적 갈등은 심했으
며 그럴 때마다 모세의 지위는 흔들렸다. 모세는 이들을 하나의 종
교와 규범에 묶어둘 필요가 있었다. 그래서 그는 시나이산에 올라

---

46) 모세는 대중들 앞에서 말을 안 했고 대신 모세의 형 아론을 통해 전달했다. 성경에 따르면 그가
말더듬이여서 그렇다고 설명하지만, 언어적 차이점 때문이었다고 주장하는 사람도 있다.

가 십계명이 적힌 석판을 들고 내려와 '야훼(여호아)' 하나님께 받았다고 주장했고 일부 부족이 섬기던 우상을 파괴하였다. 모세는 십계명을 통하여 다양한 부족과 문화 배경을 가진 노예집단을 하나의 종교와 규범으로 묶을 수 있었고 점차 결속력이 강해지며 하나의 공동체가 될 수 있었다. 그러나 모세는 끝내 가나안에 발을 들여놓지 못하고 느보산(山)에서 가나안을 보며 죽었다고 한다.

모세가 죽고 난 후 히브리인을 가나안으로 끌고 간 사람은 여호수아였다. 그는 군사적 재능이 뛰어났으며 요단강을 건너 예리코(성경에는 '여리고')를 점령하는 것을 시작으로 가나안 지역을 정복해 나갔고 정복한 땅을 12지파에 나눠주었다. 그런데 이들이 정복하는 가나안 지역에서 격렬히 저항하는 민족이 있었는데 이들이 블레셋(Philistine)이었다. 블레셋은 가자, 아스돗, 아스글론, 가드, 에그론 다섯 도시를 중심으로 살던 사람들이었는데 사실 이들도 이곳에 침투한 지 얼마 안 된 이방인이었다. 기원전 12세기 서쪽에서 대규모의 이민족들이 바다를 건너 중동을 침범하였는데 이 와중에 히타이트제국이 멸망해 버렸다. 이들은 연합하여 히타이트제국을 무너뜨리고 이집트까지 공격하였으나 나일 삼각주에서 대패하고 사라졌는데 그중 일부가 가나안 지역에 정착했고 그들이 블레셋인이었다. 이집트의 기록에는 이들이 바다로부터 쳐들어왔기 때문에 '해양민족'이라고 표현했다.

블레셋인과 히브리인은 지독하게 싸웠다. 우리가 알고 있는 삼손 이야기는 히브리인의 영웅 삼손이 블레셋인의 신전을 박살 내고 장렬히 죽는 모습을 그린 것이다. 200여 년 동안 히브리인은 블레셋을 포함한 주변 민족들과 전례 없는 치열한 전투를 벌였고 헐거운 12지파 연합체제로 싸우는 것의 한계를 느꼈다. 12지파를 아우르는 왕이 필요했다. 이에 선지자 사무엘이 신의 계시에 따라 통합왕을 세웠고 통일 이스라엘 왕국이 탄생한다.

초대 왕은 작은 세력에 불과했던 베냐민 지파에서 배출되었는데 겸손하면서 키가 크고 미남이어서 인기가 많았던 40세의 사울(B.C 1038~1010년 재위)이라는 남자였다. 당시 이스라엘 사람은 사람을 평가하는 기준으로 외모를 중요하게 생각했기 때문에 호남형인 사울이 될 수 있었다. 다행스럽게도 사울은 외모도 훌륭했지만, 전쟁에도 능해 주변 민족과의 전투에서 승리하며 이스라엘 왕국의 영토확장에 크게 이바지하였다. 하지만 그에게 왕권을 위협하는 이가 나타났다. 다름 아닌 유다 지파 출신인 다윗(영어로는 David)이었다.

다윗은 사울의 아들 요나단의 절친이기도 했는데 그가 블레셋의 영웅 거인 골리앗을 돌팔매로 쓰러뜨린 후 인기가 높아지자 사울 왕은 불안하였다. 사울은 왕권에 위협이 되는 다윗과 그가 속한 지파인 유다 지파를 핍박하였다. 그런데 그의 목숨을 앗아간 사람은 다윗이 아니라 블레셋이었다. 그는 블레셋과의 전투에서 패하여 크게 다친 채 도망가다 포위되자 자살하였다. 후계자였던 그의 아들 요나단도 이 전투에서 사망해 버리고 말았다. 사울이 아들과 함께 죽자 새로운 왕이 필요했다. 이스라엘에서는 왕을 차지하기 위해 각 지파 간에 7년간의 내전이 발생했다. 이 내전에서 유다 지파의 왕이었던 다윗이 사울의 또 다른 아들인 이스보셋과 다른 경쟁자들을 제거하고 이스라엘의 2대 왕으로 등극하였다.

다윗왕(B.C 1003~970년 재위)과 그의 아들 솔로몬왕[47](B.C 970~931년 재위) 시대는 이스라엘 왕국의 전성기였다. 다윗왕은 예루살렘을 이스라엘의 수도로 정하였다. 그리고 그는 모세가 시나이산에서 '야훼' 하나님으로부터 받았던 십계명 석판이 들어있다고 알려진 '언약의 궤(상자)'를 예루살렘에 있던 성전산 막사에 안치했다.

솔로몬 시대에는 영토가 북쪽으로는 유프라테스강까지 뻗어 나갔으며 남쪽으로는 현재의 아카바만에 이르렀다. 주변 국가들은 이스라엘 왕국을 두려워하여 조공을 바쳤으며 이민족의 왕들은 자신의 딸을 바쳐 솔로몬왕과 우호 관계를 맺으려 하였고 강국 이집트도 예외는 아니었다. 솔로몬은 부유한 재정을 바탕으로 수만 명을 동원해 자신이 살 화려한 궁전과 함께 성전산에 거대한 신전을 지어 그곳에 '언약의 궤'와 금과 은으로 된 제기(祭器)들을 안치하였다. 궁전과 신전을 지을 때는 많은 목재가 필요했는데 페니키아의 도시 티레 왕이 질 좋은 삼나무(레바논 삼나무는 이집트에까지 수출되었으며 페니키아인의 배 재료였다)를 보내와 가능했다. 솔로몬은 티레 왕과 결혼동맹으로 우호 관계를 맺었고 페니키아 도시들과 무역을 통하여 나라를 부강하게 만들 수 있었다.

그러나 솔로몬왕이 풍족하게 썼던 돈은 외부에서 유입되는 돈뿐만 아니라 내부의 세금도 큰 비중을 차지하고 있었다. 솔로몬 왕이

---

47) 솔로몬은 다윗과 밧세바 사이에서 태어난 아들인데 밧세바는 애초에 이스라엘 장교의 부인이었다. 어느 날 다윗은 궁궐에서 밖을 보다 우연히 '밧세바'라는 여인이 목욕하는 모습을 보고 욕정을 참지 못하고 그녀를 불러들여 동침한다. 그런데 그녀는 자신의 부하 장교였던 우리야의 부인이었다. 우리야는 이스라엘에 귀화한 헷족(히타이트족) 장교였다. 최전선에서 성실히 복무하던 우리야는 다윗의 음모로 가장 위험한 전쟁터에 배치되어 전사하게 된다.

죽고 그의 아들 르호보암 왕(B.C 931~913년 재위)이 즉위하자 과거 솔로몬의 정책에 반기를 들고 이집트로 망명했던 여로보암이라는 자가 돌아와 일단의 무리와 함께 백성의 원망을 전하고 왕에게 세금을 감면해 달라고 요청했다. 그런데 르호보암이 궁전에서 3일 동안 생각한 끝에 그들에게 준 대답이 가관이었다.

"내 아버지는 너희의 멍에를 무겁게 하였으나 나는 너희의 멍에를
더욱 무겁게 할 것이다. 나의 아버지가 너희를 채찍으로 징계하였
으나 난 전갈 채찍으로 너희를 다스리겠다(열왕기상 12:14)."

명확한 거절이었다. 곧바로 여로보암을 중심으로 10개 지파가 반란을 일으켰다. 이 반란은 그동안 이스라엘 왕국이 유다 지파 중심으로 운영된 것에 대한 나머지 지파의 불만이 폭발한 것이기도 했다. 성경에는 솔로몬이 많은 외국 여성을 처와 첩으로 두면서 그녀들과 같이 흘러들어온 그들의 신과 풍습이 이스라엘을 혼란스럽게 해 하나님을 노하게 했기 때문에 솔로몬 자식 때에 이런 혼란이 발생했다고 설명한다.

"여호와께서 일찍이 이스라엘 백성에게 말씀하시기를 너희는 그들
과 서로 통혼하지 말며 그들도 너희와 서로 통혼하게 하지 말라.
그들이 반드시 너희의 마음을 돌려 그들의 신들을 따르게 하리라
하셨으나 솔로몬이 그들을 사랑하였더라. 왕은 후궁이 700명이요
첩이 300명이었다(열왕기상 11:2~3)."

"내(선지자 '아히야')가 다윗을 위하여 솔로몬의 생전에는 온 나라를

그의 손에서 빼앗지 아니하고 그의 아들의 손에서 나라를 빼앗아

(열왕기상 11:34~35)"

하지만 영토가 확장되면 새로운 문화의 유입은 불가피한 것이었
고 그 문화에 대한 관용은 제국이 취해야 할 정책이었다. 성경의
기록은 반란군의 관점에서 그들의 거병을 정당화하기 위한 도구에
불과했다. 실제로 반란군도 거병에 성공해 북이스라엘을 세운 후
이교도의 신을 섬기는 것을 서슴지 않았기 때문이다.

이스라엘 왕국의 분열

반란은 성공했다. 12지파 중 반란을 일으켰던 10개 지파는 여로보암을 왕으로 삼고 세겜을 수도로 북이스라엘을 건국하였다. 수도는 이후 두 번 더 옮겨졌지만 6대 왕 오므리 이래로 사마리아가 수도가 되었다. 다윗과 솔로몬을 배출했던 유다 지파와 별 볼 일 없던 베냐민 지파 2개 지파만이 남유다(사실상 유다 지파의 국가였기 때문에 국호가 '유다'였다)가 되었다. 남유다는 수도 예루살렘을 가졌고, 북이스라엘은 '이스라엘'이라는 국호를 가졌다.

남유다는 왕이 유다 지파에서 나오는 것이 확실했기 때문에 왕위 계승이 그리 혼란스럽지 않았지만, 북이스라엘은 달랐다. 북이스라엘은 무려 10개 지파에서 서로 왕을 배출하려 했기 때문에 19명의 왕 중 8명은 암살되었고, 9명은 쿠데타로 정권을 찬탈하는 등 정국이 불안하였다. 그러다 기원전 734년 북쪽에서 쳐들어온 아시리아의 사르곤 2세에 의해 북이스라엘은 수도 사마리아가 함락되면서 멸망하였다.

남유다 왕국은 북이스라엘이 멸망하는 것을 보고 아시리아에 스스로 굴복하여 나라를 지킬 수 있었다. 아시리아는 멸망한 북이스라엘 주민을 아시리아 변방 각지로 강제 이주시키고 북이스라엘 영토에는 새로운 정착민을 이주시키는 정책을 취했다. 아시리아의 이러한 정책은 이스라엘 10개 지파의 민족성을 소멸시키는 결과를 가져왔다. 그리고 유대인은 북이스라엘 영토에 강제로 이주당한 이민족을 '사마리아인'이라 부르며 경멸하였다.

그러나 근근이 명맥을 유지하던 유다 왕국도 아시리아를 멸망시킨 신바빌로니아 왕국의 네부카드네자르 2세의 군대가 쳐들어오면서 멸망하였다. 기원전 601년부터 582년까지 예루살렘은 세 차례에 걸쳐 함락되었고 그때마다 유다 왕국의 백성과 지도자들은 바빌론으로 끌려갔다. 이때의 강제 이주를 '바빌론 유수'라고 부른다. 그리고 예루살렘이 전쟁터가 되면서 궁전과 신전도 모두 불에 탔으며 '언약의 궤'도 같이 사라졌다.

하지만 그나마 다행인 것은 유다인의 강제 이주는 아시리아만큼 가혹하지 않아 유다인은 바빌론 한곳에 같이 모여 살 수 있어 그들의 민족 정체성을 유지할 수 있었으며 예루살렘에도 새로운 정착민을 강제 이주시키지도 않아 나중에 유다인이 고향으로 돌아갈 때 큰 충돌도 발생하지 않았다. 하지만 바빌론에 억류된 유다인은 강제 노역에 동원되었고 성경에 적힌 바벨탑의 모티브로 알려진 대(大)지구라트 건설에도 동원되었다. 유다인은 항상 고향을 그리워했고 삶은 고단했다.

> "우리가 바빌론의 여러 강변에 앉아서 시온(예루살렘에 있는 작은 언덕)을 기억하며 울었도다. 우리가 이방 땅에서 어찌 여호와의 노래를 부를까. 예루살렘아! 내 생각, 내 기억에서 잊혀진다면 혹은 너보다 더 좋아하는 다른 것이 있다면 내 혀가 내 입천장에 붙을 것이다(시편 137장 1~6절)."

유다 왕국의 백성들은 그곳에서 스스로 유대인이라 칭했으며 우리가 이스라엘 민족을 '유대인' 그들의 종교를 '유대교'라 부르는 것은 여기에서 기원한 것이다. 유대인들은 억류되어서도 비밀리에 모여 예배를 드렸는데 바빌로니아인의 감시를 피해야 했기에 조용히 성경 암송을 하고 기도를 하면서 현재의 소박한 예배 형태가 나타나기 시작했다. 또 하나 특징적인 것은 유대인이 이때부터 바빌로니아인의 언어인 아람어를 사용하기 시작했다는 것이다. 600여 년이 지난 후 태어나는 예수도 히브리어가 아닌 국제 공용어가 된 아람어를 모국어로 사용하였다.

유대인의 바빌론 억류가 풀린 것은 처음 바빌론에 강제로 이주당한 지 60여 년이 지난 후였다. 페르시아가 일어나 신바빌로니아를 멸망시킨 것이 계기가 되었다. 페르시아 왕 키루스 2세는 피정복민에게 관대한 정책을 취하였는데 바빌론에 억류되어 있던 유대인에게도 마찬가지였다. 기원전 538년 그는 칙령을 반포하여 유대인이 고향으로 돌아가는 것을 허락하였다. 키루스 2세는 예루살렘 신전에서 신바빌로니아군이 약탈한 금·은 제기(제사용 도구)들을 돌려주었고 그들이 예루살렘에 신전을 짓는 것도 허락하였을 뿐만 아니라 심지어 재정적 지원도 해주었다.

기원전 515년 예루살렘 신전이 재건되었으며 성벽도 세워졌다. 그 보답이었는지 유대인은 페르시아 지배를 받으면서 어떤 반란도 일으키지 않고 조용히 지냈다. 유대인은 페르시아가 알렉산드로스에게 멸망하고 나서는 헬레니즘 왕국인 이집트의 프톨레마이오스 왕조와 셀레우코스 왕조에 번갈아 지배를 받았다. 그런데 셀레우코스 왕조가 정치적 자유는 없어도 종교활동만 보장하면 조용하게 지낼 수 있는 유대인을 자극하는 실수를 범한다. 안티오쿠스 4세(B.C 175~164년 재위)는 예루살렘을 군사적으로 점령한 후 3년 6개월

동안 번제(동물을 불로 태워 하늘에 바치는 행위)를 중단시켰고 어린아이의 할례[48]를 금지했으며 제단에 돼지고기를 바치도록 했다. 돼지고기는 유대인에게 금기시되는 음식이었다.

이에 예루살렘 외곽 서북쪽 '모딘'이라는 작은 마을에 살던 하스몬가의 마타티아스라는 자가 셀레우코스 관리를 살해하고 일가족과 함께 도망갔다. 소식을 들은 많은 유대인이 그들이 숨은 산으로 몰려들었으며 마타티아스와 그의 다섯 아들은 셀레우코스 왕조에 대항하여 전쟁을 일으켰다. 기원전 141년 마타티아스의 둘째 아들 시몬은 예루살렘에서 셀레우코스 수비대를 몰아내면서 하스몬 왕조의 초대 왕이 되었다. 하스몬 왕가의 유대 국가는 북쪽으로는 갈릴리 호수까지 진출하고, 남쪽으로는 에돔 지방을 정복하였다. 특히 에돔 지방이 정복되면서 그곳에 살고 있던 이두메아인이 강제 개종 되어 유대인으로 편입되었다. 그러나 80여 년 동안 번성하던 하스몬가의 유대왕국도 로마군을 막아낼 수 없었다. 기원전 63년 로마 장군 폼페이우스가 이끄는 군대가 셀레우코스 왕조의 수도 안티오케이아를 함락하더니 그해 예루살렘마저도 함락하였다. 이로써 하스몬 왕조는 멸망하였다.

한편, 하스몬 왕조가 멸망한 지 얼마 안 돼 로마는 내전에 돌입했는데 카이사르와 폼페이우스 간의 싸움이었다. 폼페이우스는 패

---

48) 할례는 남자 생식기의 주위를 감싸고 있는 살을 자르는 의식이다. 하나님과 아브라함 사이에 맺어진 약속의 증표가 할례였다. 유대인은 남자가 출생하면 8일째 되는 날에 할례의식을 했다.

전했으며 카이사르는 이집트로 도망간 폼페이우스를 잡으러 알렉산드리아로 갔다. 그런데 이집트에 온 카이사르가 이집트 내정에 관여하여 클레오파트라를 프톨레마이오스 13세와 함께 공동 왕으로 복귀시키려 하자 이에 불만을 품은 프톨레마이오스 13세는 군대를 일으켜 카이사르 군대를 공격했다. 소규모의 군대만 이끌고 온 카이사르는 소아시아에 있던 로마 주둔군에 지원 요청을 하였는데 이때 유대 병사 3,000명을 이끌고 로마 지원군에 가담하여 공을 세웠던 유대인이 있었다. 그는 안티파트로스라는 인물이었고 유대교로 개종한 이두메아인이었다. 프톨레마이오스 13세를 성공적으로 제거한 카이사르는 기원전 47년 안티파트로스에게 자신을 도와준 보상으로 로마 시민권을 주고 유대 행정장관으로 임명하였다. 이로써 안티파트로스가 유대를 지배하게 되었다. 그는 나바테아 왕국 명문가의 여성과 결혼하여 아들 4명을 두었는데 그중 둘째 아들이 헤롯이었다.

안티파트로스는 맏아들인 파사에로스를 예루살렘 지사로 임명하였고 둘째인 헤롯을 갈릴리 지사로 임명하였다. 그런데 기원전 44년 하스몬 왕가의 혈족인 안티고노스가 왕위 복귀를 위해 파르티아군을 등에 업고 쳐들어왔다. 파르티아군은 예루살렘을 함락하고 파르티아에 우호적인 안티고노스를 왕으로 앉혔다. 하스몬 왕가의 부활이었다. 불행히도 헤롯의 형인 파사에로스는 파르티아군에 잡혀서 감옥에서 자살하였다. 헤롯은 가까스로 도망가 로마의 동방 지배자 안토니우스에게 도움을 요청하였다. 이에 로마 원로원은 헤롯을 '유대 왕'으로 삼고 군대를 예루살렘으로 보냈다. 로마군은 손쉽게 안티고노스를 굴복시켰으며 헤롯은 사로잡은 안티고노스를 안티오키아(안티오케이아의 라틴어 명칭)로 보내 참수했다. 이로써 잠시 부활한 하스몬 왕조는 3년 만에 멸망하게 되었다.

로마로부터 인정받은 '유대 왕'이 된 헤롯(카톨릭 명칭은 '헤로데')은 집권하자마자 예루살렘 신전을 확장하였는데 공사는 기원전 20년에 시작되어 기원후 64년에 끝날 정도로 대공사였다. 그는 완성된 신전을 보지 못하고 기원전 4년에 죽는다. 오늘날 예루살렘 구시가지에 있는 '통곡의 벽'은 바로 헤롯이 지은 신전의 서쪽 벽이라고 한다. 헤롯은 영토를 현재의 요르단과 시리아까지 넓혔고 나라도 안정적으로 통치하였다. 그래서 현대의 유대인은 그를 헤롯 대왕이라고 부른다.

하지만 헤롯 왕은 평생 자신의 혈통에 열등감을 가지고 있었고 그것이 그의 가정생활을 파탄 냈다. 헤롯의 아버지 안티파트로스는 이두메아인으로 정통 유대인이 아니었고 어머니는 나바테아인으로 외국인이었다. 그를 반대하는 정적들은 항상 그의 혈통을 문제 삼곤 했다. 그래서 그는 정통 유대인 왕조인 하스몬 왕가에 열등감을 가지고 있었고 하스몬 가문 사람들을 두려워했다. 그는 왕실의 정통성을 확보하기 위해 하스몬 가문 출신인 마리암네와 정략 결혼하였다. 그러나 여전히 열등감을 극복하지 못한 헤롯은 사람들에게 인기가 많았던 아내의 남동생을 익사시켜 죽였으며 마리암네와 그녀의 어머니마저 죽였다. 기원전 7년에는 마리암네 사이에서 난 아들 2명도 죽였다. 그리고 모반을 의심해 첫째 부인(그에게는 10명의 부인이 있었고 마리암네는 둘째 부인이었다)과의 사이에서 태어난 그의 후계자였던 맏아들 안티파트로스 2세까지 죽였다. 이 소식을 들은 아우구스투스는 다음과 같이 말했다고 한다.

> "헤롯의 아들이 되느니 헤롯의 돼지가 되는 게 낫다. 헤롯이 적어
> 도 (유대인이 먹지 않는) 돼지는 죽이지 않을 테니…."

그의 열등감이 왕위에 대한 집착으로 이어졌으며 그를 광적인 상태로 몬 것이 틀림없다. 기원전 4년 병이 든 헤롯 왕은 병마에 시달리다 그의 셋째 부인의 아들인 아르켈라오스에게 왕위를 물려주고 죽었다.

그런데 헤롯 왕의 애도 기간이 끝나기가 무섭게 일부 무리가 헤롯 왕 때 처형당한 두 명의 랍비(유대교 종교지도자를 지칭) 문제를 꺼내 들었다. 랍비 두 명이 성전 문 위의 금(金) 독수리상(독수리는 로마를 상징하는 새이다)을 무단으로 제거하다가 잡혀서 처형당한 일이 있었다. 이들 무리는 랍비의 처형에 책임 있는 자들의 처벌과 대제사장의 교체를 요구하며 예루살렘 성전으로 모여들었다. 이들이 반란의 움직임을 보이자 아르켈라오스(B.C 4~A.D. 6년 재위)는 군대를 동원하여 성전을 에워싼 후 3,000명에 가까운 사람을 죽였다.

반란을 진압한 후 아르켈라오스는 로마 황제 아우구스투스(옥타비아누스)에게 왕위 계승 승인을 받으러 헤롯의 유서와 인장을 들고 그의 친척들과 함께 로마로 갔다. 그런데 그의 왕위 계승에 불만을 품은 친척들 일부가 아우구스투스에게 다음과 같이 그를 고발했다.

"아르켈라오스는 겉치레로만 부친의 죽음을 애도하였습니다. 그는 낮에는 슬픈 표정을 지었으나 밤이 되면 만취할 정도로 술을 퍼마셔 댔습니다. 그의 이런 행동에 불만을 품은 유대 백성들이 최근에 소란을 일으킨 것입니다. 그런데도 아르켈라오스는 유대 백성들을 무참하게 살해하였습니다. (중략) 헤롯 왕께서 처음엔 이런 그의 잔인성 때문에 왕위 계승 후보자로 생각지 않았으나 정신이 혼미해지면서 그를 후계자로 임명하신 겁니다."

아우구스투스는 처음에는 이 고발을 수용하지 않고 아르켈라오스를 헤롯의 후계자로 인정하고자 했다. 하지만 유대에서 또 다른 유대인 사신단이 도착했다. 50명으로 구성된 이 사신단은 헤롯 왕의 폭정을 고소하고 동시에 그의 아들 아르켈라오스가 행한 살육을 언급하며 유대를 폭군의 손에서 떼어내 로마의 시리아 총독이 다스리게 해달라고 부탁하였다. 설상가상으로 사신단의 주장에 로마에 거주하던 유대인들도 지지를 보냈다. 아우구스투스는 어떻게 할지 며칠 동안 고심을 하고 있는데 유대에서 새로운 소식이 들어왔다. 상황은 다음과 같다.

아르켈라오스 일행이 여전히 로마에 머무르고 있을 때 유대는 또다시 급진주의자들이 득세하였다. 안티오키아의 시리아 총독 바루스는 정보를 통해 예루살렘 상황이 불안하다고 판단하여 병력 1만 명을 보내 예루살렘에 주둔시켰다. 그런데 이 군대가 유대인의 공격을 받고 포위된 것이다. 동시에 무정부 상태가 된 유대는 각지에서 도적 떼들이 출현하고 스스로 왕이라 칭하며 반란을 일으키는 자가 속출하였다. 상황이 심각하게 돌아가자 시리아 총독 바루스는 2개 로마군단과 4개 기병대, 그리고 동맹 병사들을 이끌고 안티오키아를 떠나 예루살렘으로 진격하였다. 로마군이 예루살렘에 육박하자 로마 주둔군을 포위하고 있던 반란군이 겁에 질려 흩어져 도망갔다. 바루스는 주동자 2,000명을 잡아 십자가형에 처하였고 지방에서 일어난 반란도 진압하였다.

그 소식을 들은 아우구스투스는 아르켈라오스의 통치 능력에 의문을 품게 되었다. 아우구스투스는 아르켈라오스에게 예루살렘과 사마리아를 포함하여 원래 영토의 50%만 그가 통치하게 했고 왕보다 격이 떨어지는 분봉왕(Ethnarch)이라는 명칭을 사용하게 하였다. 단 나중에라도 그가 왕으로서 자격이 있음을 보인다면 정식 왕으로 임명하겠다는 조건을 달았다. 그런 후 나머지 영토의 반은 그의 동생들에게 나눠줬다. 갈릴리와 요르단강 동안 지역은 그의 친동생인 안티파스에게 주었고 갈릴리 북동쪽 지역은 배다른 동생인 빌립에게 주었다.

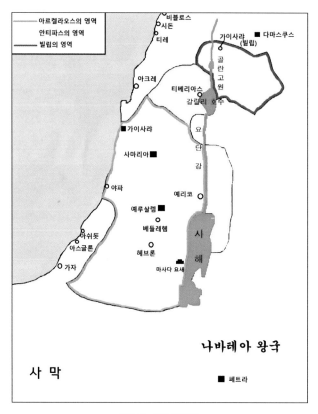

나바테아 왕국

사 막

■ 페트라

헤롯 왕 사후 유대야

　결국 아르켈라오스는 '유대 왕'이 되지 못했고 영토도 동생들에게
나눠줘야 하는 처지가 되었다. 예루살렘으로 돌아온 아르켈라오스
는 복수심에 불타 유대인과 사마리아인 모두에게 폭정을 휘둘렀
다. 이에 유대인과 사마리아인은 아우구스투스에게 가서 그를 또다
시 고발했다. 아우구스투스는 그에게 희망이 없다고 보고 그를 잡
아다 갈리아로 추방해 버렸다. 아르켈라오스는 왕위를 9년도 못 채

우고 쫓겨났다. 그리고 그의 영토는 로마 시리아 총독의 직할지가 되었다.

16살의 나이에 갈릴리 지방 등을 하사받은 그의 동생 안티파스(B.C 4~39년 재위)는 그나마 43년 동안 그의 왕국을 통치하였다. 그는 로마 제2대 황제인 티베리우스 황제의 명령에 따라 갈릴리 호수 서안에 디베랴(現 티베리아스)라는 도시를 건설하였는데 이 도시는 후에 갈릴리 지역의 중심도시로 성장하면서 갈릴리 호수의 명칭도 한때는 티베리아스 호수로 불리게 된다. 안티파스는 말년에 조카 아그리파가 배다른 동생인 빌립이 죽은 후 그의 영토를 차지하고 왕이 되자 시기심에 로마 제3대 황제 칼리굴라를 찾아가 부당함을 주장하다 되려 자신의 영토를 아그리파에게 빼앗기고 유배되어 타지에서 죽었다.

골란고원 주변을 하사받은 빌립왕은 온화한 통치를 한 것으로 유명한데 그가 죽은 후 헤롯의 손자인 아그리파가 그의 땅을 차지했다. 아그리파는 젊을 때 로마에 머물면서 황제위 계승과는 거리가 먼 칼리굴라와 친분을 쌓았는데 운이 좋게도 칼리굴라가 극적으로 로마 제3대 황제가 되면서 빌립의 영토를 계승할 수 있었다. 이에 이웃 영토를 통치하던 안티파스가 시기심에 로마 황제를 찾아가 그를 고소하려 하자 그도 로마로 가서 안티파스를 파르티아와 내통하였다고 맞고소한다. 칼리굴라와의 친분은 이때도 발휘되어 아그리파는 안티파스를 유배 보내고 그의 영토까지 얻을 수 있었다.

아그리파는 폭정을 일삼던 칼리굴라가 암살되고 난 후 제4대 황제 클라우디우스가 등극할 때 이바지한 공로로 나머지 유대 영토도 얻게 되어 거의 전 유대 지역을 통치하는 왕이 될 수 있었다. 그는 통치 기간에 유대교 사제계급의 지지를 얻기 위해 예수의 제자 야고보를 죽였으며 또 다른 제자 베드로도 죽이려고 하였다. 하지만 서기 44년 그의 나이 54세가 되었을 때 알 수 없는 원인으로 급사하였다. 유대 영토 전체를 통치한 지 3년밖에 안 되었을 때였다.

아그리파의 급사 이후 그의 아들 아그리파 2세는 나이가 너무 어렸으므로 로마 행정장관이 유대를 대신 통치하였다. 그리고 아그리파의 동생은 칼키스라는 레바논산맥 서쪽의 작은 지역을 통치하였다. 성인이 된 아그리파 2세는 작은아버지가 죽으면서 칼키스 영토를 이어받았으며 얼마 후 다른 유대 지역 일부도 통치할 수 있게 되었다. 그러나 실상은 할당받은 지역에서 세금을 걷어 쓸 수 있는 정도였고 실질적으로 유대 전체는 시리아 총독과 로마인 유대 행정장관에 의해서 통치되었다.

한편 헤롯 왕의 아들과 로마의 직접통치가 공존하던 시기에 베들레헴 태생의 예수가 나타나 유대교가 가지고 있던 하나님께 선택받은 민족은 유대인뿐이라는 선민사상을 부정하였다. 그리고 그는 민중과 동떨어진 형식적인 교리와 친로마적인 유대교 종교지도자들의 행태를 비판하면서 전국을 돌아다니며 설교하였다. 그의 주장이 하층민과 소외된 백성들에게 인기를 얻자 유대 종교지도자들은 불안해지기 시작했다. 유대 종교지도자들은 예수를 가이사랴에 있던 유대 행정장관 본디오 빌라도에게 고발하였고 다음과 같이 말했다.

"우리에게는 율법이 있습니다. 그 율법대로 하면 그자는 자신이 하나님의 아들이라고 했으니 죽어 마땅합니다."

"만일 그자를 놓아준다면 총독님은 카이사르('황제'라는 뜻)의 충신이 아닙니다. 누구든지 자신을 왕이라고 하는 자는 카이사르의 적이 아닙니까?"

처음에는 그를 풀어주려고 했던 빌라도는 유대인들의 험악한 분위기에 상황이 심각함을 깨달았고 그를 십자가형에 처하였다. 예수의 죽음(혹은 부활) 이후 그의 제자들은 로마로 뿔뿔이 흩어져 극심한 박해에도 불구하고 로마 곳곳을 돌아다니며 포교하였다. 그 결과 예수(Christ)를 믿는 크리스천(Christian)이 폭발적으로 늘어남에 따라 300년 후 로마는 기독교를 공인할 수밖에 없게 된다.

여기서 잠깐 - 나바테아 왕국은?

나바테아 왕국은 사막에서 유목하던 아랍 부족이 세운 나라이다. 언어는 아랍어 방언을 사용하였지만, 문화는 헬레니즘과 로마의 영향을 강하게 받았으며 수도는 거대한 암벽 사이에 세운 도시 페트라이다. 페트라 유적은 19세기 초 스위스 탐험가에 의해 발견되면서

알 카즈네

2000년간 숨겨졌던 존재가 드러났다. 페트라는 사막과 황무지를 횡단하여 무역하는 대상(隊商) 무역의 교통로에 있었다. 남쪽의 예멘에서 생산된 향료가 페트라를 지나 지중해로, 북부의 직물·곡식·그릇 등이 남부로 이동하는 무역의 중간 기착지로서 부유한 도시가 되었으며 전성기에는 2~3만의 인구가 거주하였다고 한다. 기원 전후로 약 200년간 전성기를 누렸으며 건축물로는 알 카즈네 사원이 유명하다. 서기 106년 로마군의 침공을 받아 멸망하였다.

3.
1차 유대전쟁

전쟁의 원인

아그리파 1세가 죽고 유대는 로마 행정장관에 의해 통치되었다. 하지만 유대의 정치 상황은 불안정했다. 거짓 선지자의 선동으로 반란이 일어나기도 했으며 일부 과격 집단은 유대의 유력인사를 암살하기도 했다. 이 와중에 유대에서 가장 큰 도시며 행정 중심지인 가이사랴(Caesarea, 카이사레아) 시장에서 그리스인과 유대인 간 싸움이 났다. 가이사랴[49]는 헤롯 왕이 아우구스투스 황제를 기리며 지중해 해안에 건설한 도시로 이곳에 유대를 다스리는 로마 행정장관이 머물렀다. 따라서 당시에는 예루살렘보다 가이사랴가 더 번창하였는데 수많은 사람이 이곳을 통해 로마로 떠나거나 외지에서 유대로 들어왔다.

도시에는 그리스인과 유대인이 같이 살았는데 서로 자부심이 강

---

49) 헤롯 왕의 아들 빌립이 골란고원 북쪽에 세운 가이사랴와 아나톨리아에 세워진 가이사랴도 있었다.

했던 두 민족은 서로를 극도로 싫어했다. 두 민족은 헬레니즘 시대 이래로 알렉산드리아, 안티오키아 등 대도시에서 여러 특권을 누리며 상업적으로 경쟁자가 되었다. 그런데 두 민족은 너무 달랐다. 그리스인은 다신교였고 유대인은 그런 그리스인을 은근히 무시하였으며 알렉산드로스 대왕 이래로 그리스인이 이뤄놓은 문화적 업적을 인정하려 들지 않았다. 반면 그리스인은 군대도 가지 않고 할례 등 이상한 의식을 행하며 특권을 누리는 유대인을 눈엣가시로 여겼다. 그런데 군대에 복무하지 않는 유대인에 반해 그리스인은 군대에 복무하면서 로마군에는 그리스인의 비율이 높아져 갔다. 이것이 두 민족 간의 분쟁이 발생하면 로마군이 공평하지 못하게 행동하는 원인이 되었다.

어느 날 유대인이 다음과 같이 말하며 그리스인을 자극하였다.

"가이사랴는 우리의 것이다. 왜냐하면, 이 도시를 창건한 헤롯 왕은 유대인이기 때문이다."

이에 그리스인도 반박하며 맞섰다.

"이 도시는 헬라(그리스인) 도시이다. 도시 안에 신전들과 그리스 신상들을 건설한 자가 유대인을 위해 이런 것을 세웠다고 볼 수는 없다."

말싸움은 서로 간에 무기를 들고 싸우는 폭력사태로 번졌다. 당시 유대 행정장관 벨릭스는 두 민족의 분쟁을 강압적으로 중단시켰으나 불씨는 계속 남았다.

얼마 후 유대 행정장관에 플로루스라는 자가 임명되었다. 그는 탐욕적이어서 도시와 주민을 상대로 수탈에 전념하였다. 안티오키아는 로마 제국에서 로마, 알렉산드리아 다음으로 가장 큰 도시였으며 시리아 전체를 관장하는 총독이 거주했고 유대 행정장관은 시리아 총독의 관할하에 있었다. 어느 날 안티오키아에 있던 시리아 총독 케스티우스 갈루스가 예루살렘을 방문하자 수많은 유대인이 그를 찾아와 플로루스를 고발하였다. 그러나 케스티우스는 플로루스에게 특별히 인자한 통치를 하도록 당부하겠다는 말로 유대인들을 진정시켜 사태를 수습했다. 너무나도 안이한 처사였다. 위기를 간신히 모면한 플로루스는 유대인에게 복수할 기회를 호시탐탐 노렸다.

가이사랴에서 그리스인과 유대인의 갈등이 또 폭발했다. 한 그리스인이 자신의 집 근처에 건물 공사를 하면서 유대인의 예배당 입구를 다니기 불편하게 만들었다. 평소 유대인을 싫어했던 이 그리스인은 의도적으로 그러한 행위를 한 것이다. 유대인들은 바로 플로루스에게 달려가 그에게 뇌물을 주고 이 문제를 해결해 달라고 요청했다. 그런데 플로루스는 뇌물을 받으며 최선을 다하겠다는 말로 유대인을 안심시키고 해결하기는커녕 사마리아[50]로 가 버렸다.

---

50) 이 당시는 세바스테(Sebaste)로 불렸으며 로마군이 주둔하고 있었다.

플로루스가 문제 해결을 의도적으로 회피하고 있을 때 상황은 더욱 악화되었다. 어떤 그리스인이 그나마 좁은 예배당의 입구에다 죽은 새들과 엎어진 토기를 갖다 놓은 것이다. 명백히 유대인을 모욕한 것이었다. 유대인들은 12명의 대표를 뽑아 사마리아에 있는 플로루스에게 보냈다. 대표들은 그가 뇌물을 받고 해결해주겠다는 약속을 한 것을 상기시키며 다시 한번 부탁하였으나 플로루스는 도리어 그들을 감금해 버렸다.

그 소식이 예루살렘 주민들 사이에 퍼지면서 주민들이 불만을 품고 있었는데 플로루스가 밀린 속주세를 이유로 예루살렘 성전의 돈을 약탈해 가면서 유대인의 분노를 폭발시켰다. 유대인들은 성전으로 모여들어 플로루스를 성토하였다. 소식을 들은 플로루스는 군대를 이끌고 와 이들을 강제로 해산시켰다. 다음 날 그는 유대인 대제사장과 유력자들을 불러 자신을 비방한 자들을 모두 잡아 오라고 명령한다. 유대인 유력자들이 우물쭈물하며 머뭇거리자 그는 병사들을 시켜 시장에 가 유대인들을 죽이라고 명령했다. 이때 죽은 유대인이 3,000명에 달하였는데 여자와 어린아이도 예외는 아니었다.

플로루스의 악행은 여기서 끝나지 않았다. 대제사장과 유력인사들에게 다음과 같이 말하였다.

"만일 유대인이 내 지시대로 한다면 그들이 다시는 반역을 꾀하지 않는 것으로 확신하겠소. 그것은 어려운 일이 아니요. 단지 도시 밖으로 나가서 가이사랴에서 올라오는-예루살렘은 해발고도가 높다-2개 보병대를 영접하기만 하면 되는 일이오."

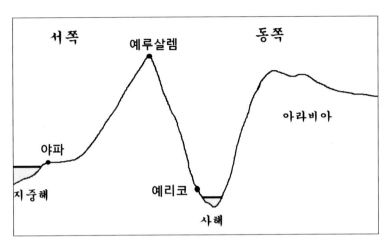

해발고도로 본 가나안과 시리아

　하지만 플로루스는 은밀히 보병대의 장교를 불러 백성들이 환영
인사를 하더라도 아무 대꾸도 하지 말고 만약 그들이 자신을 비방
하는 소리를 한다면 모두 죽이라는 비밀 명령을 내렸다. 이 사실을
모르는 유대인 지도자들은 분노에 찬 백성들을 겨우 진정시키고
그들을 이끌고 성 밖으로 나가 들어오는 로마 보병대를 기다렸다.
그리고 보병대가 다가오자 그들은 마음에도 없는 환영 인사를 하
였다. 로마 보병대는 계획대로 이들의 환영을 무시해 버렸고 아무
반응이 없자 일부 젊은 유대인이 화를 못 참고 플로루스를 비방하
는 말을 하였다. 이 말을 들은 로마 병사들은 기다렸다는 듯이 무
기를 빼서 그들을 공격하기 시작했고 환영 나온 주민들은 혼비백
산하여 성안으로 뛰어 들어갔다. 많은 사람이 서로 뒤엉키면서 압
사당하거나 로마 병사들의 손에 죽었다.

플로루스가 이끄는 로마군은 이 기회에 예루살렘 성전과 그 옆에 높이 솟아 있는 안토니아 망대(탑)를 손에 넣으려고 했으나 일부 유대인이 무기를 들고 저항을 하면서 실패하였다. 플로루스는 유대인을 이 정도 괴롭힌 것에 충분히 만족했다. 그는 예루살렘 성안에 1개 부대만 남겨두고 가이사랴로 돌아갔다.

예루살렘의 분위기는 험악해졌다. 전쟁 반대론자와 전쟁 찬성론자가 대립하였다. 대제사장을 비롯한 유대 지도자들은 플로루스의 상급자인 안티오키아 총독 케스티우스에게 서신을 보내 플로루스의 만행을 고발하였다. 케스티우스는 상황을 알아보기 위해 부관 네오 폴리타누스를 예루살렘으로 파견하였다. 네오 폴리타누스는 가는 중간에 아그리파 2세를 만나 예루살렘에 같이 들어갔다. 유대 지도자들은 네오 폴리타누스와 아그리파 2세에게 폐허가 된 시장과 약탈당한 주택을 보여주며 그들이 당한 고통을 호소하였다. 네오 폴리타누스는 플로루스의 폭정으로 유대인이 무장봉기했음을 알고 케스티우스에게 돌아갔다. 유대 왕 아그리파 2세는 흥분한 시민들을 모아 놓고 로마에 대항하면 안 된다고 설득하였다. 하지만 그는 자신의 백성들에 의해서 성 밖으로 쫓겨나는 신세가 되었다.

이때 일이 터졌다. 유대 강경파들이 사해 서쪽에 있는 마사다 요새를 함락한 것이다. 그들은 수비하던 로마 병사를 모두 죽였다. 더욱이 예루살렘에서는 대제사장의 아들 엘르아살의 주도로 로마 황제에 대한 제사가 중단되었다. 로마에 대한 도전을 공식적으로 선포한 것이나 다름없었다. 유대인의 반란51)이 시작되었다.

시리아 주둔 로마군과의 전투

예루살렘은 여전히 전쟁을 반대하는 온건파와 전쟁을 주장하는 강경파로 나누어져 있었다. 예루살렘에서 쫓겨난 아그리파 2세는 휘하의 기병 3,000명을 보내 온건파를 지원하도록 하였다. 온건파는 상부 도시인 시온 산을 장악했고 엘르아살이 이끄는 강경파는 하부도시와 성전을 장악했다. 둘 사이에 일주일 동안 치열한 투석전과 백병전이 벌어졌다. 하지만 수적으로 우세한 강경파가 결국 온건파를 제압하였다. 아그리파 2세가 보낸 군인들과 플로루스가 남겨둔 로마군 그리고 온건한 유력인사들과 대제사장은 왕궁을 둘러싼 성벽 안으로 도망가 문을 닫고 수비하였다.

이때 암살 행위로 유명한 과격한 시카리 집단의 우두머리였던 마나헴이란 자가 마사다의 무기고를 열어서 무기를 탈취한 뒤 부하들과 함께 예루살렘으로 입성하였다. 그는 가져온 무기를 반란군에게 넘겨주었고 그는 곧바로 반란군의 대장이 되었다. 그의 지휘하에 반란군은 왕궁 성벽을 매몰차게 공격하였다. 결국, 한계에 다다른 온건파들이 항복할 뜻을 비치자 마나헴은 그들의 항복을 받아들였는데 단, 로마군은 예외였다. 아그리파 2세의 군대와 온건파 유대인들은 항복하여 성 밖으로 나왔으나 로마군은 여전히 성안에

---

51) 유대인의 입장에서는 엄연히 독립운동이지만 내용 전달의 편의상 '반란', '반란군'이라는 용어를 사용하였다.

남아 있을 수밖에 없었다. 로마군은 수비하기 쉬운 망대로 도망가 저항하였다.

그런데 이때 반란군 사이에 분열이 발생했다. 마나헴이 무기를 가져오고 왕궁을 함락하는 등 공을 세우며 예루살렘의 통치권을 장악하자 열심당(유대 강경파를 지칭한다)의 지도자였던 엘르아살은 그를 따르는 추종자들에게 다음과 같이 말했다.

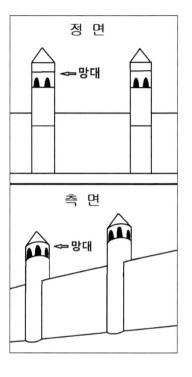

"자유를 얻으려고 로마 제국에 반역을 일으켰는데 이제 다시 동족인 마나헴에게 자유를 빼앗겼다. 이것은 더는 간과할 수 없는 노릇이다."

마나헴은 한껏 화려한 옷을 입고 성전에서 제사를 지내고 있었다. 엘르아살과 그의 부하들은 마나헴을 급습하였다. 마나헴의 부하들이 저항하였으나 얼마 못 가 패퇴하였고 마나헴은 가까스로 도망갔으나 곧 잡혀서 고문을 받은 후 처형되었다.

한편 포위된 로마군 지휘관인 메틸리우스는 반란군 지도자가 된 엘르아살에게 목숨만 살려준다면 무기를 버리고 예루살렘을 떠나겠다고 제의하였다. 엘르아살은 쾌히 수락하며 맹세코 목숨을 보장하겠다고 약속하였다. 메틸리우스는 병사들을 이끌고 망대에서 내려왔다. 그리고 반란군이 보는 앞에서 방패와 무기를 집어 던졌다. 그리고 그들이 뒤돌아서서 걸어가는 순간 둘러싼 반란군이 그들을 공격하여 무참하게 살해하였다. 로마군은 맹세와 약속을 어긴 것에 분노하여 그들에게 고함을 지르면서 죽어갔다. 그런데 로마군 지휘관 메틸리우스는 살려주면 할례를 받고 유대인으로 귀화하겠다고 애걸복걸하여 목숨을 건질 수 있었다. 예루살렘은 완전히 반란군 수중에 떨어졌다.

같은 날 가이사랴에서 끔찍한 일이 발생했다. 가이사랴에 거주하는 2만 명의 유대인이 그리스인에 의해 무참히 학살된 것이다. 플로루스는 학살을 조장했으며 자신이 잡은 유대인 일부는 노예로 만들어 군함 노잡이로 만들었다. 이 소식이 알려지자 각지의 유대인이 들고일어나 주변의 도시들을 공격했으며 그리스인과 로마인을 학살했다. 사마리아, 가자, 아스글론 등 수많은 도시가 약탈당하고 불에 탔다. 이에 그리스인도 보이는 유대인을 닥치는 대로 죽였다. 이 틈을 타 재산을 목적으로 이웃을 죽이는 자도 있었다. 도시마다 수많은 시체가 매장도 되지 않은 채 길거리에 나뒹굴었다.

이집트 알렉산드리아에서도 그리스인과 유대인이 충돌하였다. 로마군은 소요를 진압하기 위해 유대인 마을을 급습하여 무려 5만 명의 유대인을 학살하였다.

시리아 총독 케스티우스는 반란을 진압하기 위해 그가 소유한
제12군단[52], 아그리파 2세가 보내온 보병 3,000명과 기병 1,000명
그리고 동맹국과 자유도시에서 보내온 1만여 명의 병력을 이끌고
남쪽 톨레마이스(Ptolemais)를 지나 가이사랴로 진격하였다. 로마군
은 가는 길에 유대인 마을을 약탈한 후 방화하였고 반항하는 자들
은 모두 죽였다.

케스티우스 로마군의 진격로

---

52) 1군단의 규모는 보통 6,000명 정도 된다. 로마군의 가장 작은 단위는 십부장이 지휘하는 부대
였으나 전투에서의 기본 단위는 백인대였으며 백인대장이 지휘하고 80~100여 명으로 구성되
었다. 그리고 6개의 백인대와 베테랑으로 구성된 1개의 수석 백인대 총 7개의 백인대가 1개 대
대를 구성하였다. 그리고 10개의 대대가 모여 1군단을 형성하였다.

케스티우스는 가이사랴에 도착 후 군대를 둘로 나누어 한 개 부대는 갈루스에게 주어 갈릴리 지방을 공격하도록 했으며 또 하나의 부대는 야파로 보내 공격하도록 했다. 갈루스가 군대를 이끌고 갈릴리의 도시인 세포리아로 접근하자 세포리아 주민들은 순순히 성문을 열고 로마군에 항복하였다. 세포리아가 저항을 단념하자 주변의 도시들도 로마에 항복하였다. 일부 유대인이 산으로 들어가 저항하자 갈루스는 산을 포위 공격하여 2,000명의 반란군을 죽였으나 로마군도 200명의 사상자가 발생했다. 갈루스는 갈릴리 지방에 더는 반란의 기미가 없자 가이사랴로 돌아왔다.

한편, 야파를 공격하러 간 부대는 빠르게 행군하여 반란군이 방어태세를 갖추기 전에 기습적으로 도시를 공격해 수월하게 함락하였다. 로마군은 도시를 약탈하고 방화하였으며 주민 8,500명을 살해하였다.

케스티우스군은 후방의 도시들을 성공적으로 제압한 후 안티파트리스, 롯다, 벨호른을 차례로 지나 예루살렘에서 북쪽으로 얼마 떨어지지 않은 가바오에 진을 쳤다.

예루살렘의 반란군은 로마군이 가바오에 진을 쳤다는 소식을 듣고 무기를 들고 성 밖으로 나가 로마군에게 달려들었다. 예상치 못한 반란군의 기습에 로마군은 중심부가 뚫렸다. 유대인은 로마군 진영 가운데를 휘저으며 로마군을 몰아세웠다. 그러나 로마 기병과 보병이 증원되어 반격을 가하자 반란군은 성안으로 도망갔다. 이 공격에 로마군은 보병 400명, 기병 115명이 죽었지만, 유대인은 단

22명만이 죽었다.

반란군은 후퇴하여 예루살렘 주변의 고지에 올라 로마군을 노려보았다. 아그리파 2세는 사신을 보내 다음과 같이 말했다.

> "여러분이 무기를 버리고 투항하면 케스티우스 총독께서는 여러분이 지은 죄를 완전히 용서해주실 것이며 여러분과 화해의 악수를 하실 것입니다."

반란군은 이들 전령의 말에 온건한 예루살렘 주민이 동요할까 두려워 유대인 전령을 죽였다. 전령 중 1명은 가까스로 도망쳐 로마 진영으로 돌아갔다. 반란군이 항복할 기미를 보이지 않자 케스티우스는 예루살렘 성벽에 대한 총공격을 명령하였다. 그러나 5일 동안 로마군은 공격을 퍼부었으나 아무런 성과를 거둘 수 없었다. 그러자 로마군은 방패를 하늘로 향하게 하고 접근한 후 성벽 밑을 파서 성벽을 허물어뜨리고자 하였다. 또한, 성문에 불을 지를 준비까지 하였다.

성벽 위에서 아무리 창을 던져도 방패 때문에 로마 병사를 제압할 수 없었던 반란군은 두려움에 사로잡혀 도시 밖으로 도망가는 자들이 속출했다. 당시 반란군에 속해 있어 내막을 잘 아는 유대인 요셉은 다음과 같이 회고한다.

> "케스티우스는 당시에 저항군이 전의를 상실한 것은 물론 일반 유대 백성들이 그를 위해 성문을 열 생각도 있었다는 것을 알지 못

했다."

　그런데 케스티우스는 인내심이 많은 사람이 아니었다. 몇 번의 공격이 실패하자 그는 실망하고 군대에 퇴각을 명령한다. 그의 결정은 분명히 엄청난 실수였다. 로마군이 퇴각하며 등을 보이자 기세가 오른 반란군이 성 밖으로 나와 그들의 후미와 좌우 측면을 공격하였다. 로마군은 기병 대장을 포함한 많은 병사를 잃고 가까스로 가바오 요새에 도착하였다. 케스티우스는 3일 동안 가바오 요새에 머물며 군대를 정비하였다.

　3일째 되는 날 케스티우스는 자신의 부대가 수많은 반란군에 포위되었음을 알게 되었다. 당황한 그는 전속력으로 퇴각하기 위해 병사들에게 행군에 거추장스러운 것들을 모두 버리라고 명령했다. 이에 로마군은 공성 무기와 여분의 식량 등을 불태우고 그들의 무기를 실어 나르는 짐승을 제외하고 반란군이 이용할 수 있는 나머지 짐승은 모두 죽였다. 그리고 전속력으로 벨호른으로 퇴각하였다.

　하지만 반란군 일부가 로마군을 앞질러서 좁은 내리막길에 이르는 지점에서 로마군의 앞을 가로막았다. 로마군은 앞뒤로 반란군에 포위되어 옴짝달싹 못 하게 된 상태로 싸워야 했고 반란군은 로마군단을 전멸시킬 수 있다는 생각에 들떠 함성을 지르며 달려들었다. 로마군이 절망 속에서 죽어가고 있을 때 때마침 어둠이 내려와 반란군의 포위망이 느슨해졌고 로마군은 어둠을 틈타 간신히 벨호른 요새로 도망칠 수 있었다.

　그날 밤 케스티우스는 400명을 선발하여 저항군이 잘 볼 수 있도록 요새 성벽 위에서 군기들을 세워 놓고 서 있도록 하였다. 로마군이 여전히 요새에 머물고 있다는 것을 보여 주기 위함이었다. 그런 후 케스티우스와 나머지 로마군은 야음을 틈타 요새를 빠져나갔다. 아침이 되어 이 사실을 알게 된 저항군은 요새를 공격하여 남아 있던 로마군 400명을 죽이고 케스티우스군을 쫓았다. 하지만 로마군이 어찌나 빨리 도망가던지 도저히 따라잡을 수 없었고 케스티우스는 가까스로 가이사랴에 도착해 목숨을 건질 수 있었다. 그러나 원래부터 병약했던 케스티우스는 패전과 퇴각 과정에서 받은 정신적 스트레스로 곧 병이 들어 죽었다.

반란군은 케스티우스 추격을 중단하고 예루살렘으로 돌아왔다. 그리고 로마군이 사라진 유대를 통제하기 위해 중요 도시와 각 지방의 지휘관을 임명하였다. 대제사장 아나누스와 요셉이 예루살렘 시의 지휘관이 되었다. 그 외 각지에 군지휘관이 임명되었는데 나중에 '유대전쟁사'를 기록한 요셉53)은 이때 갈릴리 지휘관으로 임명되었다. 한 번의 승리로 반란군은 자신감을 가지게 되었고 예루살렘은 활력이 넘쳐났다. 거리는 온통 전쟁 준비로 시끄러워졌다. 주민들은 성벽을 수리하고 무기를 새로 만들었으며 젊은 청년들의 훈련받는 소리가 곳곳에서 울려 퍼졌다. 하지만 예루살렘 과도 정부의 통치력이 미치지 못하는 곳도 있었는데 그중 한 곳이 시몬이라는 자가 통제하는 마사다 요새였다. 마사다 요새를 장악하고 있던

---

53) 앞의 대제사장 요셉과는 다른 사람이다. 유대인 이름은 같은 경우가 많았고 '~의 아들 요셉', '~의 아들 예수'와 같은 식으로 구별하였다.

시몬과 그의 부하들은 예루살렘 과도 정부에 편입되는 것을 거부하였다.

한편 반란군이 로마군을 격퇴했다는 소식을 들은 시리아 다마스쿠스 주민은 도시에 살던 유대인이 폭동을 일으킬까 두려워했다. 다마스쿠스 주민은 음모를 꾸려 유대인을 공공 경기장에 모이게 했다. 아무 의심 없이 모여든 1만 명의 유대인은 무장한 시리아인에 의해 무참하게 학살되었다.

네로황제는 유대에서 로마군이 패했다는 소식을 듣고 반란을 진압할 장군으로 베스파시아누스를 임명하였다. 베스파시아누스는 게르만족의 격퇴와 영국을 점령하는 데 공을 세운 전장에서 잔뼈가 굵은 역전의 노장이었다. 베스파시아누스는 우선 아들 티투스를 마케도니아로 보내 도나우강에 배치된 제5군단과 제10군단을 시리아로 끌고 올 수 있도록 하고 자신은 헬레스폰투스 해협을 건너 시리아의 안티오키아에 있던 제12군단과 동맹국 군대를 인솔할 예정이었다.

한편 유대 반란군은 지중해 연안의 아스글론으로 쳐들어갔다. 이 도시는 1개 로마군 보병대와 1개 기병대가 수비하고 있었다. 유대인은 평소 이 도시 주민들과 사이가 좋지 않았기 때문에 공격 우선순위로 삼았다. 반란군은 수적 우세를 믿고 아스글론 성에 맹공을 가했으나 성공하지 못했고 오히려 기습적으로 성문을 박차고 나온 로마군의 기병과 보병에 심각한 타격을 받았다. 애초에 반란군이 로마군에 맞서 평지에서 전투를 벌이는 것은 무리였다. 로마군은 체계적으로 훈련된 중무장한 정규군이었으나 반란군은 제대로 된 군사훈련을 받지 못한 오합지졸이었고 기병대도 없었으며 무장과 무기도 변변치 못했다. 로마군 기병대의 돌격에 반란군은 기겁하고 도망치기 시작했다. 하지만 도망가기도 쉽지 않았다. 로마 기병은 도망가는 반란군을 한곳으로 몰아세웠고 로마 보병은 몰려 있는 반란군에 화살 세례를 퍼부어 몰살시켰다. 일부 유대인은 도망가는 것을 포기하고 로마군에 달려들었지만 소용없는 짓이었다. 저녁까지 이어진 전투에서 반란군 지도자 3명 중 2명이 전사하고 1만 명의 병사가 목숨을 잃었다. 완전한 대패였다. 반란군 지도자 중 상처를 입었으나 그래도 유일하게 살아남은 니게르라고 하는 지휘관은 남은 병사를 이끌고 이두메아인의 도시 살리스로 도망갔다.

얼마 후 니게르는 복수를 위해 더 많은 병력을 이끌고 아스글론으로 향했다. 그러나 로마군 대장 안토니우스는 반란군이 통과할 길목에 복병을 매복시켰다가 기습을 가하였다. 이 기습에 반란군 8,000명이 희생되었고 니게르는 또다시 도망자의 신세가 되었다. 니게르는 추격하는 로마군을 피해 어느 마을의 견고한 망대로 숨어 들어갔는데 로마군은 망대에 불을 질러 그를 죽이려고 하였다. 그러나 니게르는 망대 깊숙한 곳에 나 있는 땅굴로 들어가 3일 동안 숨어 있다 로마군이 떠나자 밖으로 나와 목숨을 건질 수 있었다.

요타파타 전투

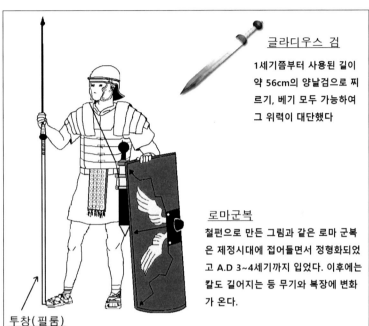

글라디우스 검

1세기쯤부터 사용된 길이
약 56cm의 양날검으로 찌
르기, 베기 모두 가능하여
그 위력이 대단했다

로마군복

철편으로 만든 그림과 같은 로마 군복
은 제정시대에 접어들면서 정형화되었
고 A.D 3~4세기까지 입었다. 이후에는
칼도 길어지는 등 무기와 복장에 변화
가 온다.

투창(필룸)

로마병은 장거리, 중거리 투창을 소지하고 있었는데 그림은 중거리용이다. 떨어지는 위
력을 배가시키기 위해 중간에 둥그런 추를 달았다. 율리우스 카이사르 시절에 창 중간
을 연하게 하여 사람이나 방패를 관통한 후 휘어지게 하여 적군이 재사용하지 못하도록
하였다. 일회성이라 비싸다는 단점이 있었다.

로마 병사

　　서기 67년 봄, 로마 총사령관 베스파시아누스는 군대를 이끌고
안티오키아를 떠나 톨레마이스에 도착하였다. 이때 세포리아 주민
들이 찾아와서 항복하였다. 그들은 베스파시아누스에게 유대 반란
군에게서 자신들을 보호해줄 군대를 파견해 달라고 요청하였다.

그들이 동족을 배신했기 때문에 갈릴리의 반란군 지휘관 요셉이 가만둘 리 없었다. 이에 플라키두스의 지휘 아래 기병 1,000명과 보병 6,000명이 세포리아에 파견되었다. 세포리아에 도착하자 로마군 보병은 세포리아 성을 지키고 기병은 주변 갈릴리 지역을 돌며 마을을 약탈하고 남자들을 죽였다.

그러자 갈릴리 지휘관 요셉은 군대를 이끌고 와 세포리아 성을 공격하였다. 그러나 그는 로마군과 세포리아 주민이 지키고 있는 성벽을 넘을 수 없었다. 아이러니하게도 세포리아 성벽은 로마와의 전쟁에 대비해 요셉 자신이 견고하게 수리하고 개조한 성벽이었다. 세포리아 주민이 배반하면서 성벽은 유대 반란군의 앞을 막았고 요셉은 퇴각할 수밖에 없었다. 요셉은 로마군을 다음과 같이 평가했다.

> "로마군은 강도 높은 훈련으로 혼란이 닥쳐와도 결코 질서를 잃지 않으며, 어떤 위험에도 두려움을 느끼지 않고, 어떤 난관에도 지칠 줄 모른다. 이와 같은 육체의 강건함이 있으므로 어떤 적도 로마군 앞에서는 꼼짝 못 하는 것이다. (중략) 로마군은 적의 땅을 침공하게 되면 그들의 진영을 방벽으로 보호하기 전까지는 결코 적을 공격하지 않는다. 그렇다고 방벽을 성급하게 급조하거나 경사지게 건축하는 것도 아니다. 로마군은 전투에 앞서 항상 작전 계획을 세웠으며 한번 작전 계획을 세우면 즉시 실행에 옮겼다. 따라서 로마군은 좀처럼 실수를 저지르지 않았다."

전쟁으로 보는 중동역사

한편 베스파시아누스의 아들 티투스는 아버지의 명령에 따라 도나우강(그리스 북쪽 헝가리, 루마니아 등을 흐르는 강)을 지키던 5군단과 10군단을 이끌고 톨레마이스에 도착하였다. 톨레마이스에는 시리아 주둔군 12군단을 포함하여 로마의 3개 군단이 모이게 됐다. 그 외에 각 지방에 주둔하고 있던 중·소 규모의 로마군이 모여들었으며 아그리파 2세가 보낸 군대와 아라비아 등 각지에서 보내온 궁수와 기병 1만여 명이 있었다. 이들 군대를 다 합치면 6만 명의 대군이었다. 여기에는 주인을 따라온 종은 포함하지 않았는데 이들도 언제든 전투에 참여할 수 있는 예비병력이었다. 유대인 왕 아그리파 2세는 외세에 맞서 일어난 백성의 봉기를 진압하기 위해 외세인 로마에 적극적으로 협조하였다. 그의 권력은 유대 백성에 기반을 둔 것이 아니라 로마 황제로부터 나왔기 때문이다.

이렇듯 대군을 보유한 베스파시아누스였지만 과거 케스티우스가 예루살렘에 곧바로 진격했다가 낭패를 본 일을 거울삼아 예루살렘을 직접 공격하는 대신 지방의 도시들을 먼저 점령하며 서서히 반란군을 압박하는 전략을 구상했다.

67년 베스파시아누스 로마군의 진격로

 한편 기병을 이끌고 갈릴리 지역의 평원을 휩쓸고 다니던 플라키
두스는 유대인들이 모두 성안으로 꼭꼭 숨어 나오지 않자 세포리
아 북쪽의 요타파타를 공격하기로 맘을 먹는다. 그러나 요타파타
로 가는 길은 거칠고 좁았다. 요타파타 주민은 좁은 길에 미리 매
복해 있다 로마군을 공격하였다. 플라키두스는 예상치 못한 공격
에 매우 놀라 후퇴 명령을 내렸다. 다행히 진영을 유지한 채 퇴각

하여 전사자는 7명에 불과했지만 많은 부상병이 발생했다. 반란군에서는 3명의 전사자가 발생했다. 이 전투를 계기로 플라키두스는 자신의 병력만으로 요타파타를 함락시키는 것은 무리라는 것을 깨달았다.

얼마 안 있어 베스파시아누스가 이끄는 6만이 넘는 대군이 갈릴리로 진격해 왔다. 갈릴리의 유대인들이 그 위용에 놀라 대항할 생각을 버리고 도망치기 시작했다. 갈릴리 반란군 지휘관 요셉도 갈릴리 동쪽의 도시 티베리아스로 퇴각할 수밖에 없었다.

그런데 도망친 많은 유대인이 한 차례 로마군을 격퇴한 요타파타 성으로 모여들었다. 요타파타는 가는 길이 좁고 험준했기 때문에 로마의 대군이 접근하기 쉽지 않았을 뿐 아니라 삼면이 절벽이었고 북쪽 방향 한쪽으로만 진입할 수 있는 천혜의 요새였다. 베스파시아누스는 로마군에 패배를 안겨준 요타파타를 먼저 점령하기로 하고 공병을 보내 4일 만에 요타파타로 향하는 험준하고 바위투성이의 좁은 길을 대로로 만들어 버렸다.

로마군이 요타파타로 향한다는 소식을 접한 반란군 지도자 요셉은 티베리아스에서 나와 로마군보다 먼저 요타파타 성으로 들어갔다. 요셉이 도착한 다음 날 로마군이 도착했다. 베스파시아누스는 성을 3중으로 둘러싸 포위하고 유대인이 아무도 도망가지 못하게 한 후 행군으로 지친 로마군을 쉬게 하였다. 다음 날 로마군의 공세가 시작되었고 요셉의 지휘하에 반란군도 필사적으로 저항하였다. 베스파시아누스는 며칠 동안 이어진 공격이 소용이 없자 성벽 앞에 성벽보다 높은 거대한 토성을 쌓아 성안을 공격하도록 했다.

로마 병사는 방패를 머리 위에 올리고 장비와 도구를 동물의 가죽이나 철판으로 보호하며 공사를 하기 시작했다. 방어군이 성벽 위에서 창과 돌을 던졌지만 아무 소용이 없었다. 그러자 방어군은 기습적으로 성문을 열고 나와 로마군을 공격해 인부들을 죽이고 토성과 장비를 부순 후 성안으로 도망갔다. 또한, 방어군은 성벽을 더 높이 쌓아 로마군의 시도를 무력화시키고자 하였다. 로마군은 화살과 돌을 날리며 유대인의 성벽 작업을 방해하면서 토성을 쌓았지만, 방어군의 저항에 작업 속도는 더디기만 했다.

요셉의 뛰어난 지도와 요타파타 주민의 결사적인 저항에 요타파타는 한 달이 넘도록 함락되지 않았고 전투가 여름으로 접어들었다. 그런데 요타파타에 비축한 물이 떨어지기 시작했다. 요타파타 방어군은 먹을 것은 미리 충분히 준비해 문제가 없었지만, 물은 예상보다 빨리 소진되면서 갈증에 시달려야 했다. 요타파타 성채는 험준한 절벽에 세워졌기 때문에 성내에 우물이 없었으며 물을 구하려면 계곡으로 내려가야 했다. 더욱이 이 지역은 여름에는 거의 비도 오지 않는 기후를 가지고 있었다. 점점 갈증에 힘겨운 나날이 이어지자 로마군이 지키지 않는 절벽을 통해 물을 공급하기로 했다. 용감한 자 몇 명이 절벽을 타고 내려가 근처 유대인 거주지역으로 가서 물을 구해서 성안으로 가지고 들어왔다. 얼마 후 로마군이 이를 눈치채고 절벽 밑에 보초병을 세우자 물 공급도 사실상 힘들어졌다.

베스파시아누스는 성을 함락시키지 못하고 시간만 흐르자 초조해지기 시작했다. 대군을 이끌고 갈릴리의 도시 하나를 한 달이 넘게 점령 못 했다는 소식은 유대 반란군에게는 용기를, 이미 항복한 도시에는 배반의 마음을 싹트게 할 수 있었다. 그는 병사들에게 공성 망치를 만들어 벽을 부수도록 하였다. 또다시 공성 망치로 성을 부수려는 로마군과 이것을 막으려는 방어군 사이에 치열한 싸움이 시작되었다. 그런데 이때 한 유대인이 성문을 열고 맨발로 뛰어나오면서 창을 베스파시아누스에게 힘껏 던졌다. 다행히 먼 거리에서 던진 창이라 베스파시아누스를 살짝 스쳐 지나가 가벼운 상처를 입히는 정도였으나 이 사건은 로마군에 큰 충격을 주었다. 로마군은 총지휘관의 부상에 격앙되어 크게 함성을 지르며 성벽을 향해 벌떼같이 달려들었다. 이에 방어군도 결사적으로 맞아 싸웠다. 다음은 방어군 지도자인 요셉이 쓴 『유대전쟁사』에 기록된 요타파타 전투 중 일어난 장면을 적어보았다.

> "한 (유대인) 청년은 큰 돌을 집어 들고는 성벽 위로 올라가 힘껏 공성 망치를 향해 던져서 공성 망치의 앞부분을 부서뜨렸을 뿐 아니라 성벽 아래로 뛰어내려 공성 망치의 (부서진) 앞부분을 들고 다시 성벽 위로 올라왔다. 그는 그러는 동안 내내 적의 표적이 되었으며 맨몸에 창을 다섯 군데나 맞았다. 그러나 그는 큰 상처를 입었음에도 공성 망치의 머리 부분을 끌고 성벽 끝까지 올라왔다. 그리고는 진정한 용기가 무엇인지를 과시하려는 듯이 성벽 위에 우뚝 섰다. 그 직후 청년은 곧바로 공성 망치의 머리 부분을 껴안은 채 앞으로 고꾸라져 죽었다."

"요셉과 성벽 근처에 있던 한 유대인은 로마군의 공성 무기에서 날아오는 돌에 맞아 목이 달아나고 말았다. 이때 잘린 머리는 무려 수십 미터나 날아가 버렸다. 게다가 공성 장비에서 날아오는 돌과 창소리 또한 소름이 끼칠 정도로 오싹했다. 그 밖에도 사람이 죽어 나자빠지면서 성벽에 부딪히는 소리에는 모골이 송연하기까지 하였다. 시내에 있는 부녀자들이 외치는 비명은 죽어 나자빠지는 이들의 비명과 어우러져 온통 간담을 서늘하게 하였다. 게다가 땅바닥은 피가 흘러넘쳤으며 죽은 자의 시체가 쌓여 시체를 타고 넘으면 성벽도 기어오를 수 있을 것처럼 보였다."

베스파시아누스가 걱정하던 일이 발생했다. 요타파타가 로마 대군에 맞서 잘 버티자 항복한 요타파타 근처의 야파(지중해에 접해 있는 도시 '야파'가 아니다) 주민이 반란을 일으킨 것이다. 야파의 주민은 자신들도 요타파타 주민처럼 로마군을 격퇴할 수 있을 것으로 생각했다.

베스파시아누스는 트라얀에게 기병 1,000명과 보병 2,000명을 주고 야파 시를 진압하도록 하였다. 그런데 트라얀이 야파성 앞에 도착하자 야파 방어군이 성안에서 나와 로마군에 싸움을 걸었다. 자신들의 수만 믿고 평지에서 로마군과 맞서 싸우려고 했던 것은 큰 실수였다. 평지에서 정면으로 부딪치는 전투는 로마군이 최강이었다. 방어군은 이 사실을 너무 늦게 알았다. 그들은 패퇴하여 성안으로 도망가기 시작했다. 그런데 야파의 성벽은 이중으로 되어 있었는데 도망가는 방어군이 첫 번째 성벽을 통과하자 로마군도 같이 섞여서 들어갔다. 이에 패배한 자들이 두 번째 성벽 안으로 도망가려 하자 안에 있던 주민들이 공포에 질려 두 번째 성문을 닫아 버렸다.

도망친 자들이 안에 있는 친구나 가족의 이름을 부르며 애타게 소리를 질렀지만, 소용이 없었다. 로마군이 이번에는 첫 번째 성문을 닫아 잠그자 그들은 성벽과 성벽 사이에 갇혀 버렸다. 갇힌 자 중 일부는 스스로 목숨을 끊었으며 일부는 동료에게 부탁해 목숨을 끊었고 나머지는 로마군에게 무참히 살해당했다. 한 번의 전투로 무려 1만 2,000명의 유대인이 죽었다.

트라얀은 베스파시아누스에게 전령을 보내 더 많은 병력을 요청했다. 평지에서 싸우는 것과 성벽을 기어오르는 것은 차원이 다른 문제였다. 티투스가 이끄는 500명의 기병과 1,000명의 보병이 얼마 후 도착했고 로마군은 곧바로 성을 공격했다. 성안에는 이미 제대로 싸울 만한 젊은이가 없었지만 6시간 동안이나 치열하게 전투가 벌어졌다. 야파의 전투 가능한 남성은 모두 전사하거나 자결하였고 유아와 부녀자는 포로가 되었는데 그 숫자가 2,130명이었다.

사마리아에서도 불온한 움직임이 포착되었다. 사마리아인은 무장하고 그들이 성스럽게 여기는 그리심 산(山)에 모여 로마군에 반기를 들었다. 사마리아인은 원래 유대인과 혈통적·종교적으로 달랐지만, 오랜 시간 동안 결혼과 교류를 통해 점차 유대화되었다. 유대인은 순수 유대인이 아닌 사마리아인을 멸시하고 천대하였지만, 그들도 넓게 보면 유대인으로 봐도 무방했다. 베스파시아누스는 제5군단 사령관인 케레알리스에게 600명의 기병과 3,000명의 보병을 주어 그리심 산으로 파견하였다. 케레알리스는 고지에 모여 있는 사마리아인을 치는 대신에 산 주변을 포위하여 그들을 고립시키는 작전을 썼다. 때는 여름이었으며 사마리아인은 물과 음식을 충분히 준비하지 못하고 산으로 들어갔기 때문에 배고픔과 함께 갈증에 시달렸다. 케레알리스는 무기를 버리고 투항하면 목숨만은 살려주겠다는 제의를 했으나 그들은 거부했다. 로마군은 배고픔과 갈증으로 체력이 급격히 떨어진 사마리아인을 공격하여 모두 살해하였다. 이때 죽은 이가 1만 1,600명이었다.

한편 요타파타의 운명도 풍전등화에 놓이게 되었다. 로마군이 공성을 개시한 지 47일째 되는 날 로마군이 쌓은 토성이 성벽보다 높아지게 되었다. 이들은 토성에 올린 공성무기로 성안을 공격하였다. 이렇게 되자 저항을 포기하고 로마에 투항하는 자가 발생했다. 한 변절자가 로마군에 투항해 다음과 같이 전했다.

"요타파타 시에는 이제 주민들이 얼마 남아 있지 않습니다. 게다가 매우 나약해져 있습니다. 새벽녘에는 보초를 서는 자들이 모두 잠이 들고 맙니다. 따라서 이때를 이용하면 쉽게 성을 장악할 수 있습니다."

베스파시아누스는 다음 날 새벽, 아들인 티투스를 시켜 새벽에 성벽을 조심히 오르도록 하였다. 티투스는 함정일 수 있어 병사들과 함께 잔뜩 경계하고 성벽을 올랐는데 변절자의 정보는 사실이었다. 로마군은 잠들어 있는 보초병을 죽이고 성벽을 점거한 후 성 내부로 들어가 성문을 열었다. 요타파타 주민은 모두 깊은 잠에 빠져 있었고 더욱이 새벽안개마저 짙게 깔렸었기 때문에 많은 이가 죽는 순간에야 성이 함락된 사실을 알게 되었다. 성이 함락된 사실을 제일 먼저 알게 된 일부 보초병은 망대에 들어가 저항하였으나 로마군이 포위하자 모두 자결하였다. 로마군은 일말의 동정이나 연민의 정도 보이지 않고 주민들을 닥치는 대로 살해하였다. 요타파타 전투로 4만 명의 주민이 죽었으며 부녀자와 어린아이 1,200명이 포로로 잡혔다.

그런데 성이 함락되는 대혼란 속에서 지휘관 요셉과 40여 명의 방어군은 큰 동굴 옆에 나 있는 구덩이 속에 숨어 목숨을 건질 수 있었다. 동굴에는 며칠 동안 버틸 수 있는 식량도 비축되어 있었다. 요셉은 낮 동안에는 구덩이에 숨어 있다가 밤이 되면 나와서 로마 보초병을 피해 달아날 길을 찾았다. 하지만 베스파시아누스의 명령에 따라 로마군이 그의 시체를 찾고 있었기 때문에 경계는 여전히 삼엄했다.

그런데 이들이 숨은 지 3일째 되는 날 같이 숨어 있던 한 여인이 밖으로 나갔다가 로마 병사에게 체포되는 사건이 발생했다. 로마군은 곧바로 동굴을 포위한 후 요셉에게 투항을 요구하였다. 로마군은 니카드로라는 인물을 동굴에 보내 요셉을 설득하였다. 그는 요셉과 안면이 있는 로마 장교였다. 니카드로는 투항하면 신변의 안전을 보장해준다는 것이 베스파시아누스의 뜻임을 분명히 전달했다. 요셉은 흔들렸다. 그러자 그와 같이 있던 부하들이 성난 표정으로 다음과 같이 말했다.

"당신의 설득으로 자유를 위해 목숨을 바친 사람이 어디 한둘입니까? 당신이 만일 그토록 우리에게 강력하게 대항해 싸우라고 한 로마인에게 보호받을 것을 기대한다면 당신이 그동안 지혜롭고 인간성이 훌륭한 인물이었다는 명성은 모두 거짓이 되는 겁니다. 자여기 두 가지 중 한 가지를 선택하십시오. 우리의 손에 죽으시렵니까? 아니면 이 칼로 자결하시렵니까?

요셉은 이러지도 저러지도 못하는 신세가 되었다. 그는 부하들에게 같이 투항하자고 설득했지만, 소용이 없었다. 그는 결국 제비뽑기로 죽는 순서를 정해 모두 자결하자고 부하들에게 제안했다. 부하들은 흔쾌히 수락했다. 제비뽑기에서 1번을 뽑은 자를 2번이 목을 치고 2번은 3번에 목을 내놓는 형식이었다. 그런데 희한하게도 제비뽑기 결과 요셉은 맨 마지막 순서가 되었다. 그의 나중 행동을 보았을 때 이 제비뽑기는 분명 요셉의 부정행위가 있었음이 틀림없었다. 부하들이 서로를 죽이고 요셉과 마지막 부하 한 명이 남자 요셉은 그 병사를 죽이지 않고 그를 설득하여 같이 투항했다.

요셉은 살아남은 부하와 함께 베스파시아누스 앞에 끌려 왔다. 베스파시아누스가 그를 전리품으로 네로 황제에게 보내려고 하자 다급해진 요셉은 베스파시아누스에게 은밀히 할 얘기가 있다고 말했다. 이에 베스파시아누스는 아들 티투스와 그의 최측근 2명만 남겨 놓고 그와 대면하였다. 요셉은 베스파시아누스와 티투스가 황제가 될 거라는 계시를 하나님께 받았다고 아첨을 떨었다. 베스파시아누스는 자신에게 대항해 강력한 방어전을 펼쳤던 자가 하는, 자신이 황제가 될 거라는 갑작스러운 예언에 당황하였다. 하지만 결과적으로 요셉의 말은 베스파시아누스를 기분 좋게 만드는 데 성공했다. 베스파시아누스는 요셉을 가두는 대신에 의복과 귀한 보석을 선물로 주고 자신을 옆에서 보좌하도록 했다. 하지만 요셉은 여전히 포로 신분이었기 때문에 이동의 제한과 감시는 받았다.

　요타파타의 함락 소식이 예루살렘에 전해졌다. 예루살렘에서는 요타파타에서 죽은 주민에 대한 애도가 울려 퍼졌다. 특히 용감하게 싸웠던 방어군 지도자 요셉이 전사했다는 소문이 나면서 그의 죽음과 관련하여 온 백성이 진심으로 애도하였다. 그러나 시간이 지나면서 요셉이 살아 있고 로마인으로부터 포로 이상의 극진한 대우를 받고 있다는 사실이 알려지게 되자 요셉에 대한 애도는 180도 바뀌어 예루살렘 시내에는 그를 비난하는 욕설과 저주가 가득 차게 되었다.

갈릴리 지방의 함락

　과거 케스티우스가 점령해 파괴했던 지중해 해안의 도시 야파에 갈릴리 지방과 그 주변에서 피난 온 유대인이 몰려들기 시작하였다. 이들은 배를 만들어 시리아, 페니키아, 이집트를 공격하고 해적질을 했다. 그러자 베스파시아누스는 군대를 파견하여 야파를 공격했다. 로마군이 몰려오자 이들은 두려움에 배를 타고 바다로 도망갔다. 문제는 이 시기에 야파 해안에 강한 바람이 분다는 것이었다. 바다로 나간 반란군의 배는 서로 부딪히면서 난파되기 시작했다. 하지만 해안에서 로마군이 진을 치고 있는 이상 항구로 들어갈 수도 없었다. 절망에 빠진 유대인 일부는 자결하였고 일부는 바다에 빠져 익사했으며 일부는 헤엄쳐 육지에 상륙했으나 곧 로마군에게 잡혀 죽임을 당했다. 이때 해안에 쌓인 시신만 4,200명이나 되었다. 로마군은 별 힘을 쓰지 않고 야파를 다시 함락했고 보병과 기병대를 주둔시켰다.

베스파시아누스는 치열했던 요타파타 전투를 끝내고 병사들에게 휴식을 주기 위해 톨레마이스로 돌아갔다. 그리고 다시 가이사랴로 이동하여 1개 군단을 가이사랴에 주둔시키고 스키토폴리스로 이동하여 2개 군단을 주둔시켰다. 그리고 아그리파 2세의 초청으로 가이사랴 빌립을 방문하였다. 그곳에서 베스파시아누스는 전투의 피로를 풀었다. 아그리파 2세는 베스파시아누스에게 자신의 영지에 있는 도시 티베리아스와 타리케아가 그와 로마에 적대하고 있다고 일러바쳤다.

베스파시아누스는 20일 동안 아그리파 2세의 극진한 대접을 받은 후 스키토폴리스로 돌아갔다. 그리고 가이사랴와 스키토폴리스에 있던 3개 군단을 다시 불러모아 티베리아스 호수[54]쪽에 붙어 있는 티베리아스를 향해 진격하였다. 로마군이 다가오자 티베리아

---

54) 갈릴리 호수를 말한다. 유대 왕 안티파스가 로마 제2대 황제 티베리우스 이름을 따서 호수 옆에 도시를 세운 후 티베리아스 호수라 불렀다. 당시 유대인은 게네사렛 호수라 불렀다.

스 주민은 전투를 주장하는 강경파 무리를 도시에서 내쫓고 투항하였다.

그다음엔 티베리아스 북쪽에 있는 타리케아를 공략하기 위해 진격하였다. 타리케아는 티투스가 기병대를 이끌고 성안으로 돌격하면서 순식간에 점령되었다. 반란군은 배를 타고 티베리아스 호수로 도망갔으나 로마군이 군함을 만들어 공격하자 호수는 유대인의 시체로 가득해졌으며 시체가 썩어 악취가 진동하였다. 항복한 타리케아 주민 중 노인과 병든 자 1,200명은 모두 죽였으며 건장한 청년 6천 명은 네로 황제에게 보내 중노동 인부로 사용할 수 있게 했고 나머지 3만 명의 청년은 노예로 팔아 버렸다.

이젠 베스파시아누스의 창끝은 티베리아스 호수 동쪽에 위치한 도시 가말라로 향했다. 로마군은 공성 망치로 성벽을 부수고 성안으로 밀고 들어갔으나 오히려 좁은 집들 사이에 갇혀 옴짝달싹 못하다가 방어군에 포위되면서 위험한 상황에 놓이게 되었다. 총사령관 베스파시아누스도 방패를 들고 자신의 몸을 방어해야 했으며 병사들과 합세하여 방어 진용을 짜고 성 밖으로 나올 수 있었으나 많은 로마 병사가 목숨을 잃었다. 이에 베스파시아누스는 작전을 바꾸기로 하였다. 가말라를 포위하고 그들을 굶겨 죽이기로 한 것이다. 방어군 중 일부는 식량이 떨어지자 탈출을 위해 계곡으로 뛰어내리거나 땅굴을 파서 도망치기 시작하였다.

방어군의 동요를 간파한 로마군은 총공격을 가해 성을 함락시켰다. 사방으로 포위된 주민들은 처자식을 먼저 절벽 아래 계곡으로 떨어뜨려 죽이고 자신도 그 아래로 몸을 던졌다. 절벽 아래로 떨어져 죽은 자가 5,000명인 데 반해 로마군에게 살해된 자는 4,000명에 불과하였다. 로마군은 가말라의 어린아이까지 모두 죽여 그들에게 저항한 대가를 치르게 했다.

가말라가 함락되고 베스파시아누스는 티투스에게 기병 1,000명을 주어 북쪽의 작은 도시인 기스칼라를 공격하도록 하고 자신은 2개 군단을 이끌고 가이사랴로 돌아갔고 1개 군단은 스키토폴리스에 주둔하게 했다. 티투스는 쏜살같이 기스칼라로 달려갔다. 이 작은 도시의 지도자는 요한이라는 자였다. 티투스가 그에게 항복을 권하자 그는 티투스에게 그날은 유대인의 기일인 제칠일 안식일이기 때문에 전쟁이나 항복 모두 불가하므로 하루 여유를 달라고 부탁했다. 관대한 티투스는 이 말을 믿고 포위를 풀고 기스칼라에서 멀찍이 떨어진 지역으로 후퇴하였다.

그날 밤 요한이 자신의 부하와 주민 일부를 이끌고 성 밖으로 나와 예루살렘으로 도주하였다. 도망가는 중에 부녀자와 아이들이 뒤처지자 그들을 버리고 자신들만 앞서 나갔다. 다음 날 해가 뜨고 티투스의 기병이 성 앞에 나타나자 남아 있던 주민들이 성문을 열고 항복했다. 티투스는 곧 요한에게 속은 것을 알았고 화가 단단히 난 그는 일부 기병을 보내 도망자를 추격하게 했다. 전속력으로 달린 추격대는 도망자들을 따라잡아 부녀자와 아이들 6,000명을 죽이고 3,000명은 끌고 왔다. 그러나 이미 요한과 그의 부하들은 예루살렘에 도착한 후였다. 예루살렘에 도착한 요한과 그의 부하들은 자신들이 기스칼라에서 도망 온 것이 아니라 예루살렘을 지원하러 왔다고 허풍을 떨었다. 이로써 갈릴리 지방은 모두 로마군의 수중에 떨어졌다. 얼마 후 지중해 동안의 야파 밑에 있던 도시 아소투스도 로마군에 의해 함락되었다.

유대군의 분열

로마군이 예루살렘 외곽을 점령하며 압박해오자 예루살렘은 다시 강경파와 온건파로 갈라졌다. 엘르아살이 주도하는 열심당(Zealot)[55]이라 불렸던 소수의 젊은이 중심의 강경파는 전쟁을 여전히 주장했지만, 대제사장이었던 아나누스를 중심으로 하는 다수의 주민은 로마와의 타협을 원했다. 엄밀히 이야기하면 열심당원이 과도하게 기존 유력자들을 무분별하게 죽이고 폭정을 일삼은 것이 민심이반의 큰 이유였다. 결국 둘 사이의 갈등은 무력 충돌로 발전하였다. 열심당은 성전 주변에 모여 저항을 하였으나 수적으로 불리하여 온건파 주민을 이길 수 없었다. 열심당은 성전 안에 숨어들어갔고 아나누스는 성전 입구를 나무로 막은 후 보초를 세워 열심당이 성전에서 나오지 못하도록 했다. 열심당은 성전 안에 갇혀 있으면서 비밀리에 이두메아 지방의 지휘관들에게 사신을 파견하여 도움을 요청하였다.

이두메아인이 예루살렘으로 모여들었다. 이에 아나누스와 또 다른 온건파 지도자 요셉은 성문을 닫아걸고 이두메아인을 설득하고

---

55) 서기 6년 로마가 세금부과를 목적으로 인구조사를 하자 이에 반발해 갈릴리 출신의 유다가 반란을 일으켰는데 그가 열심당의 창시자라고 한다. 유다의 반란은 실패했지만, 무장투쟁을 통해 로마로부터 독립하고자 하는 열심당은 존속되었다. 예수의 제자 중 한 명인 시몬도 열심당원이었다고 한다.

자 했으나 실패하였다. 그날 밤, 천둥과 함께 억센 비가 쏟아지기 시작했다. 이때 성전에 갇혀 있던 열심당원 몇 명이 천둥과 빗소리를 이용하여 닫힌 문을 톱으로 자르고 성전을 빠져나와 경계가 소홀한 틈을 타서 성문을 열었다. 그러자 이두메아인이 예루살렘 시내로 물밀 듯이 들어왔다. 이두메아인은 먼저 성전으로 가 보초병을 죽이고 열심당원을 해방시킨 다음에 온건파 유대인 병사를 공격했다. 일부 온건파 병사가 용감히 저항하였지만 이두메아 병사와 열심당원을 이길 수 없었다. 날이 밝자 8,500구의 온건파 병사의 시체가 길거리에 나뒹굴고 있었고 온건파 지도자 아나누스와 요셉의 시체도 그 속에 뒤섞여 있었다.

이두메아인은 일반 주민도 무참히 학살했는데 그 숫자가 무려 1만 2,000명에 달하였다. 이때 희생된 사람 중에 아스글론 전투에서 가까스로 살아남았던 반란군 지휘관 니게르도 있었다. 그는 예루살렘 주민에게 존경을 받았기 때문에 열심당은 그를 눈엣가시로 여겨 처형하였다. 이두메아인은 예루살렘에 5,000명의 병력을 남겨두고 고향으로 돌아갔다.

열심당은 예루살렘을 다시 장악한 후 온건파 세력을 색출하여 제거하기 시작했고 숙청 작업을 마무리하자 이젠 자신들끼리 권력 투쟁에 돌입했다. 그 중심에는 기스칼라에서 예루살렘으로 도망친 저항군 지도자 요한이 있었다. 그를 추종하는 세력이 점점 많아지자 요한은 반란군의 지도자로 급부상했고 이에 열심당 지도자 엘르아살이 그를 견제하면서 두 세력 간에 긴장감이 감돌았다.

베스파시아누스의 2차 정벌과 황제 등극

베스파시아누스 주력군
베스파시아누스 파견군

비블로스
시돈
티레
기스칼라
플레마이스
요타파타
타리케아
세포리아
티베리아스
가이사랴 빌립
다마스쿠스
아그리파 2세의 영역
가말라
지
중
해
가이사랴
사마리아
스키토폴리스
요
단
강
①
안티파트리스
코레아
③
거라사
②
야파
롯다
예리코
가다라
베테나브리스
율리아스
베세모트
마케이루스
얌니아
엠마오
예루살렘
아소투스
베타리스
헤로디움
카파르토바스
사
해
아쉬돗
아스글론
헤브론
가자
이두메아
마사다 요새
나바테아 왕국
(아라비아)

68년 베스파시아누스 로마군의 진격로

서기 68년 초 가이사랴에 머무르고 있던 베스파시아누스에게 요단강(요르단강) 동쪽 도시 가다라에서 보낸 사신이 도착했다. 가다라의 유력 인사들이 반란군 모르게 사신을 파견하여 항복 의사를 내비친 것이다. 베스파시아누스는 곧장 군대를 이끌고 가다라로 진격하였다. 로마군이 몰려오자 저항군은 로마군과 공모했을 것으로 추정되는 도시 지도자들을 죽이고 남쪽의 베테나브리스 마을로 도주하였다. 베스파시아누스는 플라키두스에게 기병 500명과 보병 3,000명을 주어 도주한 반란군을 일망타진하라고 명령한 후 가이사랴로 돌아갔다.

플라키두스는 군대를 이끌고 베테나브리스 성을 함락하고 도망가는 반란군을 요단강으로 밀어붙여 15,000명을 죽이고 2,200명을 포로로 잡았다. 반란군의 시체가 요단강에서 사해(당시는 아스팔티티스 호수라 불렀다)로 흘러 들어가자 염분이 높아 부력이 높은 사해에 시체가 떠다니며 끔찍한 광경을 연출했다. 플라키두스는 주변에 있던 작은 마을 율리아스, 베세모트도 제압한 후 군대를 되돌렸다.

봄이 되자 베스파시아누스는 군대를 거느리고 가이사랴를 출발해 안티파트로스를 거쳐 롯다와 얌니아를 평정한 후 엠마오로 갔다. 그는 엠마오에 5군단을 남겨 놓고 남쪽 이두메아 지방으로 방향을 돌려 베타리스와 카파르토바스를 함락시키면서 1만 명 이상의 이두메아인을 죽였다. 그리고 두 마을에 수비대를 남겨 놓고 엠마오로 돌아갔다. 남겨진 수비대는 카바르토바스 주변의 산악지역을 수색해 숨어 있던 반란군 잔여세력을 격퇴하였다.

베스파시아누스가 이끄는 주력군은 엠마오에서 북쪽 사마리아 지역으로 올라간 후 요단강 쪽으로 방향을 틀어 코레아를 함락시키고 남쪽의 예리코로 진격하였다. 베스파시아누스의 군대가 진격해 오는 것을 본 예리코 주민은 저항을 단념하고 성을 버리고 산으로 도망갔다. 베스파시아누스는 예리코에서 서북쪽에 있던 거라사에도 군대를 파견하여 함락하였다. 이로써 예루살렘은 고립무원의 상태에 놓이게 되었다.

가이사랴로 다시 돌아간 베스파시아누스는 군대에 휴식을 준 후 반란군의 본거지인 예루살렘을 점령할 계획을 세우고 있었다. 이때 로마에서 변고가 발생했다. 에스파냐 총독 갈바가 스스로 황제를 칭하고 반란을 일으킨 것이다. 갈바가 폭정을 일삼던 네로 황제에 대항하여 군대를 일으켜 로마로 진격하자 이미 신망을 잃은 네로를 아무도 따르려 하지 않았다. 네로는 로마 교외로 도망갔다가 궁지에 몰리자 자결했다. 이때가 68년 6월이었다.

네로가 죽고 갈바가 황제가 되었다. 베스파시아누스는 모든 전쟁 준비를 중단하고 새 황제에게 충성을 맹세하고 유대전쟁과 관련한 상의를 위해 아들 티투스를 로마로 보냈다. 그런데 티투스가 로마로 가는 도중에 갈바가 그의 부하였던 오토에게 살해되는 사건이 벌어졌다. 갈바 황제의 재위 기간은 겨우 7개월에 불과했다. 로마의 정세가 예측 불가능하게 전개되고 있음을 느낀 티투스는 배를 돌려 가이사랴로 돌아왔다. 갈바를 죽인 오토는 69년 1월 황제로 등극하였다. 같은 해 4월 게르만족에 대항해 라인강 수비를 맡고 있던 로마군단이 군사령관 비텔리우스를 황제로 추대하고 반란을 일으켰다. 비텔리우스는 오토의 군대를 격파하였고 오토는 자살하였다. 오토는 황제 재위 기간이 갈바보다 더 짧은 3개월이었다.

로마 정계가 여전히 극심한 혼란에 빠져 있던 69년 초, 베스파시아누스는 반란 진압에 박차를 가했다. 그는 예루살렘으로 가는 길목에 있는 소도시들을 함락시켜 방해물을 없앴으며 이두메아 지방을 공격하여 헤브론을 함락시켰다. 이로써 반란군이 장악한 도시는 예루살렘과 마사다, 헤로디움과 마케이루스만이 남게 되었다.

베스파시아누스가 전투를 성공적으로 마치고 가이사랴에 도착했을 때 그와 그의 군단병들은 라인강 수비 사령관 비텔리우스가 새 황제가 되었다는 소식을 들었다. 베스파시아누스 병사들은 불만에 가득 차서 다음과 같이 웅성거렸다.

> "로마에 있는 병사들은 전투는 하지 않으면서 온갖 사치스러운 생활을 즐기며 사리사욕을 위해 제멋대로 황제를 임명하고 있습니다. 그런데 우리는 무엇입니까? 우리는 수년 동안 갑옷을 입고 온갖 고생을 다 하면서도 황제를 추대하는 권리는 남에게 양보하고 있습니다. (중략) 비텔리우스에 비교해 본다면 우리 장군 베스파시아누스는 그야말로 선한 황제의 자질을 타고난 분입니다."

병사들은 떼로 베스파시아누스에게 달려가 그에게 황제가 되기를 간청했다. 베스파시아누스는 기다렸다는 듯 자신을 황제로 칭하며 반란을 일으켰다. 베스파시아누스의 반란에 시리아 총독과 이집트 총독이 호응했고 도나우강을 지키고 있던 군단도 그를 지지했다. 각지에서 그를 황제로 인정하는 전령을 보내자 베스파시아누스는 문득 갈릴리 지역 반란군 지도자였던 요셉이 생각났다. 그가 체포되던 날 베스파시아누스가 황제가 될 것이라 예언했기 때문이다. 물론 그러한 예언은 그가 살기 위해서 한 아첨이었겠지만 베스파시아누스는 그가 황제가 된 것이(아직 공식적 황제는 아니지만)

그의 예언 때문인 것처럼 느껴졌다. 베스파시아누스는 곧바로 그를 포로 신분에서 풀어줘 자유의 몸이 될 수 있도록 했다. 석방된 요셉은 베스파시아누스에게 충성을 맹세하고 로마군의 유대정복에 적극적으로 협조한다.

베스파시아누스는 부하에게 군대를 주어 이탈리아로 진격하도록 했으며 도나우강의 군단도 이탈리아로 진격해 들어갔다. 베스파시아누스를 지지하는 도나우강 군단은 비텔리우스의 라인강 군단을 격파하였고 비텔리우스는 황궁에서 끌려 나와 온갖 고문을 당하다가 로마시 한복판에서 참수형을 당했다. 비텔리우스의 황제 재위 기간은 8개월 5일이었다.

이때 베스파시아누스는 아직 이집트 알렉산드리아에 있었다. 승전 소식을 들은 수많은 사람이 그의 황제 즉위를 축하하며 몰려들었다. 베스파시아누스는 아들 티투스에게 유대 반란을 마무리할 수 있도록 명령하고 자신은 황제 즉위를 위해 로마로 향했다. 티투스는 곧바로 가이사랴로 가서 군단들을 다시 소집하였다.

예루살렘 전투

반란군은 크게 세 세력으로 나뉘어 있었는데 반란의 중심지이자 상징적 도시인 열심당의 예루살렘, 남쪽의 이두메아인 세력 그리고 마사다 요새에 웅거하고 있는 세력이었다. 특히 마사다 요새에 있던 이들은 시카리(Sicarii)[56]라고 불리며 열심당보다 더 급진세력이

---

56) 이들은 로마 관리나 로마에 우호적인 유대인 대제사장과 유력인사들을 암살하고 다녔다. 암살

었다. 그런데 마사다 요새에 있던 시몬이라는 자가 시카리 지도자들과 뜻이 맞지 않자 요새에서 뛰쳐나와 독립하였는데 시간이 갈수록 유대인들이 그에게 모여들어 세력이 커졌다. 그러자 예루살렘의 열심당은 시몬의 세력이 커지는 것을 보고 두려워하여 군대를 보내 공격하였으나 오히려 패하였다. 이두메아인도 시몬 세력을 공격하였으나 큰 성과를 거두지 못하였다. 급기야 시몬은 이두메아인의 도시 헤브론을 함락한 후 북쪽으로 진격해 예루살렘을 포위 공격하기에 이르렀다.

이런 상황에서 예루살렘 반란군 사이에 내전이 발생했다. 예루살렘에서 무섭게 세력을 확대한 요한과 열심당 지도자인 엘르아살 사이에 결국 무력 충돌이 발생하였다. 엘르아살의 열심당은 고지대인 성전을 장악하게 되었고 그 밑으로 요한이 장악하여 서로 간 치열한 전투가 벌어졌다. 예루살렘 주민은 이 둘 사이의 치고받는 전투에 진절머리가 났고 새로운 구세주를 원하기 시작했다. 그래서 그들이 선택한 인물이 예루살렘을 포위하고 있던 시몬이었다. 주민들 일부가 성문을 열어주자 시몬이 군대를 이끌고 예루살렘으로 당당히 입성하였다. 그런데 시몬의 군대가 들어오자 예루살렘 내의 혼란이 정리되기는커녕 더 큰 혼란에 빠졌다. 제일 낮은 지대에는 시몬의 군대가, 구릉에는 요한의 군대가, 맨 위 성전은 엘르아살의 열심당 군대가 차지하고 서로 싸우게 된 것이다. 요한의 군대는

단은 살인을 위해 단도(短刀)를 몸에 지니고 다녔는데 로마인이 이들을 '단도(短刀)를 소지한 사람'이라는 뜻을 가진 시카리(Sicarii)라고 불렀다.

위아래 군대 사이에 껴서 전선이 두 군데나 되었다. 그런데 세 군대가 예루살렘 내부에서 서로 싸우다 로마군과의 전투를 위해 비축해둔 식량창고에 불이 나 버렸다. 이 어처구니없는 사건은 나중에 로마군이 공성전을 펼쳤을 때 예루살렘에 심각한 기아를 초래하는 결과를 낳게 된다.

이렇게 예루살렘 내 반란군이 혼돈에 빠져 있을 때 로마군은 예루살렘 진격을 위해 준비가 순조롭게 진행되고 있었다. 티투스는 3개 군단(5, 10, 12)과 함께 일부 모자란 병력은 이집트 주둔군 15군단과 유프라테스 수비대에서 차출하였다. 그리고 동맹국의 왕들도 군대를 보내왔다. 티투스가 예루살렘 앞에 나타나자 내분에 빠져 있던 예루살렘은 공동의 적을 막기 위해 휴전에 들어갔다. 티투스와 로마군은 예루살렘이 내분에 빠져 있다는 정보를 갖고 있었기 때문에 쉽사리 자신들을 공격해 올 거라 생각을 못 했다. 티투스는 병사들에게 진지를 구축하라고 명령한 다음에 예루살렘 성을 살펴보러 가까이 접근하였다. 이때 갑자기 예루살렘 성문이 열리더니 유대인들이 쏟아져 나왔다. 특히 진지를 구축하느라 무기를 버리고 작업에 열중하던 10군단이 큰 위험에 빠졌다. 티투스도 말을 타고 시찰하다 반란군의 기습 공격을 받고 고립되었지만, 가까스로 반란군을 뚫고 탈출할 수 있었다. 위기를 모면한 티투스는 곧바로 위기에 처한 10군단에 지원병을 보내어 그들을 구할 수 있었다. 첫 번째 전투에서 로마군을 몰아붙이면서 반란군의 자신감과 사기는 크게 올랐다.

그런데 초반전에 기세를 잡으며 여유가 생긴 반란군은 내부 투쟁에 다시 관심을 가지기 시작했다. 제일 꼭대기인 성전을 장악하고 있던 열심당 엘르아살은 이집트에서 탈출한 것을 기념하는 유대교의 명절이 오자 순례객이 성전을 자유롭게 출입할 수 있도록 경비를 느슨하게 하였다. 이를 기회로 삼은 요한은 자신의 부하에게 명령하여 옷 속에 무기를 숨기게 한 뒤 성전 안으로 들어갔다. 그리고 성전 안으로 들어가자 무기를 꺼내어 엘르아살이 이끄는 열심당을 죽이기 시작했다. 이 작전의 성공으로 요한은 열심당의 항복을 받아내면서 성전을 장악하게 되었다. 이젠 예루살렘의 주도권 싸움은 요한과 시몬 두 파당의 대립으로 압축되었다.

예루살렘은 이젠 시몬이 이끄는 1만 명과 그를 지지하는 이두메아인 5,000명 그리고 시몬군에 대항하여 성전을 차지하고 있던 요한의 군대 6,000명과 그에게 굴복한 열심당원 2,400명이 있었다. 시몬의 군대가 요한의 군대를 압도하였지만 시몬의 군대는 성을 공격하는 로마군도 막아야 했기에 요한의 군대를 완전히 제압할 수는 없었다.

유대인이 속임수를 썼다. 하루는 성에 있는 망대의 문을 통하여 일부 유대인들이 쫓겨났다. 그들은 성벽에서 불안한 듯이 서성거리며 그들을 들여보내 달라고 호소하고 있었다. 성벽에 서 있던 유대인이 로마군에게 로마군과 화평하기를 원하며 신변의 안전만 보장해준다면 투항할 것이라 소리쳤다. 그리고 로마군에게 성문을 열어주겠다고 소리쳤다. 로마군은 반란군 사이의 내분으로 강경파들이 쫓겨나고 온건파들이 성을 장악하였다고 생각했다.

하지만 티투스는 이들의 행동을 의심하였다. 얼마 전 요셉을 보내 그들의 항복 가능성을 타진해보았으나 강경하고 완고한 그들의 자세를 확인했었기 때문이다. 그래서 티투스는 로마군에 각자 자리를 지키라고 명령하였다. 그러나 일부 로마 부대가 성문을 열어주겠다는 유대인의 말을 믿고 성문 앞으로 달려 나갔다. 로마군이 다가가자 성 밖으로 쫓겨난 자들이 흩어지기 시작했다. 로마군이 성문에 다다르자 성문이 열리기는커녕 성벽 위에서 무수한 돌과 창이 날아왔다. 뒤이어 흩어져 도망간 유대인이 로마군 뒤를 포위하여 공격해 들어왔다. 로마군은 많은 병사가 죽었지만, 일부가 죽을힘을 다해 포위망을 뚫고 탈출하였다. 하지만 이들을 기다리는 것은 티투스의 질책이었다. 티투스는 살아서 돌아온 이들을 모두 명령 불복종으로 죽이려고 했으나 주변의 병사들이 그들을 용서해 줄 것을 간청하자 살아 돌아온 병사들에게 엄중한 경고를 한 후 복귀시켰다.

티투스는 속임수를 쓴 반란군에 화가 나 총공격을 명령했다. 로마군은 공성 망치를 가지고 성벽을 부수었고 방어군의 투창 사정거리 밖에 토성을 쌓아 그 위에 투석기와 투창기를 설치하여 예루살렘 안에 쏘아댔다. 투석기와 투창기를 높은 곳에서 쏘자 사정거리와 파괴력이 배가 되면서 예루살렘 주민과 방어군은 두려움에 떨었다. 방어군이 성문을 열고 토성과 공성기를 파괴하려고 하였으나 로마군은 토성 근처에 3개의 탑을 설치하여 토성을 공격하러 나오는 방어군을 높은 곳에서 공격하여 격퇴하였다. 결국, 예루살렘의 첫 번째 성벽이 로마군에 함락되었다.

예루살렘은 사람이 다닐 수 없는 깊은 골짜기로 둘러싸인 곳만 성벽이 1겹이었고 나머지는 3겹의 성벽으로 둘러싸인 난공불락의 성이었다. 아직도 로마군은 2개의 성벽을 넘어야 했다. 한편, 로마군의 공격이 거세지자 성전 주변에 고립되어 전투에 참여하지 못하고 있던 요한의 군대도 시몬의 동의하에 성벽에 올라가서 전투에 가담하였다.

로마군이 첫 번째 성벽을 장악한 지 5일 만에 다시 두 번째 성벽이 함락되었다. 하지만 로마군은 방어군의 반격이 거세지자 성벽에서 후퇴하였고 군대를 정비한 후 4일간의 공격 끝에 두 번째 성벽을 다시 함락할 수 있었다. 곧이어 세 번째 성벽을 공격하기 시작하면서 티투스는 요셉을 시켜 반란군의 투항을 설득해보라고 지시하였다. 요셉은 투창 사정거리 밖에서 유대인에게 소리쳤다.

"제발 여러분 자신과 여러분의 나라와 성전을 보존할 수 있는 행동을 취하십시오. 이런 상황에서 이방인들보다 더 완고하게 고집을 피우는 일은 삼가도록 하십시오. (중략) 비록 로마군이 공격을 중단하고 손에 칼을 들고 직접 전쟁을 하지 않는다고 하더라도 여러분들이 굶주림과 전쟁을 하고 있음을 로마군은 잘 알고 있습니다. (중략) 여러분이 극도의 위기에 직면한 것을 보고 티투스께서 투항하면 신변 안전보장을 제안했는데 이 제안을 거부한다면 그는 여러분을 모조리 죽일 것입니다."

하지만 그에게 되돌아온 건 건 조롱과 욕설이었으며 심지어 그를 죽이려 창까지 날아왔다. 방어군은 배신자 요셉을 증오하였다. 요셉은 결국 설득을 포기하고 돌아왔다. 요셉의 말처럼 예루살렘은 극심한 기아에 시달렸다. 예루살렘은 다윗왕 때 지하암반을 파서 만든 지하 인공수로가 있었기 때문에 물은 풍부했지만, 식량이 문제였다. 많은 사람이 배고픔에 탈출을 시도했지만, 방어군이 보초를 세워두고 그들 앞을 가로막았으며 탈출을 시도하다 잡히면 가차 없이 죽였다. 탈주를 시도했던 많은 이들은 자신의 재산을 싼값에 처분한 다음에 금화로 바꾸어서 목에 억지로 넣었다. 그리고 운 좋게 성을 탈출하는 데 성공하면 로마에 투항한 후 은밀한 곳에 가서 용변을 보고 금화를 되찾았다. 이렇게 탈출한 사람들은 그 돈으로 새로운 삶을 시작할 수 있었다.

하지만 대부분의 예루살렘 주민은 탈출 시도도 못 하고 기아에 허덕였으며 그나마 있는 식량도 방어군이 들이닥쳐 가져가면서 굶주림에 죽어가기 시작했다. 로마군은 배고픔을 견디지 못하고 음식을 구하기 위해 성벽을 나와 가파른 골짜기로 내려오는 유대인을 생포하였는데 어떤 날은 500명 이상이 잡히기도 하였다. 로마군은 이들을 잡아 성벽이 잘 보이는 곳에서 십자가형으로 처형하였다. 그런데 생포된 유대인이 너무 많아서 십자가를 박을 땅조차 모자랄 지경이었다.

티투스는 생포된 유대인 중 일부의 팔을 자르고 다시 예루살렘 성으로 돌려보내 자신의 메시지를 전하게 했다.

"더는 광기를 부리지 말고 내가 어쩔 수 없이 예루살렘을 멸망하도록 만들지 말라. 그대들이 극심한 곤경에 빠진 것을 내가 알고 있으니 이제라도 잘못을 뉘우치면 생명은 물론 아름다운 예루살렘과 성전도 보존될 것이다."

성안에서 방어군이 큰 소리로 답장을 해왔다.

"우리는 조금도 죽음을 두려워하지 않는다. 노예가 되느니 차라리 죽음을 택할 것이다."

티투스는 4개 군단에 명령하여 4개의 토성을 간격을 두고 성 앞에 쌓도록 하였다. 또다시 투석기와 투창기를 놓기 위해서였는데 토성 위에 놓인 공성 무기에 호되게 당한 바 있는 방어군은 공성 무기를 무력화시키기 위해 머리를 싸맸다. 방어군은 성안에서 토성이 있는 데까지 땅굴을 판 후 토성 밑 땅굴에다 불을 질렀다. 이에 토성이 땅굴 속으로 무너지면서 불길에 휩싸였다. 또 하나의 토성은 용감한 유대인 3명이 횃불을 들고 성문을 나와 공성 무기가 있는 곳으로 달려들어 불을 질렀다. 일단 공성 무기에 불이 붙자 수많은 방어군이 성문을 박차고 나가 로마군이 불을 끄지 못하도록 방해하였다. 결국, 토성과 공성 무기는 잿더미가 되었다.

로마군 내에서 격론이 벌어졌다. 무리하게 공격하지 말고 아무도 못 나오게 성을 몇 겹으로 포위만 하고 그들이 굶어 죽을 때까지 기다리자는 주장이 나왔다. 하지만 티투스는 그러한 방식은 시간을 너무 끌 뿐만 아니라 자칫 반란군이 비밀통로를 만들어 식량을 공급하기라도 한다면 시간만 낭비하는 꼴이 될 것이라 반대했다. 티투스는 더욱 강력한 공격을 하도록 지시했다. 티투스는 이번에는 성벽 앞 전체를 토성으로 감싸는 대공사를 명령하였고 잘 조직된 로마 공병은 21일 만에 공사를 완성했다.

예루살렘은 점점 굶주림으로 죽는 사람이 늘어났고 배고픔을 견디지 못해 어머니가 어린 자식을 죽여서 먹었다는 소문까지 돌았다. 거리와 집안에 굶어 죽은 시체가 쌓이자 방어군은 시체를 성벽 아래 골짜기에 집어 던졌다. 시체 썩는 냄새가 로마군 진영에도 진동할 정도였다. 어느 날 굶주림을 견디지 못한 일부 주민이 성벽 아래로 뛰어내렸고 이들을 잡는다는 명분으로 성문을 열고 나온 주민들이 동반 탈출하는 일이 벌어졌다. 하지만 탈주자의 배 속에 금화가 있다는 소문이 로마군 진영에 퍼지자 아라비아와 시리아에서 온 동맹군 병사 그리고 로마군 일부가 탈출한 유대인 2,000명을 죽이고 배를 가르는 끔찍한 사건이 벌어졌다. 이 소식을 들은 티투스는 로마군과 동맹군 지휘관을 불러 크게 화를 내면서 재발하면 엄하게 벌하겠다고 경고했다. 그러나 티투스의 경고가 있었음에도 돈에 눈이 먼 일부 병사는 은밀하게 이 일을 계속 자행하였다.

로마군의 본격적인 공성이 시작되었다. 토성 위에 올려진 공성 무기에서 커다란 돌과 화살이 날아갔고 공성 망치로는 성벽을 부수었다. 그러던 중 성전 근처에 있던 안토니아 망대 주변 성벽이 무너지자 로마군이 그곳을 통해 기어올라 안토니아 망대를 장악했다. 그리고 망대를 지나 성안으로 진입한 로마군은 아래쪽에 있는 성전으로 몰려갔으나 길이 너무 좁아 로마군이 수가 많음에도 유리한 점이 거의 없었다. 방어군은 성전을 지키기 위해 로마군을 무섭게 몰아붙였으며 로마군은 성전으로 통하는 길목에서 밀려 안토니아 망대로 다시 후퇴할 수밖에 없었다.

티투스는 유대인의 성지인 예루살렘 성전 안에서 전투를 벌이고 싶지 않았다. 그는 성전을 지키고 있는 반란군 지도자 요한과 그 무리에게 다음과 같이 말했다.

> "너희들이 전투 장소를 변경한다면 로마군은 결코 성소에 가까이 가지도 않을 것이며 성전을 더럽히지도 않을 것이다. 나는 너희들이 원하든지 원하지 않든 간에 너희들을 위해 너희들의 성소를 보존하는 데 최선을 다할 것이다."

티투스의 배려는 요한과 그의 부하들에게 무시당했다. 그들은 성전을 떠나지 않고 그곳에 창과 돌 등 무기들을 쌓아두기 시작했다. 티투스는 안타깝지만, 성전을 피로 물들게 할 수밖에 없다고 생각했다. 그날 밤 9시 백인대에서 정예 병사 30명씩 선발하여 좁은 성전으로 통하는 회랑[사원(寺院)]이나 궁전에서 주요 부분으로 통하는 지붕이 있는 긴 복도을 차례로 공격하도록 명령했다. 칠흑 같은 어둠 속이었기 때문에 피아간 구별이 불가능한 전투가 벌어졌다. 하지만 불리한 것은 방어군 쪽이었다. 로마군은 방패를 들고 진용을 짠 상태로 진격했으며 서로 간에 약속된 암호를 통해 확인하며 칼을 휘둘렀기 때문에 아군을 공격하는 경우가 없었으나 방어군은 무질서하게 앞에 보이는 상대를 향해 무조건 칼을 휘둘렀기 때문에 같은 편을 죽이는 경우가 허다했다. 그럼에도 방어군은 주눅 들지 않고 맞서 싸웠으며 나중에는 로마군과 같이 체계적으로 진용을 짜서 싸웠다. 전투는 다음 날 오전 9시까지 치열하게 전개되다 서로 간에 한 발짝씩 물러나면서 무승부로 끝났다. 그리고 한동안 대치 상황이 계속되었다. 어느 날은 다음과 같은 일도 있었다.

"유대인 중 요나단이라는 자가 있었다. 그는 체구도 작은 데다가 볼품없는 외모를 지닌 비천한 가문 출신이었다. 요나단은 성전에서 나와 로마군에게 걸어왔다. 그리고 로마군에게 갖은 모욕적 말을 한 후에 누구든지 나와서 일대일의 대결을 벌여보자고 외쳤다. 이에 많은 로마군이 격분하였으나 이미 전투의 승패가 기울어진 마당에 죽기를 작정하고 달려드는 적을 이겨보았자 별 이로운 것이 없다고 생각하고 아무도 나서지 않았다. 그러자 유대인은 로마군에게 갖은 욕설을 다 퍼부으면서 겁쟁이라고 조롱하였다. 그러자 로마 기병인 푸덴스라는 자가 유대인의 모욕을 참지 못하고 앞으로 달려 나갔다. 그러나 푸덴스는 요나단과의 전투에서 졌으며 그가 쓰러지자 요나단은 달려가 그의 목을 베고 그의 시체를 발로 밟은 후 왼손에 방패를 들고 오른손에는 아직 피가 흐르는 칼을 휘두르면서 로마군을 향해 고함을 지르고 욕설을 퍼부었다. 이때 프리스쿠스라는 로마 백부장이 그를 향해 창을 던졌다. 이 창은 요나단의 몸을 꿰뚫었다. 요나단은 창을 맞고 고통을 이기지 못하고 비틀거리다 그만 그가 쓰러뜨린 적의 시체 위에 쓰러졌다."

며칠 동안 양측간의 공방전이 계속되면서 신전으로 향하는 회랑은 방어군이 불을 질러 태웠으며 신전의 성문은 로마인이 불을 질러 태웠다. 신전의 성문까지 진격할 수 있었던 티투스는 성전 문제에 대해 부하들에게 다음과 같이 말했다.

"비록 유대인이 성전을 점거하고 그곳에서 우리에게 공격을 가해 오고 있는 것이 사실이지만 잘못을 저지른 사람 대신 생명이 없는 건물에 복수하는 것은 옳지 않다고 생각하오. 나는 어떤 경우라도 이같이 웅장한 건물을 불태우는 것은 반대요. 그대로 두면 로마 제국의 장식이 될 수도 있는 것을 굳이 파괴하는 것은 바로 로마 제국에 손해를 끼치는 일이기 때문이오."

티투스의 명령에 따라 로마군은 성전 안마당에서 여전히 타고 있는 불이 성전에 번지지 않도록 그곳의 불을 끄기 시작하였다. 그런데 이때 방어군이 성전에서 나와 이들을 공격하였다. 로마군은 이들을 격퇴하였지만 흥분한 로마 병사 한 명이 불이 붙은 막대기를 들고 성전본당과 연결된 건물의 창에 불을 붙이면서 시커먼 연기가 치솟았다. 티투스는 로마 병사들에게 불을 끄라고 큰소리를 질렀지만 제대로 전달되지 않았고 로마군과 방어군 모두 전투가 벌어지는 상황이라 불을 끌 여력이 안 됐다. 오히려 일부 로마군은 이미 불타오르고 있는 성전에 불을 더 붙였다. 성전은 완전히 불에 타사라졌다. 성전은 산 위에 있었고 성전도 웅장하였기 때문에 온 예루살렘시에서 시커먼 연기를 내뿜으며 타고 있는 성전을 볼 수 있었다. 사방에서 유대인의 고통스러운 고함과 신음이 들려왔다. 이때가 베스파시아누스 황제 즉위 2년째인 서기 70년이었다.

티투스는 완전히 고립된 반란군에게 목숨만은 살려주겠다며 항복할 것을 재차 요구하였다. 그러자 반란군에서 답변이 왔다.

> "우리는 그대의 제안을 받아들일 수 없고. 그 대신 처자들을 거느리고 성벽을 빠져나가 광야로 나갈 수 있도록 해주시오. 그러면 예루살렘을 그대에게 넘기겠소."

이미 예루살렘은 함락된 것이나 마찬가지인데 반란군이 역제안을 해오자 티투스는 기분이 상해 다음과 같이 답했다.

> "너희들은 다시는 내게 청원할 기회가 없을 것이다. 그리고 더 이상의 신변 보호의 희망도 없을 것이다. 이제부터 나는 전군을 동원하여 단 한 명도 살려두지 않을 것이다. 그러므로 너희는 이제 능력껏 자신을 방어해야 할 것이다. 이제부터 나는 오직 전쟁의 법칙으로 너희들을 대할 것이다."

로마군은 맹공을 가해 예루살렘 시내 하부도시를 장악했다. 방어군은 상부 도시로 쫓겨 들어갔으며 상부 도시의 성벽을 방패 삼아 저항하였다. 하지만 상부 도시의 성벽과 망대가 공성 무기로 인해 무너지자 방어군은 겁에 질려 뿔뿔이 흩어졌다. 로마군은 도시를 약탈하고 눈에 보이는 유대인을 마구 죽이기 시작했으며 도시에 불을 질러 폐허로 만들었다.

반란군 지도자 요한은 항복하여 평생 강제 노역을 하는 종신형을 선고받았다. 시몬은 일부 부하들과 함께 예루살렘 밑에 파인 지하수로에 들어가 땅굴을 파고 도망가려 하였지만 단단한 암반에 막혀 실패하고 결국 가져간 식량이 떨어지자 수로에서 나와 투항했다. 그는 로마에 전리품으로 끌려간 후 시내광장에서 처형되었다. 티투스는 예루살렘 상부 도시의 일부 망대(탑)와 서쪽 성벽을 제외하고 나머지 망대와 성벽을 모두 파괴하도록 명령하였다. 남겨둔 성벽은 장차 로마 수비대가 진영으로 쓸 목적에서였다. 유대 반란 이전 예루살렘에는 유대인을 배려하여 로마군을 주둔시키지 않았는데 이젠 대규모의 로마 주둔군을 두기로 한 것이다.

『유대전쟁사』를 쓴 요셉에 의하면 예루살렘 공방전에서 유대인 포로는 9만 7천 명이었으며 사망자는 백십만 명에 달했다고 한다. 예루살렘에 이렇게 많은 사람이 있었던 것은 주변 지역에서 피난 온 사람도 있었지만 가장 큰 이유는 무교절57)을 지키기 위해 각지

---

57) 유대인이 모세와 함께 이집트를 탈출한 것을 기념하는 날이다. 유대인이 이집트를 탈출하기 직전 누룩을 넣지 않은 무교병(빵)을 먹었기 때문에 무교절이라고 한다. 또 다른 유대인 명절인 유월절과도 날짜가 겹친다.

에서 유대인이 예루살렘으로 들어왔기 때문이었다. 그런데 때마침 성이 포위되는 바람에 순례자들이 갇혀 버렸고 예루살렘은 평소보다 더 많은 인구가 밀집되었다. 이들 상당수는 굶어 죽거나 탈출하다 저항군에 잡혀 죽거나 아니면 로마군에 의해 살해되었다. 포로가 된 유대인은 노예로 팔리거나 원형 경기장에서 사자나 같은 유대인끼리 싸우다 죽었다.

전쟁의 끝과 그 이후

71년 로마에 여전히 저항하던 도시 헤로디움과 마케이루스도 티투스가 유대에 남겨둔 10군단에 의해 함락되었다. 73년 유대 행정장관으로 새롭게 임명된 플라비우스 실바는 유대인의 마지막 저항지인 마사다 요새로 10군단을 이끌고 갔다. 유대 광야의 척박한 땅에 세워진 마사다에서는 천여 명의 유대인이 게릴라전을 펼치고 있었다.

마사다 요새는 헤롯 왕이 만약을 위해 만든 피난처로 궁전과 함께 식량과 무기를 충분히 갖춘 요새였다. 물도 빗물을 받는 저장시설이 있어 물 부족에 시달릴 염려도 없었다. 열심당의 지도자인 엘르아살은 부하들과 함께 예루살렘에서 용케 탈출하여 시카리(Sicarii)들과 함께 마사다 요새를 지키고 있었다. 마사다 요새는 높은 바위산 위에 건설되어

마사다 요새
Andrew Shiva/Wikipedia

사방은 가파른 골짜기였기 때문에 두 군데의 통로를 제외하고는 접근할 수 없는 천혜의 요새였다. 방어군은 비둘기를 키워 식량으로 삼았고 새의 배설물로 농사를 지으며 생활했다. 예루살렘이 함락되고도 마사다가 소수의 병력으로 3년을 버틸 수 있는 이유였다.

실바는 마사다 요새를 포위했지만 척박한 광야에는 물과 식량으로 삼을 만한 것이 없었기 때문에 유대인 노역자들을 시켜 먼 곳에서 물과 식량을 실어 나르게 해야 했다. 실바는 마사다 암벽의 꾸불꾸불한 좁은 길로 로마 병사를 오르게 하는 것은 자살행위임을 곧 알 수 있었다.

이에 실바는 공병과 동원된 유대인을 시켜 요새 앞에 마사다와 높이가 비슷한 토성을 쌓도록 했다. 6개월간의 대공사 끝에 마사다 암벽과 비슷한 높이의 토산이 완성되었다. 그리고 토산에서 마사다로 연결된 비탈길 위에 공성 장비를 올려 그곳에서 유대인이 성벽 위에 얼씬거리지 못하도록 돌과 창을 날리고 성벽을 부수었다. 유대인이 나무로 부서진 성벽을 보수하자 로마군은 횃불을 던져 태워 버렸다. 요새가 함락되는 게 시간문제가 되자 엘르아살은 주민들에게 로마군에 잡혀 노예가 되느니 동반 자살을 하자고 설득했다. 일부 주민은 죽음에 대한 두려움에 망설였지만, 결정은 항상 과격한 사람의 목소리에 좌우되기 마련이었다.

요새 안에 있던 남자들은 먼저 왕궁 안에서 처자식을 죽였으며 그런 후 자신들이 가지고 있던 소유물을 광장에 모아 산더미처럼 쌓아서 불을 질렀다. 그리고 제비뽑기로 열 명의 남자를 뽑은 다음 그 남자들이 처형을 집행하도록 했다. 열 명의 남자를 제외한 나머지는 죽은 처자식의 시체 옆에 누워 시신들을 팔로 껴안은 다음 열 명의 동료가 자신의 목을 내리칠 때까지 기다렸다. 그리고 모두 죽이고 열 명만 남자 역시 이들 열 명도 제비뽑기해서 한 명을 뽑은 후 한 명에게 똑같은 방식으로 죽임을 당했다. 그리고 나머지 한 명도 왕궁에 불을 지른 후 사랑하는 가족의 시신이 있는 곳으로 간 후 스스로 배를 찔러 그들 옆에 쓰러졌다. 집단 자살행위도 이로써 끝이 났으며 이때 죽은 이가 부녀자와 어린아이까지 포함해서 모두 960명이었다.

하지만 이 자살의식에서 살아남은 이도 있었다. 한 명의 늙은 여성과 5명의 자녀를 두고 있는 또 한 명의 여성이 살아남았다. 이들은 다섯 명의 자녀와 함께 지하 동굴 속에 기어 들어가 자살의식이 행해지는 동안 움직이지 않고 숨어 있었다. 집단자살이 끝나고 동굴에서 나온 이들은 성을 공성 망치로 공격하는 로마군에게 달려나가 이 사실을 알렸다. 로마군은 처음에는 믿지 않았지만 요새 안에 들어가 왕궁에 붙은 불을 끄고 그 안에 널려 있는 시체를 보고 나서야 모든 게 사실임을 알게 되었다. 마사다 요새가 함락되면서 로마에 저항한 유대인 반란은 종지부를 찍었다.

유대 반란을 진압하고 로마는 과거 시리아 총독의 관할하에 있던 유대를 시리아에서 떼어내 독립적인 유대 총독을 파견하여 통제력을 강화하였고 유대인이 매년 자신들의 성전에 바치던 돈을 '유대세'라는 명목으로 바꾸어 걷은 후 유피테르(제우스) 신전으로 보냈다.

반란군 지도자였지만 투항 후 변절한 요셉은 예루살렘 함락 후 티투스를 따라 로마로 가서 베스파시아누스 황제에게 로마 시민권뿐만 아니라 연금과 토지를 하사받았다. 그리고 그의 후원자인 '플라비우스 베스파시아누스'의 이름을 따서 '플라비우스 요세푸스'로 개명하였고 죽을 때까지 로마에서 살았다. 그는 로마에서 여유로운 삶을 살며 기원전 2세기부터 유대 전쟁까지 역사를 다룬 『유대전쟁사』를 썼으며 말년엔 『유대고대사』를 저술하였다. 그의 저술은 기원 전후의 유대 역사를 알리는 데 크게 이바지했지만, 그의 변절 행위는 아직도 논쟁의 소재가 되고 있다.

로마 장군에서 황제까지 된 베스파시아누스(69~79년 재위)는 최초의 평민 출신 황제였으며 네로 사후 혼란스러운 정국을 평정하고 안정적으로 로마를 통치했다. 그가 죽은 후 그의 첫째 아들인 티투스(79~81년 재위)가 황제 자리를 이어받았다. 티투스도 아버지와 같이 로마를 원로원과의 갈등 없이 안정적으로 통치하였으며 베수비오 화산 폭발이나 로마 화재, 전염병 등 자연재해에도 잘 대처하였다. 그는 아그리파 2세의 누이와 사랑에 빠져 결혼하고자 하였으나 유대인을 황제의 부인으로 받아들일 수 없었던 로마시민이 반대하자 포기하였다. '관대한 황제'로 인기가 많았던 티투스였지만 안타깝게도 재위 2년 만에 열병으로 죽으면서 그의 업적은 더는 기록될 수 없었다. 티투스 사후 남동생인 도미티아누스가 황제 자리를 이어받았다. 도미티아누스는 15년간 로마를 통치하였으나 폭정을 일삼으면서 근위대에 의해 암살되었다. 도미티아누스가 죽으면서 플라비우스 가문의 황제 세습은 끝난다.

4.
2차 유대전쟁과 그 이후

    2세기 초 로마는 예루살렘 주변에 2개 로마군단을 주둔시켜 강압적 통제를 하고 있었다. 그런데 130년 로마 황제 하드리아누스가 예루살렘과 가까운 북쪽에 로마 식민도시인 아일리아 카피톨리나를 건설할 계획을 세우고 유대교 전통인 할례를 금지하면서 유대인의 감정을 상하게 하였다. 더욱이 1차 유대 전쟁으로 불타 버린 성전 자리에 로마의 최고신 유피테르(제우스)를 모시는 신전을 지어버렸다. 그러자 132년 랍비 아키바 벤 요셉은 로마에 저항하는 반란을 선동했으며 시몬 벤 코스바라는 자에게 '바르 코크바'라 이름을 지어주고 그를 대장으로 삼아 로마에 반란을 일으켰다. 바르 코크바는 아람어로 '별의 아들'이라는 뜻으로 유대인을 구원할 메시아라는 뜻이었다. 반란군은 예루살렘을 점령하는 데 성공하였고 다른 유대 지역도 그에게 호응하면서 반란은 전국적으로 일어났다. 바르 코크바는 스스로 왕, 통치자라는 뜻의 '나시'를 칭하였고 로마로부터 해방을 기념하는 동전까지 발행하였다. 이것을 제2차 유대전쟁이라고 한다.

하드리아누스 황제는 율리우스 세베루스를 지휘관으로 삼고 대규모의 로마군을 파견하였다. 134년 예루살렘은 다시 로마군 수중에 떨어졌으며 135년 전투에 패한 바르 코크바는 자결하였고 다음 해에는 지방의 반란도 진압되었다. 랍비 아키바 벤 요셉은 붙잡혀 고통스런 고문을 받은 후 처형되었다. 또다시 유대는 황폐해졌으며 수십만 명이 죽거나 노예로 팔려나갔다.

로마는 반란을 진압한 후 걸핏하면 반란을 일으키는 유대민족을 징벌하기 위해 몇 가지 근본적이고 잔인한 조치를 취하였다. 유대인을 예루살렘에서 영구 추방하였고 도시의 이름도 아일리아 카피톨리나로 바꾸어 버렸다. 유대인은 예루살렘에 일 년에 단 하루만 방문할 수 있었는데 성전이 파괴된 날인 히브리 달력으로 아브월 9일이었다. 유대인들은 이날 예루살렘에 들어와 유일하게 남아 있던 성전의 서쪽 성벽에서 그날의 아픔을 울부짖었고 성벽은 '통곡의 벽'이 되었다.

그리고 로마는 유대아 혹은 가나안이라고 부르던 그들의 땅도 시리아-팔레스티나로 바꾸어 부르게 했다. 팔레스티나(Palestina)는 유대인이 이집트에서 탈출하여 가나안에 정착하기 위해 원수처럼 싸웠던 블레셋(Philistines) 민족이 살던 땅을 지칭하는 단어였다. 로마가 역사적으로 유대인과 갈등 관계에 있었던 민족을 인용하여 '블레셋의 땅'의 호칭을 쓴 것은 유대인의 자취를 이 땅에서 없애고자 한 조치였다. 이 조치 이후 이곳에 사는 사람을 팔레스타인 사람이라고 부르게 되었다.

상당수의 유대인은 이전부터 유대를 떠나 알렉산드리아와 안티오키아 등 예루살렘과 가까운 타국의 대도시에서 오랫동안 정착해 살아가고 있었다. 특히 알렉산드리아는 알렉산드로스 대왕 이래로 유대인이 그리스인과 함께 대규모로 정착해 상업활동을 하며 살던 곳이었다. 유대인은 알렉산드리아에서 그리스인과 같이 경제적으로 거의 동등한 특권을 부여받고 부유한 삶을 살 수 있었다. 하지만 115년에서 116년 사이에 로마 주둔군이 파르티아와의 전쟁을 위해 알렉산드리아를 비운 사이에 벌어진 그리스인과 유대인 간의 충돌로 벌어진 상호 간의 학살이 유대인 폭동으로 발전했고 폭동이 진압되는 와중에 유대인이 이집트 밖으로 쫓겨나는 결과를 가져왔다.

1·2차 유대전쟁으로 예루살렘 성전이 불에 타고 성지인 예루살렘마저 접근이 어렵게 되자 굳이 예루살렘 가까이 살 이유가 없어진 유대인은 유대와 시리아, 이집트를 떠나 더 먼 곳까지 이주하여 살기 시작하였다. 또한, 나중에 로마가 기독교를 공인하면서 예루살렘에는 기독교의 성지로서 수도원과 성당이 건립되었고 그와 동시에 이교도인 유대인에 대한 탄압이 가중된 것도 또 다른 이유였다.

유대인이 전 세계로 흩어진 이 현상을 고대 그리스어로 디아스포라(Diaspora)라 하는데 이산(離散), 즉 '흩어져서 사는 것'을 의미한다. 유대인은 흩어져 살면서 인종적 혼혈이 발생하였고 히브리어도 사용하지 않았지만, 그들이 가진 종교적 신념과 규범은 고집스럽게 지켰기 때문에 민족은 사라지지 않았다.

5.
유대인은 왜 하나의 신만 섬겼을까?

신석기 시대에 농경에 따른 정착 생활이 시작되면서 인류는 자연현상에 관심을 두기 시작했다. 신석기인은 바람, 태양, 토양, 나무, 물 등 자연을 주관하는 정령이 있다고 믿기 시작했으며 그러한 정령이 청동기 시대에 접어들며 점차 신(神)이 되기 시작했다. 사람들은 자연현상을 설명하기 위해 신을 집어넣어 이해했고 수많은 자연현상을 설명하다 보니 자연스럽게 신들도 많아지기 시작했다. 신이 많다는 것은 그들이 자연을 좀 더 세밀하게 이해하려고 했다는 의미이기도 했다. 특히 농경민족은 수많은 자연현상을 이해하려 했고 그래서 대부분의 농경민족은 다신(多神) 신앙이 있었다. 우리가 알고 있는 세계 4대 문명은 모두 다신교였다.

그런데 유대인은 특이하게도 신이 하나였다. 왜 그랬을까? 추측하건대 첫 번째 이유로는 유대인이 농경이 아니라 목축을 통해 생활하는 유목인이라는 것이 원인이었을 것이다. 아브라함 가족은 유프라테스강 하류인 우르에서 상류인 하란으로 그리고 가나안 지방으로 계속 이동했다. 또한, 정착한 가나안 지방에서도 유목 생활은 여전했다. 성경에서 하나님이 이스라엘 민족에게 약속했던 '젖과 꿀이 흐르는 땅'은 기본적으로 목축에 적합한 땅이었다. '젖'은 가축에게서 나오는 것이고 '꿀'은 채집을 통해서 이루어지기 때문이다. 가축과 벌은 모두 풀과 꽃이 피는 목초지가 필요하지 농경에 필요한 기름진 땅이 필요한 것이 아니었다. 유목민족은 가뭄이나 홍수가 나면 유목하던 곳을 떠나 다른 곳으로 쉽게 이동했다. 따라서 자연의 변화에 농경민족보다 상대적으로 민감하지 않았고 그렇기 때문에 자연현상을 설명하기 위해 억지로 신을 끌어들일 필요도 없었다. 따라서 신이 많을 필요가 없었다.

두 번째는 하나의 신을 섬기는 것은 약소 부족이 자신의 정체성을 유지하는 데 효과적이었을 것이다. 다신교는 신이 여럿이라는 말인데 이 말은 다른 신도 별문제 없이 수용될 수 있다는 의미이기도 했다. 만약 다신교를 가지고 있는 민족이 다른 민족과 섞이게 되면 자연스럽게 신도 섞이게 된다. 고대에는 종교가 그 민족의 생활 양식을 결정하는 중요한 요소였기 때문에, 신이 섞이면 종교행사와 그와 관련된 생활풍습도 바뀔 수밖에 없었다. 이렇게 되면 자연스럽게 원래 가지고 있던 민족 정체성은 사라지게 된다.

하지만 일신교는 다른 신을 철저히 배척하므로 다른 민족과 같이 살거나 지배를 받더라도 동화되지 않는다는 장점이 있었다. 아브라함 부족과 그 이후의 이스라엘 국가는 항상 이집트나 메소포타미아에서 일어난 강대국의 영향권에 놓여 있었다. 만약 이들이 여러 신을 수용하는 다신교였다면 그들의 정체성은 순식간에 사라졌을 것이다. 이 말은 일신교는 당시 약자였던 아브라함 부족이 생존과 정체성 유지를 위해 선택할 수 있는 제일 나은 방법이었다는 것이다.

하지만 반대로 일신교는 민족 정체성을 유지하는 데는 좋지만 다른 신을 배척하기 때문에 주변 민족을 포용하는 데는 심각한 문제점이 있었다. 따라서 여러 민족과 종교를 아우르는 거대한 제국에는 적합하지 않았다. 그래서 이집트나 아시리아, 바빌로니아, 아케메네스 왕조 페르시아[58]와 같은 제국은 다신교 국가이거나 종교적 관용성이 있었기 때문에 피지배 민족과의 종교적 마찰은 크지 않았고 제국으로 성장할 수 있었다. 거대한 영토를 가진 제국은 기본적으로 다신교를 유지하는 것이 유리했다.

그렇다면 제국이었던 로마는 어떻게 일신교 국가가 되었을까? 애초에 로마가 팽창할 때는 로마인은 다신교를 가지고 있었다. 그들이 모시는 신은 그리스 신들과 거의 같았기 때문에 신이 많았고 정복지의 신도 배척하지 않고 그들 나름대로 이해하고 수용하였다. 그런데 4세기 초 로마 황제 콘스탄티누스 황제는 기독교를 공인하였고 4세기 말에 테오도시우스 황제는 기독교를 국교화하였다. 이렇듯 로마가 일신교를 추진한 이유는 로마가 정복 전쟁을 멈추고 영토 확장을 더는 하지 않았기 때문이다. 당시엔 다양한 민족으로 구성된 로마인을 결속시켜 이미 확보한 거대한 제국의 영토를 지키

---

[58] 아케메네스 왕조 페르시아는 유일신 사상을 가진 조로아스터교를 믿었지만, 영토 내의 피지배 민족에게 강요하지 않았고 각 민족의 종교와 관습을 그대로 인정했다.

는 것이 요구되던 시기였다. 따라서 다양성이 아니라 통일성이 필요로 하는 시기에 로마인을 하나의 신 밑에 모이게 하는 것은 좋은 생각이었다. 그리고 그러한 종교개혁은 이미 로마 내에 토대가 마련되어 있었다. 로마 제정 초기에 행해진 박해에도 불구하고 민중들 사이에선 이미 기독교가 널리 퍼져 있었기 때문이다. 이런 이유로 일신교는 로마에서 쉽게 수용될 수 있었다.

한 가지 생각해볼 것은 일신교인 이슬람은 팽창하는 시기에 다신교가 아닌 처음부터 일신교였는데 심각한 종교적 갈등 없이 제국으로 성장하였다. 이게 가능한 이유는 무엇일까? 그것은 이슬람 세력이 팽창하는 시기인 서기 7세기는 이미 주변 국가에서 일신교가 자리 잡았기 때문이었다. 당시 중동 서쪽은 기독교를 국교로 하는 로마가 있었다. 따라서 로마 영토를 점령했을 때 로마에 살던 사람들은 유일신을 섬기는 이슬람을 자연스럽게 받아들일 수 있었다. 더욱이 이슬람과 기독교는 같은 신을 모시고 같은 성경을 공유하는 형제 종교였다.

그런데 중동 동쪽은 조로아스터교를 믿는 사산 왕조 페르시아였는데 반발이 없었을까? 조로아스터교도 다신교적인 성격이 있긴 했지만 사실상 '아후라 마즈다'라는 유일신을 섬기는 종교였다. 또한, 조로아스터의 교리인 선악(善惡)을 나누는 이원론(二元論)이나 부활과 최후의 심판 등과 같은 개념은 유대교와 기독교의 교리에 큰 영향을 끼쳤다는 것이 정설이다. 다시 말해 유대교, 기독교와 맥락을 같이하는 이슬람교가 조로아스터교를 믿던 페르시아인들에게는 전혀 낯선 종교가 아니었다.

　결론적으로 유대인이 유일신을 가지게 된 이유는 유목 생활의 특성 그리고 강국들 틈바구니에서 약소국이 정체성을 유지하기 위한 수단으로서 매우 유효했기 때문이라고 생각할 수 있다.

5장

바드르 전투 外

- 이슬람교의 성립

1.
로마와 파르티아 그리고
사산 왕조 페르시아

로마와 파르티아

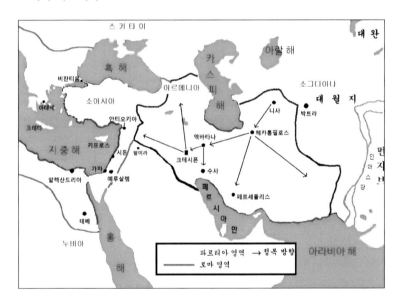

파르티아의 발전

파르티아는 니사를 근거지로 한 이란계 유목민인 파르니(Parni) 부족의 족장 아르사케스 1세(B.C 247~217년 재위 추정)가 셀레우코스 왕조에 반기를 들고 왕국을 세웠다. 처음에는 서쪽의 셀레우코스 왕조와 동쪽의 그리스-박트리아 왕조의 공격을 받으면서 위기를 겪기도 했으나 수도를 헤카톰필로스로 옮기면서 점차 강성해지기 시작했다.

파르티아가 제국으로 발전하는 시기는 미트라다테스 1세(B.C 167~132년 재위 추정) 때였다. 그는 기원전 155년 메디아 지방을 정복하고 수도를 엑바타나로 옮겼다. 기원전 141년에는 티그리스 강변의 대도시 셀레우키아를 점령하면서 셀레우코스군을 지중해 해안으로 밀어냈다. 그리고 셀레우키아와 인접한 지금의 바그다드 남쪽 32㎞ 떨어진 곳에 크테시폰이라는 새로운 도시를 건설하고 수도로 삼았다. 크테시폰은 파르티아가 멸망할 때까지 제국의 수도로서 번영을 누린다.

이즈음 동쪽에서 중국 한(漢)나라 무제의 명령으로 서쪽으로 파견된 중국인 장건이 대월지에 도착했다. 월지족은 중국 서쪽 변경에 살던 유목 부족이었는데 흉노와 오손에 밀려 소그디아나 지역으로 도망 온 부족이었다. 흉노의 왕(선우)은 월지 왕의 두개골로 술잔을 만들어 사용했다고 한다. 월지족은 소그디아나에 정착하여 남쪽의 그리스-박트리아 왕국을 멸망시키고 대(大)월지를 세워 번영을 누리고 있었다. 장건은 흉노에 원한이 있는 대월지와 군사적 동맹을 맺어 한나라를 위협하고 있던 북쪽 유목민족인 흉노를 협공하기 위해 멀리서 찾아온 것이다. 하지만 대월지는 장건이 생각한 것보다 훨씬 더 서쪽에 있었고 대월지의 왕도 이미 흉노와의 원한은 잊은 지 오래되어 굳이 멀리 떨어진 흉노를 공격할 생각이 없었기 때문에 동맹을 거절하였다.

장건은 동맹 실패에 대한 실망감을 안고 왔던 길로 다시 돌아갔지만, 그가 이용했던 길과 서역의 왕국들이 중국인들에게 알려지게 되면서 새로운 동서 무역로가 개척되었다. 중국과 중동 사이에는 사막과 고원이 가로막고 있어서 그가 걸어온 길은 이전에는 미지의 길이었다. 이후 이 길로 중국과 중동 간에 수많은 물품이 거래되었지만 단연 중국의 비단이 주요 물품이었기 때문에 비단길(Silk Road)이라고 불리게 된다. 비단은 로마까지 전파되었는데 파르티아는 비단길을 통한 중개무역으로 큰 부를 쌓을 수 있었다. 중국에는 파르티아 왕조의 창시자 아르사케스의 이름을 따 안식(安息)국이라고 알려지게 되었다.

한편 파르티아가 서쪽으로 세력을 확장하자 셀레우코스 왕조를 멸망시키고 동진하고 있는 강국 로마와 충돌하였다. 하지만 파르티아는 로마와의 전쟁에서 밀리지 않았다. 기원전 53년 로마 1차 삼두정치(카이사르, 폼페이우스, 크라수스)의 군인 중 한 명인 크라수스가 대군을 이끌고 파르티아를 공격하다 대패했는데 이 전투에서 로마군의 4분의 3이 죽거나 포로가 되었으며 크라수스 자신도 아들과 함께 전사했다. 시간이 지난 후 카이사르는 정적인 폼페이우스를 제거하고 로마의 최고 권력자가 되어 파르티아에 대한 복수전을 준비했지만, 카이사르가 암살되면서 파르티아와의 전쟁은 한참 후로 미뤄졌다. 그리고 카이사르 사후 제2차 삼두정치가 시작되었는데 카이사르의 심복이었던 안토니우스는 동방영토를 차지하고 기원전 34년 파르티아에 대한 복수전을 펼쳤으나 그마저도 참패했다.

파르티아가 강력한 로마군을 번번이 패배시킬 수 있었던 것은 다음과 같은 전술이 있었기 때문이다. 우선 파르티아는 가볍게 무장을 한 경기병으로 로마군의 밀집대형에 화살 세례를 날렸다. 그러면 로마군 기병대가 출동하여 이들을 추격하기 시작한다. 하지만 도망가던 파르티아 경기병은 추격하는 로마 기병에 화살을 날려 오히려 추격하는 로마 기병을 말에서 떨어뜨렸다.

파르티아 궁기병
말을 몰면서 몸을 돌려 화살을 날리고 있다. 등자도 없이 이런 사격이 가능하려면 오랫동안 엄청난 훈련이 필요했다.

파르티아 기병이 달리는 방향과 반대로 몸을 돌려 화살을 날렸기 때문이었다. 이런 기병의 활쏘기를 로마인은 '파르티아식 활쏘기'라 불렀다. 로마군의 기병 공격이 실패로 돌아가면 파르티아 기병은 다시 돌아와 로마군 보병 밀집대형에 화살을 날렸다. 시간이 흘러 점차 보병의 진영이 무너지기 시작하면 갑옷을 두껍게 입은 창기병이 돌진하여 보병대를 무너뜨리고 전투를 마무리 지었다.

하지만 파르티아는 로마를 압도할 정도의 군사력을 가지고 있지는 못했다. 두 나라의 전투는 항상 국경선에서 치열하게 벌어졌으며 특히 전략적 요충지인 아르메니아를 놓고 끊임없이 충돌했다.

로마와 대적할 만큼 강성했던 파르티아는 1세기 후반부터 지방에 대한 통제력이 느슨해지면서 지방 세력들이 반독립적인 상태가 되자 쇠락하기 시작하였다. 이 시기에 파르티아는 문화적으로 헬레니즘 문화에서 점차 탈피하여 페르시아 고유의 문화를 강조하기 시작하였다. 파르티아는 114년 트라야누스 황제가 이끄는 로마군에 의해 셀레우키아와 크테시폰을 점령당해 멸망 직전까지 갔다. 그러나 로마군은 시리아, 팔레스타인, 메소포타미아 등 전선 후방에서 반란이 일어나 군대를 돌릴 수밖에 없었다. 165년에도 로마군은 파르티아 수도 크테시폰을 함락하였으나 군대 내 역병이 돌아 후퇴하였다. 195년 로마 황제 셉티미우스 세베루스는 파르티아 원정을 다시 단행하여 197년 크테시폰을 파괴하고 돌아갔다. 파르티아는 이렇듯 로마와의 전쟁으로 심각한 타격을 받고 국력이 소진되었으며 파르사 지방(現 파르스 지방)에서 일어난 반란으로 멸망하게 된다.

로마와 사산 왕조 페르시아

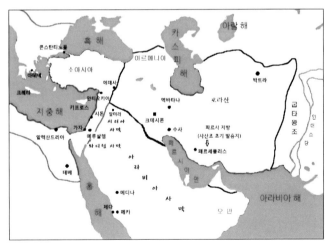

사산 왕조 페르시아와 비잔티움 제국

224년 파르사 지방의 영주였던 아르다시르 1세(224~241년 재위)는 종주국인 파르티아에 반기를 들었다. 그리고 2년 후 그의 군대가 크테시폰에 발을 들여놓으면서 약 450년간 유지된 파르티아는 멸망하였다. 아르다시르 1세는 크테시폰을 수도로 삼고 스스로 '왕중의 왕'이라고 불렀다. 아르다시르 1세의 할아버지는 제사장 출신 사산이라는 인물이었고 그를 가문의 시조로 여겼기 때문에 이 왕조를 '사산 왕조 페르시아'라고 부른다.

아르다시르 1세의 아들 샤푸르 1세(241~272년 재위)는 로마군을 세 번이나 대패시키고 영토를 서쪽으로 넓혔다. 그는 244년 로마 황제 고르디아누스 3세를 전사시켰으며 253~256년에 걸쳐 갈루스 황제의 6만 대군도 격파한 후 안티오키아와 시리아를 약탈하였다. 그리고 259~260년에는 에데사 부근에서 벌어진 전투에서 황제 발레리아누스를 포로로 잡았다. 포로로 잡힌 불행한 발레리아누스 황제는 2년간 적지에서 비참히 살다 쓸쓸히 죽었다고 한다. 샤푸르 1세는 동쪽으로도 영토 확장을 꾀하였다. 그는 아프가니스탄에 자리 잡은 쿠샨 왕조를 멸망시키고 중앙아시아의 사르다리야강에서 인도에 이르는 거대한 영토를 차지하였다. 그리고 샤푸르 1세 시기에 페르시아인 '마니'라는 자가 마니교를 창시하였는데 조로아스터교와 기독교의 사상을 혼합한 종교였다. 하지만 샤푸

말을 탄 샤푸르 1세 앞에 발레리아누스 황제로 추정되는 인물이 무릎을 꿇고 있다. 나크시-에 로스탐(Naqsh-e Rostam)의 절벽에 조각되어 있다.

르 1세 이후 사산 왕조의 탄압으로 마니는 처형되었고 신자들은 중앙아시아로 도망을 가 그곳에서 일정 기간 명맥을 유지하였다. 반면 원래 페르시아인의 전통 종교인 조로아스터교는 경전인 아베스타(Avesta)가 완성되어 교리가 정립되었고 사산 왕조는 조로아스터교를 국교화하였다. 그 결과 조로아스터교의 종교지도자들은 왕위 계승과 국가 운영에 깊이 관여하게 되었다.

로마에서도 종교적으로 큰 변화가 있었다. 로마의 콘스탄티누스 1세(306~337년 재위)는 밀라노 칙령을 통해 그동안 탄압을 받던 기독교를 공인하였고 독실한 기독교도였던 그의 어머니 헬레나는 예루살렘에서 예수가 매달렸던 진짜 십자가를 발견했다며 발견된 장소에 성분묘 교회를 세웠다. 콘스탄티누스 1세가 죽고 약 50년이 흐른 후 테오도시우스 황제는 기독교를 로마의 국교로 삼았다.

콘스탄티누스가 행한 또 하나의 중요한 일은 보스포루스 해협 근처의 그리스 식민도시였던 비잔티움에 거대한 도시를 건설해 수도로 삼고 자신의 이름을 따서 콘스탄티노플(콘스탄티노폴리스)이라는 이름을 붙였다는 것이었다. 그는 이미 쇠락한 수도 로마를 떠나 모든 부가 집중되고 있고 아시아와 유럽을 연결하는 중심점에 있는 비잔티움을 새로운 수도로 삼아 로마 제국을 부흥시키고자 하였다. 또한, 로마를 위협하고 있는 적은 동쪽의 사산 왕조 페르시아였기 때문에 동쪽으로 수도를 옮기는 것은 군사적인 면에서도 합리적인 결정이었다.

그런데 콘스탄티누스가 죽고 60여 년이 지난 395년 테오도시우스 황제가 죽을 때 두 아들에게 로마를 반으로 나눠주면서 이탈리아 로마를 수도로 하는 서로마와 콘스탄티노플을 수도로 하는 동로마로 로마 제국은 완전히 갈라졌다. 그리고 동·서 로마로 갈라진지 100년도 안 된 476년, 서로마 제국은 게르만 용병 오도아케르에 의해 멸망하였다. 서로마 제국 멸망 후 동로마는 점차 비잔티움 제국이라 불렸는데 수도인 콘스탄티노플의 옛 그리스식 이름이 비잔티움이었고 지리적 특성상 인구의 상당수가 그리스인이고 그리스 문화풍토를 가지고 있었기 때문에 수도의 그리스식 명칭이 제국의 이름이 된 것이다.

사산 왕조의 두 번째 전성기는 호스로 1세(531~579년 재위) 시기로, 그는 540년 안티오키아를 비잔티움 제국으로부터 빼앗았고 아라비아반도의 예멘까지 쳐들어가 비잔티움 제국의 동서 무역로를 끊음으로써 비잔티움 경제에 큰 타격을 가했다. 동쪽으로는 유목민인 에프탈을 격파하여 동쪽 영토를 방어하고 확장하였다.

호스로 2세(590~628년 재위)는 시리아와 팔레스타인, 이집트 등을 차례로 정복하고 예루살렘에서 '예수의 십자가'를 약탈하는 등 기세를 올렸다. 하지만 비잔티움 제국도 오랜 정치적 내분을 끝내고 사산 왕조에 반격을 준비하고 있었다. 비잔티움의 헤라클리우스 황제(610~641년 재위)는 대군을 이끌고 페르시아에 반격을 가해 잃었던 영토 대부분을 회복했을 뿐 아니라 메소포타미아 깊숙이 쳐들어갔다. 페르시아군이 패전을 거듭하자 호스로 2세는 자신의 부하 장수에게 패전의 책임을 물어 죽이려 했지만, 이것을 눈치챈 부하가 먼저 반란을 일으키면서 오히려 호스로 2세 자신이 반란군에 의해 살해되었다. 호스로 2세가 죽고 사산 왕실은 극심한 내분에 휩싸였고 호스로 2세의 손자 야즈데게르드 3세 때 남쪽에서 일어난 셈족의 이슬람군에 의해 왕조는 멸망한다.

2.
아라비아의 상황

사산 왕조와 비잔티움 제국의 전투가 치열하게 전개될수록 두 나라의 국력은 점차 소진되었다. 특히 양국이 시리아를 중심으로 공방전을 오랫동안 벌이자 육로를 통한 동·서간의 무역은 크게 위축되었다. 그러자 상인들은 전쟁터를 피해 우회로를 찾기 시작하였고 그 길은 바닷길 즉 홍해를 통한 무역로였다. 이 무역로의 중심에 아라비아반도 도시인 제다와 메카가 있었다.

아라비아반도의 내륙은 거의 사막으로 이루어져 있었기 때문에 사람들은 해안가를 중심으로 거주하였다. 이 지역의 주민을 아랍인이라고 불렀는데 당시 아랍인을 지칭하는 범위는 '아라비아반도를 본거지로 하는 셈족'이라고 이해하면 된다. 현재는 아랍인이 의미하는 범위가 크게 확대되어 이란인과 투르크족을 제외한 대부분 중동국가의 민족을 뭉뚱그려 아랍인이라고 표현하고 있다. 아랍인이라 불렸던 아라비아인은 크게 목초를 찾아 양과 산양, 낙타 등을 이끌고 사막을 이동하는 유목민인 베두인족과 오아시스에 정착하여 농업이나 상업에 의존해 사는 도시 주민으로 나눌 수 있었다.

그리고 유목민이든 오아시스 정착민이든 모두 부족 단위로 나뉘어 있었고 각기 다른 신을 모시며 부족장과 그 하위계층인 씨족장의 지도하에 살고 있었다. 부족장은 부족 회의를 주재하고, 다른 부족과의 교섭에서 부족을 대표하였지만, 덕망이 높고 나이가 많은 구성원 중에서 선출되었기 때문에 지배자라고 할 수는 없었다. 부족 간에는 다툼이 끊이지 않았으며 조그마한 갈등에도 칼을 뽑고 서로 죽였다. 외부의 적으로부터 자기를 지키는 일과 거친 사막에서 만나게 되는 도적의 위험에 대처하기 위해 개인은 부족과 떨어져 생각할 수 없었고 자연스럽게 강력한 혈연적 공동체 의식이 형성되었다.

아라비안반도의 중요 도시였던 메카(당시는 마카라고 불림)는 홍해에서 최대 무역항인 제다(당시는 슈와이버라고 불림)에서 내륙으로 72km 떨어져 있는 도시였는데 강수량이 불규칙하고 여름에는 불볕더위며 땅은 바위로 이루어져서 농사는 거의 불가능했다. 하지만 메카는 북쪽으로는 시리아와 메소포타미아, 서쪽은 제다를 통한 해양 무역, 남쪽은 예멘으로 연결될 수 있는 교통의 중심지였기 때문에 상업 도시로 크게 번창할 수 있었다. 예멘 지역은 계절풍 영향으로 중동에서는 드물게 비가 많이 내려 농경 지대였을 뿐 아니라 상업 도시 아덴을 거점으로 유향과 몰약 등 여러 특산품이 거래되었다.

메카에는 또한 아랍인들이 신성시하는 카바(신의 집) 신전이 있었다. 카바는 정육면체를 의미하는 아라비아어라고 한다. 무덥고 척박한 메카에 신전이 세워진 이유는 메카 주변에 검은 운석이 떨어졌기 때문이다. 사막의 유목민들은 하늘에서 떨어진 신비한 검은 운석을 조악한 신전을 만들어 제사 지냈고 자연스럽게 각 부족이 모시던 우상들도 카바 신전으로 모여들었다. 이렇듯 카바 신전은 이슬람 이전에도 있었으며 아랍의 각 부족이 자신의 신을 모시던 공간으로 활용하였다. 카바 신전 주변에는 3명의 여신을 모시는 신전도 있었고 각지에서 온 유목민이 자신들의 풍습에 따라 순례를 했고 순례 기간에는 부족 간의 싸움도 중단하였다. 순례 기간에는 메카 주변에 큰 시장이 형성되어 상업활동이 활발히 이루어졌다.

무함마드가 청년이던 시절에는 카바는 사람 키 정도의 높이에 지붕도 없었는데 이후 홍수로 소실되었다가 재건되어 지금과 같은 크기와 모습을 가지게 되었다. 이슬람에서는 카바 신전은 아브라함의 첫째 아들 이스마엘이 하나님의 성전으로 최초로 지은 것이라고 믿

카바 신전과 주변을 돌고 있는 이슬람교도
카바 신전은 네모난 석조건물로 겉은 검은 비단으로 덮여 있다. 내부의 동쪽 모서리 약 1.5m 높이에는 검은 돌(성스러운 돌 - 운석으로 추정)이 박혀 있다. 성스러운 돌은 아담이 천국에서 가져온 돌이라고 믿기고 있다. 카바 신전에서의 종교 행위는 이슬람 이전 부족들이 행하던 전통 종교 의식 행위를 그대로 답습했다고 한다.

고있다. 카바 신전의 기원을 봤을 때 당시에 아라비아 사회는 유대교, 기독교의 영향을 많이 받고 있었음을 알 수 있고 하나님을 신(神) 중의 한 명으로 인식했던 것 같다.

　메카를 지배한 부족은 쿠라이시 부족으로 무함마드의 5대 조상인 쿠사이이가 쿠라이시 부족을 통합해 유목 생활을 청산하고 메카에 정착했다고 한다. 6세기 후반 비잔티움 제국과 사산 왕조 페르시아 간의 전쟁이 격화되어 유프라테스강을 거슬러 올라가는 무역로는 쇠퇴하고 남쪽의 홍해를 통한 해상무역과 아라비아반도를 통한 대상 무역이 활발해지면서 메카는 그 혜택을 고스란히 받았다. 쿠라이시 부족은 메카의 교역을 독점해 겨울에는 아프리카와 인도의 산물이 모이는 예멘으로, 여름에는 지중해로 연결된 시리아·팔레스타인 쪽으로 대상을 파견하였고 항구도시 제다를 통하여 지중해와 에티오피아의 산물을 거래하였다. 그러면서 메카는 상업 도시에서 더 나아가 금융의 중심지로까지 발전하였다.

3.
무함마드의 이슬람교 창시

무함마드는 570년경 쿠라이시 부족의 하심 가문의 일원으로 메카에서 태어났다. 하지만 무함마드의 어린 시절은 우울했다. 아버지는 무함마드가 태어나기 전에 죽었기 때문에 할아버지와 어머니 밑에서 자랐다. 그는 관례에 따라 베두인족의 유모에게 맡겨져 유아기를 보냈다. 당시엔 거친 환경으로 인해 유아사망률이 높았는데 쿠라이시 부족은 계곡 사이에 있어 공기가 탁한 메카와 달리 사방이 탁 트인 사막은 공기가 맑아서 유아사망률을 낮춘다고 믿었기 때문에 아기 때는 베두인족 여성에게 맡겨 키우게 하는 풍습이 있었다. 유아기가 지나고 집으로 돌아온 무함마드는 또다시 아픔을 겪어야 했다. 무함마드가 6세 때 어머니가 병으로 죽었고 8세 때는 자신을 돌봐주던 할아버지마저 죽었기 때문이다. 고아가 된 그를 숙부 아부 탈리브가 돌봐주었지만, 숙부 가족은 매우 가난했다. 꾸란에는 다음과 같은 구절이 있다.

"하나님은 고아인 그대를 발견하여 그대를 보호하지 않았느냐. 그분은 방황하는 그대를 발견하여 그대를 인도하지 않았느냐. 그분은 가난했던 그대를 부유하게 해주지 않았던가. 그러므로 고아를 거칠게 대하지 말아야 한다(『꾸란』 93:6~9)."

무함마드는 생계를 위해 일찍부터 돈벌이가 되는 상업활동에 뛰어들었으며 부자들의 대리인으로 낙타를 타고 대상(隊商)인으로 사막을 횡단하며 이리저리 돌아다녀야 했기 때문에 제대로 된 교육을 받을 기회가 없었다. 따라서 논란의 여지는 있지만, 그가 문맹이라는 주장은 많은 학자에 의해 받아들여지고 있다.

무함마드는 동료 상인들 사이에서 성실하고 인내심 있기로 유명했던 것 같다. 한 상인은 다음과 같이 그와의 일화를 말한다.

"무함마드가 신의 계시를 받기 전에 나는 그와 거래했었다. 그런데 내가 날을 정해 거래하기로 하자고 그에게 말해 놓고는 내가 그만 약속을 어겼기 때문에 이 거래는 깨지고 말았다. 사흘이 지나서 약속한 곳을 지나다가 무함마드가 서서 나를 기다리고 있는 것을 보았다. 그는 화를 내지 않고 '당신은 사흘 동안이나 나를 여기에 있게 하는 괴로움을 주었습니다.'라고 말했다."

메카에는 한 번의 이혼과 한 번의 사별을 겪은 '하디자'라는 과부가 있었는데 두 번째 남편이 그녀에게 상당한 유산을 남겨주면서 큰 부자가 되었다. 그녀는 무함마드의 성실함을 듣고 그를 자신의 대리자로 발탁하여 대상(隊商)을 조직한 후 시리아로 보냈다. 무함마드는 기대 이상으로 교역에서 큰 이득을 얻어서 돌아왔고 하디자를 기쁘게 하였다. 그리고 무함마드의 성품과 성실함 그리고 그의 젊음이 하디자의 마음을 흔들어 놓았다. 이전에 그녀의 재산을 보고 많은 부자가 그녀에게 청혼하였지만, 그녀는 단칼에 거절할 정도로 도도한 여자였다. 하지만 이번에는 자존심을 버리고 40세가 된 그녀가 25살의 젊은이에게 조심스럽게 청혼하였다. 그리고 그녀의 청혼을 무함마드가 받아들이면서 결혼이 성사되었다. 무함마드와 하디자의 25년간의 결혼 생활은 순탄했으며 무함마드는 처음으로 생계에 대한 걱정 없이 다른 생각에 잠길 수 있는 여유를 가지게 되었다.

무함마드는 팔레스타인 지역을 오가며 유대교와 기독교의 교리를 어느 정도 알고 있었다. 또한, 아랍인 중에 일부는 기독교로 개종한 자도 있었기 때문에 그에게 기독교와 유대교는 전혀 낯선 종교가 아니었다. 기독교로 개종한 아랍인들은 메카의 카바 신전에 여러 부족의 신들을 모시고 섬기는 것을 우상숭배라며 비판하였다. 하지만 기독교인은 소수였으며 그들의 주장은 무시되었을 뿐만 아니라 메카 지배자들의 탄압에 고향을 등져야 했다. 무함마드도 아라비아 부족의 종교적 분열상과 그로 인한 다툼에 문제의식을 느끼고 있었다. 그리고 그는 삶과 죽음의 근원에 대해서도 고민하게 되었는데 아마도 그의 가정사가 계기가 되지 않았을까 한다. 무함마드는 하디자와의 사이에서 아들 2명과 4명의 딸을 두었는데 아들 두 명이 모두 어린 나이에 죽은 것이다. 그는 대신 가난했던 숙부 아부 탈리브의 어린 아들 알리 이븐 아부 탈리브와 노예였던 자이드 이븐 하리스를 양자로 삼았지만, 친아들을 잃은 아버지의 상실감을 이겨내기는 쉽지 않았을 것이다.

※ 당시 아랍인들의 이름 표기 방식

당시 아랍인들은 성이 없었고 '누구의 아들 누구'라고 이름을 지었는데 이름 중간에 들어가는 이븐은 '~아들'이라는 뜻이다.

예) 자이드 이븐 하리스: 하리스의 아들 자이드(고유 이름)
　　알리 이븐 아부 탈리브: 아부 탈리브의 아들 알리(고유 이름)

따라서 이후 내용에는 완전한 이름을 쓰면 이름이 너무 길어지므로 편의상 '~아들' 부분은 빼고 인물의 고유 이름만 적었다.

무함마드는 경제적 여유 속에서 내세에 관심을 가지기 시작하였고 시도 때도 없이 집을 나가 몇 주일이고 산속에서 묵상하며 지냈다. 그러던 중 40세 무렵인 610년, 메카 교외의 히라 동굴에서 대천사 가브리엘로부터 신의 계시를 받는다. 그는 신의 계시를 받고 처음에는 자신의 주변 인물인 부인과 자식, 친구들을 비밀리에 이슬람으로 개종시킨 후 3년이 지나서야 공개적으로 이슬람 교리를 쿠라이시 부족에게 전파했다. 이슬람으로 처음 개종한 남자는 그의 양자이며 사촌 동생인 10살의 알리였다고 한다. 남녀 통틀어 첫 번째 개종자는 무함마드의 부인인 하디자였다. 이익을 좇아 살던 상인이 갑자기 나이 40이 넘어서 '신(神)의 말'을 전하는 것은 분명히

큰 모험이었고 3년은 그가 자신이 속한 부족의 종교적 전통에 도전하기 위해 용기를 내는 시간이었다.

무함마드가 아라비아인에게 전한 신은 기본적으로 유대교와 기독교가 섬기는 하나님이었다. 그는 아라비아인에게 새로운 신을 전한 것은 아니었다.

> "만약 하나님이 그대에게 계시한 것을 의심한다면 그대 이전에 성서를 읽은 자들(유대인이나 기독교인)에게 물어보라. 실로 주님으로부터 그대에게 진리가 이르렀나니 의심하지 말라(『꾸란』 10:94)."

> "그 성서는 우리 이전 두 백성(유대인과 기독교인)에게만 계시가 되었으니 우리는 실로 그들이 읽은 것이 무엇인지 알지 못하도다(『꾸란』 6:156)."

하지만 무함마드는 자신이 알라(아랍어로 '하나님'이라는 뜻)에게 최종적이면서 가장 완벽한 신의 메시지를 받았다고 주장했다. 다시 말해 구약성서에 적힌 아브라함과 모세에게 전한 알라의 말씀, 신약성서에 적힌 위대한 '선지자' 예수[59]를 통해 전한 알라의 말씀은 완전하지 않으며 자신이 천사 가브리엘에게 계시를 받고 사람들에게 전하는 것이야말로 알라가 인간에게 전하는 최종 말씀이라는

---

[59] 이슬람교는 유대교와 마찬가지로 예수를 신으로 인정하지 않고 위대한 '예언자', '선지자' 정도로 간주한다.

것이다. 그의 종교는 이슬람이라고 불렀는데 이슬람은 '신에게 순종한다'라는 뜻이었고 이슬람교를 믿는 사람을 '절대 순종하는 자'라는 뜻을 가진 무슬림(Muslim)이라고 부르게 된다.

그러나 무함마드의 포교 활동은 메카에서 성공적이지 못했다. 메카의 부유한 상인과 지도자들은 무함마드가 조상들을 모욕하면서 기존의 질서를 인정하지 않고 자신들의 부와 권력을 위협한다고 생각했다. 그도 그럴 것이 무함마드를 따르는 자들은 대부분 젊은이, 하층민, 노예였다. 또한, 무함마드가 없애길 요구하는 카바 신전에 모셔진 수많은 신(神) 덕분에 매년 엄청난 순례객들이 아라비아 각지에서 모여들었고 이들 덕분에 메카는 신성한 도시로서 숭상되었을 뿐 아니라 경제적으로도 큰 이득을 취하고 있었다.

메카의 주민들은 무함마드에게 그가 진정 하나님의 대리자라면 자신들이 보는 앞에서 기적을 일으켜 보라고 요구했다. 이에 무함마드는 대답했다.

"나는 단지 인간이며 하나님의 말을 전할 뿐이다(『꾸란』 17:93)."

쿠라이시 부족의 지도자들은 그의 포교 활동과 그의 추종자들을 탄압했다. 그가 계시를 받은 지 5년째가 되는 해에 무함마드를 따르는 남녀 수십 명이 종교적 자유를 위해 에티오피아로 이주하였다. 메카에서는 에티오피아 왕 네구스에게 2명의 사신을 파견하여 왕에게 선물을 바치며 이주한 이교도를 체포하여 다시 메카로 압송해 달라고 요청하였다. 네구스 왕은 이주한 이슬람교도들을 불러 그들의 종교에 관해 물었는데 그들이 모세와 예수를 선지자로 섬기는 종교를 가지고 있음을 알고 메카 사신의 요청을 거절하였다. 네구스 왕은 기독교인이었으며 그가 가진 종교가 이주자들의 종교와 매우 흡사함을 알고 거절한 것이다.

메카의 지배자들은 실망했지만, 이슬람교도에 대한 탄압은 더욱 강해졌다. 메카의 부족장들은 회의 끝에 다음과 같은 공동 선언문을 카바 신전에 붙여 그곳을 찾는 모든 순례자가 볼 수 있도록 하였다.

> "지금으로부터 메카 사람은 누구를 막론하고 무함마드와 그 가족이나 추종자들과 어떠한 거래도 하지 않는다. 그들에게 식량도 팔지 못하며 그들을 찾아가도 안 되며 그들의 누구와도 결혼하지 말고 교역(交易)도 하지 말라."

무함마드가 계시를 받은 지 7년째 되는 해에 무함마드와 그의 추종자들은 메카 주변의 황량한 협곡으로 추방되었고 메카인과의 교류도 차단되었다. 추방당한 이들은 아라비아 부족이 지키는 폭력 행위가 금지된 '신성한 월(月)' 기간에만 그곳을 나와 메카에서 식료품을 사거나 전도 활동을 할 수 있었고 나머지 기간에는 협곡에서 굶주렸는데 이런 고통스러운 삶이 2년 6개월간 지속되었다. 하지만 비인간적인 처벌이 오랫동안 지속되자 쿠라이시 부족 내부에서도 가혹한 처벌을 비판하는 자들이 나타났고 그 결과 무함마드와 그의 추종자들은 메카로 돌아올 수 있게 되었다.

이슬람교도는 자유를 얻었지만, 그들에 대한 조롱과 협박은 계속되었다. 특히 교주 무함마드에게 집중되었는데, 그가 길을 걷거나 예배를 드릴 때 더러운 진흙과 동물의 내장이 그에게 던져졌고 그를 죽이려고 달려드는 자들에 의해 목숨을 잃을 뻔한 적도 여러 번이었다. 하지만 주변의 모욕과 위협보다도 더 고통스러운 일이 무함마드에게 다가왔다. 이슬람으로 개종하지는 않았지만, 무함마드를 어릴 때부터 키워주고 그를 끝까지 지켜주고자 했던 하심가의 족장인 숙부 아부 탈리브가 80세의 나이로 사망한 것이다. 그리고 며칠 후 그가 무엇을 하든 옆에서 끝까지 지지해줬던 부인 하디자가 죽었다. 설상가상으로 아부 탈리브가 죽은 후 하심가의 족장이 된 아부 탈리브의 동생 아부 라합이 조상이 남긴 법을 인정하지 않는다고 하여 조카 무함마드를 가문에서 파문시켰고 무함마드의 둘째, 셋째 딸과 결혼한 자신의 아들 2명을 이혼시켰다. 무함마드는 두 명의 사랑하는 사람을 잃었을 뿐 아니라 혈족에게도 버림을 받았다. 이젠 50세가 된 그의 마음은 점점 고향 메카를 떠나고 있었다.

하디자가 죽고 얼마 후 무함마드는 그의 친구이며 든든한 조력자였던 아부 바크르와 우정의 맹세로서 당시 6세에 불과했던 그의 딸 아이샤와 약혼하였다. 아부 바크르는 명망이 높고 부유한 상인이었기 때문에 그의 개종과 경제적 지원은 초기 이슬람 포교 활동에 큰 보탬이 되었고 그의 친구들인 우스만 이븐 아판, 사드 이븐 와카스 등도 개종하였다. 특히 우스만은 쿠라이시 부족의 명문가인 우마이야 집안의 사람이었다. 아부 바크르는 자신을 따라 이슬람으로 개종하지 않은 자신의 부인과 이혼하였고 첫째 아들과는 의절하였다.

무함마드는 에티오피아로 피난 갔다 돌아온 과부 사우다라는 여인과도 결혼했다. 사우다와 그녀의 남편은 이슬람으로 개종하고 에티오피아로 이주를 하였으나 사우다의 남편이 에티오피아에서 기독교로 개종하는 바람에 사우다 홀로 메카에 돌아왔고 오갈 데 없이 외톨이가 된 그녀를 무함마드는 그의 부인으로 거두었다. 무함마드는 본부인 하디자가 죽은 이후 10여 년 동안 폭주하듯이 결혼하여 부인이 10명이 넘었지만, 최소한 하디자와 살 때는 그녀에게 충실했고 또한 존경했으며 그의 혈육은 그녀에게서 난 자식뿐이었다.[60]

무함마드의 메카에서의 전도는 거의 실패로 끝나고 있었지만, 메카 북동쪽의 도시 메디나에서는 이슬람교가 서서히 자리 잡아가고 있었다. 메디나 사람 중 메카에 순례하러 왔다가 무함마드를 만나 개종하는 사람이 더러 있었는데 무함마드가 제자를 메디나에 보내면서 이슬람교로 개종하는 이가 급속도로 늘어나기 시작했다.

메디나는 무함마드의 아버지가 묻힌 곳으로, 그와 인연이 있는 도시였다. 메디나는 메카와는 달리 토지가 비옥하여 밀이나 대추야자를 키울 수 있는 오아시스 마을이었다. 이곳에는 11개의 아랍 부족과 3개의 유대 부족이 같이 살고 있었다. 그런데 아랍 부족은

---

[60] 나중에 마리아라는 첩이 난 아들이 있었으나 태어난 지 얼마 안 돼 죽었다.

아우스 부족과 하즈라즈 부족을 중심으로 나뉘어 대립하고 있었고 부유한 유대 부족과도 관계가 좋지 못했다. 메디나의 주민들은 끊임없이 이어지는 부족 간의 분쟁이 지긋지긋했고 새로운 돌파구가 필요했다. 이에 아우스 부족과 하즈라즈 부족민 중에 이슬람으로 개종한 자들이 무함마드를 찾아와 메카 지도자들로부터 이슬람교도를 보호해주겠다며 메디나로 오기를 요청하였다. 무함마드는 메디나인의 맹세를 믿고 그의 추종자들에게 메디나로 이주하도록 명령했다. 이슬람교도는 밤을 이용하여 몰래 메디나로 이동하였고 메카의 지도자들은 무함마드가 메디나인과 결탁하였음을 알고 그의 도주를 막고자 무함마드의 집에 감시병을 두어 그를 감금시켰으며 결국에는 죽이고자 하였다.

무함마드는 생명의 위협을 느끼자 자신의 침대에 사촌인 알리를 눕힌 후 감시병을 피해 그의 오랜 친구인 아부 바크르와 함께 어둠을 이용하여 탈출하였다. 둘은 메카 교외 남쪽에 있던 인적이 드문 동굴에 숨었고 날이 밝자 감시병들은 무함마드의 침대에서 무함마드가 아닌 알리를 발견하게 되었다. 메카의 병사들은 사방으로 흩어져 며칠 동안 그를 찾아다녔으나 헛수고였고 메카의 지배자들은 무함마드에게 낙타 100마리의 현상금을 걸었다. 무함마드와 아부 바크르는 사흘 동안 동굴에 숨어 있다가 추격대가 보이지 않자 동굴에서 나와 한 명의 길 안내인을 따라 낙타를 타고 길을 우회하여 안전하게 메디나 교외에 도착할 수 있었다. 무함마드는 622년 7월 16일 메카를 떠나 거의 9일이나 걸려 메디나에 도착했다.

이슬람교도는 무함마드가 메카에서 메디나로 성공적으로 탈출한 것을 기념하기 위해 622년을 헤지라(아랍어로 '이주'라는 뜻)로 부르며 이슬람력의 원년으로 삼는다. 무함마드는 메디나 근방에서 사흘 동안 머물다 금요일에 메카에서 탈출한 알리가 도착하자 메디나의 이슬람교도와 함께 예배를 드렸는데 이슬람교도가 금요일에 예배를 드리기 시작한 것은 이때부터라고 한다. 무함마드는 다음 날 주민의 열렬한 환영 속에 메디나로 들어갔다. '아스리브'라 불렸던 이 도시는 이젠 '예언자의 도시'라는 뜻의 메디나로 불리기 시작했다. 이때 메카에서 메디나로 이주한 이슬람교도는 약 150명이었다.

무함마드는 메디나에서 이전에 약혼했던 아부 바크르의 딸 아이샤와 정식으로 결혼하였다. 그녀의 나이 이제 9세였다. 무함마드는 메디나에 이슬람의 예배당인 모스크를 건설하였다. 그리고 대립하고 있던 아우스 부족과 하즈라즈 부족의 중재자로서 그의 역할을 훌륭히 수행해내며 메디나 사회를 하나로 만드는 데 성공하였고 처음으로 부족과 혈연을 초월한 움마(이슬람 공동체)를 수립하였다.

무함마드는 이슬람 공동체에 유대인도 포함하고자 하였다. 그는 처음에는 예배를 드릴 때 유대인과 같이 예루살렘을 향해서 절을 했다. 유대인도 아브라함과 모세를 섬기는 무함마드에게 호의적이었기 때문에 그와 동맹을 맺고 군사적, 재정적 지원을 약속하였다. 얼마 후 메디나에 기독교인 60여 명이 방문하면서 유대교, 이슬람교, 기독교를 믿는 자들 간에 종교 토론이 벌어졌다. 그런데 교리상 형제 관계인 세 종교의 참가자들은 토론에서 우애를 확인하기는커녕 서로 극복할 수 없는 차이점만 확인했고 결국에는 상대방에 대한 비난을 퍼붓다 서로에 대한 불신만 갖고 헤어졌다.

유대인은 결국에는 무함마드를 선지자로 받아들이지 않았고 이슬람 교리의 우위성을 인정하지 않았다. 그러자 무함마드는 유대인과 결별하고 절을 할 때 예루살렘으로 향하던 것을 메카를 향해서 절하는 것으로 바꾼다. 하지만 유대인이 행하던 단식 행위나 하루 3회 기도를 하는 것 등의 종교의식은 이슬람 종교의식에 큰 영향을 끼친다.

무함마드는 기독교에 대해서도 비판적인 태도를 보였다. 핵심은 기독교인이 예수를 신으로 인정한 부분이었다. 무함마드의 눈으로는 기독교는 다신교였다.

> "하나님이 마리아의 아들 예수라 말하는 그들에게 저주가 있으리라. (중략) 그분의 뜻이라면 마리아의 아들인 예수와 그의 어머니와 세상의 모든 것이 멸망하게 되노라(『꾸란』 5:17)."

무함마드는 진정한 일신교를 믿는 무슬림으로 아브라함을 꼽았다. 아브라함은 아랍인의 조상으로 여겨지는 이스마엘의 아버지였다.

> "아브라함은 유대인도 기독교인도 아닌 성실한 무슬림이었으며, 또한, 우상을 숭배한 분도 아니었노라(『꾸란』 5:17)."

무함마드는 메디나에서 성공적으로 정착하여 이슬람 포교에 성공했고 단 2년 만에 그곳을 완전히 장악했으며 유대교나 기독교와는 다른 이슬람의 교리를 확립해 나갔다. 하지만 메디나에 여전히 그에게 적대적 태도를 보이는 세력도 존재했다. 한 세력은 한때는 동맹이었으나 적대적으로 변한 유대인이었고 또 한 세력은 우바이라고 하는 지도자를 중심으로 하는 메디나 토착세력이었다.

한편, 무함마드가 메카에서 메디나로 피신하자 두 도시는 언제 전쟁이 벌어질지 모르는 긴장 상황에 놓이게 되었다. 특히 메카는 무역을 통해 생계를 잇는 도시였기 때문에 언제 그들의 대상이 무함마드에게 습격당할지 노심초사하였다. 메디나의 무함마드가 빈번하게 수십 명의 무장한 병사를 메카의 주요 교역로로 보내 어슬렁거리게 했기 때문이었다. 무함마드는 자신의 부족인 쿠라이시 부족에 대해 평화적인 포교 활동을 단념하고 군사적인 행동을 취하기로 마음먹었음이 틀림없었다.

> "싸움을 거는 자에 대해 전투를 허락하셨다. 그들이 악을 저질렀기 때문이다. 참으로 하나님은 힘차게 도우시는 분이다(『꾸란』 5:17)."

어느 날 쿠라이시 부족의 일부가 메디나 근처로 와 수많은 낙타와 양을 약탈해 갔다. 무함마드는 그들을 추적했으나 잡을 수 없었다. 얼마 후 이슬람교도가 메카의 대상을 습격하여 호위병과 상인을 죽이고 상단의 물건과 함께 포로 2명을 잡아서 메디나로 돌아왔다. 문제는 이 습격 날짜가 모든 아라비아인이 지키는 '신성한 월(月)'의 마지막 날이었고 이 한 달은 어떠한 폭력 행위도 금지되어 있었다. 메디나 내부 여론도 이 습격에 대해 우호적이지 않았다. 하지만 무함마드는 '알라의 뜻'을 내세우며 금기 행위를 정당화하였다.

메카인은 분노하여 공식적으로 전쟁을 선포하였고 메카와 메디나는 정면충돌을 피할 수 없게 되었다.

4.
바드르 전투 外

바드르 전투

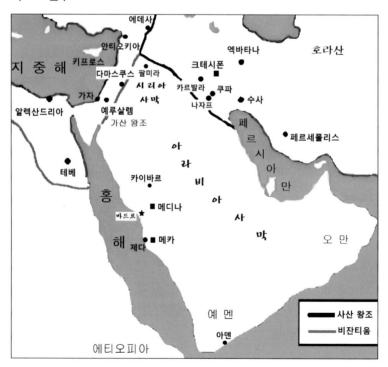

이슬람 탄생 시 아라비아반도

무함마드가 메디나를 장악하고 그곳에서 이슬람 공동체(움마)를 수립하였지만, 이주자들의 삶은 곤궁하였다. 이주자들이 메카를 떠날 때 대부분 야반도주하면서 일부는 도중에 잡혀서 재산을 빼앗겼고 일부는 아예 재산을 놓고 옷가지만 챙기고 왔기 때문이었다. 무함마드와 이슬람 공동체는 재정적인 어려움을 메카의 대규모 대상을 약탈하여 해결하기로 했다.

624년 대규모 메카 대상이 팔레스타인 가자에서 돌아오고 있다는 정보가 무함마드의 귀에 들어왔다. 70명의 호위를 받고 있던 대상의 인솔자는 아부 수피안이었으며 1천 마리가 넘는 낙타로 편성되었고 상품의 가격은 50만 다르함을 넘었다. 이 대상에 메카의 모든 씨족이 투자하고 있었기 때문에 쿠라이시 부족에게는 매우 중요한 교역이었다. 무함마드는 대상을 약탈할 계획을 세우고 300여 명으로 구성된 군대를 편성하여 대상이 지나갈 것으로 예상되는 바드르로 출발하였다. 하지만 대상을 이끌던 노련한 아부 수피안은 경계를 늦추지 않으며 지나가는 곳마다 주민에게 수상한 사람의 동태를 물었고 곧 그는 정체불명의 남성 두 명이 대상의 위치에 관해 물어보고 다녔다는 것을 알게 되었다. 아부 수피안은 무함마드의 습격을 예감하고 곧바로 사람을 보내 메카에 구원요청을 하였다. 메카는 아부 자할을 대장으로 삼아 지원병력을 바드르로 급파하였는데 방패와 갑옷, 활, 칼 등으로 완전히 무장한 낙타병이 700명, 기병이 300명이었고 추가로 수백 마리의 낙타가 군수품 운반을 위해 동원된 대규모의 병력이었다.

무함마드는 바드르 지역에 군대를 잠복시키고 대상을 기다렸으나 아부 수피안이 이끄는 대상은 우회해 해안가에 바짝 붙어서 메카로 가는 바람에 만날 수 없었다. 설상가상으로 아부 자할이 이끄는 메카의 군대가 바드르에 도착했다. 아부 자할은 바드르에 도착하고 나서야 대상이 무사히 빠져나갔음을 알았고 일부 군대를 메카로 돌려보냈다. 하지만 여전히 상당수의 군대를 가지고 있던 아부 자할은 이 기회에 무함마드에 본때를 보여주고자 이슬람 군대가 주둔했을 것으로 추정되는 곳으로 군대를 진격시켰다.

무함마드는 곧 자신이 대상을 놓쳤고 더욱이 아부 자할이 이끄는 대군에 맞서야 한다는 것을 알게 되었다. 무함마드는 서둘러 주변의 우물61)을 모두 메꾸게 하고 자신의 진영에만 우물 한 곳을 남겨두었다. 아부 자할의 군대가 언덕에 나타나 그들을 내려다보았다. 메카군은 언덕에서 보잘것없는 이슬람군의 병력과 무장을 보고 실소를 금치 못했다. 이슬람군의 병력은 메카군의 1/3인 300여 명에 불과하였을 뿐만 아니라 낙타는 70마리에 말은 두 필뿐이었고 가지고 있는 무기는 칼과 활이 대부분이었다. 반면에 900여 명으로 구성된 메카군은 수백 마리의 낙타와 말을 타고 있었고 일부는 철로 된 갑옷을 입고 있는 등 무장도 훨씬 뛰어났다.

헤지라 제2년 9월 17일 금요일, 두 군대가 바드르에서 대치하였다. 처음에는 의례 전투 초반에 벌어지는 일대일 대결이 벌어졌다. 중간지대인 평지에서 3대 3으로 벌어진 전투는 이슬람 측의 승리로 끝났다. 하지만 진짜 전투는 이제 시작이었다. 언덕에서 메카군

---

61) 바드르 주변에는 우물이 많았는데 '바드르'란 단어 자체가 우물이란 뜻이라고 한다.

이 말과 낙타를 타고 돌진해 내려왔다. 이슬람군은 그나마 있던 낙타와 말을 놔두고 모두 보병으로 밀집대형을 짜서 이 거대한 파도를 맞닥뜨렸다. 메카군은 자신들의 우월한 머릿수와 말과 낙타만 믿고 무질서하게 밀집대형을 공격했다.

무함마드는 전투가 시작되기 전에 병사들에게 다음과 같이 약속하였다.

"알라의 영광을 위해 죽는 자는 천국에 갈 것이다."

이슬람군은 메카군의 돌격에 잠깐 뒤로 밀려나기는 했으나 누구하나 적의 기세에 놀라 도망가는 자가 없이 목숨을 걸고 싸웠다. 그리고 전투의 결과는 다음과 같았다.

메카군은 씨족장 11명을 포함하여 45~70명이 죽었고 70명이 포로로 잡혔으며 살아남은 이들은 무기를 버리고 도망갔다. 군 지휘관 아부 자할도 겨우 목숨만 붙어 있는 채로 쓰러져 있다 목이 잘려 죽었다. 반면 이슬람군은 14명만이 죽었을 뿐이었다. 승리한 병사들은 다음과 같이 외쳤다.

"알라 외에 신은 없고, 무함마드가 알라의 사도이시다."

무함마드는 전리품을 공평하게 병사들에게 나눠주고 주민들의 환호를 받으며 메디나에 당당하게 입성하였다. 포로 문제에 있어 우마르는 모두 죽이자고 한 반면에 아부 바크르는 몸값을 받고 풀어주자고 제의했다.

우마르(우마르 이븐 알 카타브)는 성격이 급하고 직설적인 인물이었다. 그는 원래 메카에서 앞장서서 이슬람교도를 고문하고 괴롭혔던 인물이었고 이슬람교를 믿는다는 이유로 한 여성을 살해하기도 하였다. 그는 무함마드가 메카 사회를 분열시킨다고 생각해 칼을 들고 무함마드를 찾아가려고 하였다. 와중에 그를 말리던, 이슬람으로 개종한 그의 여동생과 처남을 폭행하였다. 그런 후 우마르는 친구들과 무기를 들고 무함마드를 죽이려 찾아갔으나 오히려 무함마드를 만난 후 개종했던 인물이었다. 그는 장차 2대 칼리파가 된다.

무함마드는 친구 아부 바크르의 의견에 따라 포로에 신분과 재산에 따라 몸값 1,000에서 4,000디르함을 붙인 후 돈을 받고 풀어주었다. 하지만 일부 돈이 전혀 없는 사람은 배상금 없이 석방하기도 했고 학식은 있되 돈이 없는 사람은 이슬람교도 소년 열 명을 가르치게 한 다음에 석방하기도 했다. 하지만 메카에 있을 때 이슬람교도를 고문하고 괴롭혔던 두 명의 포로는 처형되었다.

바드르 전투 후 무함마드는 하디자와의 사이에서 난 셋째 딸 움미 쿨수움을 우마이야 가문의 명문 귀족 우스만과 결혼시켰다. 이 남자는 원래 무함마드의 둘째 딸 루카이야[62]와 결혼했었으나 바드르 전투 기간 중 루카이야가 병에 걸려 죽는 바람에 홀아비가 되자 무함마드는 셋째 딸인 움미 쿨수움과 그를 결혼시킨 것이다. 그

---

[62] 루카이야는 원래 무함마드의 숙부 아부 라합의 아들과 처음 결혼했으나 무함마드가 이슬람을 전파하자 이혼당했다. 우스만은 그녀의 두 번째 남편이다.

리고 무함마드는 그의 사촌 동생 알리를 넷째인 막내딸 파티마와 결혼시켰다. 우스만은 나중에 3대 칼리파가 되며 알리는 4대 칼리파가 된다. 무함마드의 첫째 딸 자이나브는 일찍이 이모의 아들과 결혼하였고 바드르 전투 2년 후 병이 들어 죽었다.

현재 이슬람교도가 금식 기간으로 지키는 라마단 기간에 벌어진 바드르 전투는 보잘것없는 소규모 전투였으나 초창기 불안정했던 이슬람교가 안정적으로 뿌리내리는 데 있어서 중요한 전투였다. 만약 바드르 전투에서 무함마드가 패했다면 기회만 엿보고 있던 유대인과 토착 지배층인 우바이와 같은 장로들은 메디나에서 이슬람 세력을 축출하고자 했을 것이다. 그러나 바드르 전투 승리로 메디나에서 무함마드와 이슬람교의 위치는 확고부동해졌고 메디나에서 이슬람을 공공연하게 반대하던 이들은 모두 암살되었다. 그리고 이슬람으로 개종하는 것에 머뭇거리던 우바이를 포함한 많은 수의 족장들이 이슬람으로 넘어왔다. 이젠 메디나에서 무함마드의 입지는 절대적이었고 이슬람 팽창의 초석이 놓였다.

메디나에서 유대인과 무슬림간의 불안한 동거는 결국 사건 하나로 인해 폭발했다. 유대인 3개 부족 중 하나인 카이누카족의 거주지에서 한 아랍 여성이 유대인 보석상에게 장신구를 사려다 희롱당하는 사건이 벌어졌다. 이것을 본 한 아랍인이 유대인을 죽였고 유대인들도 이 남성을 죽이면서 사태가 험악해졌다. 곧바로 무함마드의 명령에 따라 이슬람교도는 카이누카족의 거주지를 포위했고 저항하던 유대인 부족은 보름 만에 항복했다. 카이누카족은 메디나에서 추방되었는데 가족을 데리고 떠나는 것은 허용되었으나 무기와 대장간에서 쓰는 도구를 갖고 가는 것은 허락되지 않았다.

메카는 바드르 전투의 패배로 큰 충격에 빠졌다. 무함마드를 하심 가문에서 파문하고 괴롭혔던 숙부 아부 라합은 화병으로 죽었다. 그리고 무함마드를 피해 대상을 성공적으로 이끌었던 명문 우마이야 가문 출신 지도자 아부 수피안 역시 큰 분노에 휩싸였다. 그는 바드르 전투에서 아들과 장인, 처남을 잃었다. 또한, 그의 둘째 아들은 포로가 되었다. 그는 무함마드가 벌을 받을 때까지 수염을 깎지 않고 아내와 동침을 하지 않기로 맹세하고 복수를 다짐했다.

아부 수피안은 바드르 전투가 일어난 그해 12월, 기병 200명을 이끌고 메디나 교외를 약탈·방화한 후 메디나인 2명을 죽이고 메카로 돌아왔다. 얼마 후 그는 사산 왕조 페르시아와 군사적 동맹을 맺기 위해 크테시폰에 사신을 파견하였으나 가는 도중 메디나군에 발각되어 선물로 바칠 귀중한 물건만 빼앗기고 말았다. 또한, 무함마드를 죽일 암살자를 메디나에 보내기도 했으나 암살자가 체포되면서 실패로 끝났다.

우후드 전투

바드르 전투 다음 해인 625년 3월 절치부심한 메카군은 복수를 위해 병사 3천 명과 말 2백 필, 낙타 3천 필을 이끌고 메디나로 출발했다. 총대장은 아부 수피안이었고 부대장은 할리드라는 자가 맡았다. 메카군 내에는 많은 노예와 용병이 있었다. 노예는 자유를 약속받았으며 용병은 두둑한 보수를 받기로 계약하였다. 특기할 만한 것은 이 전투에 부녀자들도 대거 동원된 것이다. 부녀자들은 자신의 남편과 아버지, 아들을 독려하기 위해 동행하였다.

메카의 대규모 부대가 메디나 외곽의 우후드라고 불리는 언덕에 진을 쳤다. 메디나에서는 메카의 대규모 부대에 어떻게 대응해야 할지 논쟁이 벌어졌다. 우바이를 중심으로 한 토착 장로들은 메디나의 성문을 닫고 수비에 치중하자고 주장했다. 하지만 젊은 무슬림들은 당장 성문을 열고 나가 적을 공격해야 한다고 주장했다. 바드르 전투 때 아들을 잃은 한 노인은 전투에 참여하고 싶어 다음과 같이 말했다.

> "알라는 우리에게 승리를 주시거나 순교를 주실 것입니다. 나는 그 싸움(바드르 전투)을 놓쳤습니다. 그 대신 아들이 영원한 생명을 맛보았으므로 행복합니다. 어젯밤에 꿈에서 아들이 천국에 있는 것을 보았습니다. 알라의 예언자여! 나는 아들을 따라 천국에 가고 싶습니다. 나는 나이가 많아서 뼈가 부서지기 쉽습니다. 저는 주님을 빨리 만나고 싶습니다."

무함마드는 청년들의 안을 전격적으로 수용하였다. 곧바로 병사들이 전투를 준비하기 시작했다. 우바이 등 장로들은 반발하여 자신들의 휘하에 있는 300명의 병사를 전열에서 이탈시켰다. 무함마드가 병사를 긁어모았지만 700명에 불과했고 말은 2필밖에 없었다. 더욱이 병사 개개인이 가진 장비의 질은 여전히 메카군에 비해 열세였다. 하지만 무함마드와 그의 병사들은 바드르 전투의 승리에 도취해 있었고 자신들보다 3배도 더 많은 메카군을 얕잡아 보고 있었다. 그리고 가장 중요한 것은 그들은 알라가 그들을 도울 거라는 맹목적인 믿음을 가지고 있었다는 것이다.

메카군은 아부 수피안이 보병과 낙타부대로 이루어진 중앙군을 지휘했다. 좌측에는 아부 자할의 아들 이크라마가 아버지의 복수를 위해 전의를 불태우며 100명의 기병대를 지휘했고 오른쪽에는 할리드가 또 다른 100명의 기병대를 지휘했다. 그들 뒤에서는 용기를 북돋우기 위해 따라온 부녀자들이 탬버린과 북을 치며 노래와 구호를 외쳤다. 무함마드는 우후드 언덕보다 더 고지대인 남쪽 지역으로 올라 메카군을 위에서 아래로 내려다보았다. 전투가 벌어지기 직전에 메카군에서는 무함마드에 반대해 메카로 망명한 메디나인들이 앞으로 나와 동족인 메디나인 병사들에게 무함마드를 버리도록 종용했다. 하지만 그들이 동족에게서 들을 수 있는 것은 욕설뿐이었다.

곧이어 전투가 벌어졌다. 초반에는 위에서 밀집대형을 이루고 달려드는 이슬람군의 기세에 메카의 중앙군이 밀렸고 메카군의 좌·우측 기병의 포위 공격도 이슬람군에게 큰 타격을 가하지 못했다. 무함마드는 군대 뒤쪽에 궁수부대를 배치하여 메카군 기병의 우회 공격을 차단하였다. 메카군은 자신의 부인과 딸이 지켜보는 앞에서 도망가는 꼴사나운 모습을 보이기 싫어 열심히 싸웠으나 죽음을 두려워하지 않는 이슬람군을 당해낼 수 없었다. 메카군은 결국에는 많은 군수품을 남겨두고 도망치기 시작했다. 그런데 이슬람군의 많은 병사가 전리품에 눈이 멀어 전열에서 이탈하여 물건을 챙기기 시작했다. 무함마드와 아부 바크르는 병사들에게 전열을 재정비하라고 소리쳤지만 이미 재물 탈취에 혈안이 된 병사들에게 들릴 리 없었다. 후퇴하다 이 광경을 본 메카군 기병대장 할리드가 기마병을 이끌고 이슬람군의 뒤쪽으로 우회하여 후방에 있던 이슬람군의 궁수부대를 격파하였다. 아부 수피안과 이크라마도 군대를 돌려 반격을 시작했다.

전세는 이젠 완전히 역전되었다. 이슬람군은 사방에서 공격받았고 무함마드도 열두 명의 병사와 함께 포위되어 공격받았다. 메카군 병사 한 명이 무함마드와 외모가 비슷한 이슬람군 지휘관을 죽이고 언덕에 올라 '무함마드를 죽였다.'라고 소리쳤다. 메카군은 함성을 질렀고 이슬람군은 일순간 경직되었다. 하지만 곧바로 무함마드의 옆에 있던 이슬람 병사가 예언자가 살아 있음을 외쳤고 무함마드 자신도 자신의 건재함을 소리쳤다. 하지만 오히려 이것은 무함마드의 위치를 완전히 적에게 노출하는 결과를 가져왔다.

메카군의 상당수가 무함마드에게 달려들었고 이슬람군도 예언자를 지키기 위해 달려왔다. 하지만 메카군이 더 가까웠다. 메카 병사 한 명이 달려와 무함마드의 머리 위로 칼을 내리쳤다. 다행히 무함마드의 갑옷이 그의 목숨을 구했으나 갑옷의 쇠고리 두 개가 끊어지며 무함마드의 뺨을 뚫었다. 옆에 있던 병사가 무함마드의 얼굴에서 그 쇠고리를 빼느라 이빨 두 개를 잃었다. 무함마드를 둘러싼 이슬람 병사들은 무함마드를 보호하기 위해 결사적으로 싸웠다. 한 병사는 수많은 화살이 무함마드에게 날아오자 자신의 몸으로 예언자를 감싸면서 화살 세례를 받고 죽었다. 그를 지키던 병사들 모두 상처를 입었고 이슬람군을 독려하기 위해 싸움터에 들어와 있던 메디나의 한 여인은 팔이 잘리면서도 무함마드를 지켰다. 무함마드는 메카군 한 명이 던진 돌팔매질에 입술이 찢어지고 아래 이빨 하나가 부러졌다.

이슬람군은 절망적인 상황에서도 메카군의 맹공을 막아내면서 언덕으로 다시 후퇴하기 시작했고 무함마드와 이슬람군은 언덕 꼭대기까지 오르는 데 성공했다. 이슬람군이 언덕 위에서 방어전을 펼치자 메카군도 더 이상의 공격을 단념했다. 메카군도 피해가 컸으며 그들도 지쳐 있었다. 아부 수피안은 무함마드에게 다음과 같이 소리쳤다.

"오늘 우리의 승리로 바드르 전투와 비겼다.
내년에 바드르에서 다시 만나자."

메카군은 퇴각하면서 이슬람 전사자의 시체를 절단하였고 시체의 귀, 코, 그 밖의 부분을 잘라서 줄에 꿰어 메카로 가지고 갔다. 바드르 전투에서 아버지와 아들 그리고 남동생을 잃은 아부 수피안의 아내는 죽은 이슬람 장교의 심장과 간장을 도려내서 그것을 날로 씹어먹다가 내뱉었다. 무함마드는 잔인한 메카군의 행위를 무기력하게 지켜볼 수밖에 없었다.

이슬람군에서 70명의 전사자가 발생했다. 하지만 메카군도 10여 명의 씨족장과 함께 다수의 병사가 죽는 피해가 났다. 이 전투는 메카군이 분명 우세를 보였지만 승리했다고 보기는 어려웠다. 무함마드와 이슬람교도, 그리고 메디나는 건재했기 때문이다. 이 전투를 우후드 전투라고 한다.

우후드 전투가 벌어진 직후에 무함마드가 선교를 위해 사막 부족에 파견된 여섯 명의 선교사가 죽임을 당했다. 얼마 후 또 다른 사막 부족에 파견된 70명의 선교사도 간신히 도망쳐온 한 명을 제외하고 모두가 학살되는 참극이 발생했다. 메카가 내건 현상금에 사막의 유목 부족들이 앞다투어 이슬람교도를 학살한 것이다. 그런데 무함마드는 메카 외에 또 다른 적과 싸워야 했다. 추방되었던 유대인 중 일부가 메디나 북쪽 200㎞ 떨어진 오아시스 도시 카이바르에 정착하여 이슬람에 대항해 메디나의 북쪽 변경을 위협하고 있었다.

어느 날 무함마드가 메디나에 남아 있던 2개 유대인 부족 중 한 개 부족인 나디르 부족에게 재정적 지원을 요청하기 위해 나디르 족장의 집을 방문했다. 그런데 무함마드는 돌연 자리를 박차고 유대인 족장의 집에서 나와 아랍인 거처로 가 버렸다. 같이 갔던 무함마드의 측근들은 영문도 모르고 어리둥절하여 그를 따라갔다. 무함마드는 이슬람교도에게 유대인이 자신을 죽이려고 계획을 세웠고 자신이 그것을 눈치채 자리를 피했다고 말했다. 그러나 나디르 부족이 그를 죽이고자 했다는 것을 증명할 수 있는 증인이나 증거는 없었고 무함마드의 주장만이 그것을 뒷받침했다.

무함마드는 나디르 부족에게 '일주일의 시간을 줄 테니 메디나를 떠나라.'라는 최후통첩을 전달했다. 나디르 부족은 최후통첩을 받고 고민을 하던 중 아랍인 장로 우바이에게 비밀 편지를 받았다.

> "당신들은 소유물을 갖고 당신들의 영역에서 뜨지 말고 요새 안에
> 머물러 있으시오. 내게 2천 명의 지지자가 있으니 적들이 당신들
> 을 점령하기 전에 우리가 당신들을 도울 것입니다."

나디르 부족은 이 말을 믿고 주어진 일주일 동안 방어 준비를 하면서 자신의 마을을 떠나지 않았다. 무함마드가 이끄는 이슬람군이 곧바로 나디르 부족을 포위하였고 나디르 부족은 열흘을 버티었으나 우바이가 지원을 약속한 2천 명은 감감무소식이었다. 유대인은 결국 항복하고 가족과 간단히 가져갈 수 있는 재산만 챙기고 메디나를 떠나야 했다. 무슬림은 이들을 추방함으로써 유대인의 경작지와 함께 갑옷 50개, 칼 340자루를 얻을 수 있었다.

무함마드는 아부 수피안이 우후드 전투 말미에 바드르에서 승부를 보자고 한 말을 기억하고 있었다. 무함마드가 먼저 바드르에서 최종적인 승부를 보자고 전갈을 보냈다. 아부 수피안도 이에 호응했다. 무함마드는 1,500명의 병사를 이끌고 바드르로 출발했고 아부 수피안도 2,000명의 병사를 이끌고 바드르로 출발했다. 하지만 전투는 이뤄지지 않았다. 아부 수피안이 기근이 들어 식량이 부족

한 시절에 전투하는 것은 옳지 않다고 군대를 돌렸기 때문이다. 하지만 아부 수피안의 속내는 군세가 비슷하여 승부를 예측할 수 없는 싸움에 굳이 모험을 걸 필요가 없다고 생각했기 때문이었다. 무함마드는 바드르에서 아부 수피안을 8일간 기다리다 메디나로 돌아왔다.

참호전투

626년, 메디나 장로 우바이가 모반을 꾀하다가 발각되어 처형되었다. 그리고 그해 대부분은 메카나 메디나 모두 조용하게 지나갔다. 하지만 두 도시 간의 평화는 '폭풍 전야'와 같았다. 무함마드는 적극적으로 선교 활동과 정복 활동을 병행하며 이슬람의 세를 늘려 나갔다.

한편, 메디나에서 카이바르로 쫓겨난 유대인 나디르 부족은 복수의 칼을 갈았다. 나디르 부족과 카이누카 부족 일부로 이루어진 카이바르 동맹은 메카와 손을 잡았다. 그 외 7개 부족이 반(反)이슬람 동맹에 가담하였다. 627년 3월 아부 수피안이 이끄는 쿠라이시 부족 4천 명에 동맹 부족으로 이루어진 6천 명을 합해서 무려 1만 명의 대군이 메카 교외에 모인 후 메디나로 출발했다.

이 작전은 워낙 비밀스럽게 이루어져 메디나의 무함마드는 이 사실을 까맣게 모르고 있다가 메카에서 연합군이 출발하고 나서야 알게 되었다. 이슬람군도 그동안 전보다 규모가 커졌지만, 당시 무함마드가 동원할 수 있는 병력은 3천 명의 보병과 10마리의 말이 전부였다. 무함마드는 우후드 전투에서 무모하게 나가 맞서 싸우다 실패한 경험이 있었기 때문에 병사들에게 메디나를 지키고 있으라고 명령하였다. 메디나는 사실 제대로 된 성곽도시는 아니었고 부분적으로 요새화된 도시였다. 메디나는 북쪽을 제외한 동·서·남이 높은 언덕과 집으로 둘러싸여 있었기 때문에 기마 부대의 공격은 북쪽에서만 가능했다. 무함마드는 이슬람으로 개종한 페르시아인의 조언에 따라 북쪽의 메디나 입구에 거대한 참호를 파도록 했다. 메카군과 동맹군이 도착하는 데 6일의 시간적 여유가 있었으므로 모든 병사는 무기를 내려놓고 삽으로 참호를 파기 시작했다. 이 공사에 아직 무함마드를 배신하지 않고 동맹을 유지하고 있던 마지막 남은 유대인 부족 쿠라이자 부족도 함께했다.

며칠 후 메카군과 동맹군이 도착했고 그들 뒤에는 예전과 같이 전투를 응원하러 온 여인들도 있었다. 아부 수피안은 연합군의 군세가 대단했기 때문에 자신감이 있었고 이제야말로 무함마드와 이슬람을 세상에서 없앨 수 있다고 생각했다. 하지만 그의 눈앞에 거대한 구덩이가 나타나자 당황했다. 당시 아랍인은 탁 트인 사막이나 황무지에서 맞닥뜨려 싸우는 것에 익숙해 있었고 로마군처럼 건축 기술자를 전장에 끌고 다니며 토목공사를 하는 것은 상상도 못 했기 때문에 아부 수피안은 거대한 참호를 어떻게 넘어야 할지 몰랐다. 더욱이 참호를 지키기 위해 이슬람군 궁수들이 구덩이를 향해 화살을 겨누고 있었다. 연합군이 자랑하는 기병은 아무 쓸모가 없게 되었다. 연합군은 메디나를 공격해보았지만, 이슬람군이 파놓은 구덩이에 아군의 시체와 말을 쌓아 놓는 결과만 가져왔다.

그러자 메카군과 동맹군은 음모를 꾸몄다. 유대인 나디르 부족장은 은밀하게 같은 유대인인 쿠라이자 부족장 카브에게 편지를 보내 큰 보상을 약속하며 무함마드를 배신할 것을 종용했다. 카브 부족 장은 처음에는 주저했으나 결국에는 무함마드를 배신하기로 마음을 먹었다. 무함마드는 쿠라이자 부족이 배신했음을 눈치채고 은밀히 첩자를 그들 내부에 잠입시켜 연합군과 쿠라이자 부족을 이간질했다. 아부 수피안은 쿠라이자 부족이 먼저 내부에서 이슬람군을 공격하면 그것을 신호로 쿠라이자 부족이 지키고 있던 참호를 건너서 연합군이 메디나 시내로 진입하겠다고 통보했다. 하지만 쿠라이자 부족은 아부 수피안이 전투 시작을 알린 날이 마침 유대인 안식일이었기 때문에 그날은 싸움할 수 없으며 동맹의 증표로 쿠라이시 부족의 중요 인물들을 인질로 자신들의 마을로 먼저 보내라고 요구했다. 아부 수피안은 유대인 부족을 믿지 못했고 메카 병사들도 아무도 쿠라이자 부족 영역으로 들어가려 하지 않았다.

메디나가 포위된 지 27일째가 되는 그날 밤은 폭풍이 몰아쳐 바람이 불고 비가 억세게 쏟아져 한 치 앞도 볼 수 없는 칠흑 같은 어둠 속에 있었다. 달빛조차 없는 어둡고 비바람 치는 기분 나쁜 밤이 지나고 아침이 밝자 이슬람군은 자신의 눈을 의심했다. 연합군이 진을 치고 있던 자리에는 버려진 천막과 음식 도구와 깨진 그릇만이 널브러져 있었고 사람은 보이지 않았기 때문이다. 기세등등하게 쳐들어왔던 연합군은 후퇴하였고 수세에 몰렸던 무슬림은 살아남았다.

연합군과의 전투가 끝나자마자 이슬람군은 배신했던 유대인 부족 쿠라이자 부족을 포위했다. 15일 만에 쿠라이자 부족은 항복했다. 무함마드는 과거와 같이 유대인 부족을 추방하지 않았다. 그는 유대인 부족이 추방당한 후 그에게 칼을 겨누는 경험을 두 번이나 겪었다. 쿠라이자 부족의 남자 900명은 모두 처형되었고 여자와 아이들은 노예로 팔렸으며 부족의 재산은 몰수되었다.

참호전투가 끝난 후 무함마드의 적들은 완전히 기운이 빠지고 사기를 잃었을 뿐 아니라 절대 지지 않는 이슬람 군대를 두려워하기 시작했다. 무함마드는 군대를 파견하여 참호전투에서 연합군에 가담했던 유목 부족들을 차례로 공격해 제압하였다. 메카에 대해서는 메카의 대상을 공격하여 약탈하고 교역로를 차단하였다. 메카에서는 수백 명의 젊은이가 메디나로 도망 와서 이슬람교로 개종하였다. 승리의 여신은 무함마드에게 미소 짓고 있었다. 메카의 탄압을 피해 에티오피아로 도피했던 초기 이슬람교도들도 메디나로 건너왔다.

메카 입성

628년 무함마드는 무모하게도 2천 명의 순례단을 이끌고 메카로 향했다. 이슬람 이전에도 메카에 있는 카바 신전으로 향하는 순례는 행해지고 있었다. 순례를 떠나는 사람은 목욕재계하였고 메카 성역에 도착하면 삭발하고 흰 천으로 상반신과 하반신을 둘러싼 후 카바 신전의 둘레를 일곱 번 돌며 순례했다. 무함마드의 추종자들은 무함마드에게 메카군이 자신들을 가만히 놔두지 않을 거라며 반대했다. 무함마드는 순례는 아랍인들이 지키는 폭력을 금하는

'신성월(神聖月)'에 할 것이니 걱정하지 말라며 안심시켰다. 약 2천 명의 순례단은 호신용으로 간단한 단검 정도만 몸에 지니고 카바 신전에 바칠 70마리의 양과 낙타 등을 몰고 메카로 출발했다. 70마리의 가축의 목에는 꽃으로 화려한 장식을 하여 그것이 제물임을 표시했다.

메카는 발칵 뒤집혔다. 쿠라이시 부족은 자신들은 메디나에 들어갈 수 없었지만, 무함마드는 메카에 들어갈 수 있다는 것을 아랍인에게 보이려는 일종의 정치적 시위로 생각했다. 아부 수피안은 할리드와 이크라마에게 400명의 기병을 주어 메카 외곽에서 그들이 들어오는 것을 막도록 했다. 무함마드와 순례단은 소식을 듣고 기병대와 마주치지 않기 위해 산길을 이용하여 메카 영역에 속하는 후다이비야라는 지역으로 넘어간 후 야영을 했다. 그리고 쿠라이시 부족에게 무함마드는 단지 순례를 위해 찾아왔음을 전령을 통해 전했다.

무함마드 일행이 메카의 성역에 들어선 이상 그들을 공격하는 것은 금기였다. 하지만 아부 수피안과 쿠라이시 부족은 무함마드가 메카에 들어오는 것을 절대 용납할 수 없었다. 아부 수피안은 기병대장 할리드를 시켜 기병을 이끌고 후다이비야에서 메카로 들어오는 유일한 길을 막도록 했다. 만약 무함마드가 힘으로 밀고 들어오려 한다면 무력을 써도 좋다는 말도 함께였다. 한동안 두 세력은 대치하였고 이러한 긴장은 양쪽 모두에게 좋지 않았다. 둘 사이에 협상 테이블이 차려졌고 다음과 같은 내용의 평화조약이 두 도시 간에 처음으로 체결되었다.

1. 무함마드는 올해는 돌아가야 한다. 그러나 내년에는 무함마드와 그 무리는 순례를 위해 메카에 사흘 동안 머물 수 있다. 단 작은 단검만 몸에 지닐 수 있으며 그 칼도 칼자루에 들어있어야 한다.
2. 10년 동안 서로 공격하지 않고 양측은 서로 안전을 보장한다.
3. 만약 쿠라이시 부족의 어떤 이가 보호자(보통 아버지나 노예 주인을 지칭한다)의 허락 없이 무함마드에게 가면 그 사람은 쿠라이시 부족에게 인도되어야 한다. 반대로 메디나에서 메카로 어떤 이가 도망 온다면 그 사람은 인도되지 않는다.

이 조약의 핵심은 메카와 메디나 간의 10년간의 불가침 조약이었다. 무함마드의 부하들은 마지막 조항에 불만을 표시했지만, 무함마드는 서명했다. 당시 쿠라이시 부족에서 많은 젊은이가 무함마드에게 달려가 이슬람으로 개종하고 있었음을 알 수 있는 조항이다. 무함마드는 조약 체결 이후 메디나로 돌아왔다.

하지만 후다이비야 조약이 체결되었음에도 많은 메카 청년이 여전히 메디나로 도망쳐 왔으며 그들은 조약에 따라 구속된 후 다시 메카로 돌려보내는 안타까운 일이 빈번히 벌어졌다. 그러자 메카에서 이슬람으로 개종한 젊은이들이 메디나로 도망가지 않고 산이나 사막으로 가서 집단을 이룬 뒤 도적이 되어 메카의 대상을 공격하였다. 메카를 위해 만들어진 조항이 오히려 메카의 목을 틀어쥐었다. 메카는 결국 무함마드에게 마지막 조항의 파기를 먼저 요청했다. 이슬람으로 개종한 자들이 차라리 평화조약을 체결한 메디나로 가서 그곳에서 무함마드의 통제하에서 조용히 살게 하는 것이 훨씬 나은 상황이었다. 이 조항이 파기되자 도적질을 하던 70여 명의 메카 탈주자들이 환영을 받으며 메디나로 들어갈 수 있었다.

이렇듯 조약의 내용은 처음에는 메카에 유리한 듯 보였지만 결과적으로 봤을 때는 메디나에 있던 무함마드에게 유리하게 돌아갔다. 더욱이 이 조약으로 메카가 이슬람을 공식적으로 인정하는 꼴이 되면서 메카와 거래하던 사막의 수많은 유목 부족들이 메카의 눈치를 보지 않고 이슬람으로 개종하기 시작했다. 또한, 무함마드는 메카와의 평화조약으로 메카의 방해를 받지 않고 주변 적대세력들을 정복하거나 개종시킬 수 있었다.

후다이비야 평화조약이 체결된 그해 무함마드는 1,400명의 보병과 100명의 기병대를 이끌고 메디나를 떠나 유대인의 근거지인 카이바르로 진격하였다. 이젠 이슬람군이 메디나를 비웠을 때 메카의 군대가 메디나를 공격할 염려는 없었기 때문에 맘 놓고 군대를 빼서 공격한 것이다. 이슬람군은 사흘 동안 강행군하여 카이바르를 기습 공격했다. 카이바르는 여러 개의 요새로 구성되어 있었기 때문에 공격하기가 매우 까다로웠다. 유대인은 한 요새가 함락되면 다른 요새로 도망가서 싸우기를 반복하였지만 결국, 한 개의 요새만이 남았고 유대인은 굴욕적인 협상을 맺었다. 그들은 목숨을 건지는 대신에 매년 생산되는 고기와 곡식의 반을 메디나에 바치기로 했다. 이로써 아라비아 북부가 무함마드의 수중에 들어왔다.

무함마드는 카이바르 승리 직후 포로로 잡힌 사피야라는 17살의 유대인 여인과 결혼했다. 문제는 이 여인의 배경이다. 그녀의 아버지는 유대인이 메디나에서 카이바르로 쫓겨날 때 이슬람군에 의해 살해되었다. 그리고 카이바르 전투가 벌어질 당시 그녀는 키나나라는 남자와 갓 결혼했었는데 무함마드는 키나나를 포로로 잡은 후 그가 숨겨 놓은 재물을 찾기 위해 그를 고문하고 죽였다. 사피야 입장에서는 무함마드는 자신의 아버지와 남편 그리고 수많은 친척을 죽인 원수였다. 그런 그에게 사피야가 순순히 결혼했을 리는 없다. 다음과 같은 일화에서도 그것을 알 수 있다.

무함마드가 그녀와 동침을 하고 아침에 텐트에서 나왔는데 한 병사가 그의 텐트 주위를 서성거리고 있었다. 무함마드는 그에게 그 이유를 물었고 병사는 다음과 같이 말했다.

> "나는 선지자께서 이 젊은 여자와 같이 있는 것이 염려됩니다. 당신은 그녀의 아버지와 남편과 많은 그녀의 친척을 죽였지만, 그녀는 지금도 불신자입니다. 그녀 때문에 당신이 정말로 염려됩니다."

이 일화가 사실이라면 무함마드는 사피야의 슬픔과 분노를 헤아리지 않고 그녀를 취했음이 틀림없다. 인간적인 면으로 봤을 때 그의 행동은 이해하기 힘들다.

629년 신성월에 무함마드는 2천 명의 순례자와 함께 메카를 순례했다. 메카의 주민들은 가족을 데리고 식량을 챙겨서 산이나 언덕으로 올라가 메디나의 순례객과 마주치지 않았다. 무함마드와 순례단은 나흘 동안의 일정을 마치고 무사히 메디나로 돌아왔다.

그런데 무함마드의 순례 직후 메카에서는 중요 인물이 메디나로 찾아와 이슬람으로 개종하였다. 그는 기병대 대장 할리드였다. 메카에서 할리드가 이슬람을 받아들였음을 선언하자 메카의 지배층은 큰 충격에 빠졌다. 특히 할리드와 같이 기병대를 책임지고 있던 이크라마는 그를 맹렬히 비난했다. 이크라마의 아버지는 바드르 전투 때 사망한 아부 자할이었다. 아부 수피안도 분노에 치를 떨었고 할리드를 죽이려 했다. 하지만 주변의 만류에 실행에 옮기지 못했고 할리드는 메디나로 도망쳐 왔다. 노련한 군인인 할리드의 합류는 이슬람군에게 천군만마를 얻은 것과 같았다.

한편 아라비아 서북쪽에는 비잔티움 제국의 영향권에 있는 가산국이 있었다. 628년에 무함마드는 가산국에 사신을 파견했었는데 가산국의 왕은 사신들을 모두 죽여 버렸다. 629년 무함마드는 이에 대한 보복으로 3천의 군대를 파병하였다. 부대의 지휘관은 무함마드의 양자인 자이드였다. 가산국은 무함마드가 원정군을 준비하고 있다는 첩보를 입수하고 비잔티움 황제에게 도움을 요청하였고 황제 헤라클리우스는 대군을 보내줬다.

이슬람군과 비잔티움·가산 연합부대가 무타에서 접전하였으나 수적, 질적으로 우세한 비잔티움·가산 연합군에 이슬람군이 밀렸다. 지휘관 자이드가 죽었으며 그의 뒤를 이어 지휘하던 무함마드의 사촌 동생이며 알리의 형인 자파르도 죽었다. 그리고 다음 순서의 지휘관도 죽었다. 이슬람군은 전멸 위기에 놓였을 뿐만 아니라 지휘 체계도 무너졌다. 이슬람 병사들은 논의하여 급히 새로운 지휘관을 뽑았는데 그가 할리드였다. 할리드는 이미 메카군의 기병대장으로 용맹을 떨쳤던 인물이었다. 그는 전투 중 가지고 있던 검이 부서지면 다른 검을 가지고 싸웠는데 이때 사용한 검이 무려 9개나 되었다고 한다. 이때부터 그는 '알라의 검'이라는 별명을 갖게 되었다.

할리드의 분전에도 전세는 여전히 이슬람군에게 불리하였다. 이에 할리드는 꾀를 내어 부대를 옆으로 길게 한 줄로 세워서 이슬람군이 실제보다 많아 보이게 했다. 비잔티움과 가산 연합군은 이슬람군의 숫자가 늘어나 보이자 이슬람군에 원조병력이 도착했다고 생각했다. 할리드는 비잔티움 연합군이 겁을 먹었기 때문에 후퇴하는 이슬람군을 추격하지 않으리라 생각했고 그의 생각은 옳았다. 이슬람군의 후퇴는 성공적이었고 부대가 모두 퇴각한 후 할리드는 가장 나중에 후퇴했다. 무함마드는 양자 자이드와 그의 친형제와 같은 자파르의 죽음을 슬퍼하였다. 하지만 무타 전투에서 할리드는 뛰어난 용맹과 지략으로 이슬람군의 전멸을 막았고 그는 이슬람군 지휘관으로서의 능력과 지위를 인정받았다.

630년 메카와 동맹을 맺고 있던 바크르 부족이 메디나와 동맹을 맺고 있던 부족을 공격하여 큰 피해를 줬다. 메카는 바크르 부족을 지원하고 있었다. 무함마드는 메카에 편지를 보내 피해를 본 부족에게 배상할 것과 바크르 부족을 지원하지 말 것을 요구했고 그렇지 않다면 메카와 메디나 간의 조약은 해소될 것이라 위협했다. 이 편지에 격분한 아부 수피안은 후다이비야 조약 파기를 선언했다. 얼마 지나지 않아 아부 수피안과 메카의 지배층은 조약 파기를 후회했지만 엎질러진 물이었다.

무함마드는 1만 명의 대군을 끌고 메카로 향했다. 아라비아반도의 많은 부족이 이슬람에 귀의하면서 이슬람군의 규모는 시간이 갈수록 커졌다. 메카는 무함마드의 진군을 전혀 눈치채지 못했다. 무함마드는 메카에서 반나절 거리에 진을 치고 메카의 동태를 살폈다. 아부 수피안과 족장 한 명이 메카 교외에서 커다란 불을 피워놓고 주둔하고 있는 군대의 정체를 파악하기 위해 정찰하러 나왔다가 이슬람군에게 붙잡혔다. 아부 수피안은 포로가 된 후 이슬람으로 개종하였으나 무함마드는 그가 목숨을 건지기 위해 거짓 개종했다고 생각해 그를 감금했다.

무함마드는 야영하면서 메카에서도 잘 보일 수 있도록 병사 개인별로 횃불을 들게 하여 이슬람 군대가 얼마나 많은지 보여주려 하였고 메카가 저항을 단념하도록 유도했다. 낮이 되자 이슬람군은 이슬람을 상징하는 녹색 깃발을 앞에서 휘날리며 진군했다. 이슬람 군대가 메카가 내려다보이는 언덕에 도착하자 메카의 성문이 열렸다. 무함마드는 군대를 넷으로 나누어서 메카에 들어가도록 했고 이슬람군은 메카에 무혈입성하였다. 무함마드는 메카에 들어가자마자 카바 신전에 있는 우상들을 모조리 파괴하였다. 아부 수피안과 기병대장 이크라마를 포함하여 쿠라이시 부족은 모두 이슬람으로 개종하였다.

메카를 장악한 2주 후 이슬람에 적대적인 세 개의 유목 부족이 힘을 합쳐 무함마드에게 도전했으나 그들도 격퇴되면서 아랍 부족과의 전쟁은 종지부를 찍었다. 수많은 아랍의 부족장이 메디나로 몰려들었고 이슬람으로 개종하였다. 무함마드는 이렇게 해서 승리하였다. 그러나 그도 이젠 60살의 노인이 되어 있었다. 이 해에 그의 셋째딸 움미 쿨수움이 죽으면서 그의 딸 4명 중 알리와 결혼한 막내딸 파티마만이 유일하게 살아 있게 되었다.

631년 무함마드는 비잔티움 제국이 아라비아반도를 공격하려 한다는 불명확한 소문을 듣고 3만의 대군을 이끌고 시리아로 진군하였다. 하지만 곧 소문이 사실이 아니었음을 알게 되었고 무함마드는 국경선에 있던 기독교 부족을 제압해 개종시킨 후 돌아왔다. 이것이 그의 생전 마지막 군사작전이었다.

무함마드의 유일한 아들 이브라힘이 태어난 지 16개월 만에 병에 걸려 죽었다. 이브라힘은 이집트를 통치하던 비잔티움의 부왕(副王)이 무함마드에게 선물로 보낸 기독교(콥트교) 노예인 마리아가 낳은 자식이었다. 노예였던 마리아와는 정식 결혼을 통하지 않았기 때문에 첩이라고 할 수 있었다. 무함마드는 아부 바크르와 우마르와 같은 동지들과의 연대를 위해서 그들의 딸과 결혼을 했으며 정략적이유로 적장인 아부 수피안의 딸과도 결혼하였다. 그리고 두 번째부인 사우다와 같이 의지할 데 없는 이슬람 과부를 불쌍히 여겨결혼하기도 했다. 그가 이런저런 이유로 결혼을 하다 보니 본처 하디자의 사후 대략 11명[63]의 부인과 2명의 첩을 두게 되었는데 부인

---

63) 한 가지 특이한 것은 그의 부인 중(첩은 제외) 아부 바크르의 딸 아이샤를 제외하고 나머지 부인들은 과부였거나 이혼 경력이 있는 재혼이었다.

대부분에게서 자식은 얻을 수 없었다.

이슬람법에는 일부다처제를 인정하는 대신 남편은 부인을 동등하게 대해야 했는데 이것은 부부관계에서도 적용되었다. 하지만 첩이었던 마리아의 외모가 출중하여 무함마드는 아내들과의 동침하는 순서를 어기면서까지 마리아의 처소만 들락거렸다. 그 결과 마리아가 임신하고 아들을 낳자 무함마드는 이 남자아기를 끔찍이 아꼈다. 아기는 무함마드가 환갑이 되어 어렵게 얻은 아들이었고 그의 후계자이기도 했다. 그가 시간만 되면 마리아의 처소에 가서 아기를 보는 것에 정신을 팔고 있자 자식을 낳지 못한 부인들은 질투심 때문에 무함마드와 마리아를 비난하게 되면서 집안이 소란스러워지기도 했다. 그런데 이런 귀한 아들 이브라힘이 죽은 것이다. 무함마드는 또 한 번 아들을 잃으면서 크게 상심하였다. 수많은 전투 속에서도 문제없었던 무함마드의 건강이었지만 정신적 충격은 그의 몸을 점점 쇠약하게 만들었다.

632년 무함마드는 수십만의 신도와 함께 메카를 순례했다. 그런 후 비잔티움 제국과의 전투에서 죽은 자이드의 아들인 우사마를 시켜서 시리아를 공격하도록 지시했다. 군대가 원정 준비를 하고 있을 때 무함마드가 쓰러졌다.[64] 그는 며칠 동안 고열에 시달렸고 혼자 제대로 걷지도 못했다. 그러다 얼마 동안은 몸이 다시 회복되

---

64) 쓰러진 원인으로 혹자는 그가 과거 카이바르를 점령한 후 연회를 열었을 때 유대인 여인이 무함마드를 죽이려고 음식에 독을 넣었는데 무함마드가 그 독의 일부를 섭취하면서 생긴 후유증이 그를 쓰러뜨렸다고 얘기한다.

는 듯했으나 다시 상태가 악화하였다. 무함마드는 그의 세 번째 부인이자 아부 바크르의 딸인 아이샤의 집에서 병간호를 받았다. 무함마드는 자신의 운명을 직감한 듯 다음과 같이 말했다.

"아부 바크르보다 더 훌륭한 동료를 나는 알지 못한다. 나는 둘도 없는 가장 친한 친구를 택하라고 한다면 아부 바크르를 택할 것이다."

그리고 그는 아부 바크르에게 예배를 인도하도록 하였다. 사실상 그에게 교단을 넘긴 것이다. 그해 6월 8일 밤 무함마드의 병세가 많이 호전되었다고 생각하여 측근들과 무함마드의 딸인 파티마는 안심하고 자신의 집에 가 있었기 때문에 무함마드의 주변에는 아이샤 외에는 아무도 없었다. 그날 밤 무함마드는 아이샤의 무릎에 누워 숨을 거뒀다. 그의 나이 62세였다. 아부 바크르를 포함하여 우마르, 알리, 우스만 등의 측근과 딸 파티마가 뒤늦게 와서 그의 죽음을 슬퍼하였다. 무함마드는 메디나에 천막을 친 작은 흙무덤에 묻혔다. 아부 바크르는 무함마드의 사후 혼란스러워하는 이슬람교도에게 다음과 같이 연설하였다.

"무함마드는 예언자에 지나지 않는다. 그보다 앞서 여러 예언자가 죽어갔듯이 그도 죽었다. 만약 그가 죽거나 살해당하거나 하면 너희들은 (알라에게) 발길을 돌리겠는가? 알라는 그대로 계신다. 알라께 감사하고 봉사하는 자에게 알라는 보상을 내리실 것이다("꾸란』3:144)."

무함마드의 사후 우마르가 아부 바크르를 후계자(칼리파)로 추대하고 이슬람 공동체는 이에 거의 만장일치로 동의하면서 아부 바크르가 제1대 칼리파가 되었다. 물론 아부 바크르가 칼리파가 되는 것에 불만을 품은 이도 있었는데 대표적인 이가 무함마드의 사촌 알리였다. 그는 무함마드와 같은 하심가였으며 무함마드의 혈육 중 유일하게 살아 있는 딸 파티마의 남편이었다. 그리고 그녀와의 사이에서 하산과 후세인 두 아들을 낳으면서 그는 무함마드의 피를 이어받은 아이들의 아버지였다. 하지만 알리는 아직 30대 초반의 상대적으로 어린 나이였고 정치적 기반이 약했다.

이슬람의 여러 가지 단면

이슬람 이전 아랍 사회는 제대로 된 규범이 없었기 때문에 대부분의 분쟁은 족장들이 모여 즉흥적으로 타협을 보거나 그게 안 되면 폭력을 통해 해결하였다. 그리고 아랍 부족은 혈연집단인 씨족과 씨족으로 구성된 부족을 단위로 한 공동체 의식이 너무 강하였기 때문에 각 부족 간에는 잘 화합하지 못하고 서로 배척하고 사분오열하였다. 무함마드는 이러한 아랍 사회를 일신교인 이슬람으로 통일시켰으며 '알라 앞에 평등'과 '가난한 자에 대한 구제'를 내세워 부족과 씨족 간의 분열의식뿐 아니라 계급 간의 갈등도 완화시켜 아랍인의 힘을 분출시켰다.

또한, 무함마드는 노예의 처우 개선에도 관심이 많았고 심지어 노예를 해방해 양자로 삼기도 했다. 서양 로마의 노예는 인간 이하의 대우로 비참한 생활을 했지만, 이슬람 사회는 노예의 처우가 상대적으로 좋았다. 무함마드는 노예에 대해서 다음과 같이 말했다.

> "너희들은 노예를 대하기를, 너희들이 먹는 음식과 똑같은 것으로 먹게 하고, 너희들이 입는 옷과 똑같은 것을 입혀라. 그들은 알라의 종이니 학대하지 말아라."

> "현세의 이익을 얻으려 하녀들에게 간음행위를 강요하지 말라. 그녀들은 순결을 지키고자 하느니라(『꾸란』 24:33)."

이슬람 이전 여자 노예는 주인의 돈벌이로 이용되어 매춘 행위를 종종 강요받았는데 무함마드는 그것을 금지한 것이다. 그 결과 여성 노예들이 겪어야 했을 성적 착취의 고통은 사라졌다.

이슬람은 당시 아랍 여성의 지위를 크게 향상시켰다. 지금은 이슬람이 여성을 억압하는 종교로 인식되고 있지만, 이슬람 이전 시대에 아라비아 여성의 지위는 더 비참했었다. 당시 아랍 사회는 여자아이가 태어나면 죽이는 일이 빈번하였는데 무함마드는 이것을 금지했으며 가정에서 남편은 아내에게 친절히 대하라고 말하였다.

나중에 2대 칼리파가 된 우마르는 이렇게 회고했다.

> "이슬람 이전에 즉 알라께서 부인들의 권리와 책임을 내리실 때까

지 우리는 부인들의 권리에 관해 관심이 없었다."

　마지막으로 무함마드의 부인들 이야기이다. 무함마드 이전에도 일부다처는 아랍 사회에 존재했고 부인의 수에 제한도 없었다. 부족 간의 전쟁으로 남자들이 학살되고 여성을 전리품으로 삼는 행위가 만들어낸 결과였다. 하지만 무함마드는 경제적 능력이 있고 공평하게 대할 자신이 있다면(공평하지 못했다면 하늘에서 반신불수의 처벌을 받는다) 부인을 4명까지 둘 수 있도록 하여 부인의 숫자에 제한을 두었다. 문제는 그가 자신이 정한 이슬람 율법 이상으로 다수의 부인[65]을 두고 있었고 그중 어린 아이샤와의 결혼이나 유대인 사피야와의 결혼 등 논쟁이 되는 결혼이 여럿 있었다는 것이다. 특히 부인 중에 5번째 부인인 자이나브가 무함마드의 양자 자이드의 부인이었다는 사실은 많은 비판을 받고 있다. 무함마드가 어느 날 자이드의 집에 예고 없이 들렀다 자이나브가 벗은 몸을 우연히 보고 자이나브에 관심을 가진다. 이 사실을 나중에 알게 된 자이드는 곧바로 그녀와 이혼했고 무함마드는 자이나브와 결혼한다. 무함마드는 며느리와 결혼한 것이다.

　이슬람에 적대적인 사람들은 이런 면을 부각해 이슬람과 무함마드를 비판하지만 이런 관점은 기독교에서 신이 된 '예수'와 똑같은 잣대로 보려고 하는 데서 오는 오류이다. 무함마드는 자신은 기적

---

65) 이슬람 학자들은 무함마드가 선지자이고 이전 많은 선지자도 여러 명의 부인을 두고 있으니 그가 예외인 것은 이상할 것이 없다고 주장한다.

을 일으킬 수 없는 평범한 인간에 불과하다고 주장했고 신격화를 반대했기 때문이다. 무함마드는 평범한 인간처럼 욕망에 휘둘리는 인간이었기 때문에 그가 도덕적 흠결이 있다 하더라도 그가 '신의 뜻을 전하는 예언자'가 아니라는 근거는 될 수 없을 것이다. 중국사에서도 당 현종은 아들에게서 아내를 빼앗고 며느리인 양귀비와 결혼하였다. 심지어 당 현종의 아들은 자신의 친아들이었다. 하지만 우리는 당 현종과 양귀비의 패륜보다는 그들의 사랑에 더 초점을 맞추고 있지 않은가?

그의 인간적인 면모를 볼 수 있는 일화를 하나 더 소개한다.
어느 날 그의 추종자들이 물었다.

"예언자께서는 무엇을 가장 좋아하십니까?"

그의 추종자들은 종교적인 심오한 대답 그게 아니더라도 최소 이슬람과 관련된 대답을 기대하고 있었다. 그런데 향수 애호가인 그의 대답은 이러했다.

"첫 번째는 예배이고 두 번째는 향수이며
세 번째는 여자이다."

첫 번째만 빼면 나머지는 당시 일반 남자와 별반 다를 게 없는 것이었다.

이슬람의 성서인 『꾸란』은 알라의 뜻이 왜곡될 수 있어 다른 언어로 번역을 금지하면서 이슬람이 전파되는 곳은 『꾸란』을 읽기 위해 아랍어를 배워야 했다. 그러면서 자연스럽게 아랍어가 이슬람 사회의 공용어가 되기 시작했다. 일부 민족은 직접 번역을 피하고 꾸란의 해설집을 통하여 『꾸란』을 이해하고 그들 민족의 언어를 지켜냈지만, 중동의 많은 민족은 아랍어를 자연스럽게 받아들였다. 그 결과 아랍인이라는 호칭은 원래는 아라비아나 시리아의 사막에 흩어져 살던 유목 부족만을 지칭했지만 현재는 중동·북아프리카에 살며 아랍어를 쓰고 아랍의 문화를 공유하는 흑인, 백인 모두를 뭉뚱그려 아랍인이라고 부르게 되었다. 다시 말해 현재 우리가 쓰는 아랍인이라는 개념은 혈통에 근거한 민족 개념이 아니라 문화적 개념에 가깝다고 할 수 있다.

5.
이슬람의 팽창과 번영

정통 칼리파 시대

아부 바크르(632~634년 재위)가 칼리파가 되는 과정은 순조로웠지만, 무함마드의 죽음은 각지의 아라비아 부족들이 반란을 일으키는 좋은 기회가 되었다. 하지만 이슬람군에는 뛰어난 명장이 있었는데 그가 바로 할리드였다. 할리드는 3개월 만에 분열된 아라비아 반도를 재통일하였다. 633년에는 원정군 총사령관이 되어 페르시아군을 연이어 격파하고 메소포타미아 남부지역을 차지하였다. 이어 비잔티움 제국을 공격하던 또 다른 이슬람군이 비잔티움 군대의 강력한 저항에 부딪혀 어려움에 부닥치자 할리드는 메소포타미아에서 군대를 이끌고 전격적으로 시리아 사막을 동서로 가로질러 가산 왕국을 멸망시킨 후 시리아 내륙으로 진격하였다. 비잔티움은 대군을 동원하여 할리드의 군대를 막고자 했으나 대패하였고 다마스쿠스는 포위되었다. 그의 탁월한 군사적 업적으로 그의 명성과 인기는 칼리파를 능가할 정도였다.

634년 8월 말에 61세의 노쇠한 아부 바크르는 심각한 고열에 시달리며 쓰러졌다. 죽음을 직감한 아부 바크르는 다음 후계자로 40대 중반의 우마르를 지정하였지만 많은 이가 우마르의 거칠고 직설적인 성격을 알고 있었기 때문에 선뜻 그를 칼리파로 인정하려 들지 않았다. 개종 전 그는 메카에서 칼을 들고 무함마드를 죽이려 한 자였다. 하지만 강력한 칼리파 후보였던 알리가 우마르를 지지하면서 상황은 깔끔하게 정리되었고 우마르가 제2대 칼리파가 되었다.

우마르(634~644년 재위)는 칼리파가 되자 제일 먼저 한 일이 할리드를 원정 총사령관에서 끌어내리고 대신 우바이다를 총사령관으로 삼는 일이었다. 하지만 비잔티움 제국과의 전투가 한 치 앞을 내다볼 수 없게 되자 그를 다시 중용하여 전선에 투입한다. 635년 이슬람의 팽창에 두려움을 느낀 비잔티움 제국과 페르시아 제국은 서로 간의 전쟁을 멈추고 동맹을 맺었다. 그러나 636년 8월 할리드는 야르무크 전투를 지휘하여 비잔티움 대군을 또다시 격파하였고 비잔티움은 시리아에서 완전히 주도권을 잃어버렸다. 같은 해 11월 사드 장군이 이끄는 이슬람군이 까다시야 전투에서 페르시아 대군을 격파하면서 페르시아는 회복할 수 없는 상처를 입었다.

637년에는 예루살렘이 이슬람군의 수중에 들어왔으며 시리아 북부의 핵심도시인 알레포와 안티오키아도 이슬람군의 수중에 떨어졌다. 칼리파 우마르는 성지 예루살렘에 입성할 때 말에서 내려 신발을 벗고 맨발로 걸어서 들어갔다고 한다. 예루살렘이 이슬람군에 함락되면서 유대인의 예루살렘 거주를 금지했던 로마법은 효력을 잃게 되었고 유대인은 자유롭게 예루살렘에 거주할 수 있게 되었다.

같은 해 동쪽에서는 페르시아의 수도 크테시폰이 함락되었다. 페르시아 황제 야즈데게르드 3세는 지금의 이란 지역으로 가까스로 도망간 후 군대를 모아 반격을 했지만 패배하면서 사실상 변방을 떠도는 도망자 신세가 되었다. 638년에는 북부 메소포타미아와 기독교 국가인 아르메니아가 이슬람군의 수중에 떨어졌다. 639년에는 아무르 장군이 이끄는 이슬람군이 이집트로 진격하였다. 칼리파 우마르는 처음에 아무르가 이집트를 공격하자고 애원하자 다음과 같이 말했다.

> "메디나로 돌아가서 원로들과 의논해본 후에 확답하마. 허락이 되
> 지 않을 경우, 만약 나의 전령이 이집트 국경에 그대가 도착하기
> 전에 당도했다면 곧 회군하라. 그러나 그 땅을 넘은 후라면 알라
> 에게 도움을 청하고 알라의 가호를 기원하라."

우마르는 이 말을 던지고 메디나로 돌아가 원로들과 의논을 했다. 그리고 의논 후 결과를 알릴 전령을 아무르에게 보냈다. 전령은 부리나케 달려 아무르가 이끄는 이슬람군이 이집트 국경을 넘기 직전에 도착했다. 하지만 아무르는 전령이 건넨 서신을 개봉하지도 않고 가슴에 집어넣은 후 국경을 넘었다. 서신은 이집트 원정이 불가하다는 내용이었다. 아무르는 회의 결과에 상관없이 이집트를 침공할 생각을 하고 있었던 것이다. 하지만 아무도 아무르의 명령 불복종을 탓하려 하지 않았다. 641년 11월쯤 되면 이집트의 주요 도

시들에는 이슬람군의 깃발이 펄럭이고 있었기 때문이다. 이후 이슬람군은 남쪽의 테베와 수단 북부까지 그리고 서쪽으로는 리비아의 트리폴리까지 진격하였다. 이집트의 수도는 이젠 알렉산드리아가 아닌 아랍군의 전진기지였던 푸스타트(現 카이로 남쪽 2㎞ 지점)가 되었다.

이슬람군의 진격은 거침이 없었고 정복 속도는 현기증이 날 정도로 빨랐다. 그리고 '진격의 이슬람군'을 이끈 장군 중 단연 페르시아와 시리아 정벌을 이끈 할리드가 최고였고 적(敵)은 할리드의 이름만 듣고도 성문을 열고 항복할 정도로 두려워했다. 이슬람 병사들 사이에는 그를 찬양하는 목소리가 넘쳐났다.

칼리파 우마르는 다시 한번 결단했다. 그는 할리드를 또다시 군 지휘관에서 해임했다. 할리드는 우마르가 무엇을 걱정하는지 잘 알았고 그의 뜻을 순순히 받아들였다. 할리드는 해임된 후 시리아의 홈스에서 4년간 쓸쓸히 지내다 숨을 거두었는데 그는 죽으면서 전장에서 죽지 못하는 것을 슬퍼하였다고 한다. 그는 진정한 무인이었다.

그러나 전쟁영웅을 해임하면서까지 칼리파의 권위를 지키고자 했던 우마르는 허무하게도 기독교 출신 노예가 휘두른 칼에 치명상을 입고 쓰러졌다. 그는 병상에서 알리, 우스만, 사드 등이 포함된 이슬람 공동체의 지도자 6명에게 다음 후계자를 선출하도록 했다. 그리고 만약 후계자 문제에서 3:3 동률이 나오면 자신이 다음 칼리파를 선택하겠다고 했다. 다행히 후계자 위원회에서는 큰 의견 충돌 없이 우스만이 선출되었다. 그는 쿠라이시 부족 내에서도 최상위 지배층이었던 우마이야 가문 출신이었다. 우마이야 가문은 무함마드에 대항해 메카군을 지휘했던 부족장 아부 수피안이 속한 가문이었다. 아부 수피안은 우스만의 삼촌이었다.

칼리파 우스만(644~656년 재위)은 무함마드 시절 이슬람군이 전투에서 밀리고 있을 때 도망가는 비겁한 모습을 병사들에게 보인 적도 있어 항상 앞에서 적군과 맞닥뜨려 용감하게 싸웠던 자신의 정적인 알리에 비해 인기가 없었다. 그가 칼리파가 된 것은 무함마드의 두 딸(둘째와 셋째)의 남편이었던 경력과 자신의 지위와 이익을 위해 보수화된 이슬람 공동체의 지도자들 덕분이었다. 그는 자신의 입지가 불안했기 때문에 자신의 친족인 우마이야 가문의 사람을 적극적으로 등용하여 지방 총독으로 임명하였다. 그는 우마이야 가문이었던 아부 수피안의 아들인 무아위야도 시리아 총독으로 임명하였다. 무아위야는 우스만의 지원에 힘입어 시리아뿐 아니라 메소포타미아 북부까지 통치할 수 있었다.

그런데 이집트인은 우스만의 친족인 이집트 총독의 통치에 불만이 많았다. 그들은 메디나에 대표단을 파견하여 이집트 총독을 교체해 달라고 요구하였다. 우스만은 흥분한 그들을 일단 달랜 후 이집트로 돌려보냈는데 그는 비밀리에 전령을 이집트 총독에 보내 대표단이 이집트에 도착하면 모두 죽이라고 명령했다. 그런데 문제는 이 전령이 이집트로 가다 돌아가던 이집트 대표단에 붙잡혔다는 것이다. 대표단은 이집트로 급하게 가는 남성을 수상히 여기고 잡은 후 편지를 빼앗았다. 편지 내용을 본 대표단은 격분하여 무장하고 우스만에게 따지러 다시 메디나로 돌아갔고 우스만은 이들에게 어이없이 피살되었다. 한편, 우스만의 치세 중인 651년 이슬람군이 이란 방향으로 밀고 들어가면서 떠돌이 신세였던 페르시아 왕 야즈데게르드 3세는 이슬람으로 개종한 지방 총독에게 살해되었고 사산 왕조 페르시아는 최종적으로 멸망하였다. 그리고 그의 치세에 『꾸란』이 집대성되었다.

우스만이 피살되고 비로소 알리는 칼리파가 될 수 있었다. 알리 (656~661년 재위)는 세속적 욕구에 휘둘리는 이슬람 사회를 보고 초기 이슬람의 순수성으로 돌아가고자 하였다. 하지만 이슬람의 지배층은 초기의 순수한 종교적 열정은 사라지고 정복 활동으로 들어오는 진귀한 재물과 함께 그들의 정치적 지위에 집착하고 있었기 때문에 그를 탐탁지 않게 여겼다. 알리는 수도를 메디나에서 쿠파 (現 이라크 나자프 주)로 옮기고 우스만이 임명했던 지방 총독들을 해임했다. 하지만 시리아 총독 무아위야를 포함한 상당수의 총독은 그의 명령을 거부하였다. 우마이야 가문은 우스만의 암살에 알리가 깊이 관여되어 있다고 주장했다. 내전이 시작되었다.

하지만 제일 먼저 반란을 일으킨 것은 시리아 총독 무아위야가 아니라 1대 칼리파 아부 바크르의 딸이며 무함마드의 임종을 지켜봤던 부인 아이샤였다. 그녀가 알리에게 반기를 든 것은 다소 개인적인 감정이 섞인 것이라고 한다. 무함마드가 살아 있을 때 이슬람군이 원정을 마치고 메디나로 돌아오는 길이었다. 사막 한가운데서 이슬람군이 잠시 쉬고 있던 저녁에 그녀는 갑자기 화장실이 급해지자 사람이 보이지 않는 곳으로 멀리 걸어나갔다. 그런데 그녀가 없어졌는지 모르고 무함마드가 예정에 없던 출발을 군대에 명했다. 아이샤는 낙타 위에 지붕이 있는 가마에 타고 있었기 때문에 낙타 몰이꾼이 아이샤가 당연히 타고 있다고 생각하고 출발해 버렸다.

일행이 떠나 버리면서 그녀는 혼자 사막에 남게 되었다. 그녀는 무함마드가 자신을 찾으러 다시 올 거라 믿고 그 자리에서 기다리고 있다가 뒤늦게 메디나로 돌아오던 한 젊은 병사와 마주쳤다. 당시 12살이었던 그녀는 젊은 병사와 함께 며칠을 함께 여행하여 무사히 메디나로 돌아올 수 있었다. 문제는 며칠 밤을 같이 지낸 젊은 둘 사이에 분명히 부정행위가 있었을 거라고 사람들이 의심하면서 시작되었다. 사람들 사이에 난 소문으로 이슬람 사회가 시끄러워지자 알리가 무함마드에게 아이샤와 이혼할 것을 권했고 이 이야기를 들은 아이샤는 알리를 증오하게 되었다. 다행히 사건은 무함마드가 알라로부터 아이샤의 부정행위가 없었다는 계시를 받았다고 공포하고 소문을 퍼트리고 다녔던 이들을 잡아 매 80대의 처벌을 내림으로써 일단락되었다.

이 사건의 앙금으로 아이샤는 일부 원로들과 함께 알리의 칼리파 등극에 반대해 군대를 일으켰다. 그러나 낙타를 직접 타고 군대를 지휘하는 열정을 보였던 아이샤는 알리의 군대를 이길 수 없었다. 아이샤는 패했지만, 알리는 그녀를 살려주고 메디나로 보냈다. 아이샤는 여생을 메디나에서 보냈다.

얼마 후 시리아 총독 무아위야가 스스로 칼리파를 칭하며 다마스쿠스에서 반란을 일으켰다. 곧 알리와 무아위야 군대가 유프라테스 강가의 시핀에서 격돌하였는데 알리가 이끄는 군대가 시리아 군을 몰아세웠다. 무아위야는 전투가 불리해지자 병사들에게 꾸란의 내용이 적힌 종이를 창끝에 꽂고 알리의 군대에 돌격하도록 명령했다. 알리는 전투 중 꾸란이 적힌 종이가 피로 더럽혀지는 것을 우려하여 무아위야의 협상 요구에 응했다. 그런데 전투에서 이기고 있음에도 무아위야 군과 협상을 시도하는 것에 알리의 측근들이 맹렬히 반대하였다. 하지만 알리는 이들의 반대를 물리치고 무아위야와 타협하였다.

협상이 성립되었고 무아위야는 시리아와 이집트의 지배권을 계속 유지할 수 있었다. 협상 결과에 알리의 지지자였던 자 중 일부가 화가 나 그의 하야를 요구하자 알리는 이들을 탄압하였는데 알리에 등 돌린 이들을 카와리즈('떠난 자들'이라는 뜻)파라고 불렀다. 그리고 얼마 지나지 않아 알리는 쿠파에 있는 이슬람교 사원에서 카와리즈파의 칼에 쓰러졌다. 알리가 죽고 나서 그의 큰아들 하산이 칼리파로 등극하였지만 유약했던 하산은 무아위야의 압박과 회유에 못 이겨 결국 칼리파에서 물러났다. 이로써 무아위야는 유일한 칼리파가 되어 모든 권력을 틀어쥐었다.

우마이야 가문의 무아위야(661~680년 재위)는 움마 지도자들의 합의로 칼리파를 선출하는 관행을 무시하고 자신을 이을 칼리파로 자기 아들 야지즈를 지명했다. 시리아 다마스쿠스를 수도로 하는 우마이야 왕조가 시작되는 순간이었다. 이슬람사에서는 칼리파를 선출했던 시대와 우마이야 가문이 칼리파를 세습했던 시대를 구분하기 위해 우마이야 왕조 이전 시대를 정통 칼리파 시대라고 부른다.

무아위야는 메카의 지도자로서 이슬람을 멸망시키려 했던 아부 수피안의 아들이며 메카가 함락되고 나서야 마지못해 이슬람교로 개종한 무슬림 2세대라고 할 수 있었다. 반면 정통 칼리파 4명(아부 바크르, 우마르, 우스만, 알리)은 무함마드와 동고동락했던 개종 1세대였고 모두 이슬람의 교리에 충실하여 검소하게 생활했고 화려한 궁전에서의 삶을 생각조차 하지 않았다. 심지어 2대 칼리파 아부 바크르는 생계를 위해 직접 소의 젖을 짜야 했다고 한다. 이런 면에서 봤을 때 우마이야 왕조의 성립은 이슬람 초기 1세대가 가지고 있던 종교적 열정과 순수성이 사라졌다는 것을 의미하며 이젠 이슬람교는 거대해진 제국을 지배하기 위해 작동하는 하나의 이념적 도구로 성격이 변하고 있음을 알려주는 사건이라고 볼 수 있다.

한편 알리가 암살된 후에도 여전히 그를 추종하는 세력은 진정한 칼리파는 무함마드의 혈통을 이어받은 알리뿐이기 때문에 정통 칼리파 3명과 함께 우마이야 왕조 칼리파도 인정하지 않았다. 칼리파 무아위야가 죽고 그의 아들 야지즈 1세(680~683년 재위)가 칼리파를 세습하자 세습에 반대하는 목소리가 이슬람 사회에서 터져 나왔는데 특히 메소포타미아 남부 지방은 이라크 총독의 무능과 수탈이 겹치면서 반(反) 우마이야 여론이 급속히 확대되었다. 이에 알리가 수도로 삼았던 쿠파에서 알리의 지지 세력들이 모여 반란을 모의했다. 당시 알리의 첫째 아들 하산은 칼리파에서 물러난 후 곧바로 암살되었고 알리의 둘째 아들 후세인은 메카에서 은신하고 있었다.

쿠파의 지도자들은 후세인에게 편지를 보내 자신들의 지도자가 돼 달라고 요청하였고 후세인은 호응해 일단의 무리를 이끌고 메카를 출발하였다. 하지만 이를 눈치챈 야지즈 1세는 재빨리 군대를 파견해 쿠파의 반란세력을 제압하였고 반란이 실패한 줄 모르고 쿠파로 향하고 있던 후세인 일행을 카르발라에서 공격하였다. 후세인은 메카에서 자신을 따라나섰던 100여 명의 병사와 함께 카르발라에서 무참히 학살되었다. 그런데 이 작은 사건은 이후 이슬람 사회에 큰 분열을 낳았다. 이슬람 사회에서는 알리와 그의 아들 후세인을 지지하고 동정하는 이들이 급속히 늘어났는데 이들을 시아파라고 불렀다. 시아파는 알리의 무덤이 있는 나자프(도시 쿠파가 속해 있다)와 후세인이 죽은 카르발라를 성지로 여기며 우마이야 왕조에 적대하였다. 반면 정통 칼리파 시대와 우마이야 왕조 모두를 인정하는 다수의 이슬람교도는 순니파로 불린다. 시아는 'Shia-t-Ali', 즉 '알리를 쫓는 사람들'에서 유래하였고, 순니는 'Sunna(선지자의 전통)를 따르는 사람들'에서 유래하였다.

우마이야 왕조(661~750년)

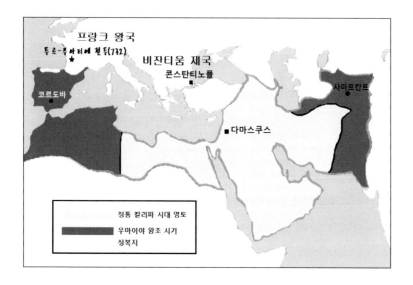

야지즈 1세가 즉위 4년 만에 수도인 다마스쿠스에서 낙마 사고로 죽은 후 20대의 그의 아들 무아위야 2세가 칼리파를 승계하였다. 하지만 그도 갑작스럽게 요절하면서 우마이야 가문의 장로였던 마르완(684~685년 재위)이 칼리파로 추대되어 즉위하였다. 그 결과 무아위야 집안에서 이어지던 칼리파 승계는 3대에서 멈췄다. 그런데 이미 60이 넘어 칼리파에 오른 노쇠한 마르완도 즉위 2년 만에 죽었는데 마르완은 그의 아들 아브드 알 말리크(685~705년 재위)에게 칼리파 자리를 안정적으로 넘겨주고 죽은 것이 그의 유일한 업적이 되었다. 알 말리크가 등극할 때 우마이야 제국은 이미 각 지역에서 반란이 일어나 내전 중이었기 때문에 알 말리크의 초창기에는 반란세력과의 전쟁에 온 힘을 써야 했다. 당시 이라크 지역과 메카와 메디나, 이집트 등 이슬람 제국의 상당수가 반란군의 수중에 들어 있었다. 알 말리크는 힘겨운 싸움 끝에 최종적으로 반란군의 거점인 메카를 점령함으로써 반란을 진압할 수 있었다.

알리와 무아위야 간의 싸움 그리고 알 말리크와 반(反) 우마이야 세력 간의 두 번에 걸친 이슬람 세계의 내전에서 메카가 우마이야 왕조에 대항하는 세력의 본거지가 되자 알 말리크는 메카를 대체할 새로운 종교적 성지가 필요하였다. 그래서 그가 선택한 곳은 우마이야 왕조의 수도인, 다마스쿠스와 가까운 예루살

바위의 돔과 성전산 전경

'바위의 돔'은 '우마르 사원'이라고도 불리는데 예루살렘을 정복한 2번째 정통 칼리파 우마르가 사원을 건설했을 것으로 후대인이 생각해 이름을 붙였다. 하지만 실상은 우마이야 왕조 5대 칼리파 알 말리크가 이 사원을 지었기 때문에 이 별칭은 분명 잘못된 것이다. 지붕을 금판으로 입혀 황금 사원이라고 불리기도 한다. 바위의 돔 자리는 원래 솔로몬의 궁전과 '언약의 궤'가 보관되던 자리였다고 한다.

렘이었다. 예루살렘에는 유대전쟁으로 로마군에 의해 폐허가 된 유대인 성전이 있던 언덕(성전산)이 있었다. 성전산에는 커다란 바위 하나가 있는데 이 바위는 아브라함이 자신의 첫째 아들 이스마엘을 알라에게 제물[66]로 바치기 위해 사용된 제단이면서 무함마드가 하늘로 승천[67]한 장소이기도 하고 최후의 심판이 이뤄질 곳으로

---

[66] 성경에는 둘째 아들 '이삭'이 제물로 바쳐졌다고 기록되어 있다. 이스마엘은 아랍인의 조상, 이삭은 유대인의 조상으로 여겨져 두 민족은 서로 누가 하나님(알라)의 총애를 받았는지 신경전을 벌이고 있다.

[67] '승천'했다는 것은 죽었다는 의미가 아니다. 무함마드가 잠깐 하늘로 올라가 알라를 만난 후 다

여겨지고 있었다. 알 말리크는 바위 위에 모스크를 지어 신성시하였는데 이 모스크를 '바위의 돔'이라 부르기도 한다. 그리고 그 옆에 예배를 드릴 수 있는 알 아크사 사원을 세웠다.

그의 예루살렘 중시 정책은 무슬림이 예루살렘을 메카, 메디나에 이은 제3의 성지로 여기는 데 큰 영향을 끼쳤다. 알 말리크의 또 다른 업적은 그리스어와 페르시아어를 폐지하고 아랍어를 행정과 회계상의 공용어로 만든 것이며 독자적 화폐를 만들고 비잔티움 제국의 영토인 북아프리카의 카르타고(現 튀니지)를 점령한 일이었다.

알 말리크의 후계자 왈리드(705~715년 재위) 칼리파는 제국의 영토를 중앙아시아와 인도로 확장하였다. 특히 왈리드 시기에 지브롤터 해협을 건너 서고트 왕국이 있던 이베리아반도를 점령하기 시작한 이슬람군은 730년대에는 피레네산맥을 넘어 프랑스 지역까지 깊숙이 진격할 수 있었다. 당시 서유럽은 서로마 제국이 476년 게르만족 대장 오도아케르에게 멸망한 후 국경선이 무너지면서 대규모로 게르만족이 서로마 영내로 무질서하게 이동을 하였는데 그중 성공적으로 로마 영토에 정착한 게르만족인 프랑크족이 과거 서로마 제국의 영토를 재통일하고 있었다. 732년 이슬람군은 프랑스 깊숙이 쳐들어가다 투르와 푸아티에 중간쯤에서 프랑크 왕국의 궁재(宮 행정을 총괄하던 관직)인 카롤루스 마르텔이 이끄는 프랑크 군대와 전투를 벌였는데 패하고 만다. 투르-푸아티에 전투는 기독

시 메카(혹은 메디나)로 내려와 이슬람을 전파하였다고 한다.

교 세계가 이슬람군의 위협으로부터 서유럽을 방어했다는 역사적
평가를 받고 있다.

압바스 왕조

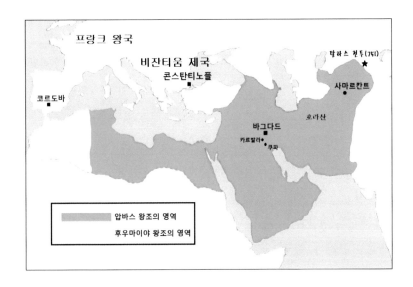

우마이야 왕조는 순니파였으며 아랍인 우대정책을 취하였다. 비
아랍인 농민은 이런저런 명목으로 수확량의 50%까지 세금으로 냈
지만, 아랍인 지주는 수확의 10%만 냈으며 정치적 특권과 군인 연
금, 면세 등 경제적 특권을 누렸다. 이것이 시아파와 페르시아인의
불만을 사게 되었으며 일부 정치에서 소외된 아랍인들도 우마이야
조에 불만을 품고 있었다. 이들은 747년 무함마드 가문인 하심가
의 후손 알 압바스를 옹립해 호라산에서 군대를 일으켰다. 반란군
은 749년 9월 시아파의 성지인 쿠파를 점령하였고 750년 시리아에

서 우마이야 주력군을 격파하였다. 우마이야 왕조 마르완 2세는 이집트로 도망쳤으나 얼마 못 가 체포되어 처형되었고 알 압바스는 쿠파를 수도로 하는 새로운 왕조를 열었다. 알 압바스(750~754년 재위)는 우마이야 일족을 닥치는 대로 학살했는데 우마이야 일족인 알 라흐만이 이 학살에서 가까스로 살아남아 스페인으로 도망갔다. 알 라흐만은 코르도바를 수도로 삼고 우마이야 왕조의 명맥을 유지하였는데 이 왕조를 후(後) 우마이야 왕조라 부른다. 후 우마이야 왕조는 1031년 함무드가에 의해 멸망할 때까지 유지되었다.

알 압바스는 칼리파로 등극하자 반란에 일조했던 시아파를 탄압하면서 압바스 왕조가 여전히 순니파 국가임을 천명하여 이슬람교도의 다수인 순니파의 지지를 얻어냈고 비아랍인에 대한 차별을 철폐하여 페르시아인의 지지도 얻어 제국의 안정을 도모하였다. 그런데 왕조가 성립된 지 얼마 안 된 상황에서 동쪽에서 큰 위협이 다가오고 있었다. 중국 당나라가 사막길(비단길)을 따라 중앙아시아로 세력을 넓혀오고 있었던 것이다. 이에 위협을 느낀 중앙아시아의 투르크족이 압바스 제국에 도움을 요청하면서 당과의 전쟁이 시작되었다.

751년 당나라 군대와 이슬람 군대는 탈라스강 주변에서 대치하였는데 이때 당나라 군대를 이끌던 장군이 고구려 유민 고선지였다. 고선지는 고구려 멸망(668년) 후 당나라에 강제로 이주당해 살았던 고구려 유민의 후손이었다. 양측의 군대는 각각 10만여 명으로 이뤄진 대군이었는데 전투 중 당나라와 동맹을 맺은 투르크계 부족이 배신하면서 탈라스 전투는 이슬람군의 승리로 끝났다. 당의 장군 고선지는 가까스로 병사 수천 명만을 이끌고 당의 수도 장안으로 돌아갈 수 있었다. 탈라스 전투의 결과 당나라는 중앙 아시아와 사막길에 대한 통제력을 잃어버렸다. 반면에 중앙아시아 에 대한 이슬람의 영향력이 강해지면서 중앙아시아 부족들은 빠 르게 이슬람교를 받아들인다. 하지만 압바스군도 전투로 인한 피 해가 만만치 않았기 때문에 동쪽으로 향하는 지하드(성전)를 더는 진행하지 않았다. 탈라스 전투가 역사적으로 또 하나 중요하게 평 가받는 이유는 전투에서 중국인 포로가 다수 발생했는데 이 중 종이 만드는 기술자가 있었고 그로 인해 중국의 제지술이 이슬람 사회에 전해졌기 때문이다. 제지술은 이후 이슬람을 거쳐 유럽에 까지 전해진다.

초대 칼리파 알 압바스가 754년 병사하자 이복형인 알 만수르 (754~775년 재위)가 2대 칼리파가 되었다. 그는 수도를 시아파 세력 이 강한 쿠파를 떠나 순니파가 다수 거주하는 북부에 새롭게 도시 를 건설하여 옮겼는데 이 도시가 바그다드였다. 바그다드는 폭이 2.7㎞가 넘고 도시 전체를 3중의 성벽으로 에워싼 후 주위에 해자 를 깊게 판 원형형태의 난공불락의 거대한 도시였다. 알 만수르는 압바스 왕조의 건국 공신들을 제거하여 자신의 권력을 다졌는데 이러한 숙청작업 덕분에 그의 후손들은 안정적으로 칼리파를 세습 하며 압바스 왕조의 번영을 이끌 수 있었다.

6장

십자군 전쟁

- 기독교 세계의 반격

1.
전쟁의 기원

서로마 멸망 후 서유럽은 게르만족, 무슬림, 바이킹, 마자르족의 순차적이고 무질서한 침략으로 대혼란을 겪지만, 비잔티움 제국은 영토가 축소되기는 했어도 번영과 쇠퇴를 반복하며 그 생명을 유지하고 있었다. 그러나 비잔티움 제국은 이슬람 제국의 2대 칼리파 우마르에게 시리아를 빼앗겼으며 638년에는 기독교 성지인 예루살렘마저 잃었다. 비잔티움 제국은 예루살렘을 잃었지만, 소아시아를 근근이 지키며 이슬람 제국에 맞서고 있었다. 하지만 그러한 상황이 오래 지속될 수는 없었다. 기마 전술에 능숙한 새로운 적이 동쪽에서 밀려오고 있었다.

1071년 찌는 듯한 8월, 반 호수 근처 아르메니아 지역의 만지케르트에서는 두 개의 진영이 대치하고 있었다. 한쪽은 비잔티움 제국의 황제 로마누스 4세(Romanus, 1068~1071년 재위)가 이끄는 3만여 명의 용병과 제국군의 혼성이었으며 또 한쪽은 셀주크 투르크족 술탄 알프 아르슬란(1063~1072년 재위)이 이끄는 2만여 명의 투르크족과 쿠르드족 등으로 구성된 혼성부대였다. 두 세력은 오랫동안 아르메니아를 놓고 패권을 다투고 있었고 비잔티움 제국은 투르크족에게 얼마 전에 빼앗긴 만지케르트로 진군하여 일전을 벌이려고 하고 있었다.

비잔티움 제국을 동쪽에서 잠식하고 있던 셀주크 투르크족은 원래 중앙아시아에 살던 유목민족이었다. 투르크족은 중국 고대 역사에서는 돌궐이라고 불렸던 민족이며 현재는 위구르족이 해당한다. 이들은 중국 북방의 초원지대를 장악하고 수·당과 맞서며 한반도의 고구려와 동맹을 맺기도 하였다. 하지만 결국 당에 밀려 서쪽으로 밀려났으며 점차 이슬람을 받아들이기 시작하였다.

유목민족은 평소 말을 타고 가축을 기르며 이동 생활을 하므로 말을 타는데 능하고 말 위에서 활과 칼을 쓰는 것에도 익숙했다. 따라서 이들은 병사로서 활용 가치가 있었으며 이슬람 세력가에 의해 종속된 사병(私兵), 일명 맘루크로서 고용되었다. 대도시에 살면서 나태해진 아랍인들은 맘루크에게 칼을 주고 국가의 방위를 맡겼으며 분쟁이 있을 때마다 그들을 불러들였다. 그러면서 칼리파는 처음에는 투르크족 맘루크에게, 그다음에는 페르시아인이 세운 시아파인 부와이 왕조에 휘둘렸고 결국에는 부와이 왕조를 멸망시킨 셀주크 투르크족의 보호 아래 놓였다. 역사적으로 서로마 제국도 국가의 방위를 키가 크고 힘이 센 게르만족에게 맡김으로써 자신들이 안전하다고 착각할 때 그들에게 멸망했듯이, 이슬람 제국 압바스 왕조의 왕이며 이슬람 신자의 최고 지도자인 칼리파도 투르크족의 손아귀에서 놀아나는 꼭두각시로 전락한 것이다.[68] 그나

---

68) 이후 아랍인들은 1,000년 동안 중동 역사에서 부차적인 존재로 떨어졌다. 아랍인이 중동 지역

마 서로마처럼 멸망하지 않고 왕조를 유지할 수 있었던 것은 칼리파가 단순히 정치적 지배자가 아니라 무함마드를 잇는 종교적 지도자였기 때문이었다.

칼리파는 투르크족 대장을 '술탄'으로 임명했으며 술탄이 정치, 군사를 장악하고 칼리파의 자리는 신성한 존재로서 명목상 유지되었다. 따라서 겉으로는 바그다드를 수도로 하는 이슬람 제국 압바스 왕조가 유지되고 있었지만, 역사학자들은 일반적으로 알프 아르슬란의 숙부 토그릴 베그가 칼리파로부터 술탄 칭호를 얻은 이후로 그 제국을 셀주크 투르크 왕조라고 부른다. 셀주크 투르크는 이스파한을 사실상의 수도로 삼고 서쪽으로 계속 진격하면서 비잔티움 제국의 동쪽변경을 위협하고 잠식해 들어갔다. 이에 비잔티움 황제 로마누스 4세는 6~7만의 대군을 이끌고 아르메니아 지역을 침범하고 있는 투르크족을 제압하려 한 것이었다.

11세기 중동

에서 역사의 주인공으로 등장하고 활동한 것은 무함마드 이후 10세기까지 겨우 300년에 지나지 않는다. 20세기 들어 오스만 투르크가 몰락하고 나서야 아랍인은 국가를 세울 수 있었다.

로마누스 4세는 군대를 두 개로 나누어 진격하게 했는데 황제가 이끄는 군대는 만지케르트로 향하고 또 하나의 군대는 만지케르트 북쪽에 있는 셀주크족의 요새 헬라트로 향하게 했다. 하지만 헬라트로 진격한 군대는 패퇴하고 도주하였다. 그러나 로마누스 4세에게는 아직 3만여 명의 병력이 있었고 알프 아르슬란이 이끄는 2만여 명의 투르크 군대보다 여전히 많았다. 하지만 투르크족과의 전투는 한 차례의 접전으로 끝나는 상황이 아니었다. 로마의 전통적인 전투 방식은 평지에서 대군이 정면충돌하여 단시간에 승패를 결정하는 형태였으나 투르크족은 정면 대결을 피하고 가볍게 무장한 경기병이 상대에게 화살을 퍼붓고 도망가는 전술을 반복하며 적을 지치게 하는 장기전이었다.

비잔티움 군대는 전통적인 로마 방식인 중앙에 밀집 중장보병이 세 부대로 나누어 배치되어 있었고 양쪽에 기병대를 두었으며 중앙군 뒤쪽에 귀족이 소유한 사병이 후위 부대를 이루고 있었다. 황제는 중앙군을 지휘하고 있었다. 그들은 느리게 전진하며 투르크의 경기병을 압박해 들어갔고 투르크 기병은 비잔티움 군대의 측면에 화살을 퍼부으며 치고 빠지기 전술을 썼다. 이런 전투가 한동안 지속되자 비잔티움 군대는 더위 속에서 중무장한 갑옷과 끊임없이 날아오는 화살 세례에 짜증이 나기 시작했다. 먼저 비잔티움 군대 양쪽에 포진한 기병대가 참지 못하고 치고 빠지는 투르크 기병을 추격하기 위해 진영을 빠져나갔다. 하지만 이들은 곧 투르크군의 매복에 걸려 큰 손실을 보고 퇴각해야 했다.

점차 불리함을 느낀 로마누스 4세는 퇴각 명령을 내렸고, 이 상황을 구릉 위에서 지켜보던 알프 아르슬란은 총공격 명령을 내렸다. 후퇴 명령을 받은 비잔티움 군대는 지칠 대로 지쳐 있었고 돌격하는 기병대와 날아오는 화살에 무너지기 시작했다. 하지만 이러한 상황에 대비하기 위해 후위 부대가 있는 것이다. 만약 후위 부대가 제 역할을 했다면 비잔티움 군대의 대패는 면했을 것이고 군대도 온전히 보전되었을 것이다. 하지만 로마누스 4세의 정적이었던 후위 부대 지휘관은 전투가 불리함을 느끼자 그의 군대를 이끌고 재빨리 도망가 버렸다. 대부분의 비잔티움 군대는 포위되어 대혼란에 빠졌고 이후 전투가 아니라 살육이 벌어지기 시작했다. 황제는 스스로 칼을 들고 싸움에 뛰어들었지만, 상처를 입고 포로가 되었다. 술탄 알프 아르슬란은 몰골이 만신창이가 되어 포로가 된 로마누스 4세를 처음에는 황제라고 믿지 않았다. 결국, 황제의 얼굴을 알고 있는 사절을 통해 확인한 이후에야 알프 아르슬란은 로마누스 4세에게 땅바닥에 입을 맞추라고 명하고는 그의 목 위에 발을 올려놓았다. 승리의 영광은 아르슬란의 발밑에 있었다.

전투에 승리한 알프 아르슬란은 포로가 된 황제와의 협상을 통해 비잔티움과의 분쟁을 해결하고자 했다. 그의 요구는 아르메니아 지역의 종주권과 안티오키아 등 시리아 몇 개의 주요 도시, 더불어 약간의 공물 그리고 양국 평화의 상징으로 황제의 딸과 자신의 아들이 결혼하는 것이었다. 이러한 요구는 만지케르트 전투의 대패가 비잔티움 제국의 군사력에 가한 피해에 비하면 매우 관대한 것이었다. 로마누스 4세는 협정에 서명하고 전투가 끝난 지 일주일 만에 풀려났다.

하지만 비잔티움의 수도 콘스탄티노플에서는 황제가 패했다는 소식이 도착하자마자 기다렸다는 듯이 그의 정적들이 쿠데타를 일으켜 정권을 장악하고 새 황제 미하일 7세(1071~1078년 재위)를 옹립하였다. 만지케르트 전투에서 배신하고 재빨리 도망간 지휘관들도 쿠데타에 합세했다. 이것이 비잔티움 제국의 현실이었다. 로마누스 4세는 배신감에 소아시아에서 군대를 모아 새 황제에 도전하였으나 패배하였다. 그는 목숨을 보전하는 대신에 황제 자리를 포기하고 수도원에 들어가기로 새 황제와 협상하고 항복하였으나 약속은 지켜지지 않았다. 로마누스 4세는 두 눈이 뽑혔고 그것의 부작용으로 죽었다. 새 황제는 로마누스 4세와 술탄의 협정을 받아들이지 않았다. 그리고 그것은 비잔티움 제국에게 엄청난 재앙이 되었다.

새 황제 미하일 7세는 투르크족을 막을 만한 군대가 없었다. 투르크족은 만지케르트 전투에서 대패하고도 어떤 협상도 하고 있지 않은 비잔티움 제국의 영토로 말을 타고 거침없이 돌격해 들어갔다. 비잔티움 제국은 영토의 절반에 해당하는 소아시아 지역을 투르크족에게 넘겨주어야 했다. 이젠 투르크족의 대군은 좁은 바다를 사이에 두고 콘스탄티노플 앞에 와 있었고 콘스탄티노플 함락은 시간문제인 것처럼 보였다.

2.
전쟁의 시작과 예루살렘 탈환

비잔티움 황제 알렉시우스 1세 콤네누스(Alexius Comnenus, 1081
~1118년 재위)는 '바람 앞에 등불'이 된 제국을 구해야 했다. 투르크
족은 이젠 비잔티움 제국의 수도 콘스탄티노플을 위협하고 있었
다. 보스포루스 해협을 건너 소아시아 내륙으로 조금만 걸으면 룸
셀주크의 수도 니카이아가 있었다. 알렉시우스 황제는 같은 기독교
국가인 서유럽에 구원요청을 하기로 마음을 먹었다. 하지만 당시
서유럽은 사실상 어떠한 통일 정부도 없었다. 프랑스나 이탈리아
영국 그리고 독일(신성 로마 제국)은 수많은 영주에 의해 분할되어 있
었고 아직 민족국가 개념이 없었기 때문에 어느 왕에게 충성을 맹
세하느냐가 중요했지 어느 영토에 속했느냐는 의미가 없었다. 또
한, 이들은 왕의 군대 동원 요구도 거절할 수 있을 만큼 반(半)독립
적인 세력이었다. 이러한 상황에서 알렉시우스 황제가 편지를 보낼
곳은 딱 한 곳이었다. 서유럽의 기독교 무장세력을 하나로 아우를
수 있는 로마에 있는 교황이었다. 서유럽은 잡다한 민족과 다양한
이해관계, 자급자족하는 장원을 가진 지방 영주 등 하나로 볼 수

있는 것이 거의 없었지만 단 하나 교황을 받드는 기독교 신자라는 공통점이 있었다. 로마 교황 우르바누스 2세(1088~1099년 재위)는 도움을 요청하는 알렉시우스 황제의 편지를 받고 기뻐하였다.

　과거 동로마와 서로마가 정치적으로 분열된 이래로 교회도 동·서로 분열되어 사사건건 충돌하였다. 그리고 시간이 지나면서 교리에도 서로 차이가 나면서 서쪽은 서로마 멸망 후 교황을 정점으로 하는 로마 카톨릭이 되었고, 동쪽은 여전히 건재한 황제를 중심으로 하는 그리스 정교(동방 정교)가 성립되었다. 그리고 동·서 로마의 국경선은 문화적인 경계선이기도 하였다. 서쪽은 라틴어를 썼고 라틴족과 게르만족이 대부분이었던 반면에 동쪽은 그리스어를 썼으며 그리스인들이 주축이었다. 만지케르트 전투가 벌어지기 17년 전인 1054년 7월 로마 교황의 특사들은 미사 중인 성 소피아 성당에 난입해 콘스탄티노플 총대주교를 파문한다고 선언하였다. 4일 후 총대주교는 교황의 특사들을 파문하였다. 두 교회는 수백 년간 이어져 온 갈등에 종지부를 찍고 최종적으로 이별 선언을 한 것이었다.

　교황은 비잔티움 황제가 구원요청을 한 것을 기회로 삼아 동쪽의 교회를 그의 영향 아래에 두고자 했다. 서유럽은 오랫동안 서로마 멸망 후 무법천지와 같은 극심한 혼란이 마무리되고 오랜만에 평화가 찾아왔다. 동시에 농업생산력의 향상으로 인구도 증가하고 있었다. 그런데 서로마 멸망 후 대혼란기에 외부 침략자들을 막기위해 서유럽 곳곳에서 자연스럽게 생긴 무장한 군인들이 여전히 길거리에 넘쳐났고 폭력사태는 사방에서 일어났다. 또한, 인구의 증가로 빈곤한 이들도 동시에 급증하면서 사회의 골칫덩어리가 되고 있었다.

교황 우르바누스 2세는 1095년 알렉시우스 황제가 원조를 요청하는 사절을 보내자 그해 11월 프랑스의 클레르몽이라는 언덕으로 교회의 대표자를 소집하였다. 그리고 비장한 표정으로 다음과 같이 말했다.

> "그대들이 사는 이 땅은 사람들이 너무 몰려 있어서 빈궁해졌다.
> (중략) 예수의 성묘(聖廟)가 있는 곳으로 가지 않겠는가? '젖과 꿀이
> 흐르는 땅'은 신이 그대에게 내린 토지이다. 그곳을 이교도 무리로
> 부터 해방시켜 우리들의 것으로 만들지 않겠는가?"

교황은 1096년 8월 15일을 군대 출정 날짜로 정했다. 각지에서 이교도 원정에 참여를 호소하는 십자군 전도사들이 활동했다. 특히 피에르라고 하는 전도사가 유명했으며 프랑스와 독일 지역에서의 그의 설교는 많은 사람을 감동시켰고 그를 추종하는 이들이 생겨났다. 곧 피에르를 중심으로 한 '성지 탈환' 군대가 결성되었다. 그러나 이들은 교황의 정식 허가를 받은 군대도 아니었으며 교황이 지정한 공식 출정 날짜도 무시하고 8월 15일보다 빨리 콘스탄티노플을 향해 출발했다. 후대의 역사가에 의해 '민중 십자군'이라고 불린 이들은 8월 1일 콘스탄티노플에 도착하였는데 일부 귀족들이 이끄는 기병대와 하급 기사들로 구성된 부대를 제외하고는 대부분 가난한 사람들과 열의에 찬 농민 그리고 잡배들이 간단한 무기를 가지고 참가하였고 심지어 여자와 아이들도 다수 포함되어 있었다.

민중 십자군은 육로를 통해 콘스탄티노플로 향했는데 이들에게 보급부대란 것이 존재하지 않았기 때문에 식량이나 필요한 물품은 이들이 통과하는 지역에서 해결해야 했다. 당연하게도 민중 십자군이 지나가는 헝가리와 불가리아 그리고 그리스에서는 약탈과 절도, 폭동, 폭력사태가 난무했다.

이들이 콘스탄티노플에 도착하자 알렉시우스 황제도 똑같은 문제에 봉착하게 되었다. 비잔티움은 이들을 먹여 살려야 했으며 그들에 의해 자행되는 약탈과 폭력을 지켜보아야 했다. 황제는 가능한 한 서둘러 서유럽에서 날아온 이 '인간 메뚜기들'을 배를 이용하여 소아시아 지역으로 실어 나르는 것이 최선임을 알게 되었다. 민중 십자군은 비잔티움 해군에 의해 보스포루스 해협을 건너 소아시아 지역으로 신속하게 옮겨졌다. 가난한 민중 십자군은 소아시아 지역에서도 기독교 마을을 약탈하면서 행군하였다. 더 큰 문제는 이 무분별하고 광신적인 집단의 지도자들은 예루살렘을 향해 어떻게 갈 것인지에 대한 계획이 전혀 없었다는 것이었다. 따라서 당시 룸(Rome) 셀주크 왕조 수도인 니카이아 주변을 약탈하며 서성대는 것이 그들이 하는 전부였다.

십자군이 들이닥쳤을 때 셀주크 투르크의 상황은 다음과 같았다. 이슬람은 크게 순니파와 시아파로 나뉘는데 바그다드에 있는 압바스 왕조 칼리파와 그를 형식적으로 받드는 이스파한의 셀주크 투르크는 순니파였고, 이러한 순니파에 대항한 시아파의 중심지는 이집트 카이로(알-까히라)에 세워진 파티마 왕조였다. 국호인 파티마는 무함마드의 딸이며 알리의 부인이었던 파티마에서 유래한 것으로 파티마 왕조는 압바스 왕조에 반기를 들고 일어난 시아파 국가였다. 두 세력은 항상 대립했고 팔레스타인을 놓고 끊임없이 전투를 벌였다.

술탄 알프 아르슬란이 만지케르트 전투를 승리로 이끈 다음 해, 그는 중앙아시아를 정벌하다가 죽고 그의 아들이 3대 술탄 말리크 샤로 등극하였다. 그런데 20년간 제국의 전성기를 이끌던 술탄 말리크 샤가 1092년 11월에 독살되면서 그의 아들 마흐무드가 어린 나이로 술탄에 등극하자 각지의 투르크족 족장들은 도시를 장악한 후 스스로 왕이나 술탄을 칭하며 반독립 상태가 되었다. 셀주크 투르크족의 분열이 시작된 것은 서유럽인들이 옷 앞뒤에 십자가 모양의 천을 꿰매고 쳐들어오기 불과 4년 전의 일이었다. 소아시아 서부를 장악하고 있던 투르크족은 콘스탄티노플 코앞인 니카이아(니케아)를 수도로 삼았다. 소아시아를 차지한 술탄 왕조는 바그다드를 장악하고 있던 술탄과는 친척 관계였으나 정치적으로 분리된 왕조였고 로마의 영토였던 소아시아를 기반으로 발전하였기 때문에 룸(로마) 셀주크라고 부른다.

그런데 십자군이 쳐들어왔을 때 룸 셀주크의 왕은 아직 17세에 불과한 클르츠 아르슬란이라는 젊은이였다. 클르츠 아르슬란은 수도 니카이아 주변을 어슬렁거리면서 그리스인의 마을을 약탈하는 프랑크인[69]이 크게 위협이 된다고 생각하지 않았다. 클르츠 아르슬

---

69) 당시 이슬람에서는 서유럽인을 프랑크인이라고 불렀다. 서로마 멸망 후 서유럽을 통일한 세력은 게르만 종족인 프랑크족이었으며 프랑크 왕국을 세웠다. 프랑크 왕국은 다시 동프랑크(독일), 서프랑크(프랑스), 남프랑크(이탈리아)로 분열되었다.

란은 과거 유약하고 모래알 같은 단결력을 가진 비잔티움 군대에 익숙해져 서유럽 군대를 얕잡아 보고 있었다. 그는 일부 기병대를 보내 도적집단으로 보이는 프랑크인을 기습 공격하게 했는데 그의 기병대 대부분이 죽고 일부만이 살아 돌아와 매우 놀랐다. 민중 십자군은 누더기를 걸치고 변변한 무기도 없었지만, 호전성만큼은 최고였다.

하지만 그들의 승리는 여기까지였다. 기고만장해진 프랑크인 일부가 니카이아 주변을 약탈하며 행군하다 요새 하나를 점령하고 들어가 있다는 소식이 아르슬란의 귀에 들어왔다. 투르크 왕은 그 요새의 취약성을 잘 알고 있었다. 아르슬란은 곧바로 자신의 모든 기병대를 이끌고 니카이아를 나와 전속력으로 달려가 요새를 포위해 버렸다. 요새를 점령한 독일계 십자군은 갑작스러운 투르크 대군의 출현에 당황하였을 뿐 아니라 곧이어 그들은 요새 내에 우물이 없음을 알게 되었다. 더위와 갈증은 포위된 그들을 말려버렸고 견디지 못한 십자군은 성문을 열고 항복하였는데 목숨을 부지하기 위해 기꺼이 이슬람으로 개종한 일부 지휘관들 빼고는 모두 살해되었다.

한편 니카이아 북쪽에 위치한 비잔티움의 도시 시비토트에 남아 있던 나머지 십자군은 비극적인 요새 소식을 알게 되었고 투르크족에 대한 복수심에 제대로 된 정찰 없이 서둘러 진지를 출발해 투르크 영토로 진격해 들어갔다. 하지만 이미 길목에 매복해 있었던 아르슬란의 부대는 좁은 길목에 진입한 십자군에 기습 공격을 가하였고 민중 십자군은 대부분 학살되거나 포로로 잡혀 노예가 되었다. 수만 명에 이르렀던 십자군 중 고향으로 돌아갈 수 있었던 자는 2, 3천에 지나지 않았다. '민중 십자군'이라는 광풍을 일으켰던 선교사 피에르는 운 좋게도 당시 콘스탄티노플에 있었기 때문에 목숨을 건질 수 있었다.

교황의 지원 아래에 영주들에 의해 정식으로 군대가 편성되고 출발한 '공식적인' 십자군 군대가 콘스탄티노플에 집결하고 있었다. 이것을 제1차 십자군이라고 하는데 이 십자군에는 모험가, 야심가, 그리고 신앙심이 깊은 자 등 다양한 참여 동기를 가진 봉건 영주들로 뒤섞여 있었다.

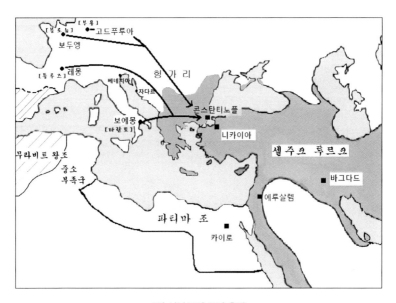

1차 십자군의 유럽 출발

지금의 벨기에에 속한 부용의 고드푸루아(Godfrey of Bouillon) 그리고 그의 동생 프랑스 불로뉴의 보두엥(Baldwin of Boulogne), 남이탈리아를 근거지로 하는 노르만족 보에몽(Bohemond of Taranto), 그리고 프랑스 남부 13개 주를 가지고 있어 가장 큰 영지와 군대를 소유하고 있었고 나이도 55세로 가장 많은 툴루즈의 영주 레몽(Raymond)이 십자군의 주요 인물이었다. 이들은 대부분 육로를 택해 콘스탄티노플로 향했다.

이 중 특기할 만한 인물이 한 명 있는데 남이탈리아의 보에몽이다. 보에몽은 불과 10년 전만 해도 비잔티움 제국과 전쟁을 벌였던 노르만족이었다. 보에몽은 그의 아버지와 함께 비잔티움의 영토였던 남부 이탈리아와 시칠리아섬을 탈취하고 더 나아가 그리스를 침공하여 콘스탄티노플을 위협했다. 당시 비잔티움 제국은 야만적이고 저돌적인 이 노르만족을 막을 수 없자 많은 경제적 이득을 제공한다는 조건으로 이탈리아 도시국가인 베네치아 해군을 끌어들였고 가까스로 발칸반도에서 바이킹의 후예들을 물리치는 데 성공했는데 그것이 1085년이었으니 십자군 전쟁이 있기 불과 10년 전의 일이다. 따라서 비잔티움 제국과 앙숙이었던 보에몽이 콘스탄티노플을 구원하기 위해 십자군에 참여한 것은 그의 참전 동기가 비잔티움 제국을 위한 것이 아님은 자명했다. 그런 그가 콘스탄티노플에 나타나자 알렉시우스 황제는 당황했다. 하지만 그의 딸 안네 콤네네 공주는 그에게 남성적 매력을 느낀 것 같다. 그녀는 노르만족 보에몽에 대해 다음과 같이 기록했다.

"보에몽의 외모는 그리스인과 야만족을 합쳐 당시 로마 어디서도 불 수 없을 만큼 뛰어났다. 키는 가장 키가 큰 사람보다 머리 하나가 높았고 두 팔은 억세 보였다. 머리털은 밝은 갈색이며 어깨까지 내려올 만큼 길지 않고 귀 부분까지만 내려왔다."

1차 십자군 전쟁에 참여한 서유럽 귀족 중 전쟁 기간 세속적 욕구와 영토 욕구를 가장 대놓고 드러낸 이가 보에몽이었다. 이후 그는 자신이 점령한 도시를 비잔티움 제국에 돌려주기를 거부한 첫 번째 십자군 지도자가 된다.

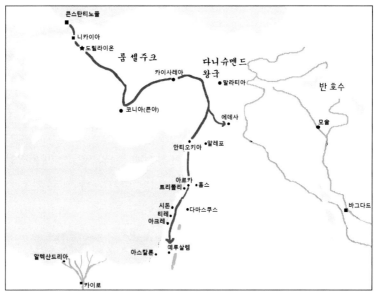

1차 십자군의 침공로

1096년 12월 형제인 고드푸루아와 보두엥이, 1097년 4월 초에 보에몽이, 그리고 마지막으로 4월 말에 레몽이 이끄는 군대가 콘스탄티노플에 도착하였다.[70] 이들은 하나같이 알렉시우스 황제에게 점령한 영토를 비잔티움 제국에 반환한다는 서약을 하고 나서야 보스포루스 해협을 비잔티움 해군의 도움으로 건널 수 있었다. 이들 군대는 해협을 건넌 후 모두 한곳에 집결한 이후에 니카이아로 진격하였다.

당시 클르츠 아르슬란은 소아시아 동남부(카파도키아)에 근거지를 두고 있던 또 다른 투르크족 왕 다니슈멘드와 소아시아 동부의 말라티아에서 전투를 벌이고 있었다. 그는 프랑크 군대가 또다시 접근하고 있다는 소식을 듣고도 대수롭지 않게 생각했다. 이미 민중 십자군을 통해 그들을 접해봤고 그들의 전투력을 잘 알고 있다고 생각했기 때문에 그가 취한 조치는 기마병 일부를 빼서 니카이아로 보낸 것이 전부였다. 하지만 그의 안일한 조치가 완전히 잘못된 것이었음을 알게 되는 것은 오랜 시간이 걸리지 않았다. 몰골이 엉망이 된 전령이 그에게 와서 프랑크 군대뿐 아니라 황제의 군대도 함께 한 대군이 니카이아로 몰려오고 있음을 알려줬기 때문이었다. 당황한 아르슬란은 다니슈멘드와 급히 협정을 맺은 다음 니카이아로 부대를 이끌고 달려왔지만 이미 니카이아는 온통 철갑으로 무장한 프랑크인과 비잔티움군에 의해 둘러싸여 있었다. 클르츠 아르슬란은 이 포위를 뚫기 위해 총공격을 명령했으나 아무 소용

---

70) 제일 먼저 도착한 부대는 프랑스 국왕의 동생인 위그(Hugh)가 이끌던 병력이었으나 이들은 소규모 병력이었고 1차 십자군 전쟁 중 줄곧 존재감은 미미했다.

이 없었다.

아르슬란은 수도 니카이아를 구원할 수 없음을 깨달았고 수도에 갇혀 있는 그의 부인과 얼마 전 태어난 왕자의 안전을 우선 생각해야 했다. 그는 민중 십자군의 침략 당시 프랑크인이 무차별 학살을 하고 어린아이마저도 불태워 죽였다는 끔찍한 이야기를 전해 들었기 때문에 니카이아는 최소한 이성적인 비잔티움 황제에게 넘어가야 그의 처자식과 신하들의 안전이 보장된다고 판단했다. 니카이아를 수비하던 투르크 지도자들은 아르슬란의 지시에 따라 프랑크인들 모르게 알렉시우스 황제와 비밀 협정을 맺었고 비잔티움 군대만이 비밀리에 니카이아 성문 안으로 들어갈 수 있었다. 결국 니카이아는 비잔티움 황제의 손에 넘어가게 되었고 아르슬란의 희망대로 그가 아끼던 사람들은 모두 안전할 수 있었다. 다만 이 사건으로 십자군 지도자들은 알렉시우스 황제에 강한 불만과 불신을 갖게 되었다.

황제는 십자군의 생존 가능성이 높다고 생각하지 않았다. 황제는 십자군의 전투 상황을 좀 더 지켜보고 만약 십자군이 몰살당하면 어렵게 되찾은 니카이아만이라도 지켜야겠다고 생각했다. 니카이아에 입성한 알렉시우스 황제는 니카이아와 그 주변을 정비한 이후에 십자군을 따라가겠다는 핑계를 대고 니카이아에 주저앉았다. 본격적인 더위가 시작되는 6월, 십자군은 신뢰할 수 없는 비잔티움 군대를 뒤에 남겨두고 시리아의 대도시 안티오키아로 향했다. 그들은 군대를 둘로 나누어 선발대는 보에몽이, 후발대는 고드푸루아 형제와 레몽이 하루 늦게 이동하기로 하였다.

한편 수도 니카이아를 잃고 소아시아 중부도시 코니아(콘야)로 퇴각한 클르츠 아르슬란은 복수심에 불타고 있었고 당시 경쟁 관계였던 다니슈멘드와 공동의 적에 맞서 군사적 동맹을 맺었다. 그리고 니카이아 남쪽 길목에 있던 도릴라이온 계곡에 다니슈멘드와 함께 군대를 매복시키고 십자군을 기다렸다. 예상대로 십자군 선발대는 계곡으로 들어왔고 투르크 연합군의 기습 공격이 시작되었다. 아르슬란과 다니슈멘드는 보에몽이 이끄는 선발대가 프랑크 군대의 전부라고 생각했다. 보에몽이 이끄는 선발대는 빗발치는 화살속에서도 진영이 무너지지 않고 잘 버티었다. 전투의 승패가 나지 않고 시간이 흐르면서 언덕 위에서 전투를 지켜보던 아르슬란은 초조해졌는데 그들이 즐겨 쓰는 치고 빠지기 전법이 통하지 않았기 때문이다. 이때 아르슬란은 더 많은 프랑크 군대가 뒤쪽에서 접근하고 있다는 전갈을 받게 된다. 그대로 있다간 포위되어서 전멸할 수도 있었기에 분했지만 클르츠 아르슬란과 다니슈멘드는 식량과 막사를 버리고 서둘러 일부 군대만 데리고 도망가는 수밖에 없었다.

십자군은 도릴라이온 전투에서 승리하였지만 예상하지 못한 새로운 적과 마주쳐야 했다. 소아시아를 관통하는 4개월간 십자군은 더위와 물 부족, 그리고 식량부족에 시달리며 황량한 소아시아를 가로질러야 했기 때문이다. 그러나 그러한 악조건 속에서도 그들만큼 온전히 소아시아를 횡단한 십자군은 이후에 없었기 때문에 그들은 운이 좋았다고 할 수 있었다. 1097년 10월 더위와 굶주림으로 몰골이 형편없게 되어 버린 십자군이 로마 제국 최대의 도시 중

하나였던 안티오키아에 힘겹게 도착했다. 안티오키아는 성벽 길이가 12㎞에 달하고 망루가 400개나 있는 커다란 성이었다. 4만 명이 조금 넘는 병력의 십자군은 긴 성벽을 가진 안티오키아를 완전히 포위하지 못한 채 공격했다. 안티오키아는 불과 10여 년 전만 해도 비잔티움 제국에 속했던 도시였다. 따라서 이곳은 비잔티움 제국에게는 반드시 수복해야 할 땅이었고, 십자군으로서도 예루살렘을 공략하기 위한 전초기지로서 반드시 점령해야만 했다.

당시 안티오키아의 지배자는 야기 시안이라는 인물이었는데 6~7천의 병력으로 성문을 굳게 닫고 십자군의 공세를 막아냈다. 안티오키아군은 몇 달간 십자군의 공격을 용케 막아내었으나 시간이 흐를수록 한계에 다다르고 있었다. 야기 시안은 자신의 아들을 다마스쿠스의 왕 두카크와 알레포의 왕인 리드완에게 보내 도움을 요청했다. 두카크와 리드완은 친형제였음에도 사이가 좋지 않았기 때문에 서로 반목하고 있었다. 야기 시안의 아들이 먼저 다마스쿠스에 도착했다. 다마스쿠스의 왕 두카크는 망설였다. 왜냐하면 프랑크인이 목표로 하는 곳은 예루살렘이지 자신의 영지가 아니어서 굳이 전쟁에 휘말리고 싶지 않았기 때문이다. 하지만 다마스쿠스의 여론은 이교도의 침략을 응징해야 한다는 것이었다. 안티오키아가 포위된 지 두 달 후인 12월, 두카크는 마지못해 병력을 움직여 안티오키아로 향했다. 그런데 안티오키아로 가는 중간에 식량을 약탈하러 돌아다니던 소규모의 십자군 부대와 우연히 마주쳤고 양측 간에 다수의 전사자가 발생했다. 두카크는 십자군과의 이 작은 전투로 이슬람교도로서 자신의 의무를 다했다고 생각하고 군대를 이끌고 퇴각해 버렸다.

야기 시안의 아들은 크게 실망했지만 포기할 수 없었다. 그는 이 번에는 알레포로 달려갔다. 알레포의 왕 리드완은 순순히 그의 구 원요청을 받아들였고 1098년 2월 알레포의 군대가 안티오키아에 나타났다. 그렇게 되자 오히려 십자군은 성안에 있는 안티오키아 군대와 외곽에 주둔하고 있는 알레포 군대의 협공을 받게 되면서 난처한 처지에 놓였다. 하지만 알레포의 군주 리드완도 그의 형 두 카크만큼 전투에는 소극적이었다. 리드완은 전투에 지치고 식량도 바닥나 굶주려 탈영이 횡행하고 있는 십자군을 곧바로 치기는커녕 호수를 끼고 있는 좁은 지역에 군대를 숙영시키며 눈치만 살폈다. 리드완의 소극적인 행동은 십자군에게 선제공격의 기회를 주었고 십자군은 새벽에 호수를 포위하고 기습 공격을 가했다. 잠에서 덜 깬 투르크군은 어찌할 바를 몰라 우왕좌왕하였고 좁은 지역에서 기습 공격을 받았기 때문에 말과 뒤섞여 서로 밟고 넘어지며 아수 라장이 되었다. 한편 성 밖에서 전투가 시작되었음을 안 안티오키 아 병사들은 용기백배하여 성문을 열고 십자군을 향해 돌격하여 포위망을 성공적으로 붕괴시켰지만 얼마 안 있어 알레포군이 패주 하는 모습을 보고 다시 안티오키아 성안으로 돌아와야 했다. 알레 포의 왕 리드완은 가까스로 도망쳐 다시는 알레포의 성문 밖으로 나오려 하지 않았다.

그러나 십자군도 전투에는 승리하였지만, 여전히 안티오키아를 함락시키지 못하고 있었다. 십자군은 식량이 바닥나 타고 있던 전 투용 말을 잡아먹고 풀로 연명하는 등 절박한 상황이었다. 그런데 그들에게 기쁜 소식이 하나 들어왔다. 보두엥이 셀주크의 영향 아래에 있었던 아르메니아인의 도시 에데사를 탈취한 것이다. 안티오키아의 포위 공격이 한창일 때 에데사의 아르메니아 왕은 투르크족의 영향권에서 벗어나고자 십자군에게 군대를 보내 달라 요청을 하였다. 로마 시대 기독교를 받아들인 아르메니아인은 아르메니아 정교라 불리는 기독교 분파를 믿고 있었다. 보두엥은 아르메니아 왕의 후계자가 된다는 조건으로 수백 명의 기병과 2천 명이 넘는 보병을 이끌고 도시로 들어갔다. 그리고 얼마 뒤 정변이 일어나 아르메니아 왕은 살해되었고 보두엥은 에데사의 지배자가 되었다.

안티오키아의 성주 야기 시안은 절박해졌다. 야기 시안은 이젠 멀리 떨어져 있는 모술의 지배자 카르부카에게 도움을 요청하는 수밖에 없었다. 도움 요청을 받은 카르부카는 3만 명 이상의 대군을 이끌고 모술을 출발했다. 하지만 그가 목적지로 향한 곳은 안티오키아가 아니라 에데사였다. 그의 생각에는 가까이 있는 적을 내버려 두고 더 멀리 있는 안티오키아의 적을 치는 것은 위험한 일이었다. 하지만 이 판단은 커다란 실수였다. 에데사의 십자군 병력은 애초에 얼마 되지 않았기 때문에 성문을 열고 나와 3만 이상의 이슬람 대군의 후방을 공격할 수 있을 정도로 무모하지 않았고 더욱이 안티오키아의 상황이 매우 급박했다. 카르부카는 에데사 성을 공격하는데 귀중한 3주일을 허비하고 나서야 안티오키아로 군대를 돌렸다.

한편 모술의 카르부카군을 목 빠지게 기다리던 안티오키아 주민들은 예정된 날짜에 그의 군대가 나타나지 않자 절망에 빠졌고 절망은 배신을 낳았다. 1098년 6월 아르메니아 출신의 무슬림 한 명이 새벽에 보에몽이 이끄는 일단의 기사들을 성안으로 집어넣어 줬다. 곧바로 성문이 열리고 십자군에 의한 무차별 살육이 시작되었다. 안티오키아 지배자 야기 시안은 말을 타고 성 밖으로 황급히 도망갔으나 도중에 말에서 떨어지면서 죽었다. 카르부카가 이끄는 지원군은 안티오키아가 함락되고 4일이 지나서야 나타났다.

카르부카 군은 비록 늦게 도착하기는 했지만, 안티오키아를 지원하기 위해 다마스쿠스의 두카크를 포함하여 시리아 각지에서 온 이슬람 원군이 합세한 대군이었기 때문에 여전히 십자군을 궤멸시킬 능력은 충분했다. 십자군은 성을 점령하였지만, 여전히 식량난에 허덕이고 있었고 군대 숫자도 이슬람군보다 적었다. 십자군 중에는 포위되어 굶주림을 견디지 못하고 탈영하다 이슬람군에 잡히는 경우가 허다했기 때문에 카르부카는 승리를 확신할 수 있었고 그가 할 일은 개미 한 마리 못 빠져나가게 성을 단단히 포위하는 것이었다.

곤경에 처한 십자군 지휘관인 보에몽과 고드푸르아 및 레몽은 성안에서 굶어 죽느니 성 밖으로 나가 정면 대결을 하는 것이 낫다고 생각했다. 그들은 병사들의 사기를 높이기 위하여 예수의 힘을 빌리기로 했다. 성직자들이 몰래 오래된 창을 땅에 묻어두고 나서 계시를 받은 양 그곳으로 가서 사람들에게 땅을 파게 하였다. 그리고는 오래되고 녹슨 창이 발견되자 성직자들은 로마인이 예수의 옆구리를 찌른 창이라고 선전하며 그것을 창대에 붙들어 매고 도시를 한 바퀴 돌았다. 종교적 환상은 공포심과 이성을 압도했으며 신의 계시에 따라 승리할 수 있다는 확신을 가진 프랑크 병사들은 창과 칼을 들고 성문을 열고 뛰쳐나가기 시작했다.

한편 성문 밖으로 쏟아져 나오는 프랑크인들을 카르부카는 호기심 있게 지켜보면서 성 밖으로 모두 나올 때까지 기다렸다. 십자군을 일찍 공격했다가 프랑크인들이 겁을 집어먹고 도로 성안으로 도망갈 수 있기 때문이었다. 전투가 다시 장기전으로 가는 것은 카르부카가 원하는 것이 아니었다. 당시 카르부카의 진영에는 시리아의 여러 에미르(지역의 성주나 장군을 칭하는 말)들도 가세하고 있었는데 그들은 모술의 지배자인 카르부카가 십자군을 격퇴한다면 이후 시리아는 카르부카의 지배하에 들어갈 것이라 걱정했다. 카르부카의 성공을 두려워하고 있던 두카크와 시리아 지역의 에미르들은 전투에 소극적이었고 이러한 사실을 잘 알고 있는 카르부카는 언제 이탈할지 모르는 에미르들을 데리고 오랜 포위전은 힘들다고 판단했다. 그러므로 그는 십자군이 모두 성 밖으로 나온 다음에 일거에 공격해 전투를 끝낼 생각이었다. 하지만 전투는 그의 뜻대로 전개되지 않았다.

성 밖으로 나온 십자군은 '예수의 창' 사건으로 사기가 높았을 뿐아니라 군대의 숫자도 카르부카가 예상한 것보다 많았다. 더는 물러설 곳이 없어 더 사나워진 3만여 명의 프랑크인에게 모래알 같은 단결력의 이슬람 연합군이 겁을 먹은 것은 당연한 일이었다. 이슬람 병사들은 화살 세례 속에서도 맹수처럼 돌격하는 덩치 큰 프랑크인에게 겁을 먹었다. 제일 먼저 연합군 지도자 중 다마스쿠스의 왕 두카크가 자신의 군대를 이끌고 도망가 버렸다. 곧이어 다른 에

미르들도 내빼기 시작했다. 이슬람군은 서서히 밀리기 시작했고 얼마 안 있어 이슬람 군대는 수적인 우세에도 불구하고 패주하기 시작하였다. 카르부카도 살아남은 부대를 이끌고 모술로 돌아가 다시는 시리아 땅을 밟지 않았다. 이슬람 세계의 분열과 반목은 십자군에게 승리의 영광을 가져다주었다.

12세기에 살았던 시리아인 우사마 이븐 문키드는 십자군을 이렇게 묘사했다.

> "프랑크인에 대하여 잘 알고 있는 모든 이는 짐승이 힘과 공격성에서 우수한 것처럼 (프랑크인도) 전투에서의 열정과 용기 이외에 아무것도 없는 짐승과 같다고 말한다."

사실 안티오키아 전투는 누가 봐도 십자군에게 불리한 전투였다. 당시 뒤늦게 소아시아에 상륙해 니카이아에서 안티오키아로 진군하고 있던 수천 명의 십자군은 안티오키아의 소식을 듣자마자 절망하고 군대를 돌렸는데 도중에 안티오키아로 향하던 비잔티움 황제의 군대와 마주쳤다. 비잔티움 황제 알렉시우스 황제도 카르부카의 지도하에 대규모의 이슬람 연합 부대가 성을 포위하고 있다는 이야기를 듣고 안티오키아는 가망이 없다고 생각해 십자군 부대와 함께 군대를 되돌려 콘스탄티노플로 갔을 정도였다. 하지만 이게 화근이었다.

안티오키아를 힘겹게 지켜낸 십자군 지도자들은 알렉시우스 황제의 회군 소식에 분노했다. 그들은 점령한 도시를 비잔티움 제국에 돌려주기로 약속했지만, 배신자와의 약속은 지킬 필요가 없다는 인식이 그들 사이에 퍼져 나갔다. 물론 안티오키아보다는 에데사가 먼저 십자군의 손에 떨어졌지만 에데사는 그리스인의 도시가 아니라 아르메니아인의 도시였다. 따라서 알렉시우스 황제는 에데사 소유권을 주장하지는 않았다. 하지만 안티오키아는 달랐다. 안티오키아는 불과 10년 전까지만 해도 비잔티움 제국의 핵심 도시였으며 주민의 상당수도 그리스인이었다. 애초부터 비잔티움 제국을 구원하거나 예루살렘 함락에 관심이 없었던 노르만족 보에몽은 안티오키아 함락 이후 안티오키아의 종주권을 주장했다. 십자군 내에서 견해차가 있기는 했지만, 안티오키아는 보에몽이 소유하기로 결정됐다.

1098년 6월 안티오키아 함락 이후 6개월이 지난 1099년 1월, 십자군은 보에몽을 안티오키아에 남겨두고 예루살렘으로 출발했다. 이들의 행군은 이번에는 그전의 행군처럼 고되지는 않았다. 시리아와 팔레스타인의 수많은 도시가 십자군에게 겁을 집어먹은 나머지 성문을 굳게 잠그고 나오지 않았을 뿐 아니라 십자군의 공격 목표가 되지 않기 위해서 그들에게 식량과 물품을 제공하는 것을 마다하지 않았기 때문이었다. 십자군은 홈스 근처의 요새 히슨 알 아크라드를 함락시킨 후 그곳에 며칠을 머물다

크락 데 슈발리에

'기사들의 성'이란 뜻이다. 원래는 히슨 알 아크라드 (쿠르드족의 성)라 불렸던 곳으로 1099년 1차 십자군이 이를 점령했으며, 1142년 구호기사단의 손에 넘어가게 된다. 1272년 이슬람군에게 함락될 때까지 난공불락의 요새로 남아 있었다.

예루살렘을 향해 출발하였다. 십자군은 도중에 트리폴리 영지인 아르카를 공격하기도 했으나 함락시키지는 못했다.

당시 예루살렘은 이집트 파티마 왕조가 지배하고 있었다. 하지만 얼마 전까지만 해도 투르크족이 파티마 왕조로부터 예루살렘을 빼앗아 차지하고 있었는데 시리아가 십자군에 의해 혼란에 빠지자 파티마 왕조의 재상 알 아흐달이 군대를 이끌고 예루살렘을 공격하여 재탈환하는 데 성공한 것이었다. 파티마 왕조는 아랍인 왕조였으며 동시에 시아파였기 때문에 끊임없이 순니파인 셀주크족과 전쟁을 벌이고 있었다. 하지만 이집트의 예루살렘 재탈환은 십자군과도 충돌을 피할 수 없게 만들었다.

하지만 알 아흐달은 서유럽에서 온 프랑크인을 비잔티움 제국의 용병 정도로만 생각했고 심지어 투르크족에 대항하기 위해 동맹을 맺을 수 있는 대상으로 인식하는 실수를 저질렀다. 그는 십자군이 예루살렘을 향하고 있는 것은 알고 있었지만 충분한 물적 보상을 통하여 그들의 진군을 멈추게 할 수 있다고 생각했는데 그것은 명백한 오판이었다. '예루살렘'은 십자군 그 '자체'였기 때문에 양보할 수도 타협할 수도 없는 도시였다. 나중에야 상황을 파악한 알 아흐달은 지원군을 더 데려오기 위해 이집트에 부랴부랴 갔는데 그사이인 1099년 6월 십자군이 예루살렘 성문 앞에 모습을 나타냈고 예루살렘은 곧 포위되었다. 7월 십자군 지휘관 고드푸루아가 이끄는 병사들이 공성탑을 타고 성안으로 들어가 성문을 여는 데 성공하였고 또다시 대규모 학살이 벌어졌다. 십자군은 신성한 예루살렘에서 이교도의 자취를 없애버리고 싶은 듯 이슬람교도와 유대인을 닥치는 대로 죽이기 시작했다. 예루살렘은 그렇게 함락되었다.

십자군은 예루살렘의 새 주인으로 고드푸루아를 선출하였다. 고드푸루아는 알 아흐달이 이끄는 3만여 명의 이집트 지원 병력이 해안 도시 아스칼론에 도착했다는 소식을 듣자마자 곧바로 군대를 이끌고 달려가 이집트군을 격퇴하였다. 이 전투의 승리로 이제 막 세워진 불완전한 예루살렘 왕국은 가장 위협적인 이집트로부터 당분간 안전할 수 있었다. 그런데 예루살렘 함락 다음 해 여름, 아크레를 포위 공격하던 고드푸루아 왕이 전투 중 사망하는 사건이 발생했다. 그러자 에데사에 있던 그의 동생 보두엥이 군대를 이끌고 예루살렘으로 와서 새로운 왕으로 등극하였다. 이후 보두엥의 후손은 이슬람의 영웅 살라딘이 예루살렘을 탈환하기 전까지 100여 년 동안 예루살렘 왕국을 통치하게 된다. 1차 십자군의 주역 중 또 한 사람인 레몽은 트리폴리를 공격하는 와중에 고령으로 사망하였고 그의 아들이 아버지의 뒤를 이어 트리폴리를 공격해 함락시킨 후 트리폴리 백작이 되었다. 그리고 트리폴리는 에데사, 안티오키아와 더불어 예루살렘 왕국의 제후국이 된다. 십자군은 예루살렘에 세워진 모스크 알 아크사 사원을 마구간으로 사용하고 무함마드가 승천한 장소로 여겨지는 신성한 돌 위에는 교회를 세웠다.

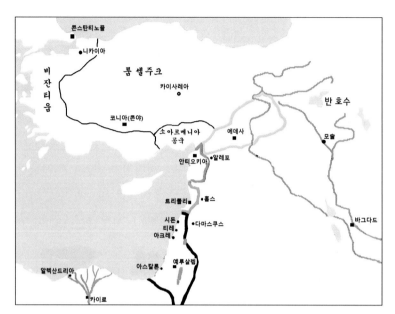

예루살렘 왕국과 제후국가들

전쟁으로 보는 중동역사

3.
살라딘과 이슬람의 반격

　예루살렘이 함락되고 나서도 이슬람의 분열은 계속되었고 그 틈을 타 예루살렘 군대는 팔레스타인의 해안 도시와 내륙 도시를 하나하나 점령해 나갔다. 이젠 예루살렘 군대는 시리아의 대도시 다마스쿠스와 알레포 그리고 이집트의 카이로를 위협하고 있었다. 그리고 성전이 있는 신성한 땅을 지키기 위해 종교적으로 심취한 이들이 기사단이라고 하는 무장단체를 만들어 팔레스타인과 시리아 서안에 수많은 요새를 축성한 후 이슬람군의 공격을 막아내었다. 성전 기사단, 구호 기사단 등의 기사단은 순례라는 이유로 와서 이교도와 잠깐 전투를 벌이고 다시 고향으로 돌아가 자신의 무용담을 자랑스럽게 떠벌리고 다니는 철새와 같은 군인들과 달리 십자군 국가에 상주하며 예루살렘 왕국을 지키는 든든한 상비군 역할을 하였다.

　십자군 국가가 이렇듯 레반트[71] 지역에 안정적으로 정착하고 이

---

[71]　레바논, 팔레스타인, 시리아 지역을 통틀어서 레반트 지역이라고 한다.

슬람 세계를 위협하고 있었음에도 다마스쿠스와 알레포 그리고 카이로는 여전히 서로를 믿지 못하고 반목했다. 하지만 이러한 반목은 예루살렘 왕국이 안정화되자 더는 이슬람 측 고유의 특징이 아니게 되었다. 때로는 이슬람과 기독교의 왕과 제후들은 종교가 아닌 이해관계에 따라 이슬람·기독교 동맹을 맺고 또 다른 이슬람·기독교 동맹과 전쟁을 벌이기도 했다. 시간이 흐르면서 예루살렘 왕과 제후들 그리고 주민들은 현지 중동 지역에서 태어난 세대로 점차 교체되었기 때문에 이슬람교도와 어울려 지내는 것에 익숙해졌고 종교적인 문제는 그들의 삶에서 부차적인 문제로 변하기 시작했다.

그런데 예루살렘이 함락되고 나서 30여 년이 흐른 후 이슬람 진영에서 새로운 변화가 일기 시작한다. 1128년 6월, 모술의 지배자였던 장기가 알레포를 장악하면서 모술과 알레포는 한 사람의 지배하에 들어간 것이다. 두 도시의 지배자 장기는 괴팍하고 거칠지만, 매우 부지런하고 의지가 강한 인물이었다. 그는 군대를 이끌고 과거에 십자군이 제일 먼저 점령했던 아르메니아인의 도시 에데사를 함락시켰다(1144). 에데사의 손실은 예루살렘 왕국에 큰 위협으로 다가왔으며 대규모의 2차 십자군이 서유럽에서 출발하는 계기가 되었다.

프랑스 왕과 신성 로마 제국(독일) 왕을 중심으로 구성된 2차 십자군이 육로와 해로를 통하여 아크레 항구에 도착하였다. 육로를 통해 들어온 독일군은 행군 중에 이미 많은 병사를 잃어 군대 규모는 별 볼 일 없었다. 새롭게 도착한 종교적 열정에 불타오르는 십자군은 가능한 한 빨리 이교도를 공격하고 싶은 마음에 예루살렘을 들르지도 않고 무슬림의 도시를 공격하기로 했다. 그런데 그들이 공격하기로 마음먹은 곳은 이슬람군에 빼앗긴 에데사도 아니었고 장기가 머무르고 있는 알레포도 아닌 아크레에서 가장 가까운 다마스쿠스가 되었다. 분명한 것은 그들의 결정은 당시 중동 정세를 봤을 때 분명 어이없는 결정이었다. 당시 다마스쿠스도 장기의 공격에 시달려야 했는데 다마스쿠스 지도자들은 이러한 위협에 맞서 예루살렘 왕국과 동맹 맺는 것을 주저하지 않았다. 다시 말해 십자군은 장기에 맞서 새롭게 동맹을 맺어도 모자랄 판에 기존의 동맹국을 공격하는 어처구니없는 결정을 한 것이다.

유럽에서 이제 막 도착한 십자군은 당시 중동 정세에 어두웠고 이교도면 모두 적으로 간주했기 때문에 예루살렘 지도층의 만류도 소용이 없었다. 그리고 그 결과는 매우 좋지 않았다. 독일·프랑스 연합 십자군이 다마스쿠스를 포위하고 거세게 공격했으나 견고한 성을 넘을 수 없었고 그들은 그 뒤로 할 일을 다 했다는 듯이 무책임하게 자신의 나라로 돌아가 버렸다. 그리고 예루살렘 왕국은 2차 십자군이 저질로 놓은 결과물로 인해 더욱더 고립되었다. 다마스쿠스는 전투 이후 예루살렘 왕국과의 관계를 정리하고 장기에게 접근했기 때문이다.

이렇듯 모든 것이 이슬람 진영에 유리하게 돌아갈 즈음 장기가 죽었다. 그의 죽음은 너무 급작스러웠다. 술에 취한 장기가 막사에서 잠들었다가 인기척을 듣고 잠을 깼는데 프랑크족 출신의 노예가 자신의 술잔으로 술을 마시고 있는 것을 본 것이다. 그는 불같이 화를 내며 날이 새는 즉시 처벌하겠다고 한 후 다시 곯아떨어졌는데 처벌을 두려워한 노예가 잠들어 있는 그를 향해 칼을 내려치면서 허무하게 생을 마감한 것이다. 그가 죽자 그의 둘째 아들 누르 알 딘이 그의 자리를 이어받았다. 누르 알 딘은 거칠고 저돌적이었던 아버지 장기와 달리 온순하고 진중한 인물이었지만 결단력과 추진력이 있는 인물이었다. 누르 알 딘은 군대를 이끌고 시리아에서 가장 큰 도시인 다마스쿠스를 포위하였는데 그의 병사들이 어둠을 틈타 성벽을 넘어 성문을 열자 체념한 다마스쿠스의 주민들은 별다른 저항 없이 항복하였다. 이젠 예루살렘 왕국은 남쪽의 이집트 방향을 제외하고 온통 누르 알 딘의 군대에 둘러싸이게 되었다.

　누르 알 딘은 모술을 그의 형제에게 맡기고 알레포와 다마스쿠스의 지배자로서 예루살렘을 압박해 들어갔다. 이에 예루살렘 왕은 강력한 누르 알 딘이 버티고 있는 시리아로의 진출을 포기하고 남쪽에 있는 이집트로 눈을 돌려 군사작전을 감행했다. 당시 이집트는 정치적 혼란에 빠져 있었는데 재상 샤와르와 디르감은 서로 권력을 차지하기 위해 싸우고 있었다. 얼마 후 권력투쟁에서 밀려난 샤와르는 시리아의 누르 알 딘을 찾아가 도움을 요청했다. 누르 알 딘은 쿠르드족[72]인 시르쿠 장군에게 군대를 주어 이집트 사태에 개입하도록 하였다.

---

72) 시르쿠 일가는 과거 장기가 바그다드에 있던 칼리파와의 전투에서 어려움을 겪었을 때 도움을 주었는데 그 이후로 장기에게 중용되어 투르크족 병영에서 중요한 위치를 차지하게 되었다. 쿠르드족은 터키, 시리아, 이라크, 이란 지역에 걸쳐서 사는 유목민족으로서 현재는 터키와 시리아, 이라크에서 자치와 독립을 요구하며 항쟁을 벌이고 있다.

시르쿠는 속전속결로 카이로로 진격해 디르감을 잡아 죽이고 샤와르의 권력을 되찾아주었다. 13살의 어린 칼리파는 샤와르를 싫어했지만 그를 다시 와지르(재상)로 임명할 수밖에 없었다. 그런데 샤와르는 권력을 잡자 돌변하여 예루살렘군을 은밀히 끌어들여 시르쿠군을 공격했다. 시르쿠군은 예루살렘·이집트 연합군에 포위되어 수세에 몰렸지만, 시리아에서 예루살렘 제후국들이 누르 알 딘 군에게 크게 패하는 사건이 벌어지자 예루살렘 왕은 더는 전투를 지속할 수 없었다. 예루살렘군과 시르쿠군은 동시에 이집트를 떠나기로 합의를 봤고 두 군대는 약속대로 이집트를 떠났다. 결국, 이집트의 실질적 지배자가 된 샤와르만이 홀로 승리의 열매를 따 먹을 수 있었다.

하지만 샤와르는 누르 알 딘의 복수를 두려워했기 때문에 결국에는 예루살렘 왕국과 군사적 동맹을 맺게 된다. 이에 이집트가 기독교인의 손에 넘어가는 것을 우려한 누르 알 딘은 다시 시르쿠에게 대군을 주어 이집트 카이로로 향하도록 했고 이때 시르쿠는 자신의 조카인 살라딘을 이집트로 데리고 갔다. 이집트에서 시르쿠군은 예루살렘·이집트 연합군과 또다시 접전을 벌였으나 이길 수 없었다. 특히 살라딘은 알렉산드리아를 점령했다가 오히려 예루살렘군과 이집트군에 포위되어 큰 고생을 하게 되었다. 시르쿠는 또다시 별 소득 없이 시리아로 퇴각할 수밖에 없었다. 하지만 얼마 지나지 않아 예루살렘과 이집트 사이에 균열이 생겼고 서로 간에 전투가 벌어졌다. 이에 누르 알 딘은 다시 시르쿠를 이집트에 파견하였다. 시르쿠는 자신이 아끼는 조카 살라딘을 이번에도 데려가려고 했으나 알렉산드리아에서 포위되어 엄청난 고생을 했던 살라딘은 동행을 단호히 거절했다. 하지만 숙부의 고집도 대단하여 어쩔 수 없이 살라딘은 이 원정에 참여하게 되었고 그가 원하지 않았던 참전은 살라딘의 인생을 바꾸게 된다.

그리고 이번 원정만큼은 시르쿠군에 유리하게 전개되었는데 이번에는 이집트군이 그들의 편에서 싸웠기 때문이었다. 예루살렘 왕은 퇴로가 막힐 것이 두려워 서둘러 군대를 이집트에서 철수시켰다. 시르쿠의 군대는 마침내 이집트인의 대대적인 환영을 받으며 카이로에 입성하였다. 얼마 후 시르쿠군을 다시 카이로에서 몰아낼 궁리를 하던 샤와르는 살라딘에 의해 죽임을 당했고 시르쿠는 파티마 왕조의 칼리파로부터 새로운 와지르(재상)로 임명되며 사실상 이집트 권력을 차지하게 되었다. 하지만 와지르가 된 지 겨우 두 달 만에 갑작스럽게 시르쿠가 호흡곤란을 일으키며 죽는 바람에 조카인 살라딘이 31세의 젊은 나이에 숙부의 권력을 승계한다. 이로써 이슬람의 영웅 살라딘[73]이 역사의 전면에 등장하게 되었다.

누르 알 딘은 살라딘에게 시아파 우두머리인 칼리파를 죽이라는 명령을 내렸다. 그러나 살라딘은 자신을 이집트의 와지르로 임명한 칼리파를 제거하는 것을 머뭇거렸는데 칼리파는 살라딘의 권력에 정당성을 부여해주고 있었기 때문이었다. 그러나 누르 알 딘의

---

73) 살라딘의 본명은 '살라흐 앗딘 유수프 이븐 아이유브'이고, 해석하자면 '욥의 아들이며 정의로운 신앙인 요셉'이라는 뜻이다. 그의 성(아버지 이름)을 따서 왕조 이름을 아이유브 왕조라고 한다. '살라딘'이라는 이름은 십자군 전쟁 당시에 그에게 톡톡히 쓴맛을 보았던 기독교인의 발음을 따른 것이다.

명령을 거부할 수 있는 명분도 없었다. 결국, 살라딘은 자신의 눈치만 보며 살던 유약한 칼리파를 죽이는 대신 퇴위시키는 걸로 마무리했고 이로써 시아파 왕조인 파티마 왕조는 역사에서 막을 내렸다. 퇴위된 20살의 칼리파는 원래부터 병약했기 때문에 얼마 후 숨을 거두었다. 이후 이집트는 순니파인 살라딘의 통치 속에 시아파에서 순니파 국가로 자연스럽게 변하였다. 시아파는 수백 년이 흐른 후 현재의 이란 지역에서 극적으로 부활하게 된다. 파티마 왕조의 칼리파가 사라지자 이젠 투르크족의 꼭두각시인 바그다드의 칼리파만이 존재하게 되었다.[74]

살라딘은 이집트의 권력을 장악한 후 그의 주군 누르 알 딘과 거리를 두었다. 그는 형식적으로만 누르 알 딘을 모셨을 뿐 사실상 독립적으로 이집트를 지배하였다. 누르 알 딘은 이집트를 자신에게 바치지 않고 거의 왕이나 마찬가지로 이집트를 통치하고 있는 살라딘에 분개하였지만, 지리적으로 예루살렘 왕국이 그와 살라딘 사이에 있는 이상 섣불리 군사 행동을 취할 수는 없었다. 누르 알 딘이 할 수 있는 것은 살라딘이 자신의 신하임을 상기시키고 자신에게 충성하라는 협박성 편지를 보내는 정도였다.

---

74) 이집트 서쪽 북아프리카의 이슬람국 왕들이 칼리파를 칭하기는 했지만, 세력도 미미했고 정통성도 없었다.

이집트 국기	다마스쿠스의 살라딘 동상
가운데 문장은 '살라딘의 독수리'이다. 이집트 역사에서 살라딘의 위상을 알 수 있다.	Graham van der wielen/Wikimedia

사실상 이집트의 왕이 된 살라딘은 자신의 통치 영역을 남쪽의 수단까지 넓혔고 메카와 메디나, 예멘을 장악하여 홍해를 자신의 내해로 만들었고 홍해를 통한 무역으로 이집트를 더욱 부강하게 만들었다. 그리고 1174년 5월 누르 알 딘이 죽고 그의 어린 아들이 시리아를 통치하게 되자 재빨리 군대를 이끌고 다마스쿠스와 알레포를 점령해 버렸다. 이로써 살라딘은 이집트의 카이로와 시리아의 다마스쿠스, 알레포를 지배하는 명실상부한 이집트·시리아 통일왕조의 지배자가 되었다. 이젠 예루살렘 왕국은 바다만 빼고는 모든 방향이 살라딘에게 포위되는 처지가 되었다. 하지만 살라딘은 예루살렘과의 성과 없는 몇 번의 전투 이후 전쟁보다는 평화를 추구하였다. 그런데 아이러니하게도 이러한 평화를 먼저 깨뜨린 건 수세에 몰려 있는 예루살렘이었다.

당시 예루살렘 왕은 보두엥 4세였는데 그는 용맹한 군주였으나 나이도 어렸을 뿐 아니라 결정적으로 나병 환자였다. 1185년 보두엥 4세가 24살의 젊은 나이에 후사 없이 병으로 죽자 그의 누이 시빌라가 낳은 아들이 7살의 어린 나이로 보두엥 5세로 즉위하였다. 하지만 보두엥 5세마저 즉위 다음 해에 요절하면서 서유럽에서 도착한 지 얼마 안 되어 시빌라와 갓 결혼한 시빌라의 남편 기 드 뤼지냥(1186~1190년 재위)이 왕에 오르게 된다. 기 왕은 잘생긴 외모로 과부 시빌라의 관심을 끌고 결혼까지 할 수 있었으나 정치적·군사적 능력은 평균 이하의 남자였다. 한편 예루살렘 왕국의 제후 중에 사해 근처 이슬람과의 국경선에 위치한 케락성의 성주였던 르노 드 샤티옹이라는 자는 성격이 잔인했으며 이슬람에 대한 적대감이 대단한 자였다. 한때 안티오키아의 성주였던 르노는 16년간 이슬람군에 잡혀 비참한 감옥생활을 하였는데 그의 이러한 고난이 이슬람에 대한 적대감을 더욱 키우는 결과를 가져왔다.

> "르노는 가장 신뢰할 수 없는 자이며 프랑크인 중 가장 사악하며
> 가장 탐욕적이고 (이슬람에) 해를 가하는 것에 가장 열정적이다."
>
> _ 이마드 알딘 이스파한

르노는 살라딘과 예루살렘 왕국 사이에 맺어진 평화협정에도 불구하고 이집트를 향해 이동 중인 대규모 이슬람 상단을 공격해 약탈했으며 그의 부하들은 이슬람의 최대 성지인 메카의 주변 지역을 약탈하고 무슬림 순례자들의 배를 침몰시켰다. 나병 환자였던 보두엥 4세는 이 막무가내인 제후를 제어하며 그나마 평화를 유지하였는데, 보두엥 5세의 뒤를 이은 기 왕은 르노의 야만스럽고 절

제 없는 행동을 제어할 생각이 없었다. 얼마 후 르노는 메카로 향하던 중요한 아랍 순례 상인들을 또다시 공격하고 약탈하였다. 살라딘은 케락 성에 사절을 보내 약탈품과 포로들을 반환하라고 요구했으나 르노는 다음과 같이 말했다.

"무함마드에게 반환해 달라고 기도나 하시오."

이로써 살라딘과 예루살렘 왕국 간의 불안한 평화는 깨졌다. 살라딘은 기 왕과 대립하고 있던 트리폴리 백작 레몽 3세와 협정을 맺고 그의 군대가 트리폴리의 영지를 자유롭게 지나갈 수 있도록 허락을 받았다. 그런데 이 협정으로 인해 사건이 벌어졌다. 이슬람 전초부대가 트리폴리 영지에 속하는 나자렛(나사렛)을 지나다 성전·구호 기사단과 우연히 마주쳐 전투가 벌어졌는데 기사단이 거의 몰살되어 버린 것이다. 예루살렘의 여론은 살라딘과 일전을 벌이자는 르노와 같은 강경파 쪽으로 급격히 기울어졌고 레몽 3세로 대표되는 온건파의 입지는 설 곳이 없어졌다. 결국 레몽 3세도 배신자가 되지 않기 위해 살라딘과 평화협정을 깨고 전쟁에 참전할 수밖에 없었다. 이에 기 왕은 예루살렘 군대와 함께 성전·구호 기사단 그리고 트리폴리와 안티오키아의 군대까지 모두 동원하여 세포리아에 군대를 집결시켰다. 예루살렘 왕국과 제후들의 군대는 2만에 달하는 중무장 기병과 보병으로 이루어졌으며 이에 대항하는 살라딘의 군대는 3만여 명의 경기병과 보병으로 이루어졌다.

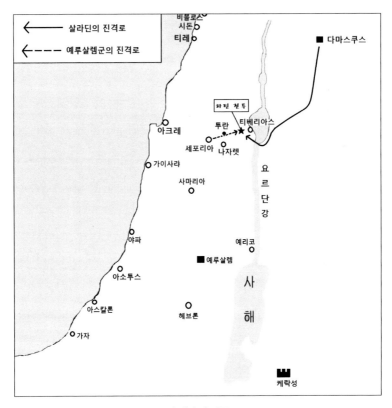

하틴(히틴) 전투

살라딘은 세포리아에 모여 있는 십자군을 끌어내기 위해 트리폴
리 백작 레몽 3세의 부인이 있는 티베리아스를 포위하고 공격하였
는데 그는 일부러 수비군이 얼마 되지 않은 티베리아스를 함락시키
지 않고 외성만 점령한 후 십자군의 동태를 살폈다. 레몽 3세는 부
인의 구원요청에도 불구하고 살라딘의 의도를 간파하고 티베리아
스를 포기하자고 건의했으나 르노와 기사단은 레몽을 겁쟁이라 비

난하면서 이슬람군과 결전을 벌여야 한다며 기 왕을 설득했다. 레몽 3세는 살라딘과 우호 관계를 맺고 있었고 이 전쟁도 애초에 반대했으며 기 왕의 등극에도 반대했던 인물이었기 때문에 기 왕은 그의 의견을 순수하게 받아들이지 않았다. 결국, 예루살렘군은 살라딘이 원하는 대로 움직였고 1187년 7월 3일 세포리아를 나와 티베리아스를 향해 진군해 가기 시작했다.

예루살렘군은 7월 한여름의 이글거리는 열기 속에서 출발했음에도 불구하고 빠른 속도로 행군하면 티베리아스 호수에 하루 만에 도착해 물을 얻을 수 있다고 생각해 중간 기착지인 투란이라고 하는 마을에서 물을 공급받지도 않고 지나쳐 버렸다. 하지만 이런 신중하지 못한 결정은 십자군의 가장 큰 패착이었다. 살라딘은 경기병(기마 궁병)을 보내 치고 빠지기 공격을 가해 예루살렘군의 진군 속도를 느리게 만들었다. 덕분에 예루살렘군은 이글거리는 태양 밑에서 예상보다 더 긴 행군을 해야 했고 저녁이 되어서도 티베리아스 호수에 도달하지 못했다. 어쩔 수 없이 어둠 때문에 더는 진군할 수 없었던 예루살렘군은 물도 없는 황무지에서 야영하게 되었다. 하지만 이미 물이 떨어진 예루살렘군 병사들은 심한 갈증과 함께 밤에도 지속된 이슬람군의 게릴라 공격에 시달려 제대로 쉴 수가 없었다. 살라딘의 주력군은 티베리아스 성의 포위를 푼 뒤 예루살렘군이 호수로 가는 길을 막아 버렸다.

7월 4일, 날이 밝자 예루살렘군은 살라딘이 군대로 막고 있는 티베리아스 호수로 향하는 남쪽 길을 피해 북동쪽에 있는 우물이 있는 하틴이라는 마을로 진군했다. 조그마한 시골 마을인 하틴(현지어 발음으로는 '히틴') 주변에는 티베리아스 호수가 보이는 두 개의 언덕이 뿔처럼 솟아 있었는데 이 언덕을 마을의 이름을 따서 '하틴의 뿔'이라고 불렀다. 살라딘은 군대를 빠르게 진격시켜 하틴 주변의 우물을 장악한 후 언덕 밑의 평야에서 예루살렘군을 기다리고 있었다.

예루살렘군은 언덕 주변에 진을 쳤고 이슬람군은 티베리아스 호수를 뒤로하고 진을 쳤다. 정상적인 상황이라면 전장을 잘 살필 수 있을 뿐 아니라 언덕에서 내려 달려가는 군대가 유리했지만, 현실은 반대였다. 건조한 황무지를 관통하며 장거리 행군을 한 예루살렘군은 목이 타들어 가고 있었고 이슬람군은 편안하게 우물과 호수에서 물을 공급받으며 그들이 공격해 오기만을 기다렸다. 예루살렘군이 언덕에서 저 멀리 티베리아스 호수의 반짝이는 물을 볼 수 있는 것은 그들의 고통을 더 가중시킬 뿐이었다. 이슬람군은 주변의 건초와 나무에 불을 붙여 메케한 연기가 언덕의 예루살렘군에게 향하게 하여 그들의 갈증을 더욱 증폭시켰다.

무더운 뙤약볕 아래에서 예루살렘의 군대는 두꺼운 갑옷에 도끼와 망치까지 들고 이슬람군을 향해 달려 내려갔다. 하지만 예루살렘 병사들은 더위와 갈증에 정신은 몽롱하고 제대로 몸을 가누기도 힘든 상황이었기 때문에 번번이 그들의 공격은 실패로 돌아갔으며 시간이 흐르면서 병사들의 숫자는 점점 줄어들었다. 언덕 꼭대기에 고립된 기 왕과 르노는 병사들을 독려하여 살라딘이 있는 막사를 향해 총공격하도록 했으나 살라딘을 놀라게는 했을지언정 이슬람군 방어선을 뚫을 수는 없었다. 그것으로 전투는 끝이 났다.

전투 장소는 곧 도살장이 되었고 기 왕과 르노는 포로가 되었다. 하지만 살라딘과 우호적이었던 트리폴리 백작 레몽 3세는 살라딘의 군대가 그에게 길을 터주는 아량을 베풀어주면서 목숨을 건질 수 있었다. 나중에 예루살렘성 전투를 지휘했던 발리앙과 같은 인물도 가까스로 목숨을 건져 도망갈 수 있었다. 그러나 운이 좋았던 이들을 제외하고 대부분의 예루살렘군은 하틴 평야에 시체로 뒹굴게 되었다.

살라딘은 포로가 된 기사단은 모두 죽이게 한 후 기 왕과 르노를 데려오게 하였다. 그리고 기 왕에게 얼음[75]이 든 물을 건넸는데 기 왕이 물을 마신 후 잔을 르노에게 건네 마시게 하자 살라딘은 불쾌해하며 물은 르노를 위한 것이 아님을 분명히 했다. 그리고 르노를 앉혀 놓고 그의 빈번한 협정 위반과 잔인한 행위 그리고 과거 자신의 여동생을 살해한 행위에 대해 질책했다. 그러자 르노는 이렇게 대답했다.

> "늘 그리 행동(협정을 깨는 것)하는 게 왕들 아니오? 나도 그렇게 했
> 을 뿐이오!"

관대하다고 알려진 살라딘은 이번만큼은 달랐다. 그는 몸소 단검을 빼 들고 르노에게 다가가서 그의 목을 내리쳤다. 반면에 기 왕

---

[75] 얼음은 티베리아스 호수 북쪽 골란고원에 있는 헤르몬산에서 가져온 것으로 땅 밑에 저장고를 만들어 보관했다고 한다.

은 다마스쿠스 감옥에 갇혔다가 다음 해 무슬림에 대항하지 않는다는 지키지 못할 약속을 받고 풀어줬다. 이 전투에서 예루살렘군이 항상 전투에 나설 때 전면에 세웠던 '예수의 십자가'가 살라딘의 수중에 들어왔다. 그는 이 십자가를 거꾸로 들고 다마스쿠스의 거리를 돌게 했다.

'하틴의 전투'에 동원된 군대는 사실상 예루살렘 왕국의 전체 군대였다. 그 군대가 몰살된 이상 모든 십자군 국가의 도시는 무방비 상태나 마찬가지였다. 해안 지대에 접한 십자군 도시를 시작으로 결국에는 예루살렘도 포위되기에 이른다. 예루살렘은 하틴 전투에서 가까스로 탈출한 발리앙이라는 인물이 방어를 지휘하고 있었다. 원래 발리앙은 예루살렘이 포위되었을 때 다른 도시에 있었다. 그는 예루살렘이 포위되자 친분이 있었던 살라딘에게 애원해 예루살렘에서 자신의 가족을 데리고 나올 수 있도록 해 달라고 부탁하였다. 이에 살라딘은 이슬람에 적대적인 행위를 하지 않는 조건으로 그가 예루살렘으로 들어갈 수 있도록 허락했는데 결과적으로 발리앙은 살라딘과의 맹세를 어기고 예루살렘 방어군의 사령관이 되었다. 물론 발리앙은 살라딘에게 사과 편지를 보내는 것을 잊지 않았다. 예루살렘 전투가 벌어지자 총사령관이 된 발리앙은 농부와 수공업자, 상인, 빈민으로 구성된 별 볼 일 없는 급조한 병사들로 예루살렘을 지킬 수 없음을 알게 되었고 다음과 같이 살라딘을 협박하였다.

"오, 술탄이시여, 이 도시에는 신만이 그 수를 아는 많은 사람이 있다는 것을 명심하십시오. (중략) 만약 죽음을 피할 수 없다고 생각되면, 우리는 자식들과 여자들을 죽이고 우리가 가진 것을 모조리 태워 버릴 겁니다. 우리는 당신들에게 동전 한 닢도 전리품으로 남겨두지 않겠습니다. 당신이 끌고 갈 남자와 여자는 단 한 명도 남겨두지 않을 것입니다. 나아가 우리는 성스러운 언덕과 알 아크사 사원은 물론이고 다른 여러 곳도 파괴해 버릴 것이며, 우리가 붙잡고 있는 5천 명의 무슬림 포로(전쟁 포로가 아닌 예루살렘에 거주하던 무슬림)도 죽여 버릴 것입니다. 그리고 탈 짐승이나 가축도 남김없이 죽여 버리겠습니다."

살라딘은 이 협박에 마음이 움직였다. 그는 예루살렘 주민들이 몸값을 낸다면 안전하게 남아 있는 십자군 도시들로 피난 가는 것을 보장하기로 약속하였다. 살라딘은 약속을 충실히 지켰을 뿐 아니라 가난한 수천 명은 몸값을 받지도 않고 풀어줬다. 상당수의 예루살렘 주민은 자신의 재산을 온전히 가지고 도시를 벗어날 수 있었다. 살라딘은 도시에 남아 있던 이교도의 건물을 파괴하지도 않는 관용을 베풀었고 기독교 사원으로 쓰인 바위의 돔과 알 아크사 사원을 원래의 이슬람 사원으로 돌려놓았다. 일주일 후 살라딘은 예루살렘 탈환을 기념하는 경축 행사를 알 아크사 사원에서 열었다.

그렇게 예루살렘은 살라딘의 수중에 들어왔다. 그리고 1차 십자군이 예루살렘 왕국을 건설한 지 100여 년 만에 아크레를 포함하여 자파, 가자 등 시리아와 팔레스타인의 십자군 도시들과 요새들이 무슬림의 손에 돌아왔다. 이젠 십자군의 도시로 남아 있는 도시는 항구도시 티레와 트리폴리, 그리고 안티오키아 정도였다.

하지만 예루살렘 함락 소식은 기독교 세계에 큰 충격을 줬고 곧바로 새로운 십자군을 일으켰다. 영국 왕 리처드와 프랑스 왕 필립 2세가 예루살렘 수복을 위해 군대를 이끌고 지중해 동안으로 상륙했다. 영국군과 프랑스군이 도착했을 때는 이미 기 왕이 이끄는 군대와 십자군 전초부대가 해안 도시 아크레를 함락시키기 위해 2년 동안 성을 공격하고 있었고 살라딘은 아크레를 구하기 위해 십자군을 외곽에서 포위해 공격하고 있었다. 이 와중에 영국과 프랑스군이 아크레 해안에 나타나자 전세는 십자군 쪽으로 급격히 기울어졌고 영국·프랑스군이 도착한 지 5개월 만에 아크레는 함락되었다. 영국 왕 리처드는 아크레의 무슬림 군인과 주민들을 모두 성문 앞으로 끌어내 죽이라는 잔혹한 명령을 내렸다.

얼마 안 있어 프랑스 왕 필립 2세는 영국 왕과의 의견 충돌로 일부 군대만 남겨두고 본국으로 돌아갔지만, 영국 왕 리처드는 남아서 살라딘과 치열한 전투를 계속 벌였고 야파에서 멀지 않는 해안가에 있는 아르수프 숲에서 살라딘의 군대를 격파하면서 기세를 올렸다. 그러나 리처드는 연안의 도시들을 살라딘으로부터 재탈환하기는 했지만, 살라딘이 몸소 지키고 있던 예루살렘만큼은 그의 능력 밖이었다. 그리고 시간은 그의 편이 아니었다. 영국의 왕이었던 리처드는 성지 탈환을 위해 마냥 타지에 있을 수만은 없었다. 결국, 리처드는 협상에 일가견이 있는 발리앙을 보내 살라딘과 협상을 했고 그 결과 예루살렘에서 기독교인이 자유롭게 성지순례를 할 수 있도록 살라딘이 보장하는 선에서 협상이 마무리되었다. 리처드는 비록 예루살렘 탈환에 실패하였지만, 협상 결과에 만족하고 본국으로 돌아갔다. 이젠 십자군 국가의 수도는 예루살렘이 아닌 아크레가 되었다.

영국 왕 리처드는 기독교인으로서 최선을 다하였기 때문에 유럽인에게 존경을 받았다. 유럽인들은 그를 '사자왕 리처드'라 부르며 살라딘과의 대결을 영웅적인 싸움으로 묘사하기 시작했고 그는 전설이 되었다. 그리고 그의 노력으로 소멸할 뻔했던 십자군 도시들은 100여 년 수명이 연장되었다.

4.
십자군의 변질과 십자군 국가의 소멸

1198년 교황으로 선출된 인노켄티우스 3세는 새로운 십자군 원정을 부르짖었다. 또다시 예루살렘을 탈환하기 위해 각지에서 군인들이 모여들기 시작했다. 이들은 이탈리아의 도시 베네치아에 모여서 배를 타고 예루살렘이 아닌 이집트로 갈 생각이었다. 4차 십자군부터는 십자군의 칼날이 예루살렘이 아닌 이집트 카이로로 향하게 된다. 그 이유는 살라딘이 세운 이집트 아이유브 왕조가 예루살렘을 장악하고 있었기 때문에 카이로 정권만 굴복시킨다면 예루살렘은 자연스럽게 십자군의 수중에 들어올 수 있었다. 굳이 힘들게 예루살렘을 함락 후 도시를 지키기 위해 다시 이집트에 있는 살라딘의 후손과 싸워야 하는 수고를 할 필요가 없었다. 동시에 세속적인 관점에서도 이집트가 가지고 있는 나일강의 부유함은 황량한 예루살렘에 비할 바가 아니었다. 따라서 4차 이래로 십자군은 예루살렘이 아니라 이집트의 카이로로 쳐들어가기 시작한다.

십자군 지도자들은 이탈리아 베네치아의 상인에게 5백 척의 배와 상당량의 식량을 준비하게 하고 비용은 도착하는 십자군에게 걸어서 주기로 계약을 맺었다. 그런데 모일 것이라 예상했던 십자군 병력이 3만 3천 5백 명이었는데 실제로는 제후들의 이런저런 사정으로 1만 1천 명만 모이게 되면서 상인에게 비용을 지급할 수 없게 되었다.

십자군 지휘관들도 난처했지만 80세 노령의 베네치아 통치자 엔리코 단돌로도 당혹스러울 수밖에 없었다. 이미 십자군이 요청한 대로 대규모 수송선과 무장 갤리선 50척을 건조하고 9개월분의 식량 그리고 노잡이 수만 명을 고용한 후였다. 십자군이 약속된 자금을 주지 않는다면 베네치아로서는 엄청난 경제적 손실을 봐야 했고 더욱이 각지에서 모여든 무장 병력이 기약 없이 도시를 서성이게 할 수도 없는 노릇이었다. 엔리코 단돌로는 이들에게 자금을 받을 수 없음을 알자 다른 방도를 그들에게 제의했다. 십자군이 헝가리 왕에 속해 있는 자다르(現 크로아티아 해안도시)라는 도시를 함락시켜 베네치아에 넘겨준다면 그들의 목적지인 이집트로 군대를 이동시켜주겠다는 것이었다. 원래 자다르는 베네치아에 속한 도시였는데 베네치아를 배신하고 헝가리 쪽에 붙은 도시였다. 십자군은 기꺼이 제안을 수용했으며 베네치아의 배를 빌려 타고 자다르로 향했다. 그리고 기독교 도시인 자다르를 포위 공격해서 점령하였다. 교황 이노켄티우스 3세는 엉뚱하게 기독교 도시를 공격해서 점령한 이 십자군에 머리끝까지 화가 나 이들 모두를 파문하였다.

그런데 이때 비잔티움 제국 내의 권력투쟁에서 밀려나 해외로 망명한 젊은 왕자 알렉시우스 앙겔루스가 십자군을 찾아왔다. 그는 십자군에게 자신의 숙부인 지금의 비잔티움 황제를 쫓아내고 자신을 황제로 등극시켜준다면 황제가 된 후 이교도와의 전쟁에서 십자군에게 엄청난 재정적 지원과 함께 군사적으로도 도움을 주겠다는 제의를 해왔다. 십자군은 솔깃해졌다. 십자군 지도자들에게는 알렉시우스 왕자의 제안이 십자군의 취지에 어긋난다고 생각하지 않았다. 비잔티움 제국으로부터 경제적·군사적 지원을 받을 수 있다면 그들의 성지 원정길도 순탄할 것이 분명했다. 베네치아 상인도 이 '가난한' 십자군을 이용하여 동방무역에서 맞수인 콘스탄티노플과 제노바 상인을 견제할 좋은 기회로 생각했기 때문에 베네치아 함대는 십자군을 다시 콘스탄티노플로 실어 날랐다.

함선 210척에 나눠 탄 베네치아군과 십자군은 빠른 속도로 항해해 1203년 7월 콘스탄티노플에 도착해 육지와 바다 양면에서 공격하기 시작했다. 황제 알렉시우스 3세는 전혀 예상치 못한 서유럽군의 공격에 겁을 집어먹었고 베네치아군이 골든 혼에서 돛대를 타고 성벽을 넘자 도시를 버리고 도주해 버렸다. 황제가 도망가자 난공불락이라는 콘스탄티노플은 손쉽게 함락되었고 알렉시우스 앙겔루스 왕자는 알렉시우스 4세(1203~1204년 재위)로 등극할 수 있었다.

하지만 알렉시우스 4세는 황제로 등극한 후 십자군을 끌어들이기 위해 자신이 약속했던 금전적 보상이 얼마나 현실성이 없는지 알게 되었다. 알렉시우스 4세가 생각한 것보다 제국의 재정이 넉넉지 못했기 때문이었다. 결국 그는 십자군에게 약속한 돈을 지급할 수 없었고 기다려 달라며 차일피일 미루었는데 이에 불만을 품은 베네치아의 엔리코 단돌로는 황궁을 찾아가 황제와 언쟁을 벌이며 험악한 분위기를 연출하기도 하였다. 이렇게 십자군과 베네치아 함대의 불만이 높아지고 있을 즈음 비잔티움 궁정에서 또다시 쿠데타가 발생해 알렉시우스 4세를 죽이고 새로운 황제 알렉시우스 5세가 등극했다. 알렉시우스 5세는 등극하자마자 알렉시우스 4세와 십자군이 맺은 약속을 공식적으로 폐기하였다.

새 황제의 선언은 불에 기름을 붓는 꼴이 되었다. 그러잖아도 콘스탄티노플 외곽에 주둔하고 있던 십자군은 비잔티움 제국이 약속한 보상이 늦어지자 의심과 불만에 가득 차 있었는데 새로운 황제가 모든 약속의 파기를 선언하자 망설임 없이 무기를 들고 곧장 콘스탄티노플을 공격하기 시작했다. 1204년 4월 견고한 성벽에 막혀 십자군이 함락의 희망을 잃어 갈 즈음 한 프랑스 출신 십자군 병사가 성벽에 조그맣게 난 구멍을 통해서 몸을 비집고 홀로 성벽 안으로 들어갔다. 그런데 비잔티움 병사들 일부가 갑자기 성안에 나타난 프랑크인 병사를 보고 성벽이 함락되었다고 생각해 도망가기 시작했다. 비잔티움 병사들의 도망은 연쇄 반응이 일어났고 그 결과 또다시 십자군·베네치아 연합군에 콘스탄티노플이 함락되었다.

성이 함락되자 십자군은 가슴에 그려 놓은 십자가가 무색하게 탐욕과 육욕, 증오로 가득 찬 추악한 무리로 변했다. 그들은 닥치는 대로 주민을 살해했으며 여자들을 겁탈하고 교회와 수도원을 약탈하였다. 그들의 지휘관인 플랑드르의 보두엥은 스스로 황제의 자리에 올랐으며 그 결과 콘스탄티노플에는 서유럽인이 세운 라틴 제국이 탄생하였다.

"이 야만인들이 저지른 만행을 어디에서부터 말해야 할까? 그들은 성상을 숭배하는 대신 짓밟았다. 그들은 순교자들의 유물을 시궁창에 던져 넣었다. 그리스도의 몸과 피를 갈래갈래 찢어발겨 여기저기 내버렸다. 성 소피아 성당의 성스러운 제단을 산산조각 부수어 병사들에게 나누어줬다. 그들은 예배용 기물과 금은 장식품을 가져가려고 당나귀나 말을 성당의 안까지, 때로는 내실까지 끌고 들어왔다. 말이나 당나귀가 대리석에 미끄러져 넘어지면 그들은 그 자리에서 칼로 찔러 죽여 성당의 바닥은 피와 오물로 더러워졌다. 대주교의 자리에는 매춘부가 앉아 난잡한 노래를 부르며 춤을 추었다. 그들은 말리는 사람에게는 단검을 빼 들었다. 큰길, 골목길, 성당 등등 어디에서건 울음과 탄식의 소리가, 남자들의 신음과 여인들의 비명이 들려왔다."

_ 당시 비잔티움인의 기록

그리스인들은 소아시아로 도망가 니카이아를 임시 수도로 삼고 라틴 제국에 대항하였으며 발칸반도 서쪽 해안 지대에는 앙겔루스 가문이 이피로스 왕국을 세워 비잔티움 제국의 유산을 가까스로 이어갈 수 있었다. 또 다른 비잔티움 귀족 가문인 콤네노스 가문은 4차 십자군의 콘스탄티노플 함락 이전에 소아시아 동쪽 해안으로 이동하여 트레비존드 제국을 세웠다.

라틴 제국과 비잔티움 망명 정부

십자군이 세운 라틴 제국은 약 60여 년간 유지되었으며 1261년
니카이아(니케아)의 그리스군이 콘스탄티노플을 재탈환하면서 이
기이한 십자군의 여정은 끝을 보게 되었다. 4차 십자군으로 명명
된 이 군대는 콘스탄티노플을 점령한 후 살육과 약탈을 자행하여
그러잖아도 허약한 비잔티움 제국의 수명을 단축시켰다. 그리고 그
들 중 누구도 이집트나 시리아에 발을 들여놓지도 않았으며 무슬림
에게 칼 한번 휘두르지 않은 십자군으로 기록되고 있다.

한편 아이유브 왕조의 상황은 이렇다. 살라딘이 죽고 난 후 세 명
의 아들은 각각 카이로, 다마스쿠스, 알레포를 나누어 가지게 된

다. 하지만 야심가였던 살라딘의 동생 알 아딜은 그의 조카들에게서 카이로와 다마스쿠스를 빼앗고 아이유브 왕조의 실질적인 통치자가 되었다. 하지만 알 아딜과 그의 후손들은 카이로로 밀고 들어오는 십자군의 공격에 시달려야 했다.

1218년 5차 십자군이 이집트를 침공하였지만 격퇴당하였다. 얼마 후 독일 왕 프리드리히 2세(1212~1250년 재위)는 알 아딜의 아들 알 카밀에게 편지를 보내 협상을 시도하였다. 알 카밀은 십자군의 공격에 진절머리가 났을 뿐 아니라 자신의 형제들과의 싸움에 몰두해 있었기 때문에 예루살렘을 흔쾌히 십자군 국가에 넘겼다. 프리드리히 2세는 수천 명의 병사를 이끌고 팔레스타인에 도착해 알 카밀과 협상을 마무리한 후 예루살렘 성지를 순례하고 돌아갔다. 프리드리히 2세의 협상 덕분에 예루살렘이 15년 동안 십자군 국가의 통제하에 놓이기는 하였으나 이때가 십자군이 예루살렘을 소유한 마지막 순간이었다.

1249년 프랑스 왕 루이 9세가 십자군을 이끌고 재차 이집트를 침공했다. 당시 카이로의 지배자인 알 아딜의 증손자 투란 샤는 투르크족 맘루크(노예 병사) 군대를 끌어들여 프랑스군을 물리쳤을 뿐만 아니라 루이 9세를 포로로 잡기까지 하였다. 하지만 맘루크들을 끌어들인 것은 큰 실수였다. 맘루크 지도자 중 한 명인 바이바르스가 곧바로 정변을 일으켜 투란 샤를 죽이고 이집트에서의 아이유브 왕조를 끝장낸 것이다. 이후 이집트에서는 맘루크의 지휘관들끼리 서로 죽이면서 번갈아 술탄에 오르게 되는데 이 왕조를 맘루크 왕조라고 부른다. 이슬람 사회에서는 노예라 하더라도 이슬람으로 개종하고 주인의 허락하에 해방되면 자유민과 동등했고 칼리파 중에는 여자 노예를 어머니로 둔 이도 있었기 때문에 노예 출신이라 해서 큰 거부감을 가지지는 않았다.

맘루크 왕조는 얼마 지나지 않아 동쪽에서 커다란 위협을 받게 된다. 동쪽에서 몽골군이 몰려오기 시작한 것이다. 몽골군은 바그다드를 점령하여 어린아이를 포함한 수많은 주민을 잔인하게 죽였으며 압바스 왕조의 칼리파도 죽였다. 압바스 왕조의 일부 왕족이 이집트 맘루크 왕조로 도망 와 형식적으로 칼리파의 지위를 부여받았지만, 궁정도 신하도 없는 이름뿐인 칼리파였을 뿐이었다. 이젠 순니파를 대표하던 압바스 왕조의 칼리파는 사실상 역사 속으로 사라지게 되었다.

몽골군은 이후 모술을 점령하고 1260년 1월 알레포를 함락시키더니 같은 해 3월 다마스쿠스마저 함락시킨다. 몽골군은 거침없이 예루살렘과 가자까지 약탈하며 이집트의 카이로를 위협하고 있었고 십자군 도시들은 중립을 지키며 몽골군의 칼날을 피하고자 하

아인 잘루트 전투

였다. 그해 9월 3일, 팔레스타인 지역인 '아인 잘루트' 마을 근처에서 맘루크 장군 바이바르스가 이끄는 이집트군과 키트 부카가 이

끄는 몽골군은 격돌하게 된다. 전투가 벌어지자 몽골군은 패배한 듯 거짓 도망가는 이집트군을 부주의하게 추격하다 매복에 걸려 키트 부카를 포함하여 군대 전체가 몰살당하는 큰 피해를 보게 되었다. 이 전투를 계기로 몽골군의 서쪽 진격은 차질을 빚게 되었고 오히려 이집트군이 시리아 지역의 핵심 도시인 알레포와 다마스쿠스를 몽골군으로부터 재탈환하면서 전세는 역전된다. 아인 잘루트 전투는 몽골군에게 이슬람군이 처음으로 승리하여 이슬람 사회의 궤멸을 막아냈다는 역사적 평가를 받고 있다.

바이바르스는 아인 잘루트 전투 이후 이집트로 돌아가는 길에 자신의 상관이며 술탄인 쿠투즈를 죽이고 술탄의 자리에 올랐다. 그는 자신의 정통성을 확립하기 위해 압바스 왕조의 살아남은 왕족을 불러들여 칼리파로 추대하였다. 하지만 칼리파는 술탄의 꼭두각시에 불과했다.

맘루크 왕조는 동쪽에서 무섭게 쳐들어왔던 몽골군의 위협을 제거한 이후 맘루크 왕조의 영토에 둘러싸여 근근이 그 생명력을 유지하고 있던 십자군 연안 도시국가들을 공격하기 시작했다. 1268년 마침내 바이바르스에 의해 안티오키아가 함락되었다. 주민들은 거의 몰살되거나 노예로 잡혀갔고 도시도 철저히 파괴되었다.

이러한 위협에 맞서 서유럽에서는 과거 이집트를 침공했다 포로가 된 적도 있었던 프랑스 왕 루이 9세가 또다시 십자군을 일으켜 북아프리카 튀니스(現 튀니지 수도)에 상륙하였다. 하지만 한여름의 더위 속에 깨끗한 물을 구하지 못하자 프랑스군 내에 전염병이 돌기 시작했고 급기야 루이 9세마저도 이질에 걸려 죽으면서 프랑스군은 본국으로 퇴각할 수밖에 없었다. 그런데 루이 9세가 뜬금없이 아크레나 카이로가 아닌 튀니스로 군대를 끌고 간 이유는 무엇일까? 그것은 당시 튀니스를 지배하고 있던 이슬람 왕조의 칼리파가 기독교에 관심이 많고 심지어 개종 가능성도 있다는 헛소문 때문이었다. 튀니스의 칼리파는 프랑스 십자군이 도착하자 즉각 성문을 닫고 십자군에 대항하면서 프랑스 왕의 허황한 희망을 무참히 짓밟았다. 이슬람군과 싸우는 데 온 힘을 바치며 두 차례 십자군을 일으킨 루이 9세 이름 앞에는 성왕(Saint)이라는 호칭이 붙었다.

이후 영국의 에드워드 왕자가 아크레에 도착하여 몽골(일 칸국)과 동맹을 맺고 맘루크 왕조가 차지한 시리아를 협공하려는 시도가 있었지만 성공하지 못했다. 맘루크 왕조의 술탄은 이젠 몇 안 남은 레반트 연안의 십자군 도시들을 재차 공격하기 시작했고 1289년 4월 트리폴리를 함락시킨 후 남자는 살해하고 여자와 아이들은 사로잡아 노예로 만들었다. 2년 후 마지막 남은 십자군 도시 아크레가 이슬람 군대에 의해 점령되었으며 이곳 역시도 참혹한 학살을 피할 수 없었다.

5.
십자군 전쟁의 의미

1098년 시작된 십자군 전쟁은 얼핏 보면 기독교 세력이 평온하게 사는 이슬람 세계를 침략한 것처럼 보이지만 역사적으로 크게 보면 사실 십자군 전쟁은 이슬람의 확장에 대한 기독교 세력의 반발이라고 할 수 있다. 이슬람 세력은 7세기부터 기독교 국가인 비잔티움 제국의 영토인 시리아와 이집트를 점령하였고 비잔티움의 수도 콘스탄티노플을 포위 공격하였으며 더 나아가 북아프리카를 점령하고 바다를 건너 스페인을 점령하였다. 그리고 남부 이탈리아에 있던 해상 요충지 시칠리아섬까지 점령하였다.

이처럼 이슬람은 수백 년간 기독교 세계를 위협하고 있었다. 11세기에 들어서야 서유럽 세계는 이전의 방어적인 자세에서 공격적인 자세로 방향을 바꾼다. 서유럽 군대는 스페인에서 이슬람을 공격하기 시작했고 북쪽에서는 신성 로마 제국(독일)이 엘베강을 넘어 슬라브족의 땅을 정복하며 동쪽으로 영토를 확장하기 시작했다. 이러한 서유럽 세계의 확장이라는 연속 선상에서 예루살렘 수복이라는 그럴듯한 명분 아래 십자군의 아시아 침공이 시작된 것이다.

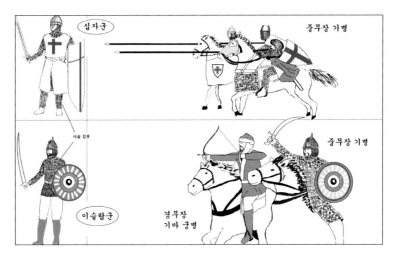

십자군과 이슬람군

십자군은 보병과 기병 대부분 중무장을 하였고 이슬람군도 마찬가지로 중무장한 기병과 보병이 있었지만, 기병에 있어서는 기동성을 살린 경무장 기병이 더 많아 치고 빠지는 전술을 사용하여 갑옷으로 몸이 무거운 십자군을 자주 괴롭혔다.

그런데 1차 십자군에 의한 예루살렘 함락은 기적에 가까운 것이었다. 이슬람 세계는 때마침 분열되어 있었고 프랑크인의 광신적인 돌격은 무슬림이 비잔티움 군대와의 싸움에서는 전혀 경험할 수 없었던 것이었기 때문에 십자군에게 효과적인 대응을 하지 못했다. 그러나 십자군의 성공은 1차 원정이 처음이자 마지막이었다. 애초에 중세 기사의 전투력이 이슬람군보다 더 뛰어나다고 할 수 없었다. 서유럽 군대의 상당수는 보병이었고 기병대를 이루고 있는 중세 기사들은 무거운 갑옷을 입고 심지어 말도 무거운 갑옷을 입혀 놓고 밀집대형을 이루며 돌진하였다. 처음 멋도 모르고 서유럽의 중무장한 기병대에 맞받아 돌격했던 이슬람군은 순식간에 격파되었지만, 점차 이슬람군이 기사들의 전술을 이해하고 정면충돌을 피하면서 철갑으로 두른 기병의 위력은 점차 줄어들었다. 오히려 방어력만 강조하고 기동성을 희생한 이런 복장은 무더운 황무지와 사막이 많은 중동에는 적합하지 않았고 장거리 원정에는 더더욱 최악이라는 것이 드러나게 되었다.

그리고 십자군 국가는 인구에서도 절대 열세였다. 따라서 십자군은 해안 지역의 도시들을 장악한 이후 각 요충지에 수많은 요새를 짓고 그곳에 틀어박혀 버렸다. 가끔 그들은 성이나 요새에서 나와 평지에서 이슬람 군대와 싸워보기도 했지만 그럴 때마다 군대가 궤멸하고 왕이 포로로 잡히거나 전사하는 등 열세를 면치 못했다. 반면 대체로 가볍게 무장한 이슬람군은 십자군과 싸워 패했을 때도 왕이 포로로 잡힌 적은 한 번도 없었는데 말을 타고 재빨리 도망가는 이슬람군 지도자를 서양 중무장 기사들이 속도를 따라잡지 못하였기 때문이었다.

그리고 군사적인 문제점 이외에도 십자군 국가는 또 하나의 문제점을 가지고 있었다. 수많은 서유럽의 왕이 '순례'라는 이유로 군대를 이끌고 예루살렘에 도착하였는데 도착한 왕들은 자신의 이해관계에 따라 십자군 국가에 영향력을 행사하려고 했기 때문에 항상 예루살렘 왕국과 그 제후국가들은 정치적 불안정에 시달려야 했다. 또한, 서유럽에서 끊임없이 유입되는 기독교 정신에 충실한 무장 집단 때문에 십자군 도시들은 주변의 이슬람 사회와 공존할 기회를 날려 버리는 경우가 종종 발생했다. 이렇듯 이슬람에 적대적인 유이민 집단은 끊임없이 중·소규모로 유입되었기 때문에 십자군 국가는 이웃인 이슬람 사회와 평화롭게 공존하기 힘들었고 이슬람 사회와 공존 없는 십자군 국가는 결국에는 소멸할 수밖에 없는 운명을 갖고 있었다.

십자군(The crusaders)은 서양사에서 매우 의미 있는 역사적 사건으로 인식되고 있지만 사실 피해 당사자인 무슬림이 십자군에 관심을 가지기 시작한 것은 19세기 말이나 되어서였다. 아랍에서 처음으로 십자군에 관하여 역사를 쓴 시기는 1899년이었다. 무슬림 입장에서는 200년간 십자군 국가들이 팔레스타인과 시리아 해변에 존재하기는 했어도 십자군이 카이로나 다마스쿠스 혹은 바그다드를 점령한 것도 아니고 그렇다고 문화적·경제적으로 이슬람 사회에 큰 영향을 준 것도 아니었기 때문에 단지 지중해 일부 연안 지역에서 존재하다 소멸하였던 이교도의 국가를 대단히 생각할 이유가 없었다. 무슬림에게 십자군 전쟁은 중세에 서유럽인이 변방에서 일으킨 일시적인 '소요'에 불과했다. 오히려 당대 무슬림에게는 십자군보다 150년 정도 늦게 동쪽에서 쳐들어온 몽골군이 이란과 이라크 그리고 시리아 지역의 수많은 무슬림을 살상하고 지배하였기 때문에 몽골군의 침략이야말로 그 어떤 사건보다는 중요하고 두려움을 주는 사건이었다.

반면 서유럽인에게 십자군 전쟁은 서유럽 기독교 세계에서는 말살된 그러나 비잔티움과 이슬람 세계에서는 여전히 살아 있었던 그리스·로마 문화를 접할 기회가 되었다. 수많은 아랍 및 그리스 문헌이 라틴어로 번역되었다. 그리고 지중해를 통한 동방무역으로 부유해진 이탈리아에서 그리스·로마 문화가 부활하는 르네상스가 일어났기 때문에 서양사에서는 매우 중요한 사건이었다.

그런데 20세기가 되면서 이슬람권의 인식도 달라졌다. 오스만 제국이 몰락한 후 유럽의 제국주의 열강이 중동을 지배하게 되면서 서구인은 중세의 맥락으로 이해한 십자군의 개념을 중동에 들여왔다. 유럽의 식민주의자들은 이슬람 세계에 십자군을 가르치며 그것이 중동에 문명을 가져다주기 위한 영웅적인 전쟁이라고 가르쳤다. 20세기에 들어와 유럽의 식민지배가 이루어지며 유럽이 자신들의 식민지배를 중세의 십자군과 동일시했던 만큼 무슬림, 그중에서도 아랍 사람들 역시 같은 맥락에서 생각하게 된 것은 당연한 일이었다. 이런 생각은 특히 이스라엘이 탄생한 후에 강해졌다. 유럽의 덕으로 십자군 그리고 예루살렘을 정복한 살라딘에 대해 잘 알게 된 아랍은 이스라엘을 중세의 십자군과 결부시켜 생각하게 되었다.

7장

콘스탄티노플 함락

- 로마의 최후

1.
이슬람 세계의 위기 - 몽골의 침략

압바스 왕조의 칼리파를 꼭두각시로 세우고 사실상 중동의 이슬람 세계를 지배했던 셀주크족은 3대 술탄 말리크 샤(1072~1092년 재위)가 1092년 11월에 독살되고 그의 아들 마흐무드가 어린 나이로 술탄에 등극하면서 혼란에 빠져들었다. 각지의 투르크 족장들은 도시를 장악한 후 스스로 왕이나 술탄을 칭하며 반독립 상태로 할거하였다. 20여 년이 지나 말리크 샤의 다섯째 아들인 술탄 산자르(1118~1157년 재위)는 서쪽 시리아와 소아시아의 통제권을 잃어버렸고 이란 지방은 그나마 영향력을 행사했으나 구르간즈(現 투르크메니스탄의 코네 우르겐치)를 근거지로 삼은 호라즘 총독은 형식적으로 산자르를 섬길 뿐 스스로 호라즘 샤(왕)라 칭하며 사실상 반독립적인 상태에 놓여 있었다.

이렇게 셀주크족의 기세가 약해지고 있을 때 동쪽 중국에서 새로운 집단이 서쪽으로 이동하고 있었다. 몽골 초원과 만리장성 이남의 연운 16주라 불렸던 지금의 베이징 주변 지역을 장악하며 송나라를 압박했던 거란족이 세운 요(遼)나라가 만주에서 일어난 여진족에 의해 멸망하였다. 이에 거란족 황족이었던 야율대석이 초원길을 따라 트란스 옥시아나 지방으로 도망쳐 왔고 이들은 그곳에 서요(西遼, 검은 거란이라는 뜻의 '카라 키다이'라고 불렀다)를 세웠다. 거란족은 얼마 후 페르시아 지방으로 쳐들어왔으며 1141년 술탄 산자르는 이들에 맞서 싸우다 대패하였고 1153년에는 호라산에서 반란을 일으킨 투르크계인 오구즈 부족에게 패하면서 포로가 되었다. 3년간 포로 생활을 하던 산자르는 가까스로 탈출하였지만, 자유의 몸이 된 지 1년 만에 메르브에서 쓸쓸히 죽었고 그는 셀주크 제국의 마지막 술탄이 되었다.

술탄 산자르의 몰락은 두 세력이 재기할 기회를 주었다. 하나는 바그다드에서 오랫동안 셀주크족의 통제하에서 술탄의 꼭두각시에 불과했던 칼리파가 세력을 회복하여 실질적으로 이라크를 통치할 수 있게 된 것이었고 또 한 세력은 호라산 북부를 점령하고 완전히 독립하여 세력을 크게 확장한 호라즘 왕국이었다. 호라즘 왕국은 소국이었을 때 비록 서요(西遼)에게 조공을 바치는 신세였지만, 내정은 거의 간섭을 받지 않고 셀주크족이 약해진 틈을 타 셀주크 왕조를 무너뜨리고 이란 서부를 점령하였다. 호라즘 왕국의 무함마드 2세(1200~1220년 재위)는 서요에서 내전이 발생하자 서요를 공격해 중앙아시아로 영토를 넓혔고 이후 고르 왕조와 카라한 왕조를 멸망시키고 수도를 구르간즈에서 카라한 왕조의 수도였던 사마르칸트로 옮겨 왕국의 전성기를 이끌었다. 또한, 서쪽으로도 눈을 돌려 바그다드의 칼리파를 군사적으로 위협했다.

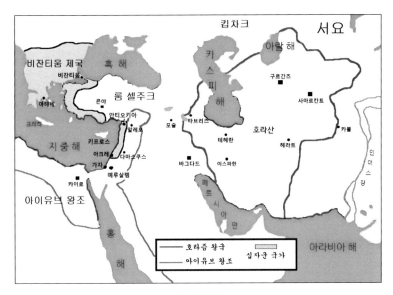

호라즘 왕국

　하지만 안타깝게도 호라즘 왕국은 전성기가 막 시작되었을 때
세계에서 가장 강력한 군대를 맞아 싸워야 했다. 몽골군이 1218년
서요를 멸망시키면서 몽골과 국경을 맞대게 된 것이다. 서요를 멸망
시킨 칭기즈 칸은 호라즘 왕국에 사신을 보냈는데 이 사신들은 사
마르칸트에 도착도 못 하고 지방 총독에게 잡혀 처형되었다. 이에
칭기즈 칸이 2차 사신단을 다시 보냈는데 이들은 그나마 무함마드
2세의 얼굴을 볼 수는 있었지만, 그들의 운명도 1차 사신단과 같이
처형되는 운명을 맞이했고 일부는 남성을 상징하는 수염을 강제로
깎이는 수모를 당한 후 추방당했다.

　결과론적으로 봤을 때 몽골 사신에 대한 호라즘 왕국의 호전적
인 대응은 분명 잘못된 선택이었다. 칭기즈 칸에게 있어 북중국에

있던 여진족이 세운 금(金)나라와 탕구트 족이 세운 서하(西夏)가 멀쩡히 있는 상황에서 멀리 떨어진 호라즘 왕국은 공격 1순위가 아니었다. 하지만 호라즘의 사신 학살은 칭기즈 칸의 공격 우선순위를 바꾸게 하는 계기가 되었다.

화가 단단히 난 칭기즈 칸은 대군을 이끌고 호라즘으로 쳐들어왔고 무함마드 2세 역시 당당히 대군을 이끌고 정면으로 맞아 싸웠다. 하지만 전성기의 호라즘 군대도 최강의 몽골군을 이길 수 없었다. 몽골군에 호라즘 군대는 괴멸되었고 무함마드 2세는 간신히 목숨을 건져서 사마르칸트로 도망쳤지만, 곧바로 추격해오는 몽골군에 의해 수도마저 함락되었다. 또다시 서쪽으로 도망친 무함마드 2세는 서쪽 카스피해의 작은 섬으로 숨어 들어간 후 그곳에서 쓸쓸히 죽음을 맞이했다. 그리고 몽골의 1차 사신단을 죽인 호라즘 지방 총독도 몽골군에 잡혀서 두 눈에 금을 녹인 물을 붓는 고문을 받고 죽었다. 무함마드 2세의 아들은 일부 패잔병을 이끌고 카스피해 서쪽 타브리즈에서 몽골군에게 저항하였지만, 타브리즈마저 함락되자 결국 이리저리 떠돌아다니다 쿠르드족 강도에게 비참하게 살해당하면서 호라즘 왕국은 멸망하였다.

칭기즈 칸은 호라즘 영토를 유린하고 약탈하였지만 바로 지배할 생각은 없었기 때문에 군대를 돌려 몽골 초원으로 돌아갔다. 일부 몽골군은 남러시아를 쑥대밭으로 만들어 놓고 돌아갔다. 그리고 얼마 후 몽골군의 공격에 넋이 나간 이슬람 사회에 다행스러운 사건이 하나 벌어졌다. 칭기즈 칸이 말에서 떨어지면서 크게 다친 것이었다. 1227년 결국 칭기즈 칸이 부상 후유증으로 사망하면서 몽골군의 서쪽정복 활동은 멈췄다. 이슬람 사회는 가슴에 십자가 그림을 그린 옷을 입고 나타나 가끔 소란을 피우는 프랑크인들을 제외하면 40년간 평화로운 시절을 보낼 수 있었다. 하지만 그 평화는 폭풍전야와 같은 것이었다.

칭기즈 칸의 손자인 몽케 칸(1251~1259년 재위)이 즉위하면서 상황이 급격하게 바뀌었기 때문이다. 몽케 칸은 동생인 훌라구를 서방 원정군 사령관으로 임명하였고 훌라구는 대군을 이끌고 페르시아로 쳐들어왔다. 이미 전의를 상실한 페르시아 토착세력의 저항은 미미했지만 그래도 몽골군에 끝까지 저항하다 역사에서 사라진 특이한 이슬람 분파가 있었다. 그들은 시아파 과격주의자 하산이라는 인물이 만든 아사신(암살이라는 뜻의 영어 Assassin은 여기에서 유래한다)파였는데 테헤란 서북쪽의 험준한 산악지방에 세워진 알라무트 요새에 웅거하면서 각지에 암살자를 보내 이슬람 사회를 공포와 두려움에 떨게 했던 집단이었다. 몽골군은 알라무트 요새를 함락한 후 불을 지르고 철저히 파괴했는데 이 와중에 아사신파가 기록한 자료들이 흔적도 없이 사라지면서 이 신비스러운 집단은 영원히 신비스러운 존재로 남게 되었다. 이탈리아 여행가 마르코 폴로는 『동방견문록』에서 시리아에 남아 있던 아사신파에 대하여 다음과 같이 기록하였다.

"시리아 아라몬산에 산상 노인이라 불리는 사람이 있는데, 그는 건강한 젊은이를 납치해 대마를 먹이고 미녀로 가득한 화원에서 즐기게 한 후 다시 낙원에 가고 싶으면 아무개를 암살하라고 명했다. 그러면 암살자는 대마를 복용한 후 기꺼이 사지(死地)에 몸을 던졌다.”

알라무트를 잿더미로 만든 훌라구의 군대는 서쪽으로 진격하여 소아시아의 룸 셀주크를 복속시켰으며 이후 남쪽으로 눈을 돌려 바그다드를 공격했다. 바그다드를 지배하던 압바스 왕조 칼리파 알 무스타심은 몇 주 동안 버티었으나 '싸움의 신' 몽골군을 당해 낼 재간이 없었다. 1258년 2월 바그다드가 함락되었고 칼리파 알 무스타심은 양탄자에 말린 채로 말에 짓밟혀 살해되었다. 거대 도시 바그다드의 주민들은 끝까지 저항했다는 이유로 어린아이까지 살해되었으며 바그다드에 있던 소중한 기록문화 유산도 모두 불에 타 사라지는 안타까운 일이 벌어졌다. 그나마 훌라구의 어머니와 아내가 기독교(네스토리우스파)인이었기 때문에 기독교인은 살아남을 수 있었고 시아파 일부도 살아남았다고 한다.

바그다드의 함락은 인적·물질적 피해뿐 아니라 정신적으로도 이슬람 사회에 큰 충격을 안겨주었다. 500년간 유지되었던 압바스 왕조가 멸망했을 뿐 아니라 순니파의 구심점이었던 칼리파가 사라졌기 때문이다. 최후의 칼리파인 알 무스타심의 죽음은 순니 이슬람 공동체가 가지고 있던 단일성의 상징이 깨지는 결과를 가져왔다. 일부 압바스 왕조의 왕족이 이집트의 맘루크 왕조로 도망가 그곳에서 칼리파로 추대되었지만 사실상 카이로에서의 칼리파는 맘루크 술탄의 꼭두각시 신세에 불과했다.

바그다드를 함락한 몽골군은 아이유브 왕조의 잔당이 차지하고 있던 다마스쿠스를 함락하고 팔레스타인 지방을 약탈하였다. 그리고 몽골군이 팔레스타인까지 드나들면서 비옥한 나일강 삼각주도 몽골군의 눈에 들어오게 되었고 이집트 침공도 시간문제가 되었다. 훌라구는 이집트의 맘루크 지배자 쿠투즈에게 다음과 같은 편지를 보냈다.

> "우리는 광대한 지역을 점령하고 무수한 사람들을 학살했다. 너는 우리 군대의 위용을 피해 도망갈 수 없을 것이다. 도대체 그대가 어디로 도망갈 수 있겠는가? (중략) 전장의 불꽃이 치켜 오르기 전에 답장을 서둘러라. 저항할 경우, 너는 가장 끔찍한 대참사에 고통받으리라. 우리는 너의 모스크를 산산이 박살 내고, 너의 하나님의 나약함을 드러내게 하고, 너의 아이들과 노인들을 한꺼번에 죽일 것이다. 지금 너는 우리의 진군을 막아서고 있는 유일한 적이다."

하지만 때마침 이집트를 구원해주는 사건이 발생했다. 몽케 칸이 중국의 남송 원정 중에 사망한 것이다. 훌라구는 다음 칸 선출에 따른 몽골 내부의 혼란을 우려하여 동쪽으로 군대를 돌렸다. 그는 투르크족이며 기독교도인 키트 부카 장군에게 1만이 조금 넘는 병력을 주고 시리아 방어를 맡겼다. 시리아 주둔군은 이집트 맘루크 군대와 비교해 수적으로 뒤지지 않았으나 훌라구의 이탈은 적군을 환호하게 해준 것이 확실했다. 훌라구가 떠나자 자신감이 생긴 맘루크의 지도자 쿠투즈는 군대를 이끌고 카이로에서 출발해 시리아로 진격하였다. 키트 부카는 용기백배한 이집트군에 맞서 팔레스타인 지역인 '아인 잘루트'라는 마을 근처에서 맘루크 군과 전투를 벌였으나 유인 전술에 걸려들어 대패하였고 키트 부카마저 포로로 잡혀서 처형되었다.

홀라구는 맘루크 군에 복수하고자 했고 군대를 시리아에 여러 차례 파견하였으나 북쪽의 몽골 형제국가인 킵차크 칸국[76]과의 전쟁으로 서쪽 전선에 병력을 집중할 수 없어 별다른 성과를 얻지 못했다. 결국, 홀라구는 시리아 지역을 맘루크 왕조에 넘겨줘야 했고 이란과 이라크 지역을 중심으로 하는 일 칸국을 세우는 것에 만족해야 했다.

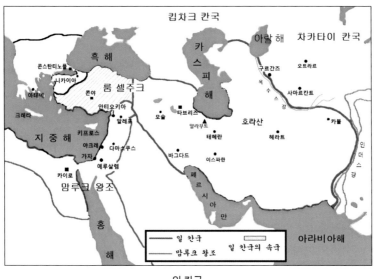

일 칸국

---

76) 동양사에서는 중국에서 유목 부족의 왕을 칭하는 칸을 汗(한)이라 표기했기 때문에 칸국을 汗國(한국)이라고 쓴다.

일 칸국은 타브리즈를 수도로 삼고 룸 셀주크를 굴복시켜 속국으로 삼았으며 북쪽의 또 다른 몽골 국가인 킵차크, 차카타이 칸국과 대립하였다. 3대 칸 테쿠데르는 개인적으로 이슬람으로 개종하였고 7대 칸 가잔(1295~1304년 재위)에 이르러서는 이슬람 사원 이외의 모든 종교시설을 파괴하도록 명령하고 이슬람으로 개종하라는 칙령을 반포하면서 몽골인 지배 계층의 이슬람화가 급속히 진행되었다. 또한, 그는 페르시아인 재상 라시드 알딘을 시켜 역사책을 펴내도록 명령했는데 그 결과 세계 최초의 세계사로 평가받는 '집사(集史)'가 페르시아어로 발행되었다.

몽골인들은 최강의 무력을 통해 이슬람 세계를 정복할 수 있었지만 일 칸국을 포함하여 북쪽의 킵차크와 차카타이 칸국 모두 이슬람으로 개종하면서 이슬람 사회에 동화되어 버렸고 문화적으로는 몽골인과 혈연적으로 가까운 투르크족에 동화되는 경향을 보이면서 민족적 정체성도 점차 잃어버리게 된다.

2.
오스만 왕국과 티무르 제국

오스만 왕국

13세기 몽골군이 중앙아시아와 페르시아 지역으로 밀고 들어오자 이 지역에 살던 일부 투르크족이 도망쳐 룸 셀주크 영토로 들어왔다. 이들 중 에르투으룰 부족장이 이끄는 부족이 있었는데 에르투으룰 부족장은 룸 셀주크 술탄에게서 앙카라 인근에 있는 산악지대를 봉토로 하사받았다.

얼마 지나지 않아 몽골군이 룸 셀주크까지 쳐들어왔는데 1243년 쾨세다 전투에서 셀주크군이 몽골군에게 패배하면서 룸 셀주크는 몽골의 속국이 된다. 이때부터 권위를 잃은 룸 셀주크의 술탄은 소아시아 지역의 통제권을 점차 잃어버리게 되었으며 각지의 지방 세력들은 반독립적인 상태에 놓이게 되었다. 이런 상황 속에서 에르투으룰 부족장의 아들 오스만 1세(1299~1326년 재위)가 독립국을 선포하고 비잔티움을 공격하여 영토를 서쪽으로 넓히며 왕국의 토대를 쌓았다.

오스만 왕국에는 몽골족을 피해 도망쳐 온 수많은 피난민과 함께 종교적 열정에 심취한 무장 군인들도 오스만 왕국으로 몰려왔다. 이들 무장 군인들을 아랍어로 습격자를 뜻하는 '가지'라고 불렀는데 이들은 변방에서 몽골이나 기독교 군대와 전투를 벌였기 때문에 '지하드'를 수행하는 성스러운 전사로 추앙받았다. 이들 가지의 대부분은 투르크족이었다. 가지들은 룸 셀주크 왕조가 약해지고 몽골이 득세하면서 소아시아 서쪽으로 자의든 타의든 이동하게 되었다. 그들은 이교도 국가인 비잔티움 제국과 국경을 접하고 있던 오스만 왕국으로 자연스럽게 몰려들었으며 이들은 오스만 왕국 군대의 중요한 공급원이 되었다. 1308년 이름만 남아 있던 룸 셀주크의 마지막 술탄이 죽으면서 최후의 셀주크 왕조는 운명을 다하게 되었고 소아시아는 독립한 가지 국가들의 투쟁지로 변했다.

비잔티움 제국은 동쪽에서 밀려오는 가지에 대항하여 자체의 군대와 함께 상당수의 용병을 고용하였는데 돈 때문에 전투하는 용병은 오랫동안 충성을 다하지도 않았고 목숨이 위태로운 순간 내빼기 일쑤였다. 또한, 비잔티움 궁정 내부는 위기의 순간에도 항상 그렇게 했듯 권력투쟁에 몰두해 있었기 때문에 이슬람 군대의 진격은 큰 방해 없이 이뤄질 수 있었다. 오스만 1세는 가지들이 가지고 있던 종교적 열정과 약탈물에 대한 욕구를 적절히 이용하여 비잔티움 제국의 대도시인 부르사를 함락시켰고 그해 겨울 69세의 나이로 죽었다. 오스만 제국의 토대를 닦은 오스만 1세의 비문에는 다음과 같이 쓰였다.

'세계의 영웅, 국경의 지배자, 가지들의 아들 가지, 가지들의 술탄의
아들 술탄'

오스만 1세의 큰아들 오르한(1326~1360년 재위)은 부르사를 새 수
도로 삼고 비잔티움 제국의 제2도시인 니케아(그리스어로 니카이아)
를 공격하여 점령하는 데 성공했고 곧이어 니코메디아를 함락시켜
비잔티움 군대를 소아시아에서 대부분 일소하였다.[77] 그리고 더
나아가 발칸반도 일부를 점령하여 유럽 진출의 교두보로 삼았다.

당시 비잔티움 제국은 북쪽에서 남하한 슬라브족이 세운 신흥
강국 세르비아에 시달리고 있었기 때문에 오스만 제국의 팽창에
적절한 대응을 하지 못하고 있었다. 오르한은 동쪽과 남쪽의 또 다
른 가지 국가들인 카라시, 사루한, 게르미안 공국 등을 제압하면서
오스만 왕국이 일개 '가지' 왕국을 넘어 제국으로 나아갈 수 있는
기반을 닦았다. 이젠 오르한은 대외적으로 '술탄'이라는 칭호를 사
용하였다.

---

[77] 소아시아 남부에 마지막까지 생존해 있던 그리스인의 도시 '필라델피아'라는 도시는 오르한 아
들 때에 와서야 정복되었다.

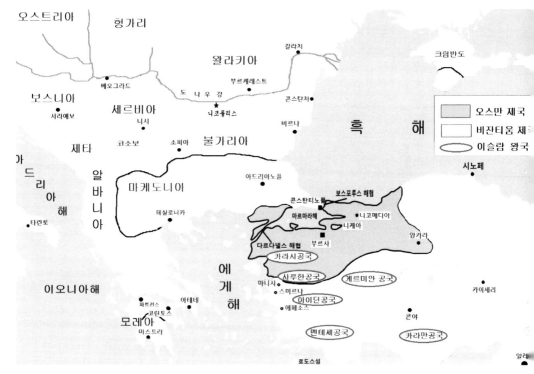

초기 오스만 투르크와 가지 왕국들

오르한의 후계자 무라드 1세(1360~1389년 재위)는 아드리아노플을 점령하면서 콘스탄티노플이 다른 나라와 연결되는 육로를 막아 버렸다. 그리고 아드리아노플(투르크어로 에디르네)을 새로운 수도로 삼아 아시아 쪽의 부르사와 함께 2개의 수도를 운영하였다. 오스만 제국군은 파죽지세로 북진하여 세르비아, 불가리아 연합군을 격파하면서 두 강대국을 굴복시키고 영토를 북으로 넓혔다. 이로써 무라드는 콘스탄티노플 주변의 조그마한 지역을 제외한 발칸반도 북쪽 대부분을 장악하는 놀라운 성과를 이루었다.

하지만 무라드 술탄의 운은 너무 급작스럽게 끝났다. 굴복했던 세르비아 왕이 반란을 일으키자 무라드는 대군을 이끌고 코소보로 진격하여 세르비아군과 대치하고 있었다. 그런데 세르비아군에서 한 병사가 탈영해서 오스만군 진영으로 도망쳐 왔는데 그는 자신이 중요한 정보를 가지고 있고 그것을 술탄에게 알리겠다고 말했다. 아무 의심 없이 탈영병이 무라드의 막사 안으로 끌려와 무라드 가까이 접근할 수 있게 되자 갑자기 그의 몸에 숨겨둔 칼을 빼 들고 무라드의 가슴을 찔렀다. 무라드는 그 자리에서 죽었다. 하지만 오스만 진영에는 무라드의 큰아들 바에지드가 있었고 그는 즉각 군대를 장악했다. 무라드가 죽었지만 바에지드의 인솔하에 세르비아군은 처참히 격파되었고 세르비아 왕은 포로로 잡힌 뒤 살해되었다. 바에지드는 스스로 술탄에 올랐으며 어느 왕조에서나 그렇듯 권력의 경쟁자인 그의 남동생을 교수형에 처해 내부 분열의 싹을 없애 버렸다.

바에지드 술탄(1389~1403년 재위)은 1393년 불가리아 피난 수도 니코폴리스를 함락하여 불가리아 왕국을 재기불능으로 만들고 도나우강까지 영토를 넓혔다. 또한, 남쪽 그리스반도로 진격하여 펠로폰네소스의 소국들을 제압하였다. 그런 후 그는 비잔티움 제국의 마지막 숨통을 끊기 위해 콘스탄티노플을 포위하였다. 하지만 오스만 제국의 영토 확장이 가속화되자 동유럽의 강국 헝가리가 즉각 반발했고 무슬림을 기질적으로 싫어했던 성 요한 기사단(구호 기사단), 튜튼 기사단도 움직이기 시작했다. 그리고 서유럽의 봉건 제후들도 군대를 이끌고 헝가리 왕 지기스문트가 이끄는 소위 십자군 군대에 합류했다. 또한, 오스만 제국의 확장으로 인해 해상 무역 활동이 위축되던 이탈리아의 해상 도시들 베네치아, 제노바 등도 위기의식을 느끼며 십자군 동맹에 참여하였다. 얼마 후 지기스문트가 이끄는 헝가리군과 서유럽의 기사들이 합세한 13만의 십자군 대군이 도나우강을 건너 니코폴리스 요새를 공격했고 베네치아, 제노바 함대도 도나우강을 따라 거슬러 올라가 육군과 합세하고자 했다.

바에지드는 즉각 콘스탄티노플 포위를 풀고 대군을 이끌고 북상하여 니코폴리스에 있던 언덕에 진을 치고 십자군의 동태를 살폈다. 그러자 프랑스 기사를 주축으로 하는 서유럽 기사들이 먼저 중무장하고 말을 탄 채 기세 좋게 언덕에 주둔한 오스만군에게 돌격을 감행했다. 프랑스군은 전방에 배치된 강제로 징집된 허약한 오스만 보병을 격파한 후 술탄의 막사가 있는 언덕 꼭대기를 향해 전투를 계속하며 전진해 나갔다. 술탄 바에지드는 무거운 철갑옷을 입고 일부는 말이 죽어 맨발로 힘겹게 오르고 있는 기사들을 흥미롭게 쳐다보다 그의 뒤에 포진해 있던 정예 기병대를 출동시켰다. 속도 조절 없이 전투를 치르며 빠르게 언덕을 기어오르면서 지칠 대로 지쳐 버린 기사들은 순식간에 오스만 기병대에게 포위되었고 별 힘도 써보지 못하고 땅바닥에 쓰러지기 시작했다. 지기스문트가 이끄는 헝가리군도 속절없이 격파되어 지기스문트 왕은 가까스로 베네치아 배를 타고 탈출하여 목숨을 건질 수 있었다.

1396년 9월에 벌어진 니코폴리스의 전투는 이렇게 오스만군의 승리로 끝났다. 전투 이후 바에지드는 남아 있던 불가리아 지역을 병합하고 도나우강 건너 왈라키아를 제후국으로 만들었다. 그리고 보스포루스 해협 아시아 쪽에 아나톨루 히사르('요새'란 뜻)를 건설하여 비잔티움 제국의 해상로를 군사적으로 압박하고 비잔티움 황제에게 최후통첩을 보냈다.

비잔티움 제국은 641년 칼리파 우마르가 보낸 이슬람군에 의해 식량창고인 이집트를 잃으면서 점점 국력이 약해지더니 10세기부터 침입해 들어온 투르크족에게 인구의 상당 부분을 차지하던 소아시아마저 빼앗기면서 제국으로서의 위상을 완전히 잃었다. 그리스반도와 에게해의 섬들 대부분도 프랑크인과 이탈리아 도시국가들 즉 피렌체, 제노바, 베네치아 그리고 기사단(로도스섬이 대표적이다)의 손에 들어갔다.

과거 동유럽과 중동을 호령하던 제국의 위상은 온데간데없이 산소 호흡기로 연명하는 환자와 같이 외부의 도움을 받아 가까스로 생명을 유지하는 허약한 국가로 전락한 로마 제국의 그림자는 초라하기 그지없었다. 12세기까지만 하더라도 콘스탄티노플과 그 교외 지역은 인구 100만을 헤아렸지만, 14세기에는 인구가 10만이 채 안 되었다. 이렇게 급격히 인구가 줄어든 것은 몽골족과 함께 동쪽에서 흘러들어온 페스트(흑사병)가 1347년 제국에 들이닥치면서 인구의 3분의 1을 없애버린 것도 하나의 원인이었다.

니코폴리스에서 승리하며 기세가 오른 오스만군이 콘스탄티노플로 진군하자 절박해진 비잔티움 황제 마누엘 2세(1391~1425년 재위)는 이탈리아, 프랑스, 그리고 도버 해협을 건너 영국에까지 달려가 도움을 요청하였다. 그러나 풍전등화에 놓인 비잔티움 제국을 도와줄 서쪽의 기독교 국가는 없었다. 서유럽은 황제를 환대했지만, 자신들의 문제에 골몰해 있던 서유럽은 황제에게 진짜 필요한 것은 약속하지 않았다. 그나마 프랑스에서 소규모의 부대를 파견해준 것이 위안거리였다.

그런데 오스만 제국의 거침없는 진격을 막아준 군대는 서쪽의 기독교 국가가 아닌 오스만 제국의 동쪽에 있던 같은 이슬람 국가에서 나왔다. 동쪽에서 칭기즈 칸의 후손이라 칭하는 자가 군대를 이끌고 오스만 제국의 영역으로 쳐들어온 것이다. 몽골인의 피를 가진 그의 이름은 티무르였다. 1402년 바에지드는 콘스탄티노플을 포위하고 있었는데 티무르가 보낸 사절이 그를 찾아왔다. 이전부터 티무르와 언쟁을 벌이는 편지를 주고받았던 바에지드는 이번에도 마찬가지였다. 티무르의 메시지는 술탄이 기독교도 황제로부터 탈취한 모든 땅을 돌려주고 소아시아 영토는 자신에게 넘기라는 협박성 내용이었다. 격분한 바에지드는 욕설이 섞인 거친 편지로 답했을 뿐만 아니라 콘스탄티노플의 포위를 풀고 티무르 군대가 오고 있는 소아시아의 앙카라로 군대를 진격시켰다.

티무르 제국

1335년 페르시아에 세워진 일 칸국의 9대 칸 아부 사이드가 자식이 없이 죽으면서 일 칸국은 혼돈에 빠져 멸망하였고 나라는 여러 개로 쪼개졌다. 그리고 중앙아시아에 세워진 차카타이 칸국도 사실상 1360년 멸망하였다. 중앙아시아와 페르시아가 주인 없이 혼란스러운 상황에 놓여 있을 시점인 1370년 사마르칸트에서 티무르라는 사내아이가 태어났다. 그의 아버지는 투르크계였고 어머니는 몽골계였는데 어머니의 조상으로 올라가다 보면 칭기즈 칸과 연결되어 있었다. 그는 이 사실을 근거로 자신을 칭기즈 칸의 후손이라고 주장했으며 실제로 그러했는지 그는 칭기즈 칸과 같은 뛰어난 군사적 재능을 가지고 있었다. 하지만 그는 전투 중 다리를 다쳐 절름발이 신세가 되었다. 신체적으로 장애를 가지고 있었음에도 티무르는 사마르칸트를 출발하여 킵차크 칸국을 공격하고 중앙아시아와 이란 지역의 지방 정권들을 눈 깜짝할 사이에 멸망시켰으며 인도 북부까지 쳐들어가 델리를 약탈하였다.

1392년부터는 시리아를 공격하여 맘루크 왕조로부터 알레포와 다마스쿠스를 탈취하였으며 1402년 소아시아까지 쳐들어가 앙카라에서 오스만 제국군을 격파하고 오스만 제국의 술탄 바에지드를 포로로 잡았다. 티무르군은 부르사를 비롯한 소아시아의 중요 도시를 휘젓고 다니며 약탈을 하고 다녔지만, 소아시아를 직접 통치할 시간적 여유는 없었다. 포로로 잡힌 술탄 바에지드는

티무르

티무르에게 정중한 대접을 받았으나 포로의 신분을 비관하며 1403년 3월 포로가 된 지 불과 1년 만에 쓸쓸히 죽음(화병이나 자살로 추

정한다)을 맞이했다. '번개'라는 별명을 가지고 오스만 제국의 전성기를 이끌었던 술탄의 죽음은 너무 초라하기 그지없었다.

이젠 중동에서 티무르군에 대적할 적수가 없어지자 그는 먼 동쪽에 있는 중국에 관심을 가지기 시작했다. 당시 중국은 몽골인이 세운 원(元)나라를 몰아내고 명(明)나라가 세워진 지 얼마 안 되었다. 칭기즈 칸의 후손이라 믿고 있던 티무르는 원나라를 멸망시킨 명나라를 응징하기로 마음을 먹고 대군을 동원하여 추운 겨울에 원정길에 나섰다. 하지만 72세가 된 노령의 티무르에게는 무리한 원정이었다. 1405년 그는 사마르칸트를 떠난 지 얼마 안 돼 오트라르에서 열병이 나서 죽었다.

그의 사후 제국은 아들들의 내분과 지방 이민족의 발흥으로 한때 혼란을 겪기도 하였으나 헤라트를 근거로 하는 티무르의 넷째 아들 샤 루흐가 군대를 일으켜 재통일하였다. 하지만 샤 루흐가 1447년 반란군을 진압하는 도중 사망하자 왕실 내부분쟁과 지방 반란으로 제국은 점차 약해지다가 1500년 북쪽에서 침입해온 우즈베크인에게 수도 사마르칸트가 함락되고 몇 년 지나지 않아 최종적으로 멸망하였다. 재미있는 사실은 우즈베크인들은 자신들이 티무르 제국을 멸망시켰음에도 현재 티무르를 자신들의 국부(國父)로 삼고 있는데, 아이러니할 수밖에 없다.

그런데 티무르 왕족 중 아프가니스탄 카불로 도망간 바부르라는 인물이 북인도로 쳐들어가 델리를 점령하고 무굴제국을 세우면서 티무르 제국은 혈통적으로 계속 이어지게 된다. 무굴은 '몽골'이라는 의미이다.

3.
오스만 제국의 부활

오스만군은 앙카라 전투에서 티무르 군대에 처참히 패하면서 패잔병들은 서쪽 해안의 요새인 아나툴루 히사르로 숨어 들어가거나 배를 타고 유럽으로 도망치기 바빴다. 이탈리아 제노바 상인들은 티무르군을 피해 유럽으로 도주하고자 하는 투르크인을 배로 실어 나르면서 큰 이득을 보았다. 설상가상으로 술탄 바에지드가 포로가 되면서 바에지드 아들 간에는 술탄의 자리를 놓고 내전이 발생했고 오스만 제국은 큰 혼란에 빠져들었다.

오스만 투르크가 혼란에 빠져 있는 동안 기독교 세력은 아무 일도 하지 않았다. 단지 비잔티움 제국만이 트라키아와 일부 도시를 재탈환하는 데 성공했을 뿐이었다. 이 시기 서유럽은 자신들의 일로 매우 바빴다. 영국과 프랑스는 소위 '백년전쟁'이라고 불리는 서로 간의 전쟁으로 바빴고 신성 로마 제국 황제는 이탈리아에서 영향력을 확대하는 데 온 정신이 팔려 있었으며 더구나 제국은 사실상 봉건 제후들에 의해 분할되어 있었기 때문에 황제의 영향력도 대단한 것은 아니었다.

이베리아반도에 있던 기독교 국가인 아라곤과 카스티야 왕국은 코르도바를 중심으로 여전히 버티고 있던 이슬람 세력이 있었기 때문에 외부 이슬람 세력의 확장에 큰 관심을 두지 않았다. 그나마 아라곤 왕국은 그리스와 남이탈리아에 근거지를 두고 있어 오스만 제국의 확장에 위협을 느끼고 있었지만 당장 그들에게 떨어진 발등의 불은 아니었다. 그리고 아라곤 왕국과 카스티야 왕국이 통합되어 나타날 강국 스페인 왕국은 아직 수십 년은 더 기다려야 했다.

기독교의 수장인 교황의 권위는 이탈리아의 로마와 프랑스의 아비뇽에 두 명의 교황이 출현하는 교회의 대분열 이후 크게 훼손되어 십자군을 결성하자는 교황의 주장을 귀담아듣는 이들이 거의 없었다. 단지 동방무역에 매진하고 있던 베네치아와 제노바, 피렌체 등 이탈리아 도시국가만이 에게해 주변의 동향에 관심이 있었을 뿐이다. 문제는 강력한 해상도시국가인 베네치아와 제노바는 동방무역의 경쟁자답게 서로 증오하는 정도가 이교도인 투르크인에 대한 적개심만큼 강해 서로 전쟁까지 치른 관계였기 때문에 힘을 합쳐 오스만 제국에 대항한다는 것은 상상도 못 할 일이었다.

서유럽이 바에지드 술탄이 포로로 잡힌 후 벌어진 오스만 제국의 혼란스러운 10년을 반격의 기회로 이용하지 않으면서 오스만 제국은 1413년 형제간의 내전을 끝내고 안정을 되찾았다. 바에지드의 넷째 아들 메메드 1세(1413~1421년 재위)가 술탄으로 등극하면서 혼란은 마무리되었고 메메드 1세의 치세 기간 오스만 제국은 내부의 안정 속에 옛 영토를 다시 회복하였다.

1421년 메메드 1세가 아드리아노플에서 죽고 그의 장남 무라드 2세가 술탄에 올랐다. 무라드 2세는 1422년 6월 군대를 이끌고 콘스탄티노플을 포위하였다. 하지만 소아시아에서 게르미안과 카라만 족장 등이 반란을 일으키자 포위를 풀고 군대를 소아시아로 돌려야 했다.

콘스탄티노플 황제 요안네스 8세는 서유럽의 도움 없이는 무라드 2세의 투르크 군대를 물리칠 수 없음을 현실적으로 인정해야 했고 당시 그가 유일하게 도움을 요청할 수 있는 서유럽 지도자는 비잔티움 상황을 예의주시하고 있던 로마에 있는 교황밖에 없었다. 하지만 교황의 적극적인 지원의 전제 조건은 그리스 정교(동방 정교)의 교회가 로마 카톨릭 교회 밑으로 들어와야 한다는 것이었다. 요안네스 8세는 아버지 마누엘 2세와는 달리 교회통합을 지지했다. 황제는 이탈리아에 사절단을 데리고 방문해 교황을 만났고 교회통합(사실상 교황 밑으로 들어가는 것)에 동의했고 교회통합 선언문은 1439년 이탈리아 피렌체에서 선포되었다. 하지만 정치적인 이유로 이뤄진 교회통합은 콘스탄티노플 주민과 그리스 정교회 사제들의 반발에 실질적으로 제대로 이뤄질 수 없었고 오히려 콘스탄티노플 내부의 갈등만 증폭하였다.

1444년 11월 헝가리 울라슬로 왕은 과거 바에지드 술탄과의 평화 협정을 깨고 일부 서방군대와 함께 도나우강을 건넜다. 무라드

2세는 신속히 대군을 이끌고 흑해 서쪽 해안 바르나에서 헝가리군을 궤멸시켰고 헝가리 왕 울라슬로는 전사하였다. 이로써 도나우강 하류 이남은 안정적으로 오스만 제국의 수중에 들어왔고 헝가리는 더는 오스만 제국에 도전할 것 같지 않았다.

바르나 전투 이후 외부 위협이 사라졌다 판단한 무라드 2세는 자신의 12살 난 아들 메메드 2세에게 정식으로 술탄 자리를 넘겨주었다. 투르크족 노예 여성에게서 태어난 출신 성분이 변변찮은 이 어린 술탄은 원래 정식 후계자는 아니었으나 배다른 두 명의 형이 알 수 없는 이유로 급사하면서 유일한 후계자가 되었다. 무라드 2세는 바르나 전투의 승리 후 유럽의 국경선이 안정적이라고 생각했을 뿐 아니라 그의 치세 기간 벌어진 수많은 전투로 지쳐 있었다. 무라드 2세는 남은 말년을 소아시아의 한적한 도시 마니사에서 조용히 보내고 싶었기 때문에 서둘러 어린 아들에게 술탄 자리를 넘겨주고 아드리아노플을 떠났다.

하지만 그의 예상과 달리 유럽의 국경지대에서 호전적인 동향이 파악되었고 12살의 어린 술탄 메메드 2세가 그것을 감당하기에는 어려웠다. 무라드 2세는 어린 술탄을 보좌하도록 그의 친구이며 재상인 할릴 파샤에게 부탁하였는데 할릴 파샤는 자신의 의견을 경청하지 않고 본인 뜻대로 움직이려 하는 햇병아리 술탄을 믿을 수 없었다. 그는 소아시아 마니사에 머무는 무라드 2세에게 아드리아노플로 돌아와 달라고 간곡히 부탁하였다. 결국, 무라드 2세는 아들에게 제위를 물려준 지 채 2년도 안 돼 아드리아노플로 돌아와 술탄의 임무를 다시 시작해야만 했다. 어디로 튈지 모르는 질풍노

도의 시기였던 메메드 2세는 마니사로 보내졌다. 무라드 2세는 1448년 코소보에서 헝가리, 왈라키아, 보헤미아, 독일 용병으로 구성된 기독교 연합군을 또다시 격파하였다. 이로써 도나우강 중류는 헝가리가 가까스로 지키고 있던 도시 베오그라드를 제외하고는 오스만 제국의 영토로 들어왔다. 유럽이 안정화되자 무라드 2세는 소아시아로 눈을 돌려 명목상 존재했던 아이딘과 게르미안 공국을 병합하였다.

무라드 2세의 또 하나의 치적은 예니체리(新軍, 새로운 군대라는 뜻) 군대의 개편이었다. 과거 예니체리 군대는 단순히 노예로 잡힌 기독교 소년들을 군대에 편입시켜 만든 부대였다. 그런데 무라드 2세는 정복되거나 굴복한 기독교 국가인 그리스, 세르비아, 왈라키아, 아르메니아에서 건강한 남자아이를 강제로 차출하여 군대의 규모를 확대하였다. 이들은 어린 나이부터 철저히 무슬림 교육을 받았고 혹독한 군사훈련을 받았으며 결혼은 금지되었다.

예니체리 병사들은 오스만 제국 내에 어떠한 파벌이나 부족적 이해관계가 없었기 때문에 오직 술탄에 충성하였으며 동시에 그들의 부모가 기독교인이었다는 열등감은 이슬람에 대한 신앙심과 술탄에 대한 충성심을 더욱 심화시켰다. 그들의 맹목적인 술탄에 대한 충성심 때문에 술탄은 그들 중 일부를 술탄의 측근 관리로 임명하였다. 무라드 2세는 1451년 2월 그의 바람과 달리 시신이 널브러진 전쟁터 속에서 생 대부분을 보내고 아드리아노플에서 조용히 눈을 감았다.

무라드 2세가 죽자 이젠 19살이 된 그의 아들 메메드 2세(1444~

1446/1451년~1481년 재위)가 술탄으로 재등극하였다. 메메드 2세는 아버지가 남겨 놓은 신하들, 특히 재상 할릴 파샤를 증오하였다. 과거 자신이 어리다는 이유로 술탄의 자리에서 쫓아내는 일을 그가 주도했기 때문이다. 하지만 궁정에는 아버지의 신하들로 넘쳐났고 자신에게 충성하는 신하들은 소수였기 때문에 할릴 파샤를 그대로 재상으로 두어 아버지의 신하들과 충돌을 피하고자 했다. 하지만 언젠가 그를 제거할 생각이었다. 하지만 신속하게 제거한 인물도 있었다. 메메드 2세는 선대의 술탄들이 했던 것처럼 등극하는 날 무라드 2세의 후궁이 낳은 그의 배다른 동생을 목욕탕에서 질식시켜 죽였다.

술탄 무라드 2세가 죽기 3년 전인 1448년 비잔티움 제국에서도 생존을 위해 교회통합을 주도했던 요안네스 8세가 죽었는데 문제는 그에게 후사가 없었다는 것이다. 따라서 그의 형제 중의 한 명이 황제 자리를 계승해야 했다. 장남이었던 황제의 밑으로는 다섯 명의 남동생들이 있었는데 둘째와 셋째는 그가 죽기 전에 먼저 죽었기 때문에 넷째인 콘스탄티노스가 황제 자리를 이어받았다. 그는 능력이 있고 관대한 군주였으나 애석하게도 비잔티움 최후의 황제로 기록될 예정이었다. 그는 콘스탄티노스 11세(1449~1453년 재위)로 등극할 당시 이미 45세의 중년에 접어들고 있었다. 나머지 두 동생은 펠로폰네소스반도에 있던 비잔티움의 영토인 모레아의 군주로 임명되었다.

4.
콘스탄티노플 함락

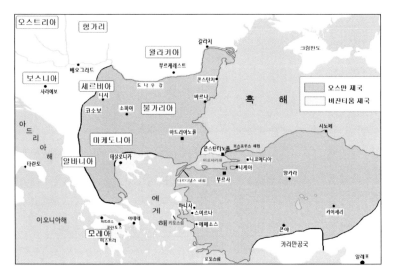

메메드 2세 즉위 당시 오스만 제국

　젊은 술탄 메메드 2세는 알렉산드로스 대왕에 푹 빠져 본인의 일대기를 아리아노스가 쓴 『알렉산드로스 원정기』와 같이 그리스어로 똑같은 종이에 똑같은 형식으로 만들라고 명령할 정도였다. 그는 알렉산드로스 대왕과 같이 위대한 정복자가 되고 싶어 했다. 그래서인지 메메드 2세는 어릴 때부터 콘스탄티노플을 점령하겠다고 공공연히 말해 왔고 그러한 젊은이의 호언장담은 콘스탄티노플 시민들의 귀에도 들어왔다. 따라서 메메드 2세가 등극한 1451년 그해 여름 다급해진 콘스탄티노스 황제는 베네치아가 통치하던 크레타 섬에 사람을 보내 용병인 궁수를 모집하도록 하고 로마 교황에게 도움을 요청하는 사절을 보냈다. 교황의 대답은 다음과 같았다.

> "만일 폐하께서 귀족 및 콘스탄티노플 주민과 더불어 동서 교회 통합의 율령을 받아들이신다면, 우리와 우리의 존귀한 형제들인 로마 교회 추기경들이 힘을 합해 폐하의 명예를 지켜드리고 폐하의 제국을 도와드릴 것입니다. 하지만 폐하와 폐하의 신민이 이 교회통합 선언문(피렌체 선언)을 거부하신다면, 우리는 하는 수 없이 폐하의 구원과 우리의 명예에 필요한 조치를 하지 않을 수 없습니다."

하지만 교황의 으름장에도 불구하고 콘스탄티노플에서는 교회통합과 관련하여 어떠한 진적도 이뤄지지 않았다.

소아시아에서는 술탄이 교체되는 틈을 타 아이딘, 게르미안, 멘데세 공국이 반란을 일으켰다. 메메드 2세는 즉각 군대를 이끌고 다르다넬스 해협을 건너 반란을 신속하게 진압하였다. 그해 12월 겨울, 메메드 2세는 보스포루스 해협 즉 과거 바에지드 1세가 건설한 아나툴루 히사르 건너편 유럽 땅에 요새를 건설하도록 명령했다. 2천여 명의 석공과 일꾼들이 즉각 동원되어 요새를 건설하기 시작했다.

보스포루스 해협 양쪽에 요새를 건설한다는 것은 보스포루스 해협을 장악하여 콘스탄티노플을 압박하겠다는 뜻이었고 이것은 비잔티움 제국에 대한 노골적인 전쟁 선포였다. 술탄은 바다와 제일 가까운 새로 지워진 요새의 탑 위에 커다란 대포 3기를 배치했다.

루멜리 히사르

이에 비잔티움 황제가 사절단을 여러 번 보내 항의하였지만, 술탄은 그들 중 일부의 목을 베어 버렸다. 지금은 루멜리 히사르로 불리는 요새는 다음 해인 1452년 8월 31일에 완공되었다.

술탄의 의도를 간파한 황제는 또다시 로마에 사절을 파견하여 도움을 요청하였다. 물론 교회통합을 실행하겠다는 약속도 함께였다. 교황은 기뻐하며 즉각 특사와 함께 궁수 200명을 모집해 콘스탄티노플로 보냈고 이들은 10월 26일 도시에 도착했다.

11월 초 흑해를 출발한 베네치아 선박 2척이 루멜리 히사르 요새에서 보낸 정지 명령을 무시하고 항해를 계속했다. 이에 오스만군이 포격을 가하였다. 하지만 정확도가 크게 떨어지는 대포에서 날아오는 돌덩어리가 움직이는 배를 맞춘다는 것은 거의 운에 가까왔다. 두 척의 베네치아 선박은 유유히 해협을 지나 콘스탄티노플에 무사히 도착했다. 그로부터 2주 후 또 다른 베네치아 선박이 정지 명령을 어기고 항해를 계속하였는데 이번에는 운 좋게도 오스만군의 대포가 이 배를 격침했다. 술탄은 포로로 잡힌 선원들을 모두 참수하게 하고 선장은 말뚝으로 몸을 관통시켜 죽인 후 시체를 길거리에 전시하게 했다.

그해 12월 콘스탄티노플에 있던 성 소피아 대성당(Ayasofya)에서는 피렌체 공의회에서 선포된 동서교회 통합령이 승인되었다. 그러나 여전히 교회통합에 반대하는 많은 수의 그리스 정교회 성직자는 이 포고령을 인정하지 않았다.

1453년 1월 술탄은 야심한 밤에 느닷없이 재상 할릴을 불렀다. 경험 많은 노(老)재상 할릴 파샤는 갑작스러운 부름에 당황했고 평소 콘스탄티노플 공략에 반대해온 자신을 면직하거나 처벌할 것이라는 두려움에 휩싸였다. 그는 술탄에게 줄 뇌물로 접시에 금화를 잔뜩 채우고 겨울의 매서운 추위를 뚫고 젊은 술

술탄의 궁정화가가 그린 말년의 메메드 2세(1480). 매부리코가 인상적이다.

탄을 만나러 갔다. 그가 금화를 술탄에게 바치자 술탄이 의아스러운 눈빛으로 그것이 무엇인지 물어보았다. 할릴은 갑자기 술탄에게 소환되었을 때는 선물을 바치는 게 풍습이라고 얼버무렸다. 술탄은 다음과 같이 말했다.

"내가 원하는 것은 오직 하나뿐이오. 콘스탄티노플을 주시오."

며칠 후 술탄은 모든 대신 앞에서 결연하게 다음과 같이 말하였다.

"콘스탄티노플은 난공불락이 아니오. 이전의 포위전이 실패한 것은 모두 외적인 문제 때문이오. 그런데 지금 때가 왔소. 그곳은 지금 종교 분쟁으로 분열되어 있소. 이탈리아인들은 동맹군으로서의 신의가 없고, 대부분 변절자요. 게다가 투르크군은 이제 제해권까지 장악했소. 나는 콘스탄티노플이 포함된 제국을 지배하지 못할 바에야 차라리 (오스만) 제국의 지배를 포기하고 말겠소."

전쟁은 이젠 누구도 막을 수 없었고 전(全) 국토는 일사불란하게 전시상태에 돌입했다. 술탄은 각지에서 함선을 끌어모았다. 3월 말, 약 140여 척으로 구성된 오스만군의 함대가 다르다넬스 해협을 지나 마르마라해로 진입하기 시작했고 육지에서는 최소 15만의 병력이 비잔티움 제국과의 국경선인 트라키아 지방으로 모여들었다. 병력에는 술탄에 충성을 다하는 1만 2천의 예니체리 정예 부대와 함께 거대한 대포를 운용하는 포병대도 있었다. 4월 2일부터 5일 사이에 바다와 육지에서 투르크군이 콘스탄티노플에 속속 도착하면서 포위전이 시작되었다.

오스만군의 대형 대포는 투르크인과 적대적인 헝가리인 우르반이라는 기술자가 만든 것이었다. 우르반은 전투가 일어나기 1년 전인 1452년에 먼저 콘스탄티노플 황제에게 거대한 대포를 만들 것을 건의하였다. 하지만 성벽 안에서 정확도가 떨어지는 거대한 대포로 성 밖 넓은 평원에 흩어져 있는 적을 타격하는 것은 효율적이지 않았고 거대한 대포를 성벽에 올려놓는 것도 쉬운 일이 아니었다. 황제는 우르반의 제안을 건성으로 들었다.

실망한 우르반은 술탄에게 달려갔다. 젊은 피가 흐르는 술탄 메메드 2세는 뭐든 도전하려는 정신이 있었고 우르반의 아이디어를 시험해보고 싶었다. 술탄은 우르반에게 엄청난 보수와 함께 그가 필요로 하는 모든 지원을 해주었다. 그리고 다음 해인 1453년 1월에 동·서양을 통틀어 이전에는 없던 거대한 대포가 완성되었다. 약 20cm의 두께인 청동으로 만들어진 대포의 포신 길이는 8.2m에 달하였고 무게는 19톤이 넘었으며 돌로 만든 포탄은 609kg까지 쏠 수 있었다고 한다. 한 개의 대포는 황소 60마리와 200명의 병사가 이동시켜야 했다.

하지만 무식하게 커다란 청동 대포는 운용 면에서 커다란 단점을 가지고 있었다. 대포는 청동으로 만들어졌기 때문에 열에 취약하여 대포 한 발을 쏜 후 가열된 대포의 변형을 피하고자 식을

우르반 대포
청동 대포로 포신을 여러 개 붙여서 만들었음을 알 수 있다.

때까지 기다려야 해서 기껏해야 하루에 6~7발을 쏠 수 있었다. 빨리 식히기 위해 찬물을 뿌렸다가는 청동 포신의 변형이 발생하여

포탄 발사 시 대포가 폭발할 수 있었기 때문에 인위적인 냉각은 거의 불가능했다. 거대한 굉음과 반동은 애교 수준이었다. 그런데도 대포는 큰 효과를 발휘했다. 거대한 대포에서 굉음을 내며 날아가는 돌덩어리는 콘스탄티노플시를 지키는 난공불락의 성벽을 무참히 박살 냈다.

비잔티움 제국의 주요 도시 테살로니카가 투르크군의 수중에 떨어졌다. 그리고 황제의 형제들이 통치하던 펠로폰네소스반도의 모레아 왕국은 술탄이 일부 병력을 보내 견제를 하고 있었기 때문에 콘스탄티노플에 어떠한 도움도 줄 수 없었다.

콘스탄티노플이 위험에 처하자 로마 교황과 베네치아가 반응했다. 로마 교황은 세 척의 제노바 배를 빌려 무기와 식량을 잔뜩 실은 후 콘스탄티노플로 보냈다. 베네치아는 포위전이 시작된 2주가 지나고 나서야 함대를 조직해 콘스탄티노플로 출발시켰다. 하지만 대다수 서방국가나 흑해와 에게해에 식민도시를 가지고 있던 제노바, 피렌체와 같은 도시들은 관망하는 자세를 취했다.

그나마 비잔티움 제국에게 위안이 된 것은 상업활동을 위해 콘스탄티노플에 거주하거나 우연히 정박했던 베네치아인들이 적극적으로 전투에 참여하겠다고 선언하였고(그러나 일부는 도주하였다) 일부 제노바인들도 전투에 참여하기 위해 개인적으로 무장을 하고 들어왔다는 것이다. 그중에서도 제노바 공화국의 명문가 출신인 주스티니아니라는 인물은 포위전이 시작되기 2개월 전 700명의 군인을 이끌고 콘스탄티노플에 도착해서 황제의 마음을 기쁘게 하였다. 황제는 기꺼이 그를 육지 쪽 성벽 방어 지휘관으로 임명하였다. 이외에 콘스탄티노플에 거주하거나 방문했다 발이 묶인 서유럽인들 그리고 일부 투르크인 망명자들이 방어전에 참여하였다.

방어전을 펼치는 해군은 비잔티움 해군, 베네치아, 제노바 선박을 모두 합쳐 26척이었고 육군의 병력은 그리스인 5천 명에 외국인 2천 명을 더해서 7천 명에 불과했다. 140여 척의 함선과 15만의 병력으로 쳐들어오는 투르크군에 비해 비잔티움 군대는 초라하기 그지없었다. 하지만 육지 쪽에는 5세기 초 테오도시우스 2세 황제가 심혈을 기울여 건설한 삼중 성벽('테오도시우스 성벽'이라고 불리기도 한다)이 버티고 있었고 해안 쪽으로는 한 겹의 성벽으로 보호되었지만, 성벽 주변에 급류가 흘러 배를 접근시켜 상륙하기가 쉽지 않았다. 특히 항구가 있는 북쪽 해안의 골든 혼(금각만)이라는 해협 입구는 바닷속에 설치된 쇠사슬로 보호되고 있었기 때문에 육지와 바다 양쪽에서 병력 차이와 별개로 실제 전투는 백중세로 전개될 예정이었다.

콘스탄티노플 항구로 들어오는 골든 혼의 입구는 제네바인들이 거주하는 페라 지구의 방파제에 건설된 탑과 콘스탄티노플 성벽의 탑을 이은 수중 쇠사슬이 바닷속에 팽팽하게 연결되어 있어 투르크군 함선의 진입을 막고 있었다. 제노바의 식민 도시인 페라 지구의 지도자는 전쟁이 일어나기 전에 술탄에게 자신들이 중립을 지킬 것이라고 알렸다. 하지만 수중 쇠사슬 설치에 있어서 페라의 제노바인들은 그리스인들에 협조하였다. 술탄은 제노바인들의 행태가 맘에 들지 않았지만, 굳이 페라 지구를 공격하여 전선을 확대하

고 제노바의 참전을 이끌 이유가 없었고 일부 페라의 제노바인들
이 술탄에게 중요한 정보를 공공연히 넘겨주기도 했기 때문에 그들
의 행태를 묵과하였다. 페라 지구는 1261년 니케아의 그리스인이
프랑크인에게서 콘스탄티노플을 되찾을 때 제노바가 도와주었기
때문에 그 대가로 부여된 제노바인 거주지였다.

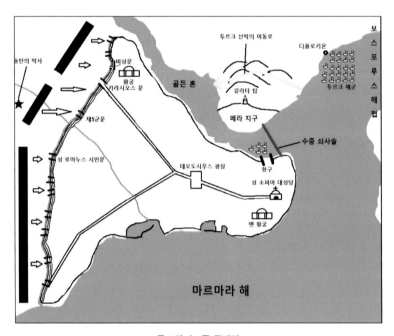

콘스탄티노플 공방전

술탄은 육지에서 투르크군의 정예병을 이끌고 성벽 앞 제5군문
앞에 막사를 짓고 군대를 지휘했다. 이곳은 계곡의 완만한 저지대
가 펼쳐져 있고 양쪽으로는 높은 경사의 비탈길이 있어 공격하는
입장에서는 저지대인 제5군문과 그 양쪽으로 뻗어 있는 성벽을 공

격하는 것이 제일 나은 선택이었다. 성 로마누스 시민문과 카라시오스 문 사이는 역사적으로도 적의 공격이 집중된 곳으로 이 구간의 성벽을 메소테이키온 성벽이라고 불렀다. 카리시오스 문 북쪽으로는 황궁이 있었다. 원래의 황궁은 마르마라해에 접해 있는 반도의 끝 성 소피아 대성당 남쪽에 있었지만, 라틴제국의 멸망과 함께 황궁이 폐허로 변하자 새로운 황궁을 골든 혼 안쪽에 새로 건설하였다.

황제도 투르크군의 정예병이 공격하는 곳에 병력을 집중하여 배치했다. 황제는 그리스 정예병을 직접 이끌고 제5군문과 카리시오스 문 사이의 외(外)성벽을 방어하였다. 카리시오스 외성벽 주변은 주스티니아니 대장이 맡았다. 하지만 술탄의 정예군이 황제가 지키던 성벽을 집중하여 공격하자 주스티니아니는 군대를 이끌고 황제와 합류했다. 나머지 성벽은 베네치아인, 제노바인, 그리스인, 망명한 투르크인, 카탈루냐인 등이 나눠서 방어하였다. 그나마 해안 지역의 성벽은 배가 접근하기 어려워(비상시 배의 피난처가 존재하긴 했지만) 방어하기 쉬웠기 때문에 소수의 병력을 배치할 수 있었고 일부는 군인이 아닌 무장한 그리스인 수도사들이 지키는 지역도 있었다. 따라서 해안가 쪽의 전투는 콘스탄티노플 항구로 진입할 수 있는 골든 혼 입구의 주도권을 놓고 치열하게 전개될 예정이었다. 발토글루 제독이 이끄는 투르크 해군은 골든 혼이 정면으로 훤히 보이는 보스포루스 해협 입구인 디플로키온에 정박했다.

4월 6일 우르반 대포에서 발사된 거대한 원형 돌덩어리가 굉음을 내며 외(外)성벽에 부딪힘과 동시에 투르크군의 돌격이 시작되었다.

견고하기로 유명한 성벽이 파괴되기 시작했지만, 방어군은 재빨리 성벽을 보수하여 피해를 최소화하였다. 투르크군 해군도 골든 혼으로 돌진했지만, 바닷속 쇠사슬에 막혀 이렇다 할 성과를 거둘 수 없었다. 투르크군이 며칠 동안 거둔 성과는 성을 둘러싸고 있던 해자를 흙으로 덮은 것과 콘스탄티노플 외곽에 소수의 병력으로 저항하고 있던 요새들을 점령하는 정도였다. 도시의 시민들은 남녀노소 할 것 없이 자신의 역할을 다하며 공격자들의 시도를 좌절시켰다.

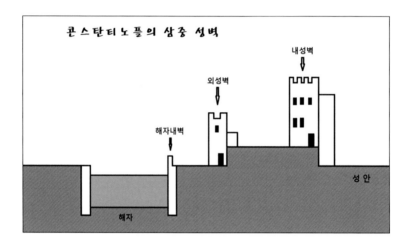

4월 12일 투르크 해군이 또다시 골든 혼으로 돌격해 들어왔다. 수중 쇠사슬을 사이에 두고 전투가 벌어졌고 투르크군의 배보다 크고 갑판이 높은 방어군의 갤리선에서 날아오는 돌과 화살, 창 때문에 투르크 함대는 큰 피해를 입고 퇴각해야만 했다.

4월 18일 밤 육지에서는 제5군문 쪽으로 투르크군의 집중 공격이 이루어졌다. 그리스인과 이탈리아인은 메꿔진 해자를 넘어 무섭게 달려오는 투르크군에게 외(外)성벽 위에서 돌과 화살을 날려 적을 쓰러뜨렸고 포탄에 의해 성벽이 파괴되면 달려가 부서진 곳에 방책을 세우며 4시간의 혈전을 벌였다. 술탄은 공격이 성과가 없자 군대를 퇴각시켰다. 이날 전투는 황제와 주스티니아니 대장이 이끄는 방어군의 일방적 승리로 끝났다. 투르크군은 200명의 전사자가 발생했지만, 방어군에서는 단 한 명의 전사자도 나오지 않았다. 방어군의 사기는 높아진 반면에 투르크군의 기세는 꺾였고 술탄은 고민에 빠졌다.

4월 20일 교황이 보낸 무기와 식량을 가득 실은 세척의 제노바 선박과 함께 황제 사절단이 시칠리아에서 사들인 옥수수를 잔뜩 실은 대형 식량선 한 척이 마르마라해에 나타났다. 투르크 경계병이 이 배들을 발견하고 즉각 술탄에게 보고했고 술탄은 해군 제독 발토글루에게 당장 전함을 출동시켜 적의 배를 나포하거나 격침하라고 명령했다. 발토글루는 함대를 이끌고 골든 혼으로 접근하고 있는 네 척의 배를 에워싸고자 했다. 곧바로 기독교 수송 선단과 이슬람 함대와의 추격전이 1시간 동안 이어졌다. 해상에서의 전투는 콘스탄티노플 시민들이 해안에 접한 성벽에 올라 초조하게 바라보고 있었다. 술탄도 페라 성벽 맞은편 해안에서 바닷물에 바지가 젖는 줄도 모르고 바닷가로 들어가 소리를 지르며 전투를 독려하였다.

기독교 선단의 선원들은 오랫동안 바다 위에서 살아온 노련한 뱃사람들이었기 때문에 커다란 돛을 이용하여 남풍을 타고 용케 투르크군과 전투를 벌이며 북쪽으로 항해하여 골든 혼 입구 가까이 다가갈 수 있었다. 투르크군은 갑판이 높은 기독교의 배에 올라타고자 하였고 동시에 불을 지르고자 불꽃이 붙은 창을 마구 던져댔으나 위에서 쏟아지는 활과 창 때문에 효과적인 공격을 할 수 없었다. 그런데 기독교 선단이 성 소피아 대성당 앞바다를 지나 거의 수중 쇠사슬 근처에 도달할 즈음 갑자기 바람이 멈춰 버렸고 동시에 기독교 배들에 매달린 돛들이 축 처져 버렸다. 설상가상으로 기독교 배들은 해류를 타고 술탄이 서 있던 보스포루스 해협 입구 쪽으로 표류해가기 시작했다.

투르크군의 배들은 인력을 이용한 3단이나 2단 노를 이용한 갤리선이었기 때문에 바람의 영향을 덜 받았다. 발토글루는 병사들에게 표류하고 있는 기독교 배를 포위하여 총공격하도록 했고 병사들은 술탄이 지켜보고 있음을 알기에 더욱 용감하게 돌격했다. 세 척의 제노바 배와 대형 수송선의 선원들은 각각 수십 척의 투르크 전함에 에워싸여 투르크 병사들이 배에 기어오르지 못하도록 싸워야만 했다. 특히 무장이 가장 빈약한 비잔티움 제국의 식량 수송선이 집중 공격을 받았다. 이에 세 척의 제노바 선박이 수송선 주변으로 모여들어 연합 방어 작전을 쓰며 버텼고 전투는 오후 내내 벌어져 저녁까지 이어졌다. 방어하던 제노바 선원과 병사들 그리고 수송선의 그리스인들은 지쳐갔고 투르크군은 여전히 많았기 때문에 승리는 투르크군에 돌아갈 것이 확실했다.

하지만 하늘이 그들을 도왔다. 저녁이 되자 북풍이 강하게 불기 시작하더니 돛이 팽팽해진 기독교 배들이 남쪽의 골든 혼 쪽으로 빠르게 항해하기 시작한 것이다. 골든 혼 입구로 기독교 수송선이 투르크 배들을 물리치고 빠르게 다가가자 수중 쇠사슬이 느슨해지면서 제노바 배와 수송선은 무사히 골든 혼으로 들어갈 수 있었다. 젊은 술탄은 이 광경을 보고 분을 삭이지 못하고 씩씩거렸다. 함께 전투를 지켜본 투르크 병사들의 사기는 말할 필요도 없었다. 반면에 방어군의 사기는 또다시 높아졌고 콘스탄티노플이 온전할 거라는 희망은 현실이 되는 듯했다. 해상 전투로 투르크군은 100명 이상이 죽고 300명 이상이 다쳤으나 기독교 측에서는 23명의 사망자만 발생했을 뿐이었다. 다만 치열한 전투로 인해 기독교 선원과 병사들 절반이 상처를 입었다.

다음 날 술탄은 해군 제독 발토글루를 소환하여 그에게 온갖 모욕적인 욕을 한 후 참수하도록 명령했다. 하지만 주변의 신하들이 그가 용감하게 싸웠으며 발토글루 자신도 전투 중 돌에 맞아 눈을 심하게 다쳤음을 상기시키며 술탄의 화를 누그러뜨리고자 하였다. 그러자 술탄은 그를 죽이는 대신에 그의 모든 직위를 박탈하였고 그가 가지고 있던 모든 재산을 예니체리 군에 나눠준 후 곤장을 때리고 감옥에 넣었다.

술탄은 발토글루를 처벌한 후 자신의 측근인 함자 베이를 해군 제독으로 임명했다. 그리고 해군 기지인 디플로키온에서 신하들을 모아 놓고 콘스탄티노플 공략의 아이디어를 끌어모았다. 그런 후 술탄은 다음과 같은 명령을 내렸다. 전함을 육지로 끌고 올라가 페라시 뒤쪽 해발 61m의 나무가 자라는 산등성이를 넘어 골든 혼으로 집어넣으라는 것이었다. 커다란 배를 끌고 산을 넘어 골든 혼으로 이동시키라는 명령은 황당하기 그지없었지만 투르크군은 그러한 작전을 가능하게 할 수 있는 인력과 기술이 충분히 있었다. 곧바로 수천 명의 병사와 기술자가 산으로 올라가 나무를 베어 배를 실어나를 도로와 바퀴 달린 받침대 그리고 배가 이동할 수 있는 선로를 만들기 시작했다.

4월 23일 새벽, 바퀴 달린 받침대에 묶인 커다란 전함이 바다에서 육지로 옮겨지기 시작했고 황소들이 전함을 언덕으로 끌어올렸다. 떠들썩한 소음과 산등성이 정상에 뜬금없이 나타난 배들을 보고 방어군도 투르크군의 의도를 뒤늦게 알아챘다. 하지만 비잔티움군이 할 수 있는 일은 없었다. 그저 넋을 놓고 투르크군이 배를 끌고 산등성이를 넘어 현재는 카심 파사라 불리는 골든 혼 저지대에 투르크군 함대의 절반인 70여 척의 전함이 미끄러져 내려가는 모습을 쳐다봐야만 했다. 하지만 이내 정신을 차리고 방어군은 반격을 준비했다.

4월 28일, 어둠이 짙게 깔린 새벽에 투르크군의 포탄을 막기 위해 옆면을 면포와 모직물로 두껍게 감싼 두 척의 대형 수송선과 그 옆으로 갤리선 두 척 그리고 갤리선에 가려 안 보이는 지점에 소형 선박 세 척이 따라갔다. 방어군은 골든 혼내 투르크군 해군이 정박하고 있는 곳을 기습 공격하여 투르크군을 혼란에 빠뜨린 후 숨어 있던 작은 소형 선박을 투르크 함대 사이로 침투시켜 투르크 전함을 불태우고 돌아온다는 전략을 세웠다. 하지만 이 작전은 첩자에 의해 투르크군에게 전달되었고 그들이 카심 파사에 접근하자 투르크군의 대포가 기다렸다는 듯이 불을 뿜었다. 베네치아-제노바 연합함대는 완전히 기습에 실패하였으며 약 90명의 선원과 갤리선 한 척 그리고 소형선박 한 척을 잃었다. 투르크군의 배는 단 한 척만이 파손되었을 뿐이었다.

하지만 투르크 해군은 골든 혼 내에서 벌어진 전투에서 승리했음에도 골든 혼의 제해권을 장악하지는 못했다. 골든 혼 안 항구에는 베네치아와 제노바 함선이 여전히 버티고 있었고 콘스탄티노플 해안 성벽에서 날아오는 포탄도 위협적이라 투르크 함대의 작전을 방해했다. 그러나 분명한 것은 방어군도 이제 골든 혼 성벽에 병력을 추가로 배치해 적의 상륙을 저지해야 했고 그러잖아도 병력 부족에 시달리던 기독교군에게는 큰 부담이 될 수밖에 없었다. 또한, 중립 정책을 어기고 은밀하게 골든 혼을 통해 콘스탄티노플을 도와주던 패라시의 지원도 기대할 수 없게 되었다. 투르크군은 골든 혼 상단에 부교를 건설하여 육군과 해군 사이의 병력 이동과 명령 전달을 신속하게 할 수 있었다.

골든 혼 전투 후 일주일간 양군 사이에 큰 전투는 없었지만, 육지에서는 우르반의 대포가 끊임없이 성벽을 부수고 있었고 골든 혼에서는 언제라도 해전이 벌어질 듯한 긴장이 계속되었다. 5월이 되면서 콘스탄티노플에서는 식량이 바닥나기 시작했고 배급제가 시작되었다. 하지만 식량은 언제 바닥날지 몰랐고 기아 상태는 아니었지만, 전투병들은 항상 배가 고픈 상태에 놓였다. 황제는 술탄과 협상을 시도했다. 하지만 술탄에게서 돌아온 것은 시민의 생명과 재산을 보장해줄 테니 도시를 넘기라는 대답뿐이었다. 절망한 황제는 베네치아에서 보내주기로 약속한 함대가 어디 있는지 궁금했다.

5월 3일 어둠이 짙게 드리운 밤, 12명의 선원을 태운 베네치아의 범선 한 척이 수중 쇠사슬이 잠깐 내려간 틈을 타 골든 혼을 벗어났다. 투르크 군기를 걸고 투르크 군복을 입은 선원들이 타고 있던 배는 무사히 마르마라해로 나아가 다르다넬스 해협을 통과할 수 있었다. 5월 7일 저녁에 투르크군이 황제와 주스티니아니가 지키고 있던 메소테이키온 성벽을 집중적으로 공격했지만 별다른 성과를 거둘 수는 없었다. 이후 다른 성벽에서도 산발적인 전투가 벌어졌지만, 방어군은 성공적으로 투르크군을 격퇴하였다.

술탄은 전투에 진전이 없자 땅굴을 성안까지 파도록 명령했다. 하지만 땅굴 하나는 기술적 한계로 포기했고 두 개의 땅굴은 방어군에 발각되어 무용지물이 되었으며 나머지 땅굴도 포로가 된 투르크 장교가 고문을 못 이기고 땅굴의 위치를 모두 실토하면서 땅굴 작전은 완전히 실패로 돌아갔다. 이에 투르크군은 성벽보다 높은 여러 개의 공성탑을 만들고 그 위에 소형 대포를 올려 포탄을 성벽 안 방어군에 날렸지만, 야간에 성 밖으로 몰래 나온 방어군에 의해 일부가 불에 타버렸다. 술탄은 공성탑 공격도 예상보다 별 효과가 없자 모두 철수시켰다.

방어군은 병력도 적었고 지치고 굶주린 상태에 있었지만, 황제와 주스티니아니의 지도하에 용감히 싸웠다. 하지만 5월 23일 그들의 마지막 희망을 꺾어 버리는 소식이 그들에게 전달되었다. 20일 전 베네치아가 보내주기로 약속한 함대가 어디에 있는지 알아내기 위해 비밀리 탈출한 정찰선이 투르크군 전함의 추격을 따돌리며 무사히 콘스탄티노플 항구로 들어왔다. 그런데 그들이 전한 것은 에게해의 주변 섬들을 샅샅이 돌아다녀 봤지만, 베네치아 함대를 찾을 수 없었고 함대에 대한 소식도 섬 주민들에게서 들을 수 없었다는 것이었다. 황제는 도망가지 않고 목숨을 걸고 임무를 완수하고 콘스탄티노플로 다시 돌아온 선원들에게 눈물을 흘리며 고맙다고 말했다. 그리고 주변 신하들에게 떨리는 목소리로 다음과 같이 말했다.

> "이제 우리는 그리스도와 성모 그리고 이 도시의 창건자인 성(聖) 콘스탄티누스밖에 믿을 게 없군요."

이 당시 베네치아 함대는 5월 20일까지 다르다넬스 해협 입구에 있는 테네도스섬(現 보즈자다섬)에 도착할 예정이었으나 출발이 3~4일 늦어져 이제야 에게해에 진입하고 있었다. 만약 예정된 계획대로 20일에 함대가 테네도스섬에 도착했다면 가까스로 제국의 정찰선과 만날 수 있었을 텐데 그렇게 되지 못했다.

황제의 대신들은 황제에게 도시를 떠나 투르크군으로부터 안전한 곳으로 가서 기독교 동맹군을 조직하자고 제안했다. 그러나 황제는 마지막까지 백성과 함께할 것이라며 거절했다. 그런데 술탄도 불안하기는 마찬가지였다. 그의 귀에 베네치아 함대가 접근하고 있다는 정보가 들어왔고 북쪽 국경선에 있는 헝가리의 움직임도 심상치 않았다. 내부에서는 전쟁에 반대했던 재상 할릴 파샤와 그의 측근들이 전투 중지를 요구하고 있었다. 술탄과 황제의 최후 협상이 다시 시작되었다. 술탄은 황제에게 매년 금화 10만 베잔트의 공물을 매년 바치거나 아니면 안전을 보장할 테니 모든 재산을 가지고 도시를 떠나라고 요구하였다. 술탄이 요구하는 공물은 이미 쇠락한 제국이 감당할 수 있는 금액이 아니었다. 사실상 콘스탄티노플을 포기하라는 최후통첩이었다. 협상은 결렬되었다.

5월 25일 금요일, 투르크군의 포격이 다시 시작되었다. 5월 27일 일요일, 투르크군이 본격적으로 총공격을 준비하기 시작했다. 술탄은 병사들에게 도시가 함락되면 3일 동안 도시를 맘대로 약탈해도 된다고 공표했다. 병사들은 너 나 할 것 없이 신이 나서 성벽 앞의 해자를 메꾸고 무기를 손질하며 전투 준비를 했다. 다음 날 월요일 아침, 술탄은 화요일 총공격을 위해 병사들을 잠시 쉬게 한 후 오후가 되자 다시 작업을 지시했다. 그리고 바다와 육지에 포진해 있는 군대를 순찰하며 전투 준비 태세를 점검했다.

한편, 방어군의 육지 성벽 책임자인 주스티니아니 대장은 투르크군 정예병이 들이닥칠 메소테이키온 성벽으로 포를 집중시켰다. 이 와중에 포를 빼앗긴 해안 성벽 지휘관이 반발하며 언쟁이 발생하기도 했다.

월요일 성상과 성물을 어깨에 짊어지고 시민과 성직자들로 이루어진 대규모 행렬이 도시 곳곳을 누비며 축복을 내렸다. 황제도 행렬에 동참했고 행진 중간에 그리스, 이탈리아 고관과 군지휘관들을 불러 모아 각료회의를 열고 그들 앞에서 연설했다. 그는 기독교 세계와 그리스와 로마 제국이 지켜져야 함을 역설했고 자신도 끝까지 싸우겠노라고 다짐했다. 더불어 목숨을 걸고 같이 싸우고 있는 이탈리아인들에게도 고마움을 표시했다. 이에 참석한 이들은 황제를 위해 목숨을 바쳐 싸울 것을 천명했다. 황제는 사람들 사이를 돌아다니며 한 사람 한 사람에게 혹시 자신이 마음을 상하게 한 일은 없는지 물어보면서 일일이 용서를 구했다. 참석한 이들 모두 서로서로 부둥켜안고 황제와 똑같은 의식을 행했다.

군중들에 의해 저녁까지 이어진 축복의 행진은 성 소피아 성당에서 끝나고 있었다. 그리고 그곳에서 황제를 포함한 참석 가능한 모든 이가 모두 모여 예배를 드렸다. 이것은 기독교인이 성 소피아 성당에서 드릴 최후의 예배가 될 터였다. 황제는 예배가 끝난 후 황궁으로 돌아와 궁궐 식구들에게 대신들과 한 것처럼 자신의 행동으로 인해 그들의 마음을 아프게 한 것이 있으면 용서해 달라고 말했다. 그런 후 그는 말을 타고 자정까지 성벽을 순찰했으며 그런 후 황궁 앞에 있던 망대에 올라 적을 살펴보았다. 한편 주스티니아니 대장도 자신이 지키고 있는 외성벽을 점검했으며 내성벽에 있던 병사들에게 일러 내성벽의 모든 문을 안에서 잠그라고 명령했다. 전투에 밀리더라도 내성벽 안쪽으로 후퇴하지 않겠다는 배수의 진을 친 것이다.

화요일, 자정이 지나 새벽 1시가 조금 넘어서 전(全) 성벽에 걸쳐서 투르크군의 돌격이 시작되었다. 골든 혼과 골든 혼 외곽 디플로키온에 정박해 있던 투르크 해군도 해안 성벽을 향해 움직이기 시작했다. 예상대로 주스티니아니와 황제가 지키고 있던 메소테이키온 성벽이 집중 공격을 받았다. 술탄은 먼저 용병들 즉 투르크족뿐만 아니라 기독교 출신의 잡다한 민족이 섞인 비정규군을 메소테이키온 성벽으로 돌진시켰다. 다양한 민족으로 구성된 선봉대는 자신이 속한 민족 특유의 무기와 복장을 한 채 술탄이 지급한 사다리를 메고 성벽으로 달려 나갔다. 두 시간 동안 치열한 전투가 벌어졌으나 용병 부대는 성벽을 넘지 못하였다. 술탄은 1차 공세는 그정도면 되었다고 생각해 철수시켰다. 어차피 이들 용병의 용도는 적을 지치게 하는 것이 목적이었다.

우르반의 대포에서 날아간 둥그런 돌덩어리가 성벽을 부수면서 2차 돌격이 시작되었다. 이번에는 통일된 제복을 입은 순전히 투르크족으로 구성된 정규군 병사들이 성벽으로 돌격해 들어갔다. 이미 두 시간 동안의 혈투로 지칠 대로 지쳐 있던 방어군은 남은 힘을 짜내 다시 이들과 싸워야 했다. 한참 전투가 벌어지던 중 우르반 대포에서 쏜 포탄 하나가 성벽을 파괴하며 틈을 만들었다. 투르크 병사들이 그곳을 향해 몰려 들어갔다. 하지만 황제가 틈이 생긴 성벽으로 군대를 끌고 와 들어온 300여 명의 투르크 병사들을 공격해 죽이거나 몰아냈다. 다른 곳에서도 투르크군의 공격이 별 성과를 거두지 못하고 있었다. 2차 공격도 그렇게 실패로 끝나고 있었다.

하지만 술탄에게는 마지막 카드가 하나 남아 있었다. 오스만 제국의 정예 부대인 예니체리 부대가 여전히 그의 뒤에서 공격 명령을 기다리고 있었다. 3차 공격이 곧바로 이어졌다. 용감한 예니체리 부대가 성벽을 향해 진격하기 시작했다. 예니체리 부대의 공격은 매서웠지만, 그들도 성벽을 넘기는 쉽지 않았다. 방어군은 온몸이 탈진할 정도로 지쳐 있었지만, 필사적으로 맞서 싸웠고 이젠 조금만 더 버티면 투르크군을 격퇴할 수도 있었다.

그러나 신은 그들을 버렸다. 카라시오스 문 북쪽 망대로 인해 가려져 잘 보이지 않는 곳에 조그만 비상문이 하나 있었는데 이 비상문을 통해 비잔티움군은 전투 중 몰래 빠져나와 투르크군의 측면을 기습 공격하고 있었다. 그런데 새벽 기습 공격을 마치고 돌아온 병사 중 맨 마지막에 들어온 병사가 깜빡하고 문을 잠그지 않았다. 투르크군 병사 50여 명이 이 문이 열려 있는 것을 확인하고 성안으로 들어왔다. 하지만 곧바로 투르크군이 들어온 것을 알아챈 방어군이 이 문을 닫아걸면서 투르크 병사들은 완전히 고립되는 처지가 되어 성벽을 이리저리 뛰어다녔다.

이때 성벽 방어의 책임자인 주스티니아니가 포탄 파편을 맞고 큰 상처를 입었다. 그는 살아 있었지만, 갑옷은 부서지고 온몸이 피투성이가 되었다. 극심한 고통은 주스티니아니의 정신을 약하게 만들었고 그는 전장(戰場)을 떠나고 싶어했다. 주스티니아니는 전투가 시작되기 전 내성문을 닫아 잠그는 결연한 의지를 내보였으나 극심한 고통은 그의 정신을 흐리게 했다. 그의 부상 소식을 듣고 득달같이 달려온 황제는 주스티니아니에게 전장에 있어 달라는 부탁을 했지만, 그의 마음을 돌릴 수는 없었다. 마음이 약해진 황제는 주스티니아니 부하에게 내성으로 통하는 쪽문 열쇠를 주었고 문이 열리자 주스티나아니가 내성 안으로 실려 갔다. 그런데 자신의 대장이 내성으로 실려 가는 것을 본 제노바 병사들이 동요했고 동시에 누군가 투르크 병사들(비상문을 통해 들어온 소수의 투르크군)이 외성을 넘어왔다고 소리쳤다. 제노바 병사들은 자신들이 졌다고 생각했다. 그들은 아직 열려 있는 내성 쪽문을 통하여 재빠르게 안으로 도망갔다.

이젠 외성 방어는 황제와 그의 그리스 정예병들만 남게 되었다. 아침이 되면서 해가 지평선에 나타나자 술탄은 방어군이 도망가는 모습을 확실히 볼 수 있었다. 그는 소리쳤다.

"도시는 우리 것이다!"

예니체리 부대가 다시 매섭게 돌격했다. 그리스 병사들은 용감하게 싸웠으나 수적으로 역부족이었다. 예니체리 병사들과 용감히 맞서 싸우던 일부 그리스 병사들은 잠긴 내성문 앞에서 몰살되었다. 얼마 후 카라시오스 북쪽 비상문 위에 있던 망대 위에 나란히 펄럭이던 비잔티움 제국의 깃발과 베네치아 공국의 깃발이 사라지고 투르크군의 깃발이 펄럭이기 시작했다. 고지대에 건설된 망대는 주변의 낮은 저지대 사람들이 훤히 볼 수 있었고 투르크군의 깃발이 펄럭이자 전(全) 전선에서 방어군의 동요가 일어났다. 곧바로 열려 있는 내성문으로 도망가는 병사들이 속출했다.

황제는 말을 타고 이리저리 다니며 살아남은 병사들을 규합해 혼란스러운 상황을 정리해보려 했지만 중과부적이었다. 황제 주변에는 여전히 그를 보좌하는 충직한 신하 세 명이 동행하고 있었다. 황제와 신하들은 말에서 내려 칼을 빼 들고 몰려드는 투르크군에게 달려들었다. 혼잡한 전투 상황에서 황제와 그의 신하들이 어떻게 최후를 맞이했는지 아무도 목격한 사람은 없었다.

육지 성벽이 뚫렸음에도 도망가지 않고 끝까지 투르크군에 맞서 싸운 방어군도 있었으나 얼마 못 가 모두 살해되었다. 살아남은 베네치아나 제노바 등 이탈리아인은 항구로 달려가 배를 타고 콘스탄티노플을 벗어나고자 했으며 현지인인 그리스인들은 적의 관용을 기대하며 스스로 성문을 열고 항복했다. 일부는 다급한 나머지 가까운 페라시로 배를 타고 도망가는 자도 있었다.

그런데 수중 쇠사슬 밖 마르마라해 주변을 포위하고 있던 투르크 함대의 군인들이 도시의 귀중품을 모두 육군에게 넘겨줄까 걱정하여 부랴부랴 약탈을 위해 전함을 성벽에 접근시켜 별 저항도 없는 해안 성벽을 기어오르기 시작하면서 오히려 바다 쪽은 투르크군 해군의 통제를 벗어나게 되었다. 이에 피난민과 패잔병을 잔뜩 실은 여러 척의 베네치아와 제노바 함선 그리고 네다섯 척의 그리스 함선이 수중 쇠사슬을 풀고 마르마라해로 나아갈 수 있었다. 이들은 바다로 뛰어내려 탈출하는 사람들을 최대한 태우기 위해 한 시간 정도 바닷가에 떠 있는 여유까지 부렸다. 뒤늦게 사태를 파악한 투르크 해군 제독 함자 베이는 아직 바다에 남아 있는 전함을 끌어모아 골든 혼 입구를 막아 버렸다. 이 조치로 더 이상의 탈출선은 발생하지 않았다.

화요일 정오가 되자 모든 전투는 끝났다. 골든 혼 주변의 세 개의 망대로 도망가 끝까지 저항하던 크레타섬 출신의 선원들은 투르크군에게 항복하는 조건으로 그들의 목숨을 보장하고 재산을 가져갈 수 있도록 요구했고 협상이 이뤄짐에 따라 크레타 선원들은 배 두 척에 나눠 타고 그곳을 벗어날 수 있었다. 그들이 마지막 저항군이었고 전투는 끝났다.

황제의 최후에 대해서는 제대로 목격한 자가 없었고 발견된 시체도 없었기 때문에 이런저런 근거 없는 소문만 떠돌아다녔다. 술탄도 황제의 시신을 찾으려 노력했지만 많은 저항군의 시체가 머리가 잘린 상태로 사방에 쌓여 있었기 때문에 황제의 시신을 찾기가 어려웠다. 로마 제국 최후의 황제는 이렇게 쓸쓸히 무덤도 없이 로마 제국과 함께 사라졌다. 우연히도 4세기에 콘스탄티노플을 세웠던 콘스탄티누스 대제와 이름이 같았던 15세기 콘스탄티누스 황제 시기에 콘스탄티노플은 함락되었다.

저항군을 이끌었던 제노바인 주스티니아니는 상처를 입은 채 제노바 선박에 실려 에게해의 키오스섬에 도착할 수 있었다. 하지만 허무하게도 키오스섬에 도착한 지 이틀 만에 죽었다. 그가 성벽 방어에서 끝까지 자리를 지키다 죽었다면 역사는 그를 영웅으로 칭송했겠지만 안타깝게도 많은 이는 그를 로마 제국을 멸망시킨 원인 제공자로 평가하고 있다.

약탈과 살육은 술탄이 약속한 3일이 아닌 하루만 이뤄졌다. 쇠퇴한 제국의 수도 약탈은 하루면 충분했다. 나머지 이틀은 약탈품과 포로를 분배하는 데 사용되었다. 술탄은 그리스 정교의 최고 성당인 성 소피아 성당을 방문했다. 그는 한 병사가 바닥에서 대리석을 떼어내려는 걸 보자 다음과 같이 말하며 병사를 내쫓았다.

"사람과 보물은 다 내줬지만, 건물은 나의 것이다."

술탄은 성 소피아 성당의 새 이름으로 '아야 소피아 대(大)모스크'
로 명명하였다. 도시는 황폐해졌고 많은 이는 노예가 되어 도시를
떠나야 했다. 콘스탄티노플의 몰락과 함께 제노바의 도시 페라도
자치권을 상실하고 술탄의 통치하에 들어갔다. 페라가 지켜낼 수
있었던 것은 시민의 안전과 상업활동의 자유뿐이었다. 제노바는
이후 흑해에 흩어져 있던 식민지도 잃어버리면서 동지중해(레반트)
지역에서의 무역 주도권을 상실하게 된다.

6월 말 술탄은 콘스탄티노플을 떠나 아드리아노플로 갔다. 그리
고 두 달 후 재상 할릴 파샤를 관직에서 쫓아낸 후 결국에는 그를
사형시켰다. 아버지의 충직한 신하였지만 메메드 2세에게는 눈엣가
시 같은 존재인 노(老) 재상 할릴 파샤는 그렇게 죽었다. 그리스인
의 뇌물을 받고 적과 내통했다는 죄목이었다. 할릴 파샤와 함께 아
버지 시절의 신하들 대부분 제거되었고 그 자리는 메메드 2세에
충성을 다하는 신하들로 채워졌다.

메메드 2세의 정복 활동은 이후 거침이 없었다. 아테네와 테베
등의 도시와 에게해의 여러 섬이 정복당했다. 술탄에게 협조하며
가까스로 독립을 유지하던 세르비아가 1459년 완전히 투르크군의
수중에 들어왔고 보스니아도 같은 운명을 맞이했다. 콘스탄티누스
황제의 형제 두 명이 나눠서 통치하고 있던 펠로폰네소스반도의 모
레아 왕국은 1460년 투르크군의 공격에 무너졌다. 곧이어 비잔티
움 제국의 마지막 유산인 흑해 동남쪽에 있던 트레비존드 왕국으

로 투르크군이 진격해 들어갔다. 1461년 6월 진격로에 있던 제노바의 식민도시 시노페가 함락되고 8월 트레비존드도 술탄의 수중에 떨어지면서 그리스 왕국은 모두 멸망하였다. 그리고 유럽에서는 왈라키아와 알바니아가 무너졌다.

메메드 2세는 정복한 영토가 안정화되자 황폐해진 콘스탄티노플에 눈을 돌렸다. 그는 도시를 재건하고 콘스탄티노플에 황궁을 짓도록 하였으며 투르크인을 도시에 이주시키기 시작했다. 술탄은 콘스탄티노플을 새로운 수도로 삼았고 도시의 이름은 이스탄불이 되었다. 이스탄불의 어원은 투르크인이 처음 콘스탄티노플 근처에 도착해서 지나가는 그리스인에게 어디 가는지 물어봤을 때 '도시로'라는 뜻의 "에이스 텐 폴리"라고 대답했고 투르크인은 그것을 듣고 이스탄불이라고 부르면서 시작된 것이라고 한다.

한편, 콘스탄티노플이 무슬림의 손에 들어가면서 그리스 정교의 구심점은 사라졌다. 하지만 그리스 정교회는 새로운 땅에서 번창했다. 슬라브족인 러시아는 988년 블라디미르 대공이 그리스 정교를 공식적으로 받아들이면서 기독교로 개종했다. 그런데 콘스탄티노플과 함께 황제가 사라지자 슬라브족은 황제의 자리를 자신들이 대신하고자 했다. 16세기 초 러시아 지배자는 비잔티움 황제를 계승한 짜르(황제)라 스스로 칭했고 러시아 정교는 동유럽에서 번창하게 된다.

5.
오스만 제국의 팽창과 그림자

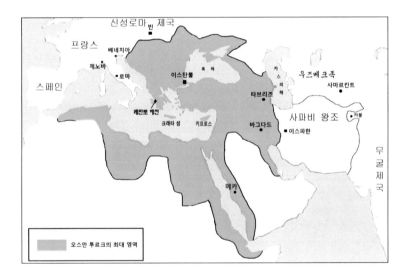

오스만 투르크의 최대 영역

메메드 2세 사후에도 그의 후계자들은 정복 활동을 멈추지 않았다. 1514년 이란에 세워진 사파비 왕조의 군대를 격파한 후 남진하여 1516~1517년 사이에 시리아와 팔레스타인을 차지하였고, 1517년에는 이집트에 있던 맘루크 왕조를 무너뜨렸다. 맘루크 왕조는 14세기 중반에 이집트에 광범위하게 퍼진 페스트와 경기침체로 국력이 크게 약해져 있었기 때문에 오스만군에 쉽게 무너졌다. 이슬람의 성지인 메카와 메디나도 오스만 제국의 수중에 떨어졌다. 이집트를 정복한 술탄 셀림 1세는 압바스 왕조 멸망 후 맘루크 왕조에 의탁하고 있던 압바스 왕족의 후손에게서 칼리파 지위를 넘겨받음으로써 이슬람교의 최고 종교지도자로서의 권위도 가지게 되었다. 술탄-칼리파제는 20세기 초 터키의 근대화의 아버지라 불리는 케말 파샤(아타튀르크)가 혁명을 일으킬 때까지 유지되었다.

사파비 왕조

이란 지역에서는 티무르 제국이 무너지고 나서 혼란스러운 상황이 계속되고 있었다. 그러던 중 시아파의 12이맘파[78]에 속했던 페르시아인 이스마일이 자신이 제7대 이맘의 자손임을 자처하며 신도들을 이끌고 타브리즈를 점령한 후 1502년 사파비 왕조를 세웠다. 사파비 왕조는 1514년 동진하는 오스만 제국에 패하며 세력이 약해지기도 했지만 압바스 1세 때 이스파한을 수도로 삼고 발전하였으며 18세기 중엽까지 시아파의 맹주국으로서 순니파인 오스만 제국과 무굴제국 사이에서 시아파 국가를 유지하였다. 또한, 사파비 왕조는 전통적인 페르시아 문화를 부활시켰으며 지배자에게 술탄 칭호 대신 왕을 뜻하는 페르시아어 '샤'를 사용하였다. '샤'는 은둔 중인 이맘의 대리인으로서 통치한다고 여겼다. 지금의 이란이 시아파 국가가 된 것은 사파비 왕조 때문이다.

셀림 1세의 뒤를 이어 등극한 솔로몬을 뜻하는 이름을 가진 술레

---

78) 4대 칼리파 알리가 사망하고 나서도 그의 후손인 11명의 이맘(구세주)을 추종하여 12이맘파(알리 포함)라고 한다. 847년 마지막 이맘인 무함마드 알 마하디가 7세 때 행방불명되었지만, 시아파는 그가 어딘가 은둔하고 있다고 생각하며 12이맘파는 인류가 종말이 올 때 구세주로서 은둔하고 있던 이맘이 다시 나타날 것이라 믿는다.

이만 1세(1520~1566년 재위)도 정복 활동을 활발히 펼쳐 서쪽으로는 알제리, 동쪽으로는 이라크, 북으로는 헝가리까지 영역을 넓혔다. 1529년에는 12만의 대병력으로 오스트리아의 빈을 포위 공격하여 유럽을 공포에 떨게 했다. 술레이만 1세가 당시 동맹 관계였던 프랑스 왕에게 보낸 편지에서 술레이만 자신을 다음과 같이 표현했다.

> "술탄 중의 술탄, 군주 중의 군주, 지상의 군주에게 왕관을 하사하
> 는 자, 지상에 드리운 신의 그림자."

술레이만은 비록 빈을 함락시키는 데 실패하였지만 1538년 그리스 서쪽 케팔로니아섬 인근에서 벌어진 프레베자 해전에서 베네치아·스페인 연합함대를 격파하면서 지중해 동쪽의 제해권을 차지하였다. 그는 이스탄불에 성 소피아 성당에 버금가는 화려하고 웅장한 모스크를 건축가 미마르 시난에게 짓게 하여 현재의 술레이만 모스크도 건설하였다. 술레이만 1세가 통치하던 시기는 오스만 제국 전성기의 최정점에 이르는 시기였다. 그리고 그 정점을 끝으로 오스만 제국의 쇠퇴는 눈에 보이지 않게 시작되었다.

1571년 오스만 제국이 베네치아의 식민지 키프로스섬을 함락시키자 이에 반발하여 베네치아와 스페인이 다시 동맹을 맺고 오스만 제국에 대항하였으며 그리스 서쪽 해상에서 벌어진 레판토 해전에서 이번에는 베네치아·스페인 동맹군이 승리하였다. 레판토에서의 패전 이후 70년 동안 잠잠히 있던 오스만 제국은 1645년 베네치아가 차지하고 있던 크레타섬을 공격했다. 1645년부터 1669년까지

무려 25년 동안 벌어진 크레타섬 공방전에서 오스만 제국은 힘겹게 크레타섬을 빼앗는 데 성공하며 베네치아에 복수했지만 거기까지였다. 1683년 오스만 제국은 15만 대군을 동원하여 오스트리아 빈을 다시 포위 공격하였으나 또다시 패배하였다. 1699년 헝가리 중부에서 교황, 오스트리아, 폴란드, 베네치아로 이루어진 신성동맹과의 전투에서도 대패한 오스만 제국은 헝가리와 우크라이나 등 유럽 지역의 영토를 잃었다.

오스만 제국의 술탄은 점차 정치보다는 궁정에 있던 하렘에 더 관심을 가지기 시작하며 무능해졌고 하렘의 여인들은 자신의 자식을 술탄의 자리에 올리기 위해 음모를 꾸몄다. 또한 술탄에 충성을 다했던 예니체리 부대는 정치에 개입하여 술탄에게 압력을 가하고 술탄을 끌어내기까지 하였다. 그러면서 제국은 서서히 무너져 갔다.

하렘

하렘은 출입 금지 구역을 뜻하는 아랍어 하림(Harim)의 투르크어로, 여성 전용 공간을 가리켰고 이곳은 오직 술탄과 그곳을 관리하는 환관만 드나들 수 있었다. 하렘에는 특히 금발과 붉은 머리의 슬라브족 기독교 출신 여인들이 많았다. 오스만 제국의 궁정에는 약 300개의 하렘이 있었다고 하며 하렘의 후궁들은 술탄의 아들을 무수히 낳았고 새로운 술탄이 등극하면 술탄의 경쟁자가 될 수 있는 수많은 형제는 목이 졸려 죽임을 당하거나 눈이 뽑히거나 멀리 유배를 당하는 운명을 맞이해야 했다. 메메드 2세는 아예 술탄이 형제들을 합법적으로 죽일 수 있는 법을 제정하기도 하였다. 하렘의 여인들이 자기 아들을 차기 술탄으로 만들기 위해 음모를 꾸미는 것은 권력욕을 넘어 생존의 문제일 수밖에 없었다.

그리고 새롭게 등극한 술탄은 하렘에 자신의 후궁들을 새롭게 들여야 했기에 아버지 때의 후궁들은 신하에게 하사하거나 궁 밖으로 쫓아냈다.

17세기 말까지 오스만 제국의 지도층은 이슬람 세계 밖에서 일어나는 일에 대하여 아무런 관심이 없었다. 이것은 14세기부터 17세기에 이르는 거의 300년 동안 오스만 제국이 기독교 국가를 정복하면서 자연스럽게 나타난 자만심 때문이었다. 무슬림은 불완전한 종교인 기독교를 믿는 유럽인을 경멸하였고 기독교 세계를 의식적으로 멀리하였다.

그러나 서쪽에 대한 경멸과 무관심은 오스만 제국 시절부터 시작된 것은 아니었다. 원래 이슬람 초기 무슬림들은 그리스·로마 그리고 페르시아 문화를 의욕적으로 받아들이며 개방적인 모습을 보였다. 하지만 십자군과 몽골군과 같은 이교도들에 의한 침공을 겪으면서 무슬림들은 이슬람의 교리에 더욱 집착하기 시작했고 외부 세계에 대한 배타성은 점점 강해졌다. 특히 기독교 세계에 대한 경멸과 무관심은 더하였다.

14세기 활약한 모로코 출신의 여행가 이븐 바투타는 아프가니스탄, 인도, 중국, 인도네시아, 실론(스리랑카)을 다녀와 여행 기록을 남겼으며 남쪽으로는 동부 아프리카 해변과 사하라 사막을 건너 말리 왕국까지 북으로는 흑해와 크림반도 그리고 볼가강 유역까지 여행하였다. 이렇듯 전 세계를 떠돌아다닌 이븐 바투타지만 특이하게도 그의 여행 일정에 서유럽은 없었다. 이븐 바투타는 애써 기독교 세계를 외면하였다.

하지만 유럽은 크게 발전하고 있었다. 콘스탄티노플이 함락되면서 많은 그리스인 학자와 종교인이 이탈리아로 망명하면서 그 전부터 이탈리아에 유입되고 있던 그리스·로마 문화가 빠르게 전파되었고 이미 서서히 진행되고 있던 이탈리아의 르네상스를 더욱 가속시켰다. 1492년에는 인도로 가고자 했던 제노바 출신인 콜럼버스가 스페인 선단을 이끌고 우연히 신대륙을 발견하면서 대량의 은이 신대륙에서 유럽으로 유입되는 효과를 가져왔고 유럽은 경제적으로 한 단계 성장하는 계기가 되었다. 그리고 인도로 가는 신항로 개척은 이제는 유럽이 오스만 제국을 거치지 않고도 인도 및 아시아와 무역을 할 수 있는 길을 열어주었다.

이렇게 유럽은 변화, 발전하고 있었지만 오스만 제국은 여전히 변하지 않았고 과거의 영광에 집착했다. 대포에 관한 이야기는 두 세계의 모습이 어떠했는지 단편적으로 알려준다. 17~18세기 유럽에서는 끊임없이 대포를 개량하여 작고 이동하기 쉽지만, 발사 속도는 빠르고 파괴력은 강력한 철제 야포를 제작하고 있었다. 반면에 오스만 제국은 콘스탄티노플 함락 때 재미를 본 '거대한 대포'를 고집했기 때문에 대포의 크기는 오히려 점점 무겁고 커져만 갔다.

18세기 오스만 군대에 파견된 한 프랑스 군인은 오스만 제국의 대포를 다음과 같이 평가했다.

"넓은 구경(口徑) 때문에 겉보기에는 막강해 보이지만 첫발을 발사하면 한참 지나야 작동시킬 수 있어 두려워할 까닭이 없다."

비슷한 시기 오스만 제국은 흑해로 남하하는 러시아를 막기 위해 보스포루스 해협 성곽에 거대한 대포를 올려놓았다. 러시아는 이스탄불을 이슬람의 도시에서 다시 동방정교회의 도시로 돌려놓을 야심을 키우고 있었다. 거대한 대포는 이동하는 데 4일이 걸렸으며 설치하는 데 하루가 소요되었다. 러시아의 남하를 막기 위해 오스만군을 지원하러 온 영국군 포병장교는 거대한 대포에 놀라면서도 의심스러운 말투로 투르크 포병 장교에게 다음과 같이 물었다.

"이 포가 발사되긴 합니까?"

"네. 이 포가 쏘기는 어렵지만 한번 나가면 모든 것을 파괴합니다."

"쏴본 적 있습니까?"

"아니요. 아직 아무도 발사되는 것을 본 적은 없습니다."

곧바로 대포의 시험발사가 이루어졌다. 둥그런 돌로 된 500kg 무게의 포탄 1발을 발사하는 데 화약이 무려 150kg이 필요했다. 발사 직전 투르크 포병은 두려워 대포에서 멀찌감치 도망가 버렸다. 곧이어 귀청을 찢는 소리와 함께 포탄 한 발이 발사되었고 동시에 대포는 박살이 나 버렸다. 허공에 발사된 돌 포탄도 약 550㎙를 날아가다 바다 위에서 세 조각으로 갈라진 후 바다에 떨어져 사라졌다.

오스만 제국의 운명도 부서진 거대한 포탄과 같이 제국주의 국가들에 의해 갈기갈기 찢겨 역사 속으로 사라지게 될 것이었다.

참고자료

참고문헌

가스펠서브, 『라이프 성경사전』, 생명의말씀사, 2007.

고야마 시케키 지음, 『지도로 보는 중동 이야기』, 박소영 역, 이다미디어, 2008.

고원, 『알라가 아니면 칼을 받아라: 이슬람 역사 1400』, 동서문화사, 2002.

권삼윤, 『(자존심의 문명)이슬람의 힘』, 동아일보사, 2001.

김정위, 『중동사』, 대한교과서주식회사, 2008.

김용섭, 『무함마드』, 명문당, 2003.

나카자토 유키, 『전쟁 천재들의 전술』, 이규원 역, 들녘, 2004.

남문희, 『전쟁의 역사1-고대 그리스 전쟁』, 휴머니스트, 2011.

라울 마하잔, 『21세기 십자군 전쟁』, 유강은 역, 미토, 2002.

리처드 플레처, 『십자가와 초승달-천년의 공존』, 박홍식 역, 21세기 북스, 2020.

미셸발라, 『십자군에 관한 20세기 역사 서술 : 프랑스 학계를 중심으로』, 남
    종국 역, 「서양 중세사 연구」 제16호, 2005.

미야오토미코, 『클레오파트라』, 김난주 역, 중앙 M&B, 1997.

미야자키 마사카츠, 『한눈에 꿰뚫는 중동과 이슬람 상식도감』, 이다미디어,
    2020.

볼프강 헤볼트, 『승리와 패배』, 안성찬 역, 해냄, 2003.

『성경』

손주영, 『이슬람』, 일조각, 2005.

손주영·송경근, 『이집트 역사 다이제스트 100』, 가람기획, 2018.

스티븐 런치만, 『1453, 콘스탄티노플 최후의 날』, 갈라파고스, 2004.

아민 말루프, 『아랍인의 눈으로 본 십자군 전쟁』, 김미선 역, 아침이슬, 2002.

야스히코 요시카즈, 『알렉산더』, 이주엽 역, 애니북스, 2004.

양욱, 『위대한 전쟁 위대한 전술』, 플래닛미디어, 2015.

요세푸스, 『요세푸스-유대전쟁사III』, 생명의말씀사, 2019.

윌리엄 맥닐, 『세계의 역사 1』, 이산, 2007.

유흥태, 『고대 페르시아의 역사』, 살림, 2008.

이일호, 『강소국 이스라엘과 땅의 전쟁』, 삼성경제연구소, 2007.

이희철, 『히타이트-점토판 속으로 사라졌던 인류의 역사』, 리수, 2012.

정수일, 『이슬람 문명』, 창작과 비평사, 2002.

정토웅, 『세계전쟁사 다이제스트 100』, 가람기획, 2010.

제임스 레스턴, 『신의 전사들』, 이현주 역, 민음사, 2003.

조르주 타트, 『십자군 전쟁 : 성전탈환의 시나리오』, 안정미 역, 시공사, 1998.

존 키건, 『세계전쟁사』, 유병진 역, 까치, 2018.

존 워리, 『서양 고대 전쟁사 박물관』, 임웅 역, 르네상스, 2006.

존 줄리어스 노리치, 『비잔티움 연대기』, 남경태 역, 바다, 2008.

진원숙, 『이슬람 전쟁사』, 살림, 2015.

진원숙, 『십자군, 성전과 약탈의 역사』, 살림, 2006.

최창모, 『이스라엘사』, 대한교과서, 1994.

크리스티앙 자크, 『람세스 3』, 김정란 역, 문학동네, 1997.

토머스 F. 매든, 『십자군』, 권영주 역, 루비박스, 2005.

프랜시스 로빈슨, 『사진과 그림으로 보는 케임브리지 이슬람사』, 손주영 역,
시공사, 2002.

Bentley, Jerry H and Ziegler, Herbert F, *TRADITIONS & ENCOUN-*

TERS: A Global perspective on the Past, McGraw Hill, 2003.

W.B. 바틀릿, 『십자군 전쟁: 그것은 신의 뜻이었다!』, 서미석 역, 한길, 2004.

E.M. 번즈 외, 『서양문명의 역사 II』, 박상익 역, 소나무, 2000.

참고 영상물

MBC LIFE, 〈스틸루트〉, '1부 철이 권력이다', 2011.

히스토리 채널 〈람세스와 이집트 제국〉.

히스토리 채널 〈이집트 람세스의 패권전쟁〉.

국방일보 〈토크멘터리 전쟁사〉

   - '알렉산더 편', '십자군 전쟁(1~4)'.

   - '비잔티움 전쟁사(1~2)', '오스만 제국의 성장기', '비잔티움의 최후'.

EBS, 〈다큐 프라임〉, '강대국의 비밀-대영제국의 탄생', 2014.

EBS, 〈세계테마여행〉 '역사의 땅, 이스라엘 1~4부', 2014.

BBC, 〈비잔티움: 세 도시 이야기〉, 2013.

리들리 스콧 감독, 〈엑소더스-신들과 왕들〉, 2014.

올리버 스톤 감독, 〈알렉산더〉, 2004.

리들리 스콧 감독, 〈킹덤 오브 헤븐〉, 2005.